JUSTIÇA DE TRANSIÇÃO – REPARAÇÃO, VERDADE E JUSTIÇA:

PERSPECTIVAS COMPARADAS BRASIL-ESPANHA

COLEÇÃO FÓRUM
JUSTIÇA E DEMOCRACIA

COLEÇÃO FÓRUM
JUSTIÇA E DEMOCRACIA

Coordenador da Coleção
Paulo Abrão

CAROL PRONER
PAULO ABRÃO
Coordenadores

JUSTIÇA DE TRANSIÇÃO – REPARAÇÃO, VERDADE E JUSTIÇA:
PERSPECTIVAS COMPARADAS BRASIL-ESPANHA

3

Belo Horizonte

2013

COLEÇÃO FÓRUM
JUSTIÇA E DEMOCRACIA

© 2013 Editora Fórum Ltda.

Coordenador
Paulo Abrão

É proibida a reprodução total ou parcial desta obra, por qualquer meio eletrônico, inclusive por processos xerográficos, sem autorização expressa do Editor.

Conselho Editorial

Anthony W. Pereira, King's College London (Reino Unido)
Cath Collins, Universidad Diego Portales (Chile)
Carolina Campos Mello, PUC-Rio
Carol Proner, UniBrasil e UPO (Espanha)
Cristiano Paixão, UnB
Deisy Ventura, USP
Eneá de Almeida, UnB
James N. Green, Brown University (Estados Unidos)
José Carlos Moreira Silva Filho, PUCRS
Kátia Kozicki, PUCPR
Katia Matin-Chenut, Univ. Paris 1 e College de France (França)
Leonardo Avritzer, UFMG
Rosa Maria Zaia Borges, PUCRS
Roberta Baggio, UFRGS
Veram Karan, UFPR

Conselho Editorial

Adilson Abreu Dallari
Alécia Paolucci Nogueira Bicalho
Alexandre Coutinho Pagliarini
André Ramos Tavares
Carlos Ayres Britto
Carlos Mário da Silva Velloso
Cármen Lúcia Antunes Rocha
Cesar Augusto Guimarães Pereira
Clovis Beznos
Cristiana Fortini
Dinorá Adelaide Musetti Grotti
Diogo de Figueiredo Moreira Neto
Egon Bockmann Moreira
Emerson Gabardo
Fabrício Motta
Fernando Rossi

Flávio Henrique Unes Pereira
Floriano de Azevedo Marques Neto
Gustavo Justino de Oliveira
Inês Virgínia Prado Soares
Jorge Ulisses Jacoby Fernandes
Juarez Freitas
Luciano Ferraz
Lúcio Delfino
Marcia Carla Pereira Ribeiro
Márcio Cammarosano
Maria Sylvia Zanella Di Pietro
Ney José de Freitas
Oswaldo Othon de Pontes Saraiva Filho
Paulo Modesto
Romeu Felipe Bacellar Filho
Sérgio Guerra

Luís Cláudio Rodrigues Ferreira
Presidente e Editor

Supervisão editorial: Marcelo Belico
Revisão: Cristhiane Maurício
Pablo Gobira
Bibliotecárias: Ana Carolina Marques – CRB 2933 – 6ª Região
Izabel Antonina A. Miranda – CRB 2904 – 6ª Região
Capa, projeto gráfico: Walter Santos
Diagramação: Reginaldo César de Sousa Pedrosa

Av. Afonso Pena, 2770 – 16º andar – Funcionários – CEP 30130-007
Belo Horizonte – Minas Gerais – Tel.: (31) 2121.4900 / 2121.4949
www.editoraforum.com.br – editoraforum@editoraforum.com.br

J96   Justiça de Transição: reparação, verdade e justiça: perspectivas comparadas Brasil-Espanha / Coordenadores: Carol Proner, Paulo Abrão. – Belo Horizonte: Fórum, 2013.

384 p.
(Coleção Fórum Justiça e Democracia, v. 3)
Coordenador da coleção Paulo Abrão
ISBN 978-85-7700-737-0

1. Direito constitucional. 2. Filosofia jurídica. 3. Sociologia jurídica. 4. Direitos Humanos. 5. Lei de Anistia. 6. Direito à Memória. 7. Teoria do direito. 8. Direito à Justiça. I. Abrão, Paulo. II. Proner, Carol. III. Série.

CDD: 341.2
CDU: 342

Informação bibliográfica deste livro, conforme a NBR 6023:2002 da Associação Brasileira de Normas Técnicas (ABNT):

PRONER, Carol, ABRÃO, Paulo (Coord.). *Justiça de Transição: reparação, verdade e justiça*: perspectivas comparadas Brasil-Espanha. Belo Horizonte: Fórum, 2013. 384 p. (Coleção Fórum Justiça e Democracia, v. 3). ISBN 978-85-7700-737-0.

Esta obra é dedicada à Professora Rosario Valpuesta Fernandez, implacável defensora dos direitos humanos e exemplo de luta diuturna pela dignidade.

SUMÁRIO

APRESENTAÇÃO 13

PARTE I
A FUNDAMENTAÇÃO DO DIREITO
À MEMÓRIA NAS DEMOCRACIAS PÓS-AUTORITÁRIAS

MEMÓRIA HISTÓRICA, JUSTIÇA DE TRANSIÇÃO E DEMOCRACIA SEM FIM
Tarso Genro, Paulo Abrão 21
    Parte I 21
    Parte II 22
    Parte III 23
    Parte IV 24
    Parte V 26

DEMOCRATIZAR LA VERDAD PARA CONSTRUIR LA DEMOCRACIA
Manuel E. Gándara Carballido 31
    Introducción 31
    La democracia y los filósofos malditos 32
    El hombre no es el origen de todas las cosas, pero sí su medida 36
    La verdad absoluta no dialoga 39
    Por una democracia razonable 43
    Democratizar el poder-saber 45

LA DEMANDA DE MEMORIA – TRANSICIÓN, DIÁLOGO Y DEMOCRACIA
Andrea Greppi 51
    Parte I 51
    Parte II 53
    Parte III 56
    Parte IV 59
    Parte V 61
    Parte VI 64
    Parte VII 68

TRANSICIÓN Y NEOLIBERALISMO. UN APUNTE
Rosario Valpuesta Fernández 71
  A modo de justificación 71
  Transición y orden económico 74
  La transición "vigilada" 81
  El consenso económico y el fin de las ideologías 88

PARTE II
DESAFIOS DA JUSTIÇA TRANSICIONAL FRENTE AOS CRIMES DOS REGIMES AUTORITÁRIOS

CRÍMENES DE ESTADO Y JUSTICIA TRANSICIONAL
José Carlos Moreira da Silva Filho 95
  Introducción 95
  El surgimiento y los parámetros de los crímenes de Estado
  en el ámbito de la Criminología 96
  La invisibilidad científica y cotidiana de los crímenes de Estado 101
  El recurso a la Criminología clásica en los crímenes de Estado 104
  Los crímenes de Estado bajo el enfoque de la justicia
  transicional 111
  Consideraciones finales 116

PODER JUDICIÁRIO, DESAFIOS TRANSICIONAIS
E LEIS DE ANISTIA – A CORTE INTERAMERICANA
DE DIREITOS HUMANOS
Roberto de Figueiredo Caldas 119
  Os desafios transicionais 119
  A transição no Brasil 123
  A Lei de Anistia como real — mas ilegítimo — empecilho para
  a obtenção da verdade judicial, verificação de responsabilidade
  e punição dos responsáveis 124
  A abertura de possibilidade para ouvir as vítimas e a busca
  pela verdade histórica. Comissão de Anistia e Comissão da
  Verdade 131
  A Corte Interamericana de Direitos Humanos 136
  A jurisprudência da Corte Interamericana de Direitos
  Humanos 136
  Caso Gomes Lund e outros (Guerrilha do Araguaia) *versus*
  Brasil 138
  Conclusão 141

EL TRIBUNAL INTERNACIONAL PARA LA JUSTICIA RESTAURATIVA DE EL SALVADOR, COMO PROPUESTA DE REPARACIÓN A LAS VÍCTIMAS

José María Tomás Tío 143
    Preámbulo 143
    La situación de El Salvador 144
    Desenmascarar el encubrimiento 147
    Compromiso final 176

TRATADOS INTERNACIONAIS DE DIREITOS HUMANOS, ANISTIA E JUSTIÇA DE TRANSIÇÃO – A INFLUÊNCIA DO PROCESSO ARGENTINO

Luciana Boiteux, Vanessa Oliveira Batista 179
    Introdução 179
    Ditadura e Justiça de Transição na Argentina 182
    Ditadura e transição democrática no Brasil 191
    O Brasil e a Lei de Anistia 195
    Os debates judiciais sobre a anistia 199
    Considerações finais 205

PARTE III

REPARAÇÃO, MEMÓRIA E VERDADE: O CASO ESPANHOL

JUSTICIA DE TRANSICIÓN, REPARACIÓN Y VERDAD – UNA PERSPECTIVA CRÍTICA DE LA ACTUALIDAD JUDICIAL DEL CASO ESPAÑOL

Diego Javier Naranjo Barroso, Luis Ocaña Escolar 209
    Apuntes introductorios sobre la justicia transicional 209
    Mecanismos de justicia transicional 212
    Contribución a fortalecer los procesos democráticos en los países en proceso de transición y las ventajas de los procedimientos de la justicia transicional 214
    Desafíos y realidades judiciales 216
    Conclusiones 219

EL MOVIMIENTO MEMORIALISTA – DE LA FOSA A LA JUSTICIA UNIVERSAL

Paqui Maqueda 223
    Quienes somos 223
    Arco reivindicativo del movimiento memorialista 225
    De la fosa a la Justicia Universal 227

PARTE IV
REPARAÇÃO, MEMÓRIA E VERDADE: O CASO BRASILEIRO

AS DIMENSÕES DA JUSTIÇA DE TRANSIÇÃO NO BRASIL, A EFICÁCIA DA LEI DE ANISTIA E AS ALTERNATIVAS PARA A VERDADE E A JUSTIÇA
Paulo Abrão, Marcelo D. Torelly 235
A Justiça de Transição no Brasil: panorama geral e
características fundamentais 235
A reforma das instituições 246
Verdade e memória 247
Justiça e Estado de Direito 249
Uma avaliação das características fundamentais 250
A eficácia da Lei de Anistia no Brasil: uma análise das razões
da não responsabilização judicial dos perpetradores de graves
violações aos direitos humanos durante a ditadura militar
(1964-1985) 253
Razões de ordem jurídica: a cultura jurídica prevalecente e
a decisão do Supremo Tribunal Federal sobre o alcance da Lei
de Anistia 264
Alternativas para a verdade e a justiça no Brasil 266

LA DEMANDA SOCIAL POR LA RECUPERACIÓN DE LA MEMORIA HISTÓRICA. EL CASO BRASILEÑO
Carlos Fico 271

PAPEL DAS ENTIDADES SOCIAIS NA RESISTÊNCIA E NA LUTA PELA DEMOCRATIZAÇÃO DO BRASIL
Prudente José Silveira Mello 279
Introdução 279
Processo histórico pré-golpe 280
O pós-golpe 284
O ataque às organizações operárias e segmentos organizados 284
A resistência do movimento estudantil 286
O Ato Institucional nº 5 e a repressão generalizada 290
As vanguardas culturais e o processo de resistência 291
A imprensa e suas restrições 296
A censura e seus efeitos 297
O ressurgimento de atividades sindicais combativas 298
A resistência armada 299
Reinício das lutas que levaram a democratização do país 301
O surgimento de novos atores sociais 301
A negativa da sociedade civil contra a violência 301
O movimento pela anistia 302
A classe operária vai à luta 303
O povo vai às ruas 305

PARTE V
DEMANDA SOCIAL E MUDANÇA LEGAL: OS DESAFIOS DA JUSTIÇA DE TRANSIÇÃO NO BRASIL CONTEMPORÂNEO

A LEI DE ANISTIA BRASILEIRA SOB A ÓTICA DO DIREITO INTERNACIONAL E DA IMPRESCRITIBILIDADE DOS CRIMES DE LESA-HUMANIDADE
Carol Proner 311
    Introdução 311
    O marco normativo, ético e imperativo dos chamados crimes
    de lesa-humanidade 314
    O princípio de jurisdição universal ou princípio de
    extraterritorialidade e o princípio de imprescritibilidade penal ... 316
    Jurisprudência da Corte Interamericana de Direitos Humanos
    e o caso Gomes Lund e outros *vs.* Brasil 322
    Considerações finais 327

CONSTITUI A ANISTIA UM OBSTÁCULO PARA A JUSTIÇA DE TRANSIÇÃO BRASILEIRA?
Lauro Joppert Swensson Junior 331
    Justiça de Transição e anistia penal 331
    Nove acertos sobre anistia 336
    Constitui a anistia obstáculo para a Justiça de Transição
    brasileira? 342

AS TRANSFORMAÇÕES DO PARADIGMA DA SEGURANÇA PÚBLICA NA ERA PÓS-DEMOCRATIZAÇÃO NO BRASIL
Márcia Elayne Berbich de Moraes 349
    O caso brasileiro: contextualização 349
    Panorama para a construção da segurança pública após 1988 ... 356
    Apontamentos conclusivos 362

DE LAS COMISIONES DE REPARACIÓN HACIA LA COMISIÓN DE LA VERDAD – CONTRIBUCIONES DE LA COMISIÓN ESPECIAL SOBRE MUERTOS Y DESAPARECIDOS POLÍTICOS Y DE LA COMISIÓN DE AMNISTÍA PARA LA COMISIÓN NACIONAL DE LA VERDAD
Marcelo D. Torelly 363
    Introducción 363
    Lo que es una comisión de la verdad, cuales sus
    objetivos y diferencias ante el proceso judicial de formación
    de la verdad 364

Los objetivos específicos de la Comisión Nacional de
la Verdad brasileña y sus poderes en comparación con
las comisiones de reparación...368
Objetivos de la CNV brasileña..369
Contribuciones de las comisiones de reparación para la CNV
y comparativo de poderes 371
Diferencias de enfoque e tipos de verdad producidos por las
comisiones...373
Conclusiones: límites y posibilidades para el aprovechamiento
del acervo de las comisiones de reparación en la CNV y desafíos
pendientes de su agenda política 376

SOBRE OS AUTORES..381

APRESENTAÇÃO

É com grande satisfação que apresentamos a obra *Justiça de Transição: reparação, verdade e justiça: perspectivas comparadas Brasil-Espanha*, trabalho que tem como origem a realização de um Seminário Internacional de mesmo nome realizado na Universidade Pablo de Olavide, em Sevilha-ES, nos dias 11, 12 e 13 de maio de 2011.

O evento e o projeto de livro partiram da iniciativa do Programa Máster Oficial da União Europeia em Direitos Humanos, Interculturalidade e Desenvolvimento – UNIA-UPO (Sevilha-ES), em realização com a Comissão de Anistia do Ministério da Justiça da República Federativa do Brasil e coorganização do Programa das Nações Unidas para o Desenvolvimento (PNUD-Brasil), da Universidade Internacional de Andaluzia, da Universidade Pablo de Olavide e do Programa de Mestrado em Direitos Fundamentais e Democracia UniBrasil (Curitiba-PR).[1]

A obra se divide em cinco partes: 1. A fundamentação do direito à memória nas democracias pós-autoritárias; 2. Desafios da justiça transicional frente aos crimes dos regimes autoritários; 3. Reparação, memória e verdade: o caso espanhol; 4. Reparação, memória e verdade: o caso brasileiro; 5. Demanda social e mudança legal: os desafios da justiça de transição no Brasil contemporâneo.

Na primeira parte — A fundamentação do direito à memória nas democracias pós-autoritárias — o texto de abertura, "Memória histórica, justiça de transição e democracia sem fim", de autoria de Tarso Genro e Paulo Abrão, trata dos três eixos fundamentais para o resgate e a promoção da memória histórica: a reconciliação nacional; o processo de afirmação de valores contra a pulsão da eliminação consciente do outro; e a criação e identificação da nação. Entendendo que esses são os principais desafios da justiça transicional brasileira, os autores sustentam que há uma promoção incompleta da identidade

---

[1] Foram apoiadores do Seminário o Ministério da Justiça do Brasil, a Casa de la Provincia – Sevilha-Espanha e a Junta de Andaluzia – Espanha (local do evento). A comissão executiva do evento esteve sob responsabilidade dos professores Doutores Rosario Valpuesta Fernández (Espanha), Carol Proner (Brasil), Vicente Barragán (Espanha) e Marcelo Torelli (Brasil).

nacional em razão da modernidade tardia brasileira e da exclusão dos movimentos de resistência e de seus valores como forjadores das bases da democracia atual.

Em "Democratizar la verdad para construir la democracia", o autor Manuel E. Gândara Carballido propõe enfrentar teoricamente a relação conflitiva existente entre democracia como forma de governo e a ideia de "verdade" como algo absoluto, fixo, eterno, tal e como sustenta a teoria platônica. Para dar conta desse conflito, o autor alia-se aos pensadores sofistas no intento de ajudar a recuperar a proposta de fundo da democracia e revitalizar seu potencial emancipador.

O artigo "La demanda de memoria: transición, diálogo y democracia" de Andrea Greppi, pretende colocar em evidência algumas das razões pelas quais vale a pena manter viva, na Espanha, a "memória do antifascismo". O autor discute alguns dos tópicos relacionados com a retórica da concórdia lograda nos anos de transição, bem como o valor da reconciliação entre vencedores e vencidos da guerra civil, evidenciando suas implicações com o atual debate público. A conclusão de Greppi é a de que a constante reivindicação, como elemento antiautoritário, inscrito no núcleo teórico do constitucionalismo democrático é fator determinante para que uma sociedade possa se manter alerta e reagir diante de processos de degradação que estão tendo lugar nas atuais sociedades pós-democráticas.

O artigo de Rosario Valpuesta Fernández, "Transición y neoliberalismo. Un apunte", sustenta que houve uma derrota ideológica de grande parte dos vencidos em decorrência dos regimes de transição, os quais tiveram que assumir uma nova ordem política de democracia representativa de econômica capitalista, ordem que obrigou ao esquecimento das demandas e aspirações que, precisamente, haviam motivado a oposição ao regime autoritário. Elucida a autora que, uma vez restaurada a democracia, os descontentes de antes seguem à margem dos benefícios do sistema.

Na segunda parte da obra — Desafios da justiça transicional frente aos crimes dos regimes autoritários — o texto "Crímenes de Estado y justicia transicional" de autoria de José Carlos Moreira da Silva Filho, busca apresentar o tema dos crimes de Estado, tratando de sua definição, das características, enfoque criminológico e enfoque cotidiano. O autor sustenta que os crimes de Estado somente podem ser enfrentados adequadamente se a criminologia fizer uso dos marcos conceituais e disciplinares presentes na área da justiça transicional.

O artigo de Roberto de Figueiredo Caldas, com o título "Poder Judiciário, desafios transicionais e Leis de Anistia: a Corte Interamericana de Direitos Humanos" trata da jurisprudência da Corte Interamericana de Direitos Humanos e, especialmente, o julgamento do Caso Gomes Lund e outros *vs*. Brasil, evidenciando os desafios da justiça de transição do país, em especial do tema da Anistia como empecilho à obtenção da verdade judicial e obstáculo à verificação de responsabilidades e acesso ao efetivo direito à justiça com a punição dos responsáveis. O artigo ainda trata da abertura possibilitada pela instalação da Comissão da Anistia e da Comissão da Verdade como instâncias em que as vítimas podem ser ouvidas.

O autor José María Tomás Tío, no texto "El Tribunal Internacional para la Justicia Restaurativa de El Salvador, como propuesta de reparación a las víctimas" dá a conhecer a experiência da iniciativa do Tribunal de El Salvador, modelo de justiça restaurativa construído a partir das vítimas e para as vítimas, e que representa um sistema excepcional de restauração diante dos escassos meios de reparação proporcionados pelos poderes do Estado salvadorenho.

O texto "Tratados Internacionais de Direitos Humanos, Anistia e Justiça de Transição: a influência do processo argentino" das autoras Luciana Boiteux e Vanessa Oliveira Batista Berner, trata dos aspectos políticos e jurídicos da transição democrática no Brasil e na Argentina, países que passaram quase ao mesmo tempo por ditaduras militares, mas que escolheram caminhos diferentes para exercer a justiça de transição. As autoras identificam que as razões para tais posicionamentos radicalmente opostos partem do posicionamento diante dos tratados internacionais de proteção aos direitos humanos e a postura de compromisso diante do direito internacional, em especial em relação aos crimes contra a humanidade.

Na terceira parte da obra — Reparação, memória e verdade: o caso espanhol — o texto "Justicia de transición, reparación y verdad: una perspectiva crítica de la actualidad judicial del caso español" de autoria de Diego Javier Naranjo Barroso e Luís Ocaña Escolar, busca enfocar os mecanismos da justiça transicional como modelos que ajudam a fortalecer os processos democráticos de modo geral. O texto procura destacar as vantagens, os desafios e realidades judiciais da justiça transicional, enfatizando a experiência espanhola.

O artigo de Paqui Maqueda, com o título "El Movimiento Memorialista: de la Fosa a la Justicia Universal" tem como objetivo divulgar o trabalho empreendido pelas associações e coletivos memorialistas da Andaluzia, suas principais reivindicações e a experiência espanhola das chamadas fossas comuns em conexão com as demandas de aplicação do princípio da justiça universal.

Na quarta parte da obra — Reparação, memória e verdade: o caso brasileiro — o artigo "As dimensões da justiça de transição no Brasil, a eficácia da Lei de Anistia e as alternativas para a verdade e a justiça", os autores Paulo Abrão e Marcelo D. Torelly, procuram analisar as razões jurídicas e políticas para a eficácia da Lei de Anistia de 1979 enquanto obstáculo à investigação e punição de graves violações aos direitos humanos praticadas durante o regime militar no Brasil. Para tanto, o texto descreve as medidas adotadas pelo país para promover a reparação, a verdade e memória, a reforma das instituições e a responsabilização de agentes violadores dos direitos humanos. Após a construção deste diagnóstico, avança para a análise das principais causas jurídicas e políticas para a não apuração dos crimes e, ao final, avalia as perspectivas para a verdade e a justiça.

O texto de Carlos Fico, com o título "La demanda social por la recuperación de la memoria histórica: el caso brasileño", mantido no original, em formato de conferência, pretende advertir que a expressão "memória histórica" não somente suscita distinção teórico-conceitual, mas também evidencia que não há somente uma memória, mas uma disputa de memórias em conflito, especialmente no caso de episódios traumáticos como foram os ocorridos durante as ditaduras militares que assolaram a América Latina durante a segunda metade do século vinte.

O texto "O papel das entidades sociais na resistência e na luta pela democratização do Brasil", de Prudente José Silveira Mello, resume os fatos marcantes do processo repressivo da ditadura militar brasileira, com ênfase no ataque às organizações operárias e segmentos organizados, a censura e a perseguição, bem como ressalta o direito à resistência e os movimentos estudantis, sindicais, culturais de resistência que levaram à luta pela democratização do país, os novos atores sociais, as novas reivindicações da sociedade civil, do povo, da classe operária.

A quinta parte da obra — Demanda social e mudança legal: os desafios da justiça de transição no Brasil contemporâneo — o artigo de Carol Proner, com o título "A Lei de Anistia brasileira sob a ótica do Direito Internacional e da imprescritibilidade dos crimes de lesa-humanidade", busca percorrer o marco normativo, ético e imperativo dos chamados crimes de lesa-humanidade, enfatizando a incidência de dois princípios relevantes para a tipologia, o princípio da jurisdição universal ou de extraterritorialidade e o princípio da imprescritibilidade penal. O texto analisa a jurisprudência da Corte Interamericana de Direitos Humanos no caso Gomes Lund e outros *vs.* Brasil e conclui que o Brasil está em contradição com suas obrigações em matéria de direito internacional humanitário, colocando em risco a credibilidade internacional e o projeto de futuro livre da repetição do autoritarismo de Estado.

O texto "Constitui a anistia obstáculo para a justiça de transição brasileira?" de Lauro Joppert Swensson Junior, indaga em que medida uma anistia prejudica ou compromete a justiça transicional de um país. Segue indagando se a Lei nº 6.683/79, que garantiu e garante a impunidade dos agentes da repressão da ditadura, é realmente um grande obstáculo para justiça de transição brasileira. O texto objetiva responder a essas perguntas, identificando certas falácias sobre a anistia, em especial no tocante à sua relação com o caráter político, incondicionado, objetivo e irrevogável das suas leis, bem como com as ideias de perdão, ab-rogação, esquecimento, impunidade, concordância com e repetição das violências praticadas pelo regime autoritário.

O texto de Márcia Elaine Berbich de Moraes, "As transformações do paradigma da segurança pública na era pós-democratização no Brasil", aborda as transformações do paradigma de segurança pública na era pós-democratização no Brasil, a partir do marco da Constituição de 1988, buscando mostrar a dificuldade para a construção do conceito de segurança pública no novo contexto brasileiro, levando em conta as políticas repressoras até então presentes, bem como a forte influência dos movimentos criminológicos existentes em nível mundial.

O texto de fechamento da coletânea, "De las Comisiones de Reparación hacia la Comisión de la Verdad: contribuciones de la Comisión Especial sobre Muertos y Desaparecidos Políticos y de la Comisión de Amnistía para la Comisión Nacional de la Verdad", de autoria de Marcelo D. Torelly, busca elucidar as características da Comissão da Verdade, suas diferenças ante o processo judicial de formação da verdade, os objetivos específicos da Comissão Nacional da Verdade Brasileira e seus poderes em comparação com as comissões de reparação. O autor também trata dos limites e possibilidades desses processos e o desafio pendente da agenda política.

Uma obra coletiva demanda o trabalho inestimável de colaboradores que estão nas entrelinhas da iniciativa. Registramos um agradecimento à equipe do Programa Máster-Doutorado de Sevilha, em especial a Jesus Abellán Muñoz, a Manuel Gândara Carballido, a Vicente Barragán e a Roser Fernández Benito, pelo trabalho de organização do Seminário que deu origem à presente obra, um especial agradecimento à pesquisadora e doutoranda Ceres Fernanda Corrêa pelo importante trabalho de revisão e diagramação e, finalmente, nossa gratidão à excelente Editora Fórum aceitar o desafio de apoiar uma coleção sobre temas relacionados à justiça de transição, sabendo que está colaborando com a construção de um Brasil comprometido com a democracia, os direitos fundamentais e o fim da impunidade.

Curitiba, 12 de junho de 2012.

Carol Proner
Paulo Abrão

PARTE I

A FUNDAMENTAÇÃO DO DIREITO À MEMÓRIA NAS DEMOCRACIAS PÓS-AUTORITÁRIAS

MEMÓRIA HISTÓRICA, JUSTIÇA DE TRANSIÇÃO E DEMOCRACIA SEM FIM

TARSO GENRO
PAULO ABRÃO

Parte I

Erich Auerbach, no seu *Ensaios de literatura ocidental*,[1] no capítulo dedicado a "Vico e o historicismo estético", surpreende-se que um homem no começo do século XVIII "possa ter criado uma história do mundo baseada no caráter mágico da civilização primitiva", dizendo que "há poucos exemplos semelhantes na história do pensamento humano de uma criação tão isolada; devida a uma mente tão peculiar". Ele combinava uma fé quase mística, prossegue Auerbach, na ordem eterna da história humana com um tremendo poder de imaginação produtiva na interpretação do mito da poesia antiga e do direito.

Para Vico "os homens primitivos eram originalmente 'nômades solitários', vivendo em promiscuidade desordenada em meio ao caos de uma natureza misteriosa e, por isso mesmo horrível". Eram "seres sem faculdade de raciocínio; tinham apenas sensações intensas e um poder de imaginação tão grande que os homens civilizados teriam dificuldades em concebê-lo".

---

[1] AUERBACH, Erich. *Ensaios de literatura ocidental*. Duas Cidades; Ed. 34, 2004. p. 347-348. (Coleção Espírito Crítico).

Em "Depois de Babel",[2] conta-nos Joaquín Herrera Flores, o grande mestre George Steiner afirmava o seguinte: "em quase todas as línguas e ciclos lendários encontramos um mito do enfrentamento de rivais; duelo, luta corpo a corpo, confronto de enigmas, cujo prêmio é a vida do perdedor".

Temos "nômades solitários", "seres sem faculdade do raciocínio", diz Vico, e luta onde o prêmio é "a vida do perdedor", diz George Steiner. Assim, o que separa a formulação de Vico da teoria do mestre Steiner é o "contrato". Na primeira hipótese, os nômades solitários somente "sentem" o caos de uma "natureza misteriosa". Na segunda hipótese, a luta revela um prêmio, em um pacto onde o limite é a eliminação consciente do outro.

Se tomarmos os dois exemplos como lapidares de dois períodos históricos da humanidade, poderíamos concluir que um máximo de consciência e racionalidade, que separa qualitativamente o homem primitivo do homem moderno (em termos eminentemente antropológicos), é o fato de que o segundo promoveu uma "compensação" para a sua separação da naturalidade, que foi precisamente aquela que o conscientizou da violência. E depois a organizou, para pactuar sucessivos níveis de convívio que, em nenhuma época da história, suprimiram a compulsão da morte do seu semelhante, reconhecendo-o, portanto, como *indiferente a si mesmo* ou *diferente de si mesmo*, por isso eliminável.

A sucessão de regimes repressivos e autoritários, ditatoriais e/ou totalitários que avassalaram a América Latina, entre meados dos anos 60 e 80, ainda não foi tratada de forma sistemática por nenhum regime democrático em processo de afirmação do continente. Isso se justifica, de uma parte porque todas as transições políticas para a democracia foram feitas sob compromisso. De outra porque a democracia expandiu-se mais como "forma" do que como "substância". Na verdade, nenhum dos regimes *de fato* foi derrotado ou derrubado por movimentos revolucionários de caráter popular; logo, os valores que sustentaram as ditaduras ainda são aceitos como "razoáveis" para a época da guerra fria, e também face às "barbáries também cometidas pelos resistentes de esquerda".

Parte II

Ao lado dessas condições históricas concretas, há todo um manto ideológico promovido por uma parte da academia e também

---

[2] STEINER, George. *Lecturas, obsesiones y otros ensayos*. Madrid: Alianza, 1990. p. 543 *apud* HERRERA FLORES, Joaquín. *A (re)invenção dos direitos humanos*. Florianópolis: Fundação Boiteux, 2009. p. 54.

por intelectuais que têm acesso privilegiado aos grandes meios de comunicação que, sob certos aspectos, ao defender o caminho único do neoliberalismo recentemente falido, ocupou-se também em promover um trabalho persistente de desmoralização dos ideais da esquerda, com a flagrante anulação inclusive do valor humano e político daqueles que resistiram e, por isso, foram perseguidos, mortos ou torturados.

No Brasil, o tratamento dado recentemente ao caso de Cesare Battisti, um militante das brigadas vermelhas, que combateu na luta armada na Itália, atualmente em liberdade por ser considerado um refugiado político, é exemplar.

O questionamento da concessão de refúgio político que o governo brasileiro lhe concedeu, é emblemático: não estamos tratando de um militante esquerdista radical, que lutou contra um regime democrático em crise, mas de um assassino, julgado corretamente por um "Estado de Direito"; mais: não se trata de um "criminoso" político, mas sim de um assassino comum; e, ainda, sua luta armada era a luta do "mal", representado pelos proletários armados pelo comunismo contra "o bem", representado pelo Estado de Direito que mal acolhe a todos. É exatamente o mesmo mecanismo que operou no Brasil, na transição da ditadura para a democracia política, quando o Congresso aprovou a anistia restrita, retirando dela os que cometeram "crimes de sangue".

Esta ideologização direitista da memória, na verdade, impede um pacto de conciliação, porque o impõe a partir dos valores que são aceitos exclusivamente pelos que eram beneficiários do autoritarismo e das ditaduras.

Considerada a concepção de Giambatista Vico, os controladores das anistias e da história evoluíram apenas de um estado de "seres sem faculdades de raciocínio" para um estágio de uma racionalidade burocrática perversa, de uma memória cristalizada nos valores da dominação autoritária do Estado de Exceção.

Isso ocorre especialmente na medida em que se propala também uma narrativa específica que propala uma justificativa do Golpe Militar de 1964, como simples reação a um suposto estado de "caos e desgoverno político" vigente, ameaçador da propriedade privada, das liberdades públicas, dos valores da família, sintetizando tudo no combate a ameaça comunista em andamento.

Parte III

Nesses termos, a repressão atroz e os crimes produzidos na ditadura foram atos não desejados, mas necessários, repartindo, assim, a culpa pelo regime autoritário entre os dois lados combatentes: a repressão e a resistência. O centro do discurso está na ideia de que essa história não pode ser contada, senão exclusivamente desta maneira: a de que o regime ditatorial foi uma etapa de paz civil e avanços econômicos onde se localiza as bases da ordem e da democracia atual. Em virtude disso, em nome da governabilidade, tenta fixar-se um pacto de silêncio, onde não se deve olhar mais para o passado, sob pena de abrir-se as suas feridas. Nestes termos, constata-se um uso político da memória para coincidi-la com a hermenêutica dos dominadores de então, e isto, em verdade, constitui-se em uma não memória.

A recuperação da memória não se faz, portanto, sem o confronto de valores. Trata-se, menos de "punir os torturadores" do que expô-los ao cenário da história, tal qual os perdedores, em regimes ditatoriais, foram expostos e, neste cenário, contrapor os valores que nos guiaram e os valores que erigiram a fundação de regimes repressivos, que somente foram passíveis de serem implementados pela violência armada.

Não se trata, também, de constituir a falácia maniqueísta de que linearmente de um lado estava o "bem" e de outro estava o "mal". Ou seja, que era uma disputa de "homens de bem" contra "homens do mal"; mas, sim, de identificar nas entranhas do Estado o tipo de ordem jurídica e política capaz de instrumentalizar os homens para transformá-los em máquinas de destruição dos seus semelhantes, fazendo-os retroceder ao estágio de uma sociedade sem contrato e de transformação de um legítimo monopólio do uso da força pelo Estado (conquista da modernidade democrática) em um monopólio da destruição de direitos, de regulação burocrática para a repressão instrumental e para a dominação pela coerção.

O grande salto humanístico da modernidade não foi simplesmente a constituição de Estado Moderno nem a própria ideia de nação. Foi o Estado de Direito, vinculado aos fundamentos do *princípio da igualdade jurídica* e no *princípio da inviolabilidade dos direitos,* inclusive quando a pretensão de violação vem do próprio Estado, como "política" estatal ou de agente público específico investido de diferenciados poderes que a lei lhe confere.

Parte IV

O processo de formulação de uma nova Constituição democrática para a República brasileira resultou-nos em texto consagrador dessa fórmula garantidora de direitos fundamentais, como marco fundante da sociedade pós-autoritária. Apesar de não se tratar de nada original

— até porque o nosso pensamento político apenas refletia o que nos vinha de fora, numa espécie de "fatalismo intelectual" que subjuga as culturas nascentes — mesmo assim, foi um grande estatuto político, uma lei fundamental que logrou absorver e superar as tensões entre o absolutismo e o liberalismo, marcantes no seu nascimento, para se constituir, afinal, no texto fundador da nacionalidade e no ponto de partida para a nossa maioridade constitucional.[3] Ou, como disse Paulo Bonavides, a Carta de 1988 valeu por este aspecto: é um salvo-conduto para o país sair do arbítrio e caminhar rumo à legitimidade do futuro.[4]

Como se sabe e como bem define Garcia Amado, a eficácia de uma Constituição depende, sobretudo, da crença na sua legitimidade e na convicção generalizada da "justiça dos seus conteúdos". A própria luta política sobre a sua interpretação — embora busque nela conteúdos contraditórios — é um elemento de convicção na justiça dos seus conteúdos e na legitimidade do consenso que ela revela. Por isso, na verdade, se converteu a história no campo preferencial para as disputas sobre a legitimidade constitucional e, por isso mesmo, a pluralidade de "sensibilidades nacionais" leva a uma luta de histórias ou à própria fragmentação da história em histórias diversas.[5]

Na verdade, mais do que uma luta ou conflito de memórias a sustentarem versões oficiais antagônicas e competitivas da história, o que temos em um cenário pós-autoritário e traumático para uma sociedade política é a necessidade de exercitamos a memória.

A história que se apresenta como vencedora, já dizia Walter Benjamin,[6] fecha-se em uma lógica linear que pisoteia as vítimas, que as ignora sob o cortejo triunfante do progresso. Trata-se de romper esse *continuum* e abrir a brecha da qual nascerá a ação política, e na qual poderá emergir a dor e as injustiças esquecidas. A experiência traumática só se supera a partir de um exercício do luto, que como lembra Paul Ricoeur,[7] é o mesmo exercício da memória: paciente, afetivo, destemido

---

[3] COELHO, Inocêncio Mártires. A experiência constitucional brasileira: da corte imperial de 1924 à Constituição democrática de 1988. *Arquivos do Ministério da Justiça*, Brasília, ano 51, n. 190, p. 69-70, jul./dez. 2006.
[4] BONAVIDES, Paulo; ANDRADE, Paes de. *História constitucional do Brasil*. 5. ed. Brasília: OAB Ed., 2004. p. 493.
[5] Cf. GARCIA AMADO, Juan Antonio. Usos de la historia y legitimidad constitucional. In: MARTIN PALLIN, José Antonio; ESCUDERO ALDAY, Rafael. *Derecho y memoria histórica*. Madrid: Trotta, 2008. p. 52.
[6] BENJAMIN, Walter. Sobre o conceito da história. In: BENJAMIN, Walter. *Magia e técnica, arte e política*: ensaios sobre literatura e história da cultura. 7. ed. São Paulo: Brasiliense, 1994. v. 1. (Obras escolhidas).
[7] RICOEUR, Paul. *História, memória e esquecimento*. Campinas: Unicamp, 2008.

e perigoso, pois revela que nossa sociedade hoje se estrutura sobre os cadáveres das vítimas esquecidas.

É só no trabalho de rememoração que podemos construir uma identidade que tenha lugar na história e não que possa ser fabricada por qualquer instante ou ser escolhida a esmo a partir de impulsos superficiais. Trata-se, de fato, de um dever de memória, um dever que exige disposição e vontade: uma vontade política. O exercício desse dever é condição imprescindível para que haja verdadeiramente o apaziguamento social, caso contrário a sociedade repetirá obsessivamente o uso arbitrário da violência, pois ela não será reconhecida como tal. A memória aqui não é importante só para que não se repita jamais, mas também por uma questão de justiça às vítimas que caíram pelo caminho.[8]

A recuperação da memória, porém, o Estado somente a fará, alterando a sua lógica originária de reprodução burocrática do próprio poder e se a sociedade exigir, pois, conforme elucida Bobbio,[9] "todas as grandes correntes políticas do século passado inverteram a rota, contrapondo a sociedade ao Estado, descobrindo na sociedade, e não no Estado, as forças que se movem em direção à libertação e ao progresso histórico". Eis que aqui, mais uma vez, o papel da sociedade civil e dos movimentos sociais democráticos, é determinante para a disputa das leituras produzidas e construídas sobre a história, afinal, deve-se compreender fundamentalmente que, em primeiro lugar, a história é um dos elementos de legitimação constitucional (para uma efetiva justiça de seus conteúdos) e, em segundo lugar, deve-se convencer de que na interpretação do passado joga-se o futuro dos Estados democráticos. Disso extraímos a ideia de legitimidade da nossa Constituição como pacto que nos obriga, hoje e sempre, a uma *disputa dos fundamentos de legitimação da mesma Constituição.*

Parte V

Em síntese, a partir dessas reflexões é que se pode afirmar que a relevância e os objetivos do resgate e da promoção da memória histórica, passam pelo menos por 3 eixos fundamentais:

---

[8] MATE, Reyes. *Memórias de Auschwitz*: atualidade e política. São Leopoldo: Nova Harmonia, 2005.

[9] BOBBIO, Norberto. *Teoria geral da política*: a filosofia política e as lições dos clássicos. Rio de Janeiro: Campus, 2000. p. 225.

a) pelo campo de uma reconciliação nacional onde se trava o processo de legitimação constitucional voltada para um autêntico objetivo político humanista;
b) um processo de afirmação de valores contra a pulsão da eliminação consciente do outro (Steiner) e;
c) na criação e identificação da nação, pois, no caso brasileiro, temos uma promoção incompleta da identidade nacional, pois a modernidade tardia brasileira excluiu os movimentos de resistência e seus valores como forjadores das bases da democracia atual.

Para o atendimento destes objetivos, um instrumento privilegiado que tem sido utilizado por diversas nações são as políticas denominadas de *Justiça de Transição*.

Justiça transicional é uma resposta concreta às violações sistemáticas ou generalizadas aos direitos humanos. Seu objetivo é o reconhecimento das vítimas e a promoção de possibilidades de reconciliação e consolidação democrática. A justiça transicional não é uma forma especial de justiça, mas uma justiça de caráter restaurativo, na qual as sociedades transformam a si mesmas depois de um período de violação generalizada dos direitos humanos.

Os governos, em especial na América Latina e na Europa Oriental, adotaram muitos enfoques distintos para a justiça transicional. Entre elas figuram as seguintes iniciativas:

a) Aplicação do sistema de justiça na apuração dos crimes ocorridos nas ditaduras, em especial, aqueles considerados como crimes de lesa-humanidade;
b) Criação de Comissões de Verdade e Reparação, que são os principias instrumentos de investigação e informação sobre os abusos-chave de períodos do passado recente;
c) Programas de reparação com iniciativas patrocinadas pelo Estado que ajudam na reparação material e moral dos danos causados por abusos do passado. Em geral envolvem não somente indenizações econômicas, mas também gestos simbólicos às vitimas como pedidos de desculpas oficiais;
d) Reformas dos sistemas de segurança com esforços que buscam transformar as forças armadas, a polícia, o poder judiciário e as relacionadas com outras instituições estatais de repressão e corrupção em instrumentos de serviço público e integridade;
e) Políticas de memória vinculadas a uma intervenção educativa voltada desde e para os direitos humanos, bem como práticas institucionais que programem memoriais e outros espaços

públicos capazes de ressignificar a história do país e aumentar a consciência moral sobre o abuso do passado, com o fim de construir e invocar a ideia da "não repetição".

Entendemos que a democracia, como institucionalização da liberdade e regime político da maioria associada aos direitos das minorias, não se constitui em valor natural ou um imperativo categórico metafísico do fenômeno da política. Trata-se de um fenômeno social, histórico, temporal e mutante. Daí que a disseminação dos valores democráticos é tarefa que deve transcender e constar nas políticas públicas de todos os governos.

Se é certo que o processo de reforma do Estado brasileiro, tem permitido melhor e maior apoderamento social dos espaços e bens públicos (e isto tem consumido a pauta política desde a redemocratização), por outro lado, uma pauta essencialmente voltada para a importância da democracia como um valor "por si", a ser permanentemente semeado e disseminado nas relações sociopolíticas cotidianas, não pode ser secundária na agenda da nação, como se a questão democrática não exigisse olhares permanentemente atentos diante de qualquer sinal de retrocesso.

É preciso promover e aceitar a luta cotidiana para aperfeiçoar e radicalizar a democracia realmente existente. Uma luta conscientemente orientada para, primeiro, a construção de uma nova hegemonia experimentada e legitimada no ritual democrático republicano; segundo, para a expansão de um novo contrato social e terceiro, para promover uma nova esfera pública democrática e novas relações entre Estado e sociedade.[10]

O que se está a considerar, em última análise, é que todas essas questões conectam-se àquilo que o professor Boaventura de Sousa Santos tem inspiradamente denominado de "democracia sem fim". Como Boaventura ensina, o horizonte continua sendo a democracia e o socialismo, mas um socialismo novo; e seu novo nome é "democracia sem fim".[11]

Segundo o professor, para alçarmos uma democracia de alta densidade, não é possível mudar o mundo sem tomar o poder, mas também não se pode mudar algo com o poder que existe hoje. Por isso devemos mudar as lógicas do poder e, para isso, as lutas democráticas

---

[10] Sobre estas questões *vide* Tarso Genro (É possível combinar democracia e socialismo?. *In*: GENRO, Tarso et al. *O mundo real*: socialismo na era pós-neoliberal. Porto Alegre: LP&M, 2008).
[11] SANTOS, Boaventura de Sousa. *Contra-ofensiva neoliberal*. 27 jul. 2009.

são cruciais e são radicais, por estarem fora das lógicas tradicionais da democracia. Diante disso, deve-se aprofundar a democracia em todas as dimensões da vida.

Para termos força para impor esta renovada razão, difundida pelo professor Boaventura, não se pode ter dúvidas de que as políticas de resgate da *memória histórica* e os diferentes mecanismos e dimensões da *Justiça de Transição*, constituem-se em estratégias elementares, fundamentais e privilegiadas para a expansão humanista da "democracia sem fim".

Informação bibliográfica deste texto, conforme a NBR 6023:2002 da Associação Brasileira de Normas Técnicas (ABNT):

GENRO, Tarso; ABRÃO, Paulo. Memória histórica, Justiça de Transição e democracia sem fim. *In*: PRONER, Carol; ABRÃO, Paulo (Coord.). *Justiça de Transição*: reparação, verdade e justiça: perspectivas comparadas Brasil-Espanha. Belo Horizonte: Fórum, 2013. p. 21-29. ISBN 978-85-7700-737-0.

DEMOCRATIZAR LA VERDAD PARA CONSTRUIR LA DEMOCRACIA

MANUEL E. GÁNDARA CARBALLIDO

Todo es según el dolor con que se mire
(Mario Benedetti)

Introducción

Lo que llamamos "verdad", y más concretamente la "verdad" de los acontecimientos históricos, de las narraciones sobre las construcciones sociales, es un campo de lucha entre proyectos de sociedad enfrentados. La "verdad", lejos de estar al margen del contradictorio quehacer humano, es un campo sembrado de conflictos de poder. Esta constatación, además de llamar la atención sobre la muy frecuente manipulación del pasado con la pretensión de legitimar algunos abusos del presente, pretende señalar que ciertas formas de concebir lo que se entiende por "verdad" actúan como condición de posibilidad para la constitución de modos específicos de organizar la sociedad según criterios democráticos, mientras que otras concepciones sobre la "verdad" niegan toda posibilidad a dicha forma democrática de vida y de gobierno.

En las líneas que siguen me propongo dar cuenta de la relación conflictiva existente entre la democracia como forma de gobierno y la idea de verdad como algo absoluto, fijo, eterno, tal y como sostiene la teoría platónica, de la que nuestra civilización es deudora en una medida no siempre reconocida. Para dar cuenta de este conflicto resultará provechoso adentrarse en la propuesta ofrecida por los conocidos oponentes de Platón, los filósofos sofistas. Es cuando menos significativa la alternativa de vincular la concepción epistemológica de los sofistas — una corriente de pensamiento con muy mala prensa (habrá que ver por qué) — y la democracia, una forma de concebir la organización política que hace de quicio de todo cuanto hoy pretende ser políticamente correcto. Creemos que dar cuenta de esta relación puede ayudar a recuperar la apuesta de fondo de la democracia y a revitalizar su potencial emancipador.

Al contrario de la práctica ejercida por parte de los discursos que negando las opciones específicas desde las que formulan sus propuestas logran venderse como objetivos e imparciales, nuestra reflexión se enmarca explícitamente en lo que algunos autores han denominado pragmatismo epistemológico,[1] reconociendo que subyace a su desarrollo una opción ética, política e ideológica en favor de la construcción de condiciones que contribuyan y fortalezcan procesos de emancipación por parte de aquellos sectores de la población que han sido subordinados, excluidos, explotados y empobrecidos.

La democracia y los filósofos malditos

Un malestar de fondo advierte de la contradicción que atraviesa al hecho de que quienes asumen la lógica de pensamiento único y absoluto se erijan al mismo tiempo como defensores de la democracia. Para explorar esta idea-sensación, iniciaremos dándoles la palabra a algunos filósofos sofistas, queriendo ver su relación con la democracia. Pero, para "curarnos en salud" y no cometer la ingenuidad de desconocer el contexto polémico en que se enmarca el tema que desarrollamos, debemos comenzar con la advertencia que nos hace Joaquín Herrera Flores.

> No hay que olvidar que los sofistas fueron los grandes perdedores, y que Platón fue rescatado, pues convenía más por su miedo y recelo ante la democracia. La historia de las ideas políticas está en relación con este recelo frente a la democracia y los DD.HH.[2]

---

[1] Santos, Boaventura de Sousa (2007). "*Para além do Pensamento Abissal:* Das linhas globais a uma ecologia de saberes". En: Revista Crítica de Ciências Sociais. n. 78, p. 28.
[2] Herrera Flores, J. (1999). "Reflexión en torno al concepto de derechos humanos". En: *Jornadas Internacionales sobre derechos humanos.* Conferencias y debates. Granada 5, 6 y 7 de diciembre de 1998. Granada: Asociación Pro Derechos Humanos de Andalucía, p. 25.

Por eso, contra una valoración fundamentalmente negativa, sin por ello desconocer sus límites y excesos, creemos necesario afirmar que los así llamados sofistas supieron captar y dar respuesta a un momento histórico marcado por la progresiva crisis de la aristocracia y el correlativo apoderamiento del pueblo; a una significativa ampliación del horizonte cultural de la polis que señalaba el carácter relativo de sus leyes y costumbres; a la crisis de la antigua *arete*, vinculada a los valores tradicionales sostenidos por la aristocracia, y la puesta en duda, por tanto, del hecho de que la misma, como virtud política, estuviese ligada a las particularidades del nacimiento de cada persona en función de su condición social. *"Decían los sofistas, aquellos perdedores, que el sistema político debería ser el poder del pueblo. Asumamos su herencia y dejemos aparcado a Platón y a todos los aristotélicos que han empañado la historia de las ideas políticas de occidente"*.[3]

Con todo, es necesario reconocer que los sofistas no conforman un grupo compacto y homogéneo, dándose entre ellos significativas diferencias de las que es necesario tener conciencia dada la tendencia a arrastrar en la misma crítica a todos sus miembros por los excesos cometidos por algunos de ellos. En todo caso, se debe tener en cuenta que *"bajo el régimen de escritura platónica de la historia de la filosofía, los sofistas pagan desde hace veinticinco siglos el considerable tributo de una mala reputación y una definición equivocada"*.[4] Tal y como afirma Robert Pirsig en un libro ya clásico:

> El odio de Platón hacia los retóricos era solo parte de una lucha mucho mayor, en la que la realidad del Bien, representada por los sofistas, y al realidad de la Verdad, representada por los dialécticos, estaban trabadas en una enorme batalla por la mente del hombre futuro. Ganó la Verdad y perdió el Bien.[5]

Si atendemos a lo que puede denominarse el origen aristocrático de Platón, su enfrentamiento con los sofistas puede ser evaluado más allá del campo puramente teórico; no se trata de una disputa asépticamente intelectual. Tal y como afirma Boaventura de Sousa Santos, *"la neutralización epistemológica del pasado ha sido la contraparte de la neutralización social y política de las clases peligrosas"*.[6]

---

[3] *Idem*, p. 14.
[4] Onfray, M. (2007). *Las sabidurías de la antigüedad. Contrahistoria de la filosofía*, I. Barcelona, Anagrama, p. 89.
[5] Pirsig, R. (2008). *Zen y el arte del mantenimiento de la motocicleta*. Madrid, Sexto Piso, p. 419.
[6] Santos, Boaventura de Sousa. *El milenio huérfano. Ensayos para una nueva cultura política*. Madrid: Trotta, 2005. p. 66.

Lo que Platón detesta por igual en los sofistas es que democraticen la cultura y el saber, intervengan en los lugares públicos, no escojan su auditorio, no lo confinen en un recinto separado del mundo — la Academia, por ejemplo —, y acepten una interacción con él según el principio de preguntas y respuestas.[7]

Éste es un dato particularmente relevante, sobre todo si, como hemos dicho, se atiende al hecho de que la versión que se ha transmitido de los sofistas, la versión hegemónica y oficializada acerca de ellos en la historiografía del pensamiento, es la platónica.[8] En este sentido, una relectura menos prejuiciada del pensamiento sofista destaca, entre otros, los siguientes elementos:[9]

- Junto a su búsqueda del saber, atendieron a cuestiones prácticas. En su interés por el conocimiento de la lengua y del pensamiento subyace una motivación práctica: el dominio de la elocuencia. Se da un desarrollo conjunto de la tecné retórica y de la tecné política.
- Dieron al problema educativo y al afán pedagógico una relevancia no tenida hasta entonces. De hecho, el sofista era conocido como *didáskalospaideiaskaiaretês*: maestro de educación (o cultura) y de excelencia (o virtud). Son, pues, profesionales de la educación y la cultura, de la cual tenían una visión crítica.
- Divulgaron la idea según la cual la virtud se basa no en la nobleza de la sangre, sino en el saber.
- Al convertir el saber en oficio, hecho que no estuvo exento de abusos, pusieron sus enseñanzas a disposición de quienes pudieran pagar por ellas, rompiendo un esquema social que limitaba la cultura a determinadas clases que en su ocio podían disfrutar de ella.
- Su carácter errante les permitió constatar y divulgar posibilidades ofrecidas por pueblos más allá de la polis, siendo por tanto ciudadanos de la Hélade.
- Frente a las tradiciones, normas y conductas codificadas, mostraron una significativa libertad de espíritu y confianza en las posibilidades de la razón. Distinguiendo entre los productos de la naturaleza, *phýsis*, y los de la convención social, *nómos*, aplicaron tal distinción a las distintas instituciones (leyes, costumbres, credos religiosos o políticos, etc.).

---

[7] Onfray, M. (2007). *op. cit.* p. 91.
[8] *Idem.*
[9] Reale, G. y Antiseri, D. (1995). *Historia del pensamiento filosófico y científico*: Tomo I *Antigüedad y Edad Media*. Barcelona, Herder, 1995. p. 76-77.

En realidad hay que decir que la sofística es la expresión teórica de la democracia ateniense o la democracia ateniense la aplicación práctica de la sofística: Hay un influjo recíproco constante, ocupando la sofística el lugar dejado por la teoría democrática más antigua de Simónides y Esquilo, que todavía pervive en Heródoto.[10]

Como suele ocurrir en la historia de los fenómenos políticos, y sin pretender caer en dualismo reduccionistas, la democracia no tiene su origen en una labor especulativa pura; no surge de un ejercicio teórico que luego haya sido puesto en marcha por algún gobernante. En su surgimiento, la práctica política precedió a la labor teorizadora. En este sentido, la relación directa entre la conformación de la democracia y el pensamiento de los sofistas es claramente expresada por algunos historiadores:

La palabra "democracia", la organización política significada por ella, son invenciones del siglo de Pericles. La palabra no aparece, en efecto, hasta entonces en el lenguaje, y se puede admitir que los sofistas no fueron extraños ni a su creación ni a su difusión. La organización política que define no adquiere hasta entonces su verdadero significado.[11]

Con José Rubio Carracedo, entendemos que la democracia dada en la Grecia clásica fue instituida por Clístenes sobre las bases propuestas por Solón, y luego teorizada por Protágoras. Este paradigma democrático es alternativo a dos enfoques divergentes entre sí sobre la naturaleza de la obligación política, que también se encontraban presentes en aquel lugar y por aquella época: el convencionalismo naturalista propio de algunos sofistas (Trasímaco, Calicles o Glaucón) que proponía un claro rechazo a la legitimación tradicional del poder, y la postura legitimista-ilustrada presentada por Platón, que propugna un modelo de "estado justo" a partir de un ontologismo moral.[12]

Veinticinco siglos después, la disputa continúa. Resulta significativa la dificultad para lograr un consenso entre los distintos autores en torno a la noción de democracia. Mientras para unos se trata de un sistema de gobierno, de un mecanismo "formal" para la toma de decisiones, de un procedimiento para el ejercicio del poder, para otros, entre los que nos incluimos, la democracia, además de un sistema basado

---

[10] Rodríguez, F. (1993). *La Democracia Ateniense*. Madrid, Alianza, 1993, p. 263-264.
[11] Cohen, R. (1961). *Atenas, una Democracia*. Barcelona, Aymá, 1961, p. 91.
[12] Cfr. Rubio, C. (2000). *Educación moral, postmodernidad y democracia: Más allá del liberalismo y del comunitarismo* (2. ed.). Madrid, Trotta, p. 246.

en la igual participación de todos y todas, debe ser entendida también como una forma de vida participativa, siendo inherente a ella una serie de principios que han de orientar las relaciones y la construcción del proyecto común.

Ni la democracia formal es la panacea de situaciones de penuria o de atraso tecnológico; ni la democracia puede ser puesta en práctica sin una serie de condiciones económicas, sociales y políticas que la hacen viable... La lucha por la democracia exige por un lado una intervención ciudadana e institucional activa en su favor y, por otro, un talante abierto y plural que vea la verdad y el bien comunes como fines cambiantes y siempre sometidos a alternativas no excluyentes.[13]

Pensar democráticamente es hacerlo de forma siempre abierta a la crítica y a la posibilidad de revisión.[14] Por eso, tal y como afirma el mismo Herrera Flores *"la democracia no puede ser entendida ya como un medio de acceso al poder político, sino que tiene que partir de su esencia de proceso constante de legitimación y revisión incluso de sus mismos presupuestos y reglas"*.[15] Sólo así la democracia logra dar cuenta del necesario reconocimiento de la autonomía de las personas, de su capacidad para tomar decisiones en la construcción de los proyectos colectivos.[16]

El hombre no es el origen de todas las cosas, pero sí su medida[17]

Contra las históricamente vencedoras teorías idealista y absolutista, la teoría del conocimiento del filósofo sofista Protágoras se articula a partir de una serie de principios fundamentales en los que el primero destaca como eje fundamental: el hombre es la medida de todas las

---

[13] Herrera Flores, J. (enero, 1997). "Claves para el análisis del pensamiento autoritario en Iberoamérica". En: *Revista Praxis* n. 50. Memoria del III Congreso Internacional de filosofía Latinoamericana: Filosofía y Crisis en América Latina, Junio de 1996. Universidad Nacional, Departamento de Filosofía, Costa Rica, p. 119-120.
[14] Cfr. Herrera Flores, J. (otoño, 1994). "Democracia, Estado de Derecho y derechos humanos: claves para una enseñanza alternativa del Derecho" (Crítica Jurídica y Estudios de Derecho). En: *Revista de Direito Alternativo*, p. 203.
[15] Herrera Flores, J. (segundo cuatrimestre 1985). "La participación política en John Rawls y el concepto de participación democrática". En: *Revista de las Cortes Generales* n. 5, p. 120.
[16] Cfr. Cortina, A. (2000): *Ética sin moral*. Madrid, Tecnos, p. 256-257.
[17] Para ahondar en la idea propuesta por este subtítulo recomendamos la lectura del sugerente texto de Robert Pirsig (2008). *Zen y el arte del mantenimiento de la motocicleta*. Madrid, Sexto Piso.

cosas.[18] Tal y como afirma el profesor Francisco Bravo, de esta serie de principios de carácter gnoseológico se desprenden consecuencias en el ámbito ético-político: Si cada ser humano es "medida" de las cosas, incluidas las percepciones sobre las diversas experiencias, en las representaciones posibles, unas podrán ser asumidas como más convenientes que otras, tanto a nivel individual como colectivo, pero nunca como más verdaderas. De esta manera, la medida de lo justo y de lo bello será la conveniencia del grupo humano, particularmente del Estado.

> No se trata de ver en él si una opinión ética es verdadera o es falsa, sino de si una opinión es más sensata, es decir, más útil o ventajosa que otra... la idea es adecuada para mostrar que todo análisis filosófico que se ocupe de los valores éticos (entendidos en este momento como principios plasmadores o conformadores de la praxis) no es más o menos verdadero que otro, sino que, con Althusser podremos decir, que es más o menos correcto en la praxis histórica.[19]

Tal y como afirma Robert Pirsig en su libro "Zen y el arte del mantenimiento de la motocicleta", la enseñanzas de los sofistas, el conjunto de su actividad, no estaba centrada en la búsqueda de principios irrecusables o de una verdad absoluta; su objetivo era el mejoramiento de los hombres.[20]

No existiendo verdad absoluta ni valores morales absolutos, la atención se fija en aquello considerado más útil, conveniente y oportuno; sabio será quien sepa reconocerlo y convencer a los demás para que reconociéndolo lo pongan en práctica. Es necesario saber reconocer aquello útil para la convivencia política de la comunidad, y distinguiéndolo de lo nocivo, saber demostrarlo y convencer de ello a los demás. En este particular, la actualidad de los sofistas es, cuando menos, digna de mención.

A partir del "tránsito a la modernidad" es preciso reconocer que no existen valores autónomos en los que apoyarse para conseguir acuerdos universales; más bien nos encontramos ante diferentes y plurales "compromisos axiológicos" relativos a diferentes y plurales proyectos

---

[18] Bravo, F. (1998). "Los filósofos griegos preplatónicos". En: *Ensayos para una historia de la filosofía: De los presocráticos a Leibniz*. Caracas: Fondo Editorial de Humanidades, Universidad Central de Venezuela, p. 9-63.

[19] Herrera Flores, J. (1987). "Cuestiones básicas para la fundamentación de los valores jurídicos". En: *Anuario de Filosofía del Derecho*. Instituto Nacional de Estudios Jurídicos, Madrid, p. 410-411.

[20] Pirsig, R. (2008). *Zen y el arte del mantenimiento de la motocicleta*. Madrid, Sexto Piso, p. 422.

de vida y de sociedad. Por esta razón el problema axiológico deviene fundamental en toda argumentación filosófica, moral y política, ya que tanto una como otras dependen de elecciones axiológicas previas que orientan y dinamizan los objetos a que se remiten. En la actualidad, el problema axiológico se ha hecho omnipresente; de ahí los renovados intentos de fundamentación de las normas y reglas que, basadas en previas elecciones de valor, configuran nuestro quehacer práctico y político.[21]

A partir de la concepción del mundo sostenida por Protágoras, las cosas quedan definidas a partir de la opinión del hombre, no siendo válido acudir a ningún tipo de patrón absoluto. Afirmar que sobre cada tema son posibles diversas afirmaciones (¡incluso antagónicas!), implica dejar atrás toda pretensión de objetividad absoluta y poner por delante un espacio abierto al diálogo, a la discusión. No es por tanto de extrañar que la democracia en Atenas, sobretodo en tiempo de Pericles, llegue a ser entendida como una expresión imperfecta de un intento de acuerdo por llevar los asuntos de la comunidad, manifestándose, por tanto, como una obra humana. Orden social y organización política, en tanto obras humanas, se encuentran permanentemente expuestas a nuevas transformaciones. Por lo demás, es obvio que si "el hombre es la medida de todas las cosas", ha de ser él quien determine la forma del Estado, su configuración y el tipo de sistema político que regirá su vida. No existe otro tipo de prerrogativas, ni se podrá apelar a otro orden de cosas en la determinación de la forma de organización política. Por otra parte, puesto que todos son por naturaleza igualmente hombres, todos han de participar en estas decisiones de manera igualitaria. Con ello, queda asentada la igualdad como principio básico de la democracia.

En este intento de vinculación entre el pensamiento sofista y la configuración del régimen democrático, merece mencionarse, también, el mito que Platón pone en boca de Protágoras, en el diálogo con este mismo nombre, y que quizá haya sido escrito por éste en su obra "Sobre la constitución primordial". En dicho texto se refiere cómo Zeus, considerándolo necesario para la supervivencia de los seres humanos, decide distribuir, a todos por igual, el sentido moral y la justicia, haciendo con ello posible una vida comunitaria que fundamente la civilización. En este mito queda clara la insuficiencia de la habilidad técnica y la necesidad de la habilidad para la convivencia, basada en la moralidad y en el sentido de la justicia, que estarán, por tanto, en todo ser humano

---

[21] Herrera Flores, J. (1992). "¿Son los derechos humanos valores jurídicos?". En: *Fragmentos de Filosofía*. n. 1, 1992, Universidad de Sevilla, p. 93.

y que son necesarias para el progreso de la humanidad. El basamento democrático de esta concepción es manifiesto. La construcción de la ciudad exige la participación de todos, y todos están dotados de lo necesario para ello. Pero, más allá del texto del mito, la demanda de Protágoras se dirige a la necesidad de entender que el logro de dichas virtudes no es un mero regalo de la naturaleza ni del azar, es también fruto de reflexiones y preceptos, constituyendo una ciencia que puede ser enseñada; a tal enseñanza dirige su labor de maestro. El bien de la comunidad pasa por los necesarios acuerdos democráticos, exige tolerancia, requiere del uso de la palabra (para lograr acordar generando un cambio de actitud en quienes tienen posiciones enfrentadas).

Puesto que no hay una esencia de la justicia, y si la hay la desconocemos, no hay posibilidad de hacer un dictamen en torno a la justicia, al bien común, de manera imparcial. Se responde, pues, con escepticismo, al objetivo de cierta filosofía política en su intento por definir a priori el bien que todos los seres humanos han de perseguir si pretenden vivir correctamente en comunidad.[22]

> El ser en general, o sea, lo que llamamos realidad y los que vivimos en ella, no son entes constituidos de una vez para siempre... Por mucho que lo intentemos, no tenemos un acceso inmediato y fijo a la realidad. Al no existir una plataforma estable de conocimiento e interacción con lo que nos rodea, es decir, al plantear como premisa filosófica que no hay una cosa tal que podamos llamar "ser-en-sí", el único modo de acceder a lo real es el que nos ofrece nuestra naturaleza común de animales culturales. Animales que "reaccionamos plural, diferenciada y contextualmente ante el conjunto de relaciones que mantenemos con los otros, con nosotros mismos y con la naturaleza".[23]

Como se ve, a pesar de tal escepticismo, queda salvada la posibilidad de la comunicación entre los hombres, cosa que no sería posible desde la tesis de una coincidencia completa entre el conocimiento y el objeto concebido como existente en sí.

La verdad absoluta no dialoga

Es ya clásica la polémica entre las posiciones relativistas y las posiciones absolutistas. En dicho debate, el absolutismo, a partir de

---

[22] Camps, V. (2001). *Introducción a la filosofía política*. Barcelona, Crítica, p. 16.
[23] Herrera Flores, J. *El arte como elogio del movimiento*. Mimeo, p. 20-21.

la creencia en una instancia, un procedimiento o una verdad última y absoluta, fundamenta las distintas prácticas tanto sociales como individuales; consecuentemente, dicha instancia, procedimiento o verdad al ser absolutas están "absueltas", desligadas, de las interacciones y prácticas sociales que en realidad les constituyen y son su concreción histórica material. La mirada absolutista estaría caracterizada por la creencia en universalismos abstractos, necesariamente previos y trascendentes a la materialidad de los hechos; la creencia en la existencia de una realidad "absolutamente" objetiva, no afectada por las acciones a través de las cuales se le conoce y se interactúa con ella, de lo que se deriva que dicha realidad escapa a la acción histórica humana; y la creencia en la existencia de un fundamento último, absoluto, previo y trascendental a las prácticas sociales a las cuales sustenta.[24]

Enfrentando estos postulados, los pensadores relativistas niegan que las distintas realidades sólo puedan ser conocidas a través de una única forma de conocimiento intersubjetivamente válido, lo que denuncian como una práctica de colonización; de igual forma, niegan que ese supuesto conocimiento único se halle garantizado, a su vez, por algún tipo de instancia de orden trascendental que asegure el acceso a la esencia de la realidad, y que, como consecuencia de estas consideraciones de orden epistémico, el mundo devenga en una trama de esencias fijas y conclusas, trascendentalizadas, en la que no sea posible intervenir desde las prácticas sociales.[25] En el marco de este debate, Joaquín Herrera Flores, a pesar de ser consciente de los riesgos de ciertas formas de relativos, apuesta por lo que denomina un relativismo relacional.

> Apostamos por un "relativismo radical o relacional", desde el que nos vemos obligados a repensar *todos* los productos culturales como formas de reacción, más o menos racionales (en función de su coherencia interna entre deseos, creencias y acciones) frente a los sistemas de valores y de división del hacer productivo humano que dominan en contextos espacio/temporales concretos... tomamos partido por un relativismo radical que intenta verlo todo y expresarlo todo "en relación con" lo otro y con los otros. Y, consecuentemente, vamos a rechazar el absolutismo que, como tal, lo que hace es "absolver" a la teoría — y al teórico — de toda responsabilidad frente a las consecuencias que produce.[26]

---

[24] *Ibidem*, p. 92-93.
[25] *Idem*, p. 95.
[26] *Ibidem*, p. 97.

En la posición contraria al absolutismo, la perspectiva teórica relativista, asumiendo que nada puede ser entendido si no es "en relación con" aquello que lo instituye social y colectivamente, niega la posibilidad de ignorar las prácticas sociales que están en la base del acto cognoscitivo; en consecuencia, la postura relativista afirma la existencia de verdades siempre parciales que orientan a los sujetos en su búsqueda de coherencia entre los deseos, las creencias y las acciones.[27]

> En definitiva, el relativista apuesta siempre por poner en práctica una fuerte dosis de voluntad de libertad y antiautoritarismo para devolver legitimidad intelectual a las siguientes tareas: a) mantener abierta la posibilidad de la creación radical; b) cuestionar el principio de determinación absoluta de los fenómenos; c) desmantelar el presupuesto esencialista que afirma que a cada cosa o a cada fenómeno corresponde una sustancia que se puede deducir por el mero hecho de pensar; y d) arrinconar toda traza de trascendencia que sitúe las producciones culturales en una esfera absolutamente separada de nuestras formas distintas de alcanzar la coherencia entre los deseos, las creencias y las acciones que llevamos a término.[28]

Desde el marco del relativismo relacional, que sostiene que toda verdad es parcial en cuanto está relacionada con las prácticas sociales que la instituyen y en las que tiene lugar, se apuesta por el empoderamiento de los sujetos que intervienen en esas prácticas sociales, enfrentando la pasividad y a la aceptación acrítica de la Verdad a que conducen los postulados absolutistas.[29] A partir de la opción por el relativismo relacional, Herrera Flores postula lo que denomina un universalismo de empoderamiento. Según éste,

> Lo único que se puede y se debe universalizar y generalizar es que todas y todos tengan acceso a condiciones materiales e inmateriales que les permitan tener el poder suficiente como para "hacer valer" sus propuestas en un marco de igualdad y de reconocimiento... la tarea relativista por excelencia es triple: visibilizar, desestabilizar y, en su caso, transformar los marcos concretos, reales y materiales que subyacen a toda política, toda ética y todo conocimiento con pretensiones científicas.[30]

---

[27] *Idem*, p. 93.
[28] *Idem*, p. 95-96.
[29] *Idem*, p. 93-94.
[30] *Idem*, p. 94.

Ha de insistirse en que el relativismo de Joaquín Herrera es relacional; para él, negar lo absoluto no supone afirmar que todas las posiciones tengan la misma validez, sino la necesidad de tomar en cuenta el contexto y las experiencias que subyacen a las distintas posiciones.[31] No se trata de un nihilismo que se abstenga de fijar posición y de valorar las distintas realidades:

> En definitiva, ser relativista no consiste en afirmar que todo vale igual, aunque sólo sea porque el propio relativista afirma que su posición vale más que la absolutista y por ella está dispuesto a luchar. Consiste más bien en negar que existan fundamentos últimos y/o absolutos que se coloquen por encima de las prácticas sociales. Nada puede tener un fundamento trascendente a nuestra humana capacidad genérica de acción y transformación. De ahí, que toda fundamentación y toda racionalidad es parcial y depende de contextos culturales particulares. Pero, una vez aceptada esa "equivalencia" e "incompletud" entre racionalidades, podemos y nos vemos obligados por la misma asunción anti-absolutista a elegir por qué debemos luchar y cómo hacerlo (lo que a su vez es negado por las posiciones absolutistas, para las que todo está dado y garantizado de una vez por todas).[32]

Al fin y al cabo, lo que plantea Herrera Flores, autor al que seguimos en la mayor parte de este texto, es la necesidad de introducir en el análisis de los procesos históricos el marco de referencia en que tienen lugar, el contexto en que acontecen dichos procesos, las discrepancias normalmente invisibilizadas.[33]

Ante la diversidad de voces y propuestas, no asumimos una postura nihilista que proclame que todo vale porque nada vale, ni la cómoda tolerancia que confunde el necesario respeto a las personas con la banal aceptación acrítica de sus ideas. Nuestra posición reconoce una opción ética y política a favor de aquellos que han sido empobrecidos, marginados, explotados, sometidos a relaciones de opresión que les han negado la posibilidad de formular y construir sus proyectos vitales. De manera fabulosamente concisa Theodor Adorno supo recoger esta misma opción y establecer su carácter de quicio epistémico: "*La*

---

[31] Cfr. Herrera Flores, J. (2008). *La reinvención de los derechos humanos.* Colección Ensayando, Ed. Atrapasueños, p. 133.

[32] Herrera Flores, J., *op. cit.* p. 96.

[33] Herrera Flores, J. (2000): "Hacia una visión compleja de los derechos humanos", En: *El Vuelo de Anteo*. Colección Palimpsesto 9. Derechos Humanos y Desarrollo. Bilbao, Desclée De Brouwer, S.A., p. 37.

necesidad de prestar voz al sufrimiento es condición de toda verdad".³⁴ No hay verdad cuando se silencia a las víctimas, ni bondad cuando se niega la posibilidad de construir condiciones de vida digna, ni belleza en el horror de lo impuesto.

Por una democracia razonable

¿Cómo consolidar una forma de organización social basada en el reconocimiento de la igual libertad de todos y todas si partimos del supuesto de que la verdad está dada y le pertenece sólo a algunos? La posibilidad de una teoría democrática consistente exige una concepción no monolítica de la verdad; obliga a asumir con modestia la tarea humana de conocer y describir la realidad a partir de los diversos contextos en los que se configuran de manera diferenciada los diferentes proyectos personales y colectivos. Tal ha sido la concepción epistemológica desarrollada por algunos filósofos sofistas; por eso, no es casual su proximidad a la configuración de la democracia ateniense, como tampoco lo es que un autor como Platón, que se les opuso abiertamente, haya apostado por regímenes políticos distantes del modelo democrático. En esa misma línea de pensamiento, para Joaquín Herrera el grado de verdad de una teoría no depende de su adecuación o no a un marco objetivo de hechos y experimentos, sino de su nivel de apertura o rechazo frente a la crítica y la posibilidad de revisión.³⁵

> Existe únicamente un ser perspectivista — afirmaba Nietzsche —, únicamente un conocer perspectivista; y cuanto mayor sea el número de afectos a los que permitamos decir su palabra sobre una cosa, cuanto mayor sea el número de ojos, de ojos distintos que sepamos emplear para ver una misma cosa, tanto más completo será nuestro concepto de ella, tanto más completa será nuestra objetividad.³⁶

Resulta muy significativa la cercanía a esta idea por parte de un autor que se mueve en el campo de la teoría de la argumentación como lo es Eduardo Piacenza, quien establece en su artículo *"Audiatur et altera pars"*, lo siguiente:

---

[34] Adorno, T. (2005). *Dialéctica negativa*. Madrid: Akal. p. 28.
[35] Cfr. Herrera Flores, J. (otoño, 2004). "Democracia, Estado de Derecho y derechos humanos: claves para una enseñanza alternativa del Derecho" (Crítica Jurídica y Estudios de Derecho). En: *Revista de Direito Alternativo*, p. 203.
[36] Herrera Flores, J. (2005): *El proceso cultural: materiales para la creatividad humana*. Sevilla, Aconcagua, p. 250-251.

No puede haber ciencia demostrativa... a propósito de asuntos ético-políticos, pues aquí las proposiciones que oficiarían de principios no tienen validez estrictamente universal sino *epitopoly*, en la mayoría de los casos. Por eso la argumentación ético-política es siempre... no-monótona.[37]

Ya en la primera parte del artículo este autor había establecido el carácter dialógico de este tipo de argumentos:

En el caso de las inferencias no-monótonas, donde no hay garantía de que un aumento de información no las invalide, la conclusión avanzada será tanto más segura cuanto mayor oportunidad de manifestarse hayan tenido esas informaciones que obligarían a cancelarla.[38]

Solo si trato al otro como me trato a mí mismo puedo reconocer el valor de su confirmación. Y esa confirmación será tanto más importante para mí cuanto más expuestas estén mis conclusiones a ser debilitadas por informaciones supervinientes.[39]

Pero ahondemos un poco más en la comprensión del acto de argumentar, de discutir, tan propio de los sofistas, como camino para "acercarse" a la verdad, particularmente en el campo de la política.

Contra la posibilidad de una práctica retórica que más que la búsqueda dialogada de la verdad pretenda el mero convencimiento del otro sin atenerse a mínimos principios éticos, práctica ésta de la que ciertamente han sido acusados los pensadores sofistas, incluido el mismo Protágoras con su noción de virtud como la habilidad para hacer prevalecer cualquier punto de vista sobre el sostenido por su contrario, hemos de decir que el debate democrático, si quiere ser consistente con sus mismos postulados, exige atenerse a una serie condiciones irrenunciables. En este sentido, Adela Cortina sostiene que el mismo acto comunicativo, dentro del cual se ha de contar el acto de argumentar que Piacenza llama "discusiones críticas" o "discusiones argumentativas puras", presupone para ser viable una serie de valores de carácter ético:

En efecto, la acciones comunicativas tienen éxito habitualmente en la vida cotidiana porque el hablante, al realizarlas, eleva implícitamente unas "condiciones de validez", que el oyente también implícitamente

---

[37] Piacenza, E. (2000): "Audiatur et altera pars". En: *Revista de Derecho* n. 2. Tribunal Supremo de Justicia, Caracas, p. 200.
[38] *Ibidem*, p. 183.
[39] *Idem*, p. 188.

acepta: la pretensión de verdad de sus proposiciones, veracidad para sus expresiones, inteligibilidad de lo dicho, corrección de las normas de acción. Tales pretensiones prestan racionalidad a las acciones comunicativas y la aceptación implícita de las mismas por parte de los interlocutores es expresiva de que se reconocen recíprocamente como personas, es decir, como seres con autonomía para elevar tales pretensiones (en el caso del hablante), como para darlas por buenas o rechazarlas (en el caso del oyente).[40]

Piacenza, por su parte, entiende que el argumentar supone una discusión, llamando discusión crítica a aquella en la que dos partes en desacuerdo, comparten el deseo por eliminar la discrepancia entre ellas sirviéndose del lenguaje como medio de disuasión, pero en el que *"no todo recurso lingüístico eficaz para persuadir es legítimamente utilizable con esa finalidad"*.[41] En este mismo sentido, afirma que *"un medio persuasivo ilegítimo sería aquel que, independientemente de su eficacia actual, no tendría sentido utilizar en una discusión interiorizada"*,[42] entendiendo por esta última, aquella discusión que podemos sostener con nosotros mismos — en nuestro fuero interno, importándonos, por tanto, atender a las "razones" enfrentadas. A una discusión dada con estas características, señala, se le asigna una significación normativa especial. *"Un argumento que de alguna manera desconoce esa dialogicidad no puede ser bueno como argumento, porque en tal caso estaría frustrando la intención constitutiva del argumentar"*.[43]

De estos elementos se desprende que el acto de argumentar es imposible sin una opción ética. Antes de estar la argumentación al servicio de la ética, cosa que afortunadamente también ocurre, al menos a veces, ésta última (la ética) actúa como condición de posibilidad de la primera (la argumentación).

Democratizar el poder-saber

La demanda de "escuchar a la otra parte (campana)" implica la necesidad de establecer algunas condiciones para el diálogo, de manera tal que éste se realice en condiciones de simetría. Condiciones que, por lo demás, nos refieren al núcleo mismo del intento democrático

---

[40] Cortina, A. (1992). "Ética Comunicativa". En: *Concepciones de Ética*. Enciclopedia Iberoamericana de Filosofía, Madrid, Trotta, p. 184.
[41] Piacenza, E. (2000). *op. cit*, p. 186.
[42] *Idem*, p. 187.
[43] *Idem*, p. 192.

a partir de su orientación por los principios de libertad e igualdad. Desconocer tales condiciones sería incurrir en un formalismo que nos arrojaría al absurdo.

> La política en el espacio social ampliado exige... ciudadanas y ciudadanos organizados política y socialmente, ciudadanas y ciudadanos no dedicados exclusivamente tomar la palabra por otros, sino empeñados en crear las condiciones sociales, económicas y culturales que hagan posible la palabra de todos. Ciudadanos y ciudadanas que reivindiquen un nuevo derecho, algo así como un derecho a la polifonía desde el que se reconozca la existencia de múltiples puntos de vista y se proporcionen recursos para lograr una situación comunicativa y vital plural e interconectada.[44]

En este sentido, se hace necesaria una mirada crítica de las pretensiones de neutralidad de una razón abstracta, sin contexto ni historia. Puesto que *"cada uno tiene historias que contar, historias contadas en diferentes estilos y con diferentes significados, y que cada uno puede contar su historia con igual autoridad, sin tener, como decía Fanon que ponerse una máscara blanca para ocultar su piel negra"*,[45] la apuesta es por "una democracia basada en la intersección de voces"; una democracia de individuos situados, que se reconocen con cuerpo y con necesidades específicas. Esa forma de entender la democracia conlleva el compromiso con la diferencia como recurso público y exige una estructura institucional que potencie, entre otros aspectos, el entendimiento y el reconocimiento, situando la discusión política en los contextos reales; una forma comunicacional que recupere la "retórica", rechazando las verdades últimas y absolutas, lo que permitirá la integración de audiencias plurales; una configuración institucional en la más allá de los discursos, sean posibles formas de narración en las que cada quien en función de sus formas identitarias pueda expresar sus experiencias subjetivas y sus valores.[46]

Asumiendo nuestra dimensión histórica y social, los seres humanos como seres culturales podemos constatar que los fenómenos en

---

[44] Herrera Flores, J. (2005). *De habitaciones propias y otros espacios negados. Una teoría crítica de las opresiones patriarcales*. Cuadernos Deusto de Derechos Humanos n. 33, Bilbao, Universidad de Deusto, p. 95.

[45] Herrera Flores, J. (2002). "Feminismo y materialismo: hacia la construcción de un espacio social ampliado". En: *Anuário Ibero-Americano de Direitos Humanos, (2001/2002)*. (Coordinadores David Sánchez Rubio; Joaquín Herrera Flores y Salo Carvalho). Rio de Janeiro, Lumen Juris, p. 321-364.

[46] Idem.

los que participamos no son a secas, que también pueden ser de otra manera; que devienen según los vamos configurando en los procesos de construcción histórica. *"Para nosotros, lo cultural afirma la pluralidad y la creatividad, frente a la unidad y la pasividad; el devenir, frente al ser, la capacidad de transformación por encima de las tendencias a la adaptación a los órdenes existentes"*.[47] En el proceso de construcción y reconstrucción constante del mundo, y en continuidad con el principio según el cual toda teoría crítica plantea que lo dado no agota las posibilidades de lo real, Herrera Flores entiende que:

> Los seres humanos no son "lo que son", sino lo que "deciden ser", lo que construyen, lo que crean y recrean, lo que interpretan y reinterpretan, lo que articulan, desarticulan y vuelven a rearticular sin más certezas previas que la constante capacidad de *poiesis*: de hacedor, de inventor o creador, y de *noemas*: sentidos y significaciones.[48]

En palabras de Eduardo Galeano, los seres humanos no somos solo lo que somos, sino también lo que hacemos para cambiar lo que somos. Así, pues, de la "voluntad de verdad" (del dogma y de la metafísica), tan dada a posiciones absolutas y cerradas sobre sí, es necesario pasar a la "voluntad de poder". Necesitamos encaminarnos hacia lo cultural y lo político para abrir así la posibilidad de transformar el mundo, reconociendo nuestra capacidad para construir, destruir y reconstruir mundos. "Precisamos empoderarnos para luchar por otras verdades, todas parciales y particulares, pero todas legitimadas para entrar en un diálogo de iguales".[49]

> *Lo cultural* consiste, a un nivel muy general, en nombrar, en hacer explícito al ser humano el mundo que lo rodea. El objetivo básico de toda "reacción" cultural abierta y dinámica consiste en recordarnos una y otra vez que tenemos la posibilidad de crear el ambiente en el que nos movemos, que ese ambiente no es absoluto ni inamovible, que todo depende de nuestra capacidad de llevar a la práctica la potencialidad que tenemos de designar lo que es y lo que debe ser el mundo. Pero

---

[47] Herrera Flores, J. (2005). *El proceso cultural: materiales para la creatividad humana*. Sevilla, Aconcagua, p. 93.
[48] Herrera Flores, J. (2005). *Los derechos humanos como productos culturales. Crítica del humanismo abstracto*. Madrid, Catarata, p. 275.
[49] Herrera Flores, J. (2005). *El proceso cultural*. p. 103.

para ello tenemos que desprendernos de aquellas dos connotaciones que subyacían a la interpretación que Occidente hace de esa capacidad humana de nombrar las cosas: la existencia de una trascendencia absoluta que nos nombra, y la tendencia a ver el mundo desde una perspectiva dualista que separa la Verdad de las verdades, lo Universal de las particularidades, que hace imperar un Absoluto sobre la relatividad de nuestras existencias.[50]

Este presupuesto, poniendo la historia en las manos del hombre, se enfrenta a los postulados deterministas, naturalistas o metafísicos, que han pretendido arrancar de la humanidad la posibilidad de que ésta se construya un futuro donde se superen las condiciones de indignidad a que están sometidas la mayoría de las personas que en el mundo habitan.

La vinculación de la democracia con una noción de verdad "relativa", dialógica y en permanente construcción, y la exigencia de sostener la búsqueda de esa verdad ateniéndonos a criterios éticos, dan cuenta, de la grandeza y la fragilidad de la democracia. Grandeza y fragilidad que son al mismo tiempo del ser humano, su artífice y responsable. Valdría decir que la democracia va siendo hecha por el hombre "a su imagen y semejanza". La construcción siempre inacabada de la democracia se da por ensayo y error. Por ello, en la construcción de la comunidad política los seres humanos nos encontramos permanentemente sometidos a la tentación de querer encontrar soportes más allá del hombre mismo, para escapar así del vértigo de la tarea y de la responsabilidad que implica.

La vacuidad y el absurdo son fantasmas que nos acompañan. Ciertamente, en la aventura de hacer posible condiciones de vida digna no han faltado errores que nos han puesto frente a nuestros límites; pero ha sido aumentando nuestra capacidad para reaccionar frente a los diversos contextos como hemos ido logrando salir de los atolladeros.[51] Así de frágiles y de grandes somos; así ha de ir siendo, también, la democracia.

Ni la Verdad Absoluta ni sus pretendidos dueños o auto-asignados representantes necesitan dialogar; desde su lógica, ello sólo les expondría al error, al atraso, a la barbarie. Error, atraso y barbarie es la condición a la que reducen a todos aquellos que no se asimilan a sus regímenes de verdad, a sus formas de organización sociopolítica

---

[50] *Idem*, p. 181.
[51] Cfr. Herrera Flores, J. (2005). *El proceso cultural*.

o a sus horizontes vitales. En abierto enfrentamiento a esas formas de ejercicio del poder, creemos que es necesario asumir como lugar epistemológico la perspectiva de las luchas populares, la mirada que surge de la búsqueda de justicia de las víctimas.[52] De ahí la necesidad de comprometernos con procesos de lucha por lograr condiciones que nos permitan a todos y todas, comenzando por quienes están en condiciones de mayor vulnerabilidad, proponer y construir el mundo en el que queremos vivir según nuestras particulares y diferenciadas concepciones de vida digna. Ésta es nuestra apuesta para hacer posible sociedades verdaderamente democráticas.

Informação bibliográfica deste texto, conforme a NBR 6023:2002 da Associação Brasileira de Normas Técnicas (ABNT):

GÁNDARA CARBALLIDO, Manuel E. Democratizar la verdad para construir la democracia. *In*: PRONER, Carol; ABRÃO, Paulo (Coord.). *Justiça de Transição*: reparação, verdade e justiça: perspectivas comparadas Brasil-Espanha. Belo Horizonte: Fórum, 2013. p. 31-49. ISBN 978-85-7700-737-0.

---

[52] Dussel, E. (2007). *Política de la liberación*. Historia mundial y crítica. Madrid, Trotta. p. 552.

LA DEMANDA DE MEMORIA
TRANSICIÓN, DIÁLOGO Y DEMOCRACIA

ANDREA GREPPI

Parte I

¿A santo de qué entretenerse hoy, con la que está cayendo, en reivindicar la memoria histórica? ¿Acaso cambia algo en el renqueante proceso de profundización de la democracia? ¿Tiene aún sentido hablar de resistencia antifascista? ¿Por qué empeñarse en hacerlo?

Por aquí y por allá, superada la fase ascendente de la parábola memorialista, son muchos los que tienden dar por sentado que estas preguntas no tienen ya utilidad alguna. Dicen, o sugieren, que más vale olvidarse de ellas.

Están, de un lado, y son mayoría, los que piensan que el tema está superado: cerrado y bien cerrado. No importa aquí que lo crean sinceramente, o simplemente repitan la cantinela por inercia o interés. Lo interesante es observar que el argumento nunca acaba ahí, sino que va acompañado de una coda que es curiosa y que, bien mirada, resulta incluso contradictoria con la tesis principal. En efecto, los que dicen que el asunto está acabado no se limitan a afirmar que es así como son las cosas — éste sería un juicio de hecho, discutible, pero no improbable — sino que afirman que es así como las cosas *deben seguir estando*. Lo cual, evidentemente, ya no es un juicio de hecho, sino más bien un juicio de valor. Y si se les pide que justifiquen por qué razón *debe ser así*, la respuesta habitual es decir que ellos saben que cuando se ventila demasiado la cosa todo el mundo acaba enfadándose. Se trata, una vez más, de un juicio de hecho, que como el anterior vuelve a ser discutible y también bastante probable. "Yo no tengo problemas con *esto*", no tardan en añadir los que así razonan, como temiéndose que se les pille en contradicción — *excusatio non petita*... —, pero la *gente*, sí que los tiene. Desde lo alto de su experiencia en los *largos* años de la dictadura, más o menos duros, como todo el mundo sabe, y con el noble propósito de que podamos seguir viviendo *en paz*, recomiendan que se deje el asunto tal como está, porque además ya se ha hecho bastante, todo lo que se tenía que hacer. A los pocos supervivientes de *aquello* ya les fueron reconocidas sus pensiones — la referencia al dinero, a lo material, en medio de un enredo de nobles sentimientos no deja de tener una connotación infamante —; las fosas ya se están abriendo — nótese el impersonal "se", como si se abrieran solas —; los jóvenes ya no piensan en *eso* y, además, es analíticamente cierto que los muertos, muertos están, de tal forma que al final, después de tantos argumentos, no es de extrañar si las *gentes de bien* puedan sentirse algo *molestas*, y hasta ofendidas, cuando alguien se empeña en sacar *a deshora* el tema de siempre. Las cosas están bien como están y nadie gana nada con volver sobre *lo mismo*, salvo los aprovechados de turno que buscan sacar tajada electoral entre el pueblo ignorante.

Pero están también, por otro lado, los que no pueden evitar saltar a la primera da cambio, en parte por hastío y en parte porque se sienten incomprendidos. *Ellos*, los protagonistas de la transición son los que saben realmente como fueron las cosas, porque las vivieron. Los más ilustrados de este grupo — que los hay, igual que hay ignorantes entre los partidarios de la memoria, o bienintencionados ciudadanos entre los herederos del franquismo sociológico — se sienten incómodos con el folklore de esa izquierda desnortada y algo juvenil que pregunta por sus abuelos, porque están convencidos que la democracia española ya no está en deuda con nadie, con ninguna de las víctimas de la barbarie, y que ya es hora de consignar el presente a los vivos, que no tienen por qué cargar con una rémora ideológicamente construida. La objetiva reconstrucción de los hechos del pasado ha de ser devuelta a la ingrata y esforzada labor de los historiadores. ¡Ya está bien de *politizar* la memoria!

A estas alturas, la reivindicación de la memoria histórica — si es que por "memoria" se entiende la memoria republicana y de la resistencia contra la sublevación y la dictadura — ocupa establemente un lugar propio en la agenda pública española. Va y viene, pero nunca deja de estar. Se podría decir incluso que es una cuestión perfectamente metabolizada, recluida en un área marginal y minoritaria tanto del imaginario, como del espectro político. Queda claro, en todo caso, que el efecto dominó que algunos pudieron atribuirle, ha quedado congelado. "Ya veréis — decían a pie de calle los más optimistas — cómo la recuperación de la memoria histórica valdrá para revitalizar la débil cultura cívica de la sociedad española, y especialmente de la izquierda". No es que vaya camino de desaparecer — como digo, ha conquistado ya su propia cuota de mercado — pero hay que admitir que la memoria sólo consigue saltar a la primera página de los diarios, y de ahí a la atención del público, por razones tangenciales, a cuento de las singulares batallas asociadas al "caso Garzón", con motivo de la visita a España del papa de Roma en vísperas electorales o cuando a alguien se le ocurre decir que por fin ha descubierto dónde está la fosa de Lorca. Pero de ahí a pensar que las altas razones morales y las sutiles argumentaciones filosóficas sobre la memoria tengan una creciente importancia en la vida pública española, me parece que va un largo trecho.

En esta situación, el único recurso para devolverles la pelota a los que liquidan la cuestión de la memoria es, probablemente, poner el dedo en la llaga de la irritación que se sigue generando en torno a ella. Una irritación sorprendente, sobre todo porque no deja de reproducirse. La mínima discrepancia despierta el malhumor y la sospecha. No hace falta improvisar explicaciones psicológicas para entender que algo no marcha como debiera, o sencillamente no marcha como se dice que marcha. El problema está en saber *exactamente* qué es lo que no funciona y cuáles son los resortes que habría de tocar para transformar la irritación en reflexión. Con estas salvedades, nuestro problema es intentar hacer explícitas las razones por las que puede merecer la pena (insistir en) plantear, con lo que ha llovido, la demanda de memoria histórica. La pregunta es: ¿por qué precisamente ahora?

Parte II

La respuesta que quiero apuntar aquí es más fácil de enunciar que de exponer con rigor. Creo decisivo recordar — no olvidar — que la guerra civil que atraviesa de principio a fin el siglo XX no la ganaron los fascistas, sino los demócratas; que la lucha antifascista no se perdió, ni quedó "en tablas" cuando la izquierda tomó conciencia de los horrores del Gulag o de Paracuellos; que los fascismos fueron felizmente derrotados, porque estaban del lado de la barbarie, en un momento en que no todo el mundo lo estaba. Este ejercicio consciente de rememoración nos permite reconocer las nuevas, y muy diversas formas, de autoritarismo que aparecen en un entorno post-democrático como el nuestro. Mi propósito, en las siguientes páginas, es indicar algunos ejemplos en relación con los cuales resulta particularmente provechosa la referencia a ciertos acontecimientos que tuvieron lugar el siglo pasado. La defensa de esta perspectiva — una simple plataforma desde la que mirar — no debe confundirse con una batalla por la afirmación de la "correcta" interpretación del pasado, ni con la atribución de una responsabilidad moral ilimitada del presente respecto del insondable sufrimiento individual de cada una de las víctimas. Por el contrario, remite a una determinada manera de entender el sentido y el valor de la democracia, esto es, a una teoría normativa acerca del deber ser de la democracia. En definitiva, ¿por qué regresar a la memoria de la democracia? Muy brevemente, mi respuesta es: por disgusto ante la deriva "post-democrática"[1] en que han entrado las democracias actuales, en un tiempo en el que la democracia ya no tiene enemigos.

Hay un par de cuestiones preliminares que merece la pena mencionar antes de entrar en los ejemplos, aunque merecieran un tratamiento más sistemático del que yo puedo darles a continuación.

La primera de ellas tiene que ver con la determinación del contenido de la memoria, esto es, con la selección de aquellos hechos y circunstancias que se consideran — aquí y ahora — determinantes en relación con la legitimación moral e ideal, pero también sentimental, del orden social y político vigente. No soy historiador, pero creo que tienen buena parte de razón los historiadores que protestan por la sobreabundante literatura sobre el "pacto de silencio" en la transición española.[2] "Olvido" — explican con razón — no equivale a "silencio", como prueba el hecho de que ningún otro capítulo de la historia reciente de España haya sido más estudiado que la Segunda República y la Guerra, y que ningún otro periodo sea tan frecuentemente mencionado en la cultura y en los medios. No obstante, me queda la impresión de que hay algo no acaba de funcionar en esta respuesta. Es como si la hermenéutica del olvido fuera más fina de lo que se piensan tanto sus partidarios como detractores y eso contaminara toda posible generalización interpretativa. Las bibliotecas y las hemerotecas muestran que se habló — y se sigue hablando — mucho de la guerra, pero eso no prueba que el discurso sobre la experiencia del siglo pasado se haya librado de la repetición de toda clase de tópicos interesados. Como también lo es que siguen existiendo innumerables biografías directa o indirectamente condicionadas por un pasado que se resiste a pasar,

---

[1] Tomo esta expresión de C. Crouch, *Posdemocracia*, Taurus, Madrid, 2004.
[2] Por todos, y porque luego volveré sobre las ideas de este historiador, cfr. Santos, Juliá, *Echar al olvido*. En: *Claves de razón práctica*, n. 129, 2003, p. 14-25.

a menudo porque no se asocia a un nombre, y cuya única huella es un silencio situado en el tiempo y el espacio. Persiste en España una incomprensible resistencia a afirmar llanamente que la guerra la ganó el bando equivocado, tan equivocado como habría sido en Europa un triunfo de las potencias del eje. "Llanamente", significa aquí sin mayores suspicacias, sin tener que enredarse en explicaciones sobre el oro de Moscú. La prueba de que algo no cuadra es que, a pesar de que no falta información, las memorias no coinciden entre sí. Es como si cada uno pudiera elegir "libremente" la suya: la del '36, la de los años de la clandestinidad y las huelgas, la de la concordia y la reconciliación. ¿Acaso cada una de estas memorias no apunta hacia lugares distintos? ¿Es que no cuentan los matices?

La segunda observación preliminar tiene que ver con el papel que pueden jugar y que, de hecho juegan, el derecho y las instituciones educativas y no sólo en la *administración de la memoria*. En nuestro caso, el balance general que puede hacerse de la (llamada) Ley de memoria histórica de 2008, no tanto en sus contenidos puntuales, sino a través de su impacto sobre la opinión pública española no me parece particularmente feliz.[3] Y no tanto por la desafección de la derecha, o el oportunismo del Gobierno, sino porque nunca llegaron a quedar claras ni las expectativas, ni los objetivos de la Ley. En esto, todos tienen parte de razón: tanto los que dicen que fue una ley tímida e insuficiente, como los que la consideran redundante e inútil. Pero lo que habría que saber es si una ley distinta habría podido hacer *mucho más*. Incluso en el plano simbólico: ¿acaso una ley más "enérgica" — sea lo que sea lo que eso significa, o llámesele como se quiera — habría tenido un mayor impacto desde el punto de vista de la formación de una cultura política democrática?

Al margen de los vericuetos del "caso Garzón", el tiempo transcurrido tanto desde la guerra como desde la transición *restringe* el margen de maniobra. Sería ingenuo ignorar este factor. La transición española llegó demasiado pronto para aprovechar la corriente política y jurídica que llevó al desarrollo de los instrumentos de la justicia transicional, y demasiado tarde para que fuera viable atrasar el *reloj del derecho* — dejemos la cosa en estos términos para no entrar en pormenores — nada menos que medio siglo. Era un conflicto mal resuelto, pero que pertenecía a una época políticamente distinta. Pero la

---

[3] Cfr., por ejemplo, R. Escudero, *Conceptos contra el olvido: una guía para no perder la memoria*, en R. Escudero (Coord.), *Diccionario de memoria histórica*, Los libros de la catarata, Madrid, 2011, p. 8.

cuestión más general y sobre la que a mi juicio sí merece la pena seguir reflexionando es la de si el derecho *puede* o *debe* convertirse en guardián de la memoria. Pero ¿es la memoria una cuestión que pueda — o deba — ser tratada *directamente* en términos de derechos fundamentales — a la verdad, a la restitución, etc. — y de mecanismos de garantía que se pretenden eficaces? Porque, nos guste o no, es evidente que siempre hay una *huella histórica* — una "memoria" — inscrita en cualquier norma jurídica, o más bien en sus modalidades de uso. Mi sospecha es que leyes como éstas, que tienen ante todo un simbólico y pedagógico, sólo son eficaces cuando tienen la fortuna de entrar en resonancia con un determinado *entorno discursivo*. Las leyes-bandera pueden funcionar a veces, y remover las conciencias: pero su significado "se satura" y su utilidad "se desgasta". La demanda de memoria tiene que echar las cuentas con mecanismos discursivos mucho más profundos que los que pueden llegar a ser controlados con los instrumentos de la ley.

Parte III

Vayamos, pues, al primero de los ejemplos. En un reciente libro colectivo sobre la radicalización del lenguaje político en los años '30, *Palabras como puños*, su editor, Fernando del Rey, plantea la siguiente tesis. Después de la Gran Guerra — explica — el lenguaje político se vio contaminado por una escalada retórica que llevó a la proliferación de imágenes, léxicos, modalidades expresivas tomadas del lenguaje bélico y que expresaban la voluntad de aniquilar totalmente al adversario político. Recurriendo a la conocida expresión de Carl Schmitt, el "adversario" fue transformándose, por obra y gracia de la palabra, en "enemigo", así como el "militante" en "partisano".[4] Se abrió entonces una deriva que llevó a la "brutalización de la política", que sólo persigue la "rendición incondicional" y la "deshumanización del enemigo".[5] En otras palabras, la tesis historiográfica es que escalada de violencia de los años '30 se originó en el mundo de las ideas. A la inversa, es el rechazo de esos mecanismos brutalización lo que legitimó el éxito posterior de la democracia a finales del siglo XX. La democracia triunfa por el rechazo de las retóricas de la intransigencia. El historiador describe la concepción democrática de la política bajo el signo del "pluralismo

---

[4] Cfr. C. Schmitt, *El concepto de lo político*, Alianza, Madrid, 2009.
[5] F. del Rey, *Introducción. La democracia y la brutalización de la política en la Europa de entreguerras*. En: *Palabras como puños. La intransigencia política en la Segunda República española*, Tecnos, Madrid, 2011, p. 29.

liberal". La democracia pluralista sería un régimen basado en la "cultura del pacto" y en la "consideración generosa del adversario". Una buena democracia es, por tanto, aquella donde predominan los discursos moderados e integradores.

La construcción que subyace a este planteamiento arrastra — a mi juicio — un torpe malentendido, de carácter conceptual. En efecto, "democracia" no es sinónimo de consenso, pues de hecho existen consensos democráticos y consensos no democráticos. Ni la presupone una "cultura del pacto", sino más bien la intransigente defensa de las reglas del juego. Y, por último, no asume como valor central la "moderación", pues, como ya explicó en su día Montesquieu, ésta es una característica que corresponde a muchas formas de gobierno distintas, entre las que está probablemente la democracia, pero también la aristocracia y el despotismo. En definitiva, la cultura política de la democracia presupone la radical negación de su contrario, la autocracia. Democracia y autocracia — en sus distintas manifestaciones: despotismo, fascismo, totalitarismo — son términos antinómicos, entre los que no hay mediación posible. No hay pacto que valga con quienes rechazan las reglas del juego democrática o pretenden situarse por encima de ellas. Lo más que puede llegar a darse — nótese: por ambas partes — es un armisticio.

El segundo ejemplo que propongo lo encuentro en un artículo de Javier Pradera titulado, de forma significativa, *La Transición por dentro*.[6] Es uno más de los incontables ejemplos, más o menos sutiles, de idealización del diálogo de la transición y demuestra cómo sigue siendo moneda de uso corriente el tópico del abrazo fraterno de reconciliación entre vencedores y vencidos, verdadero mito fundador de la democracia española. Se defiende Pradera de las tesis "revisionistas" (*sic*), las de quienes acusan a la izquierda de haber "bajado las manos ante los herederos del régimen" y haber desperdiciado la oportunidad "de enlazar institucionalmente el recuperado sistema de libertades con la legitimidad republicana derrotada en 1939". Lo que afirma Pradera es que en los años de la "Transición" — escrita, por supuesto, con mayúsculas — se utilizaron de forma satisfactoria las posibilidades realmente existentes. Se hizo lo que se pudo, y lo que se pudo, vistos los resultados, es mucho. Y les devuelve la acusación a sus adversarios, porque en definitiva no ofrecen alternativas realmente significativas: rechazan lo que se hizo, pero no aclaran lo que debería haberse hecho

---

[6] J. Pradera, *La Transición por dentro*. En: *El País*, 7 mayo 2011. Se trata de un comentario a C. Powell, *El amigo americano*, Galaxia Gutenberg, Madrid, 2011.

tras la muerte del Generalísimo. ¿Olvidamos acaso que la democracia actual cuenta hoy, y ha contado desde el primer momento, con elevadísimos índices de aceptación popular? ¿Qué otra solución habría proporcionado un éxito semejante?

Obviamente, para desmarcarse del sentimiento de Pradera no hay por qué comprometerse con la nacionalización de la banca, la expropiación de los latifundios o la purga del último cómplice del franquismo. Y no están los tiempos como para cuestionar la legitimidad de la Corona. Cerrada la transición, lo que sí habría sido posible hacer es poner en evidencia el *sesgo ideológico* del relato de los vencedores y los vencidos, de las dos Españas ambas igualmente culpables, y del feliz reencuentro gracias a la generosidad de los primeros y a la responsabilidad patriótica de los segundos, que dejaron atrás sus viejos dogmatismos ideológicos. En el medio está la virtud y, fuera de eso, el enfrentamiento entre las dos Españas. Quien no está en el centro es que está en los extremos, y ya se sabe que los extremistas son los responsables de la crispación. En definitiva, la alternativa habría estado en poner al día el relato del siglo que se cerraba, el cual, retrospectivamente, no se cerraba con un "empate", sin vencedores ni vencidos, sino al revés con una evidente y abrumadora derrota de uno sólo de los dos bandos — el que venció la guerra de España —, como demuestran varias décadas de progreso y creciente justicia social en la Europa que combatió — y no abrazó fraternamente — a los nazi-fascistas.

Así las cosas, yerra el blanco quien insista en las "culpas" del bando republicano insinuando que un reconocimiento póstumo de la superioridad moral de la legalidad republicana equivale a una exoneración de las culpas por las sacas o las atrocidades de los anarquistas catalanes. Es una vuelta de tuerca más en las trampas del pasado, la de quienes siguen pensando que si no estás con unos, es porque en el fondo estás con los otros, en todo. En el caso que nos ocupa, que si no estás con el relato del abrazo fraterno es porque estás dispuesto a reproducir la lógica del amigo y el enemigo. Pero no es así. Reconocer la superioridad moral de la legalidad republicana y de la lucha antifascista — con las aclaraciones que se quieran hacer en torno a este término —, así como afirmar la aberración histórica del nazi-fascismo y sus derivados ibéricos, nada tiene que ver con la romántica, irresponsable y desfasada celebración de los soviets. Porque el "hecho" es que la razón no estuvo nunca del lado del franquismo, por más que llegara un momento en que hubo que llegar a pactos con los franquistas. Y eso implica afirmar — y esto no se ha hecho todavía, ni con la suficiente fuerza — que los muertos no son todos iguales: unos tenían más razón que otros. No porque fueran ni más sabios ni más buenos, sino porque acertaron a situarse en un bando que, al cabo del tiempo, ha podido mostrar con creces la superioridad de sus razones. Obsérvese, por inciso, que ésta no es una explicación de los hechos, ni un juicio sobre la responsabilidad moral de cada uno de los individuos que, en primera persona, se vieron arrastrados por los acontecimientos; es, por el contrario, un juicio de valor sobre lo que se debería haber dicho y hecho en el '36, en el '78 o en el '82, y, sobre todo, un juicio de valor sobre cómo *deberíamos* entender el presente de nuestras democracias.

Dicho esto, falta saber qué interés puede haber — más allá de las motivaciones estrictamente biográficas — en sostener un relato basado en el reparto generalizado de las culpas que desnaturaliza el radical impulso antiautoritario de la lucha por la democracia. Comprendo que la mayoría de españoles que vivieron bajo el franquismo derivaran hacia una lectura (auto) indulgente de su pasado, pero no me resisto a sugerir una hipótesis malvada. Cabe la sospecha de que el enroque mental de los padres de la patria sea fundamentalmente narcisista. Es como si temieran no ser suficientemente reconocidos. De hecho, se empeñan en convencernos de que fueron *ellos* los que mataron al padre antes de que el hecho biológico tuviera lugar, de que fueron *ellos* los que escribieron la constitución e iluminaron el reciclaje de la corona, y que es a *ellos* a quienes les debemos los últimos treinta y tantos años de paz. Para los gustos de los padres de la "Transición", un relato distinto a éste es demasiado poco patriótico. Pierde de vista lo "esencial".

Parte IV

Se dirá que los anteriores comentarios ignoran lo que tiene de característico, desde el punto de vista histórico, el proceso de la transición española. No se puede no tener en cuenta que la transición española fue, a diferencia de otras, una *transición por transacción*,[7] una democracia conquistada *desde el interior* de las fronteras y de las conciencias. Desde el punto de vista que aquí interesa — ¿hay motivo para seguir dando la lata con una memoria *diferente*? — el problema está en saber si la explicación de la cadena de los hechos que llevaron a la democracia, que avala la idea de la no-ruptura y del valor del aprendizaje colectivo, sirve también como principio de comprensión del presente,

---

[7] De nuevo, la expresión es de S. Juliá, *Hoy no es ayer. Ensayos sobre la España del siglo XX*, RBA, Barcelona, 2009, p. 52.

y por tanto también de legitimación y de crítica del estado de salud de las instituciones resultantes de tan afortunado proceso. Ya que, en efecto, una cosa es explicar lo que pasó — para lo cual es imprescindible reconstruir la percepción subjetiva que tenían en aquel momento los actores del proceso — y otra cosa diferente es legitimar el presente sobre la base de un relato. En otras palabras, no se trata de sustituir el relato de la transición, falsificándolo quizá, sino de preguntarse hasta qué punto ese relato sigue siendo útil para interpretar las consecuencias que derivan de los acontecimientos pasados. Una cosa es reconocerle el mérito que les corresponde a los hijos de los vencedores y los vencidos, que fueron capaces de transformar el discurso hegemónico impuesto a sangre y fuego en España a partir del '39, y otra renunciar a valorar su utilidad para presente, tomando el elogio del camino interior, de la travesía en el desierto como el punto álgido de una metamorfosis modélica que culmina en la *verdadera* democracia.

Se dirá, por ejemplo, que la España de los '50 no daba para más, que es mucho lo que se hizo a pesar de todo, y que no se puede nunca sacrificar la complejidad de la experiencia a la aparente claridad de las ideas. Pero esto no salva las contradicciones y los silencios, especialmente cuando ya había, en los libros y en las leyes, dentro y fuera de España, ejemplos suficientemente precisos en los que mirarse, que habrían permitido identificar los principios por los que se rigen las sociedades civilizadas. Naturalmente, este tipo de discusiones se vuelven perfectamente inútiles si no guardan alguna clase de relación con el contexto político en el que están siendo discutidas. Aquí no se trata de enzarzarse, por el simple gusto de hacerlo, en discusiones bizantinas sobre lo que habría podido ser y no fue, con la secreta ambición de concluir que los que vienen detrás lo habrían sabido hacer mejor. Nada de eso. No se trata tampoco de intentar parar el tiempo y conservar a toda costa, contra la evidencia y por decreto, la memoria de un tiempo infeliz en el que la lucha entre rojos y nacionales le garantizaba, al menos, a cada uno de los combatientes una "identidad", un lugar en la "Historia" (de nuevo con mayúsculas). Por el contrario, se trata de escarbar en torno a las raíces del debilitado pacto social presente para comprobar qué aporta — o qué no aporta — la repetición del consabido relato a la hora de analizar disonancias y tensiones, malentendidos y problemas. Se pretende de ese modo que la apelación a la memoria, la búsqueda de una *memoria relevante*, no deje de ser — como parece que está ocurriendo — "fuente de aprendizaje e inspiración", como se lee en el texto que voy a discutir enseguida. Nada que ver, por tanto, con la totalitaria imposición de una "verdad" políticamente construida, frente a la objetiva — y tozuda — realidad de los hechos.

Por lo demás, no se me escapa que todo esto choca con el "sano" sentido común de la mayoría de españoles medianamente satisfechos. Es más, en estos casos la simple duda sobre lo que se suele dar por descontado ofende: ¿qué cosa más "natural" que decir que la democracia española proviene de la transición y encuentra su legitimidad en varias décadas de progreso y convivencia pacífica? Y, entonces, ¿a cuento de qué insistir en la "singularidad" — evitemos el término "anomalía" — de la democracia española, la cual a diferencia de buena parte de las democracias que la rodean — evitemos también la generalización excesiva — no se construye a partir de la derrota, sino gracias al reencuentro, a la no-derrota de los vencedores con vencidos.

Parte V

La versión seguramente más rica y elaborada de algunos aspectos del relato al que vengo refiriéndome — llego así al tercer ejemplo de esta serie — la ofrece el profesor Santos Juliá. Con pasión y muchos argumentos, y frente a otras explicaciones mecánicas o funcionales, Juliá ha puesto de relieve en sus escritos las raíces sociales y culturales de la democracia española en las décadas anteriores a la república, así como los factores estrictamente nacionales que llevaron al paréntesis en el proceso de modernización y democratización de la sociedad española. Nada de extraño hay por tanto en el hecho de que, a diferencia de lo que sucede en las demás democracias del entorno en el que se sitúa la democracia española, la construcción de una sociedad democrática no tenga como referente la *negación* de un régimen antidemocrático, autoritario en sus distintas variantes, sino la *reconciliación* y la *superación* de las diferencias, como si el núcleo político y moral de la democracia consistiera precisamente en eso — en la reconciliación y en la superación de las diferencias en aras de lo común — y no en la incondicional afirmación de la igualdad política de todos los ciudadanos.

El valor del proceso democrático español se ve confirmado — en la visión de Juliá — por la evidencia de que en todos lados cuecen habas, ya que nadie puede hacer gala de una auténtica pureza de sangre democrática y, por el contrario, todas las democracias tienen sus claroscuros y sus compromisos. Desenmascaremos el discurso de la nítida contraposición entre democracia y no-democracia porque, en la práctica, y por debajo de las solemnes declaraciones de principios, los alemanes y los franceses estuvieron lejos de ser intransigentes en los años de la reconstrucción, porque hasta los comunistas italianos de la resistencia situaron otras exigencias políticas por encima de la depuración de responsabilidades del fascismo, de la misma manera que en las demás transiciones de la tercera ola la exigencia de responsabilidades — de los países del Este, a Yugoslavia, a los países que habían pasado por dictaduras de otro signo — estuvo mediada por entramados discursivos y acomodos sociales, por luchas, aprendizajes y pactos, mucho más complejos de lo que una rígida contraposición entre la democracia y su contrario daría a entender. Añádase a esto la culpa exterior de las democracias europeas que en su día dejaron caer a la República española, asumiendo primero el apoyo internacional a los sublevados, y más tarde, en diversos momentos, la supervivencia de la dictadura. Ninguna democracia extranjera tendría el suficiente *pedigrí* como para darle lecciones a la democracia española actual.

El punto de llegada de esta operación estaría en la prudente aclaración de la verdad de los hechos, en su reconstrucción y explicación, pero también, más allá de eso, en el restablecimiento de "las fuentes de aprendizaje e inspiración" de la democracia presente. Y es eso lo que seguramente explica la urgencia por *recordar* a los presentes que el proceso de transición a la democracia en España no puede entenderse "sin la acción de específicos agentes políticos y sociales que, procedentes del interior del régimen y de la oposición, condujeron el proceso hacia una vía pactada".[8] Porque no hubo nada — subraya Juliá — en las primeras décadas del siglo que determinara el futuro estallido de la guerra civil, salvo quizá la flaqueza moral de los beligerantes. Como tampoco nada estaba predeterminado en la recuperación de la democracia. Todo hubiera sido distinto si algunos actores, en momentos puntuales, hubieran querido hacer cosas distintas a las que hicieron. De ahí la importancia — para nosotros los contemporáneos — de comprender la horrenda e inútil culpa de aquellas personas que por maldad, o por ineptitud, no estuvieron a la altura de unos tiempos ya "maduros" y liquidaron la "evolución orgánica hacia la democracia de la sociedad española".[9] Y también, especularmente, la grandeza de los protagonistas de la transición, cuyo ejemplo nos guía.

Por lo demás, reconoce Santos Juliá que cada generación tiene el derecho de colocar en su propia hornacina sus referentes fundamentales, por más que a la vieja generación, la de los "hijos de los vencedores y los vencidos", le dé "un poco de pereza" revisar los que hoy existen,

---

[8] S. Juliá, *Hoy no es ayer*, p. 14.
[9] *Idem*, p. 135.

sacándoselos de la manga o inventándose "un relato sobre lo que pudo haber sido y no fue".[10] Pero si no son ellos, alguien tendrá que hacerlo, a no ser que pensemos que las cosas están bien como están y no merece la pena darle más vueltas al asunto. Porque de lo que se trata hoy es de comprobar si entre los distintos relatos que se hicieron en su día sobre lo que pasó hay alguno que sea mejor que otro, no en el sentido de que sea *más verdadero* — la verdad, cuando existe, es una sola — sino de que nos permita proyectar un mañana mejor. Y aquí es donde se podría preguntar — dejando de lado el problema historiográfico de la verdadera *causa* de la democracia española actual y dando por supuesto que toda historia tiene sus usos, como los lenguajes, aunque no pueda quedar reducida sólo a uso — si el relato del abrazo ejemplar entre culpables es el norte al que apunta el compás de una sana navegación democrática, el referente más enriquecedor que colocar en la hornacina. La reivindicación de una memoria *distinta* nada tiene que ver con la *reinvención* de los hechos, sino con la voluntad de subrayar la importancia del intransigente compromiso anti-autoritario que caracterizaba una determinada manera de entender los valores de la democracia, que era militantemente antifascista — tanto como lo fueron en teoría política Kelsen, Popper o Bobbio — y a la que, por cierto, no es lícito atribuir ninguna clase de indulgencia con el totalitarismo soviético. Una concepción de la democracia, y de la cultura cívica, que reivindica la persuasión y la confrontación basada en argumentos, antes que el consenso fraterno y la transacción construida sobre el olvido. Que condiciona nuestra percepción del pasado, como cualquier otra visión, pero que también amplía, enriquece e ilustra nuestra experiencia presente.

El objetivo, por tanto, no es enmendarle la plana a quienes actuaban circunstancias diferentes a las nuestras, ni dejar agradecerles lo que ellos hicieron por nosotros. Pero nuestra experiencia presente ya no es la de una democracia reconquistada, sino la de su progresiva degradación, tanto en el plano institucional como en el de la cultura cívica, en España como fuera,[11] donde se están cociendo habas parecidas. Nos enfrentamos a la emergencia de nuevos poderes salvajes — el poder

---

[10] *Idem*, p. 370.

[11] Degradación que puede ser descrita como tangible naturalización de actitudes y valores genéticamente incompatibles con una cultura cívica basada en esos que los filósofos suelen llamar "razón pública". A este propósito no puedo dejar de honrar, siquiera a pie de página, la incansable labor de deconstrucción del sentido común emergente, que no es nuevo, sino puramente reaccionario, que lleva a cabo José María Izquierdo desde las columnas del diario *El País*. Véase, como ejemplo, ¡*Qué orgullosos estamos todos y de todo*!. En: *El País*, 28.08.2011.

financiero, el poder de las tecnologías — y nuevos problemas globales — de seguridad y gestión del riesgo, de sostenibilidad económica y ambiental, de desigualdad y fragmentación social —, y con el declive de las tradicionales técnicas de gobierno y de control de los poderes públicos, en un mundo sin fronteras ni reglas. Desde ahí miramos al pasado: ¿adónde mirar, si no? ¿Traicionamos con ello el testimonio de los protagonistas? Ciertamente sí, al menos en parte, pero no es el testimonio o la fidelidad al testimonio lo que se ventila en este lugar. La verdad de los hechos y de las interpretaciones es sólo una de las cosas que cuenta en este juego, por más que se una condición indispensable para que podamos saber de qué estamos hablando. La verdad de lo que se dice nada tiene que ver con la intención por la que se dice lo que se está diciendo. En este sentido, hablamos *sobre* los hechos del pasado pero en realidad no dejamos de hablar de nosotros mismos, de lo que somos en este momento en relación con aquello que fue.

Nada se demuestra, por tanto, con decir que quienes combatieron el *fascismo*, o lo que ellos visualizaban como tal, no eran *verdaderos* demócratas y que, por tanto, no merecen estar colocados en los altares de una democracia en la que quepamos todos. Es probable que muchos, o casi todos, hayan combatido por razones equivocadas y hayan cometido delitos y atrocidades. Pero combatieron contra nuestro mismo adversario. Ni nada se demuestra tampoco recordando que quienes combatían contra el fascismo iban acompañados de antifascistas que habrían estado dispuestos a combatir también contra la democracia. Son peripecias del destino, si es queremos llamarlo así. Pero desde el punto de vista presente, mirando al conjunto de aquellas experiencias, con lo que sabemos y con los que nos falta por saber, la lección de la intransigencia contra el fascismo y sus aliados es más fructífera que la lección del abrazo moralizante y providencial entre compatriotas culpables. No porque sea éticamente superior, sino porque, en un mundo en que los sistemas democráticos, incluso los más antiguos y sólidos, asisten impotentes a la erosión de sus contenidos elementales y a la emergencia de los herederos y los equivalentes funcionales del viejo autoritarismo, es la lección más urgente.

Parte VI

La última cuestión sobre la que quisiera detenerme tiene que ver con la tesis de la equidistancia entre los dos bandos, esto es, con la idea tantas veces repetida de que la violencia es siempre igual a sí misma, "venga de donde venga". Para llegar al punto que me interesa tomaré un último ejemplo peregrino, porque estas cosas se ven mejor mirando desde lejos. Voy a afirmar que, en alguna de sus múltiples versiones, la tesis de la equidistancia entre los dos bandos enfrentados en la guerra sigue pesando sobre la cultura política española y no contribuye en absoluto a enriquecer el debate sobre sus perspectivas. Sin ir más lejos, en el libro antes citado sobre la retórica de la violencia, la tesis de la equidistancia se esconde en el punto de partida mismo de la investigación, en su diseño, en el momento en que los autores indican los antecedentes del denostado proceso de "brutalización de la política" que van a estudiar a continuación: de un lado, la revolución de octubre y, de otro, la reacción de las derechas. Equidistancia significa, en este marco, *simetría* entre estos dos extremos, dos simples eslabones en la cadena causal de los acontecimientos. ¿Y dónde está el problema? ¿Es que acaso — protestará el historiador — no fue precisamente esa la cronología de los hechos? Sin duda que lo fue, pero lo que no es tan obvio es que nuestra explicación deba arrancar *precisamente de ese punto*, dando por descontados — ¿silenciando? — dos datos indispensables para la interpretación de la violencia política en el siglo XX, o, cuando menos, para la evolución de las ideas y las instituciones políticas en el siglo pasado: la herencia universal de la revolución del '89 y la clamorosa evidencia de la cuestión social.

En el *Prólogo* a un libro de finales de los años '80 titulado *Innocence and experience*,[12] el filósofo Stuart Hampshire describe el paisaje humano al que se asomaba, en los años de la Gran Depresión, un joven de clase media que vivía en el norte de Inglaterra. El testimonio de Hampshire está por encima de toda sospecha. Hampshire fue un filósofo analítico, miembro de los servicios de inteligencia británicos durante la guerra, profesor en Oxford y en Princeton, y, en política, un liberal sincero. Lo primero que evoca Hampshire es la imagen de las mujeres que vendían ramilletes de flores en el centro de Liverpool, protegiéndose del frío, y las filas de desempleados a lo largo de las carreteras que bordeaban los astilleros cerrados, y que no iban a encontrar trabajo hasta que la proximidad de la guerra relanzara la industria militar. La segunda referencia es al ascenso de Hitler, que en aquellos mismos años había conseguido reducir drásticamente el desempleo en Alemania. En estas circunstancias — escribe Hampshire — era natural pensar que el capitalismo había entrado en una fase de creciente irracionalidad que habría llevado a la autodestrucción final a través de una guerra total. Pocos años más tarde, siendo ya estudiante en Oxford, Hampshire encuentra

---

[12] S. Hampshire, *Innocence and experience*, Allen Press, London, 1989.

dos nuevos factores que determinaron su formación moral. En primer lugar, las teorías del desarrollo histórico, entre las que el marxismo era tan sólo un ejemplo, que seguían jugando un papel importante en el pensamiento político, presentándose a menudo como teorías del progreso. La segunda fuente de influencia fue el comportamiento sórdido de los principales hombres políticos británicos frente al nazismo en Alemania y el fascismo en otras naciones, en particular en España y en Italia.

¿Por qué una *configuración mental* como la que describe Hampshire sigue siendo tan extrajera en España? ¿Por qué la cultura política predominante quiere explicar en términos distintos la formación de la democracia española, enredándose en un relato en el que el protagonismo no recae ni en Hitler ni en Stalin, ni en el imperialismo ni en la clase obrera, sino en el *camino interior* y en el *panorama espiritual* de Juan Carlos y Tarancón, de Suárez, Fraga o Carrillo? ¿Cuándo se llegarán a saldar las cuentas con las lecciones fundamentales del siglo XX, que mucho tienen que ver con la inapelable *derrota* y *descalificación moral* de los totalitarismos? Porque si algo sabemos con certeza en este cambio de siglo — aunque me temo que quizá corremos el riesgo de acabar *echando al olvido* también esta lección — es que la democracia contemporánea encontró históricamente su formulación más coherente en ese entorno cultural e ideológico al que pertenecen personas como Hampshire. Lejos de haber pasado por el aprendizaje de la *equidistancia*, ellos combatieron contra los opuestos totalitarismos y construyeron la Europa moderna sin perder de vista *tanto* la distancia insalvable que hay entre la democracia y su contrario, *como* la innegable diferencia que existe entre los distintos totalitarismos, pues no es posible utilizar el mismo rasero moral para enjuiciar a quienes combaten en nombre de la justicia social y a quienes lo hacen en nombre del privilegio, de la tradición o de la raza. Dos diferencias que nada tienen que ver con la compasión — en eso sí que todas las víctimas son iguales — y que, sin embargo, siguen resultando incómodas en la España de la crisis, que ha dejado de ser post-franquista, que es ya enteramente post-materialista y post-ideológica, que empieza a ser incluso post-zapateriana, y que sin embargo sigue condenada a repetir el mantra de la reconciliación y el pacto, del abrazo fraterno y la generosidad, como condiciones indispensables para que la patria no se rompa.

El rechazo *simétrico* de los extremismos, complementario con la descalificación de todo aquello que no es el "centro", empezando por la propia constitución republicana, está inscrito en el código genético del consenso de la transición. La promesa era que en la España "democrática" nadie, ningún "español", iba a ser derrotado y todos iban a salir ganando. Esto valía incluso para los que *transitaban*, sin solución de continuidad, desde el *centro* del régimen al *centro* del espectro democrático. Nada hay en eso que nos obligue a rasgarnos las vestiduras, salvo por la cansina supervivencia de una serie de dogmas que sólo tenían sentido en aquel entorno. Así la idea de que, durante la guerra, *todos* cometieron errores, que cerrado aquél "paréntesis" *unos*, provenientes de un bando y otro, se esforzaron por conducir a la nación por la senda de la reconciliación, mientras que *otros* se fueron desprendiendo poco a poco de sus prejuicios revolucionarios, de manera que los verdaderos héroes de esta historia son esos *pocos* y *escogidos* visionarios que comprendieron la necesidad de "dejar atrás" las divisiones fratricidas. La única culpa *verdaderamente* imperdonable en esta historia es la de "nostálgicos", de uno y otro bando. De hecho, prosigue el relato, la democracia que disfrutamos no se la debemos a la herencia fallida de la República, sino a la *unión de todos los españoles*. Por eso ya no es tiempo para perder el tiempo con el anti-franquismo o el anti-fascismo. Ya no somos *anti-nada*; somos *sencillamente demócratas*. Sumar y no dividir, eso es lo que se necesita. Y, por eso mismo, nosotros, los hijos y nietos de los padres de la patria, tenemos que seguir dando gracias a quienes trabajaron generosamente, "desde dentro del régimen", para hacerlo "evolucionar". Y es de ingratos, o de temerarios, no hacerlo. En la perspectiva de la Sagrada Transición, la única memoria que merece la pena conservar es la que permitió curar la herida fratricida. En realidad, no es siquiera "memoria", sino "presente vivo".

En relación con estas últimas consideraciones, la Ley nº 52/2007 contiene indicaciones que, interpretadas con más perspicacia de la que tuvo el propio legislador — es sabido que la intención del legislador en uno solo entre los factores a tener en cuenta para la *correcta* interpretación de la letra de la ley —, permitirían avanzar en una dirección distinta. El mismo título de la ley, que se refiere al "reconocimiento y extensión de derechos a favor de quienes padecieron persecución o violencia", habría podido ser interpretado como reconocimiento *asimétrico* de los derechos de las víctimas. Lejos de ser una ley sobre las vivencias *de todos* los españoles por igual, de los nacionales y de los rojos, para que se sigan reconciliando, la Ley vincula en su artículo 2 la atribución de derechos al padecimiento de una violencia radicalmente injusta. Cabe preguntar, obviamente, si es que no hubo violencia injusta en las dos partes del territorio. Ciertamente sí, pero la calificación jurídica que ambas merecen no es idéntica, ya que una de ellas, la violencia que se dio en territorio republicano, amparada o no por las autoridades, fue *ilegal* desde el principio, al ser contraria al ordenamiento vigente, a la

Constitución republicana y a los derechos en ella reconocidos; mientras que la violencia de los nacionales fue violencia *legal*, formalmente legalizada por un régimen que no sólo carecía de legitimidad de origen, sino que era además radicalmente injusto. Sobre la base de esta diferencia hay margen para que un estado de derecho, si el legislador así lo quiere, pueda establecer un distinto tipo de responsabilidad y de tratamiento jurídico para cada caso.

Parte VII

He querido reivindicar hasta aquí una memoria asimétrica, como seña de identidad irrenunciable de la una cultura cívica democrática. El término "memoria" tiene mucho de metáfora, pero es un término eficaz para aludir a la reserva de energía que se necesita para prevenir la posible involución autoritaria de nuestras democracias, que no adopta ya las modalidades del fascismo, sino un rostro más amable y eficiente, el que corresponde a su naturaleza populista y tecnocrática. Me pregunto, para concluir, ¿una memoria asimétrica es una memoria sesgada y sectaria? En otras palabras, ¿podemos ser partisanos?

Al buen demócrata se le supone una actitud tolerante y no excluyente, respecto de *todas* las voces y *todas* las memorias, de las víctimas y de los verdugos. En eso consistiría el aprendizaje de la democracia. Pero el argumento, en esta versión al menos, es falaz o, cuando menos, ambiguo, porque con ser todas legítimas — todas pueden expresarse — no todas son igualmente relevantes. En una esfera pública democrática unas deben tener *más peso* que otras. ¿Debe el demócrata intransigente condenar la memoria de sus adversarios? ¿Debe imponer la superioridad moral de su punto de vista, mostrándose generoso con ellos?

No hay respuestas sencillas a estas preguntas, porque el demócrata intransigente no tiene margen para cerrarle la puerta al diálogo. Un buen argumento para atenerse a las reglas de la conversación civilizada nos lo ofrece Norberto Bobbio. "No hay garantía — escribe — de que el intolerante, admitido en el recinto de la libertad, entienda el valor ético del respeto a las ideas de los demás. Pero no hay duda de que el intolerante excluido no podrá convertirse nunca en un tolerante leal. Puede merecer la pena poner en peligro la libertad acogiendo al enemigo, si la única alternativa es restringirla hasta sofocarla. Mejor una libertad en peligro pero que se expande, a una libertad protegida pero que se cierra en sí misma. La verdadera libertad corre siempre el riesgo de transformarse en su contrario".[13]

---

[13] N. Bobbio, *Tolleranza e verità*. En: *Ildubio e la scelta*, Nuova Italia Scientifica, Roma, 1993, p. 212.

Si esto es así, podemos concluir que la demanda de memoria en contextos de transición no es, en realidad, nada más que una reivindicación intransigente de las reglas del diálogo, y la democracia nada tiene que ver con la concordia fraterna sino con el conjunto de condiciones institucionales gracias a las cuales es posible mantener la esperanza de que prevalezcan las razones más fuertes y no las razones del más fuerte.

Informação bibliográfica deste texto, conforme a NBR 6023:2002 da Associação Brasileira de Normas Técnicas (ABNT):

GREPPI, Andrea. La demanda de memoria: transición, diálogo y democracia. *In*: PRONER, Carol; ABRÃO, Paulo (Coord.). *Justiça de Transição*: reparação, verdade e justiça: perspectivas comparadas Brasil-Espanha. Belo Horizonte: Fórum, 2013. p. 51-69. ISBN 978-85-7700-737-0.

TRANSICIÓN Y NEOLIBERALISMO.
UN APUNTE

ROSARIO VALPUESTA FERNÁNDEZ

A modo de justificación

En estas páginas se pretende reflexionar sobre un aspecto de los procesos de transición de los regímenes dictatoriales a democracias representativas, experimentados en América Latina a partir de la década de 1980; concretamente, se quiere reparar en la dimensión ideológica de estos fenómenos, en el sentido de que sirvieron para la implantación de un determinado orden económico internacional, de clara inspiración neoliberal, que vino a consolidar el dominio de las reglas del mercado sobre la autonomía política de estos Estados. Con ello se quiere resaltar la importancia de los intereses económicos antes, durante y después de la transición; de tal manera que no se puede explicar plenamente lo ocurrido si no se tiene en cuenta el vínculo existente entre las corporaciones transnacionales, las élites económicas nacionales y el poder político, tanto en el periodo de la dictadura como en el nuevo régimen que se instaura tras el proceso de transición. Todo ello en un contexto de cambio de la economía mundial que trascurre desde la *guerra fría* hasta el fortalecimiento del proceso de globalización, con el predominio de las entidades financieras y los Estados y organismos que actúan a su servicio.

Claro está que esta cuestión no se puede abordar con carácter general para todos los procesos de transición, pues su multiplicidad y variedad impiden un tratamiento homogéneo.[1] Por ello centraremos nuestra atención en los que se producen en muchos países latinoamericanos en los años ochenta, siendo conscientes, no obstante, de la diversidad que existe entre ellos. Se hace referencia, más en concreto, a los procesos que se siguieron en algunas repúblicas centroamericanas como Guatemala, Nicaragua o el Salvador, caracterizados por la finalización de un conflicto bélico entre organizaciones guerrilleras y las fuerzas armadas de los respectivos Estados; en otro plano, se alude a las transiciones de los países del Cono Sur: Brasil, Argentina, Paraguay, Uruguay y Chile, que arrancaron de unas dictaduras para alcanzar la democracia. Aún a riesgo de incurrir en simplificaciones o reduccionismos de fenómenos amplios y complejos, se quiere resaltar que en todos ellos los vencidos y sus víctimas se habían movilizado en procura de una transformación social hacia parámetros más justos y solidarios, expresión de una ideología, esencialmente de izquierda, duramente combatida por las fuerzas del aparato estatal represor.

Cuando la democracia retornó para instalarse de forma relativamente estable, fueron los grandes olvidados, los excluidos de un sistema económico que aún hoy está dirigido por intereses que escapan al control de la población. Además, estos procesos se dieron en el marco de la *guerra fría* y el predominio norteamericano dentro del espacio occidental, porque lo que se debatía entonces era la expansión del liberalismo como forma de colonización al servicio de los intereses de las grandes corporaciones; de ahí, que éstas desempeñaran un papel relevante en las transiciones políticas y en la gestión de las nuevas democracias, si bien arropadas por los EEUU que puso a su servicio sus ingentes medios militares y de inteligencia. En una lógica de centro y periferia se imponen unas reglas de juego que pretenden catalizar los procesos sociopolíticos internos de los Estados en beneficio de un

---

[1] Desde un punto de vista cronológico poco tienen que ver los procesos europeos subsiguientes a la II Guerra Mundial, con los que se sucedieron en posteriores etapas. Desde una perspectiva territorial, se puede apreciar las distancias que existen entre las transiciones de América Latina de finales de los años ochenta, con las que se viven en Europa del Este tras la caída del régimen soviético, incluido el que se opera en la URSS; unos procesos muy distanciados también de los que están en curso en las comunidades étnicas y naciones de la antigua Yugoslavia tras la confrontación bélica. Más alejados están aún los que se producen en África, sobre los que todavía se proyecta la sombra de la descolonización, que tienen en Sudáfrica su mejor exponente. Y claves muy distintas revelan lo que se ha dado en llamar la *Primavera Árabe*, en la que la oposición, representada por muchos colectivos y distintos intereses, se ha sublevado contra regímenes tiránicos que oprimen a los pueblos, en un proceso aún inacabado.

orden internacional que no contaría con ellos, si no fuera para satisfacer su expansión.[2]

En este marco se puede situar igualmente la transición española, aunque con perfiles algo diferentes por razones muy variadas. En primer lugar, porque la dictadura acabó con una democracia legítima, que se organizó como República, a la que hubo que "renunciar" en los Pactos de la Moncloa por una monarquía parlamentaria,[3] en segundo lugar, por la duración del régimen represor, cuarenta años, en cuyo transcurso se impuso el olvido y se intentó una suerte de legitimación social del régimen, que permitió que las instituciones del Estado permanecieran incólumes en la nueva democracia, lo que ha impedido que la verdad de las víctimas aflore en el nuevo escenario; y en tercer lugar, porque el proceso de integración en la UE amortiguó los efectos de la renuncia al proyecto político-social de la República y el gobierno que la dirigía, de tal manera que los avances en este campo se produjeron por el influjo económico de las instituciones europeas; unos avances en franco retroceso en la actualidad porque las leyes del mercado, que se aplicaron con toda su crudeza a América Latina en la década de los ochenta, ajustan a día de hoy las cuentas a Europa, que reproduce en su interior la lógica de una periferia que se mueve a impulsos de la centralidad alemana.[4]

---

[2] Respecto de Chile se ha afirmado: "Las clases dominantes tenían que 'tener las manos libres' para aplicar sabiamente sus políticas de recetas económicas y asegurar que sus tecnócratas contasen con las condiciones 'ideales' para garantizar el éxito de su infalible medicina. Por tanto, las libertades democrático-burguesas debían ser llamadas temporalmente a cuarteles de invierno para dar lugar a la reactivación económica luego de la cual el poder sería 'devuelto' al pueblo, los militares serán quienes se retirarían a sus barracas y las clases dominantes podrían autorizar que 'se reinicie el juego de la democracia'" (Atilio A. Borón, "El fascismo como categoría histórica: en torno al problema de las dictaduras en América Latina", *Revista Mexicana de Sociología*, v. 39, n. 2, 1977, p. 508).

[3] Los *Pactos de la Moncloa* fueron los acuerdos firmados en el Palacio de la Moncloa durante la transición española el 27 de octubre de 1977 entre el Gobierno de España de la legislatura constituyente, presidido por Adolfo Suárez, los principales partidos políticos con representación parlamentaria en el Congreso de los Diputados, con el apoyo de las asociaciones empresariales y el sindicato Comisiones Obreras (excepto algunas secciones sindicales del mismo) y el rechazo de la Unión General de Trabajadores y de la CNT, con el objetivo de procurar la estabilización del proceso de transición al sistema democrático, así como adoptar una política económica que contuviera la galopante inflación que alcanzaba el 47%.

[4] Según Vicenç Navarro (*Bienestar insuficiente, democracia incompleta*, Anagrama, Barcelona, 2002, p. 25), una de las causas de la insuficiencia del Estado del bienestar, "ha sido el olvido de lo que fue la República Española, la guerra civil y la dictadura que la siguió. Este olvido, resultado de un pacto de silencio entre la derecha y las izquierdas, alcanzado durante la Transición, fue consecuencia de confundir la amnistía con la amnesia, amnesia a la cual las izquierdas han contribuido y por la cual estamos hoy pagando un coste político muy elevado".

Ahora bien, en este trabajo no se pretende analizar los procesos internos de transición, pues son muy diferentes los factores y elementos que contribuyeron a la caída de las dictaduras y el advenimiento de la democracia en cada uno de los países, en los que influyen la tradición política, la experiencia histórica de gobierno, la articulación social, la influencia de los actores políticos y militares... en fin, un conjunto de condiciones que impiden su homogeneización. Tampoco está en nuestro ánimo hacer política comparada, pues ello excedería en mucho de las pretensiones de esta aportación, que quiere solamente apuntar una línea de reflexión que debe ser considerada en el tratamiento de los procesos transicionales.

La materia que abordamos, el dominio económico internacional y su influencia sobre los diversos Estados, ha sido objeto de excelentes estudios que no se pretenden reproducir en estas páginas, pues su objetivo es más modesto; por tanto, se quiere únicamente reparar en el vínculo que existe entre estos procesos de transición y la consolidación de un orden económico mundial presidido por los intereses de las grandes corporaciones, con el auxilio de organismos internacionales y la presión de los gobiernos de EEUU, que llevó a que las esperanzas de cambio que gran parte de la población habían depositado en las nuevas democracias se frustraran poco después de su llegada.

En la actualidad el panorama político es muy distinto, en el nuevo milenio los países latinoamericanos han retomado en parte su poder de decisión, se han abierto a una ciudadanía plural y han reforzado sus procesos de integración regional en un intento de ser protagonistas de su propio futuro. Es Europa la que está sufriendo los embates de los actores económicos internacionales, tanto privados como públicos, con pérdida de su soberanía y quiebra de sus democracias. Aunque en este contexto existe una realidad cierta: el dominio del mercado sobre la autonomía política de los Estados se presenta como un signo de los tiempos que se debe conjurar, si se quiere recuperar definitivamente la capacidad de autodecisión de los pueblos. El escenario es diferente y los actores hegemónicos son diversos, pero la presión neoliberal sigue ejerciendo su control sobre las políticas nacionales.

Transición y orden económico

Como es sabido, cuando se hace referencia a la justicia de la transición se quiere identificar el conjunto de iniciativas emprendidas en los procesos de cambio de un régimen no democrático a uno democrático. Se está ante un concepto evolutivo que se ha ido formando en sucesivas etapas, sin que se pueda decir en la actualidad que su construcción definitiva ha culminado, si bien cuenta con un acervo de experiencias prácticas, de elaboración teórica y de aplicaciones técnicas que permiten una delimitación de su alcance y contenido dentro de las disciplinas jurídicas; aunque el Derecho transicional es algo más, pues involucra en su contenido cuestiones que tienen que ver directamente con la construcción democrática, la legitimidad del poder establecido y, sin duda, con la consecución de los objetivos del Estado de Derecho.[5]

En estos procesos de transición se debe tener presente que el régimen no democrático se caracteriza por perpetrar una violación masiva de los derechos humanos, so pretexto de la defensa de una determinada ideología y unos concretos intereses, los que ostenta la clase dirigente, generalmente vinculada a las grandes corporaciones nacionales o transnacionales, que no quieren ver alterado el *statu quo* del que obtienen grandes beneficios.[6] Una represión que se ha ejercido desde la estructura del poder establecido, utilizando sus medios e instrumentos en una relación desigual que ha colocado a la población civil en situación de vulnerabilidad extrema. Entre esas violaciones se incluyen la penalización de conductas que implican el ejercicio de la libertad — libertad ideológica, de información y expresión, de asociación, de manifestación, de circulación — pero también la privación a la ciudadanía de sus bienes más esenciales como la vida, la integridad física, la salud, la educación, la identidad...[7] En una política criminal sin fin y sin límites, en la que la mayoría de las veces la simple pertenencia a un colectivo, clase social o grupo étnico — como en el caso de Guatemala — ha sido suficiente para ser objeto de persecución, hasta el punto de que la actuación indiscriminada del poder se convierte en una práctica habitual.[8]

---

[5] La justicia transicional tiende a que la mudanza política sea exitosa para que finalmente exista no solo una democracia electoral (con elecciones procedimentalmente equitativas) sino un Estado de Derecho en su sentido sustancial. Cf. Eneá de Stutz e Almeida y Marcelo D. Torelly ("Justiça de Transiçao, Estado de Direito e Democracia Constitucional: Estudo preliminar sobre o papel dos direitos decorrentes da transiçao política para a efetivaçao do Estado Democratico de Direito", *Sistema penal e violência*, v. 2, n. 2, jul./dez. 2010, Porto Alegre, p. 38).

[6] Sobre el tema, Atilio A. Borón, "El fascismo como categoría histórica: en torno al problema de las dictaduras en América Latina", p. 511 *et seq*.

[7] Un aspecto comparable a la experiencia española, según Moreno Gómez, "La represión en la posguerra", en (S. Juliá (Coord.). *Víctimas de la guerra civil*, Temas de Hoy, Madrid, 1999, p. 277), para quien "la violencia fue un elemento estructural del franquismo. La represión y el terror subsiguientes no eran algo episódico sino el pilar central del nuevo Estado, una especie de principio fundamental del movimiento".

[8] El número de víctimas y los crímenes que sobre ella se ejercieron en los distintos países han sido objeto de análisis en estudios especializados a los que nos remitimos. También

En este contexto la justicia transicional aspira a ajustar las cuentas con el pasado, a fin de que se esclarezcan los hechos, se diriman las responsabilidades pertinentes, se castigue a los culpables de las violaciones de los derechos humanos, y se adopten medidas de resarcimiento y desagravio para con las víctimas;[9] al mismo tiempo que se pongan los medios para que no se vuelva a repetir esta situación. Por estas razones, en la justicia transicional han merecido especial atención las víctimas de la violación de los derechos humanos perpetrada por el régimen anterior a la instauración democrática, sobre todo, porque en la generalidad de los casos se ha querido imponer el olvido de los crímenes cometidos por el aparato del Estado al servicio de regímenes dictatoriales, en aras de una reconciliación nacional que se ha demostrado fallida. De ahí, que de un tiempo a esta parte se haya insistido en el derecho a la verdad, justicia y reparación como paso imprescindible para que se pueda construir un futuro compartido.[10] Y así, se ha avanzado en la formulación de esta propuesta que ha adquirido un gran nivel de elaboración y desarrollo,

---

hay otro tipo de víctimas, muchas invisibilizadas, que aún no han sido reconocidas plenamente. Con respecto a la dictadura española, para dar una referencia bien conocida, se ha dicho: "Si la represión física y de los derechos fundamentales fue la más llamativa, también funcionó una represión cotidiana, permanente y opresiva, que condenó a la marginación social y laboral a una buena parte de la población. Cuando hablamos de represión siempre pensamos en los fusilamientos, pero existen otras formas sutiles de hacer daño que causan dolor profundo y traumático y acompañan a los supervivientes durante toda su existencia", como señala Arcángel Bedmar (Coord.). (*Memoria y olvido sobre la Guerra Civil y la represión franquista*, Ayuntamiento de Lucena, Córdoba, 2003, p. 15). Durante los cuarenta años en los que se mantuvo en el poder el dictador Franco, se denegó a que se reintegraran en su puesto de trabajo decenas de miles de personas que habían sido depuradas de los mismos como consecuencia de la contienda; también rechazó la posibilidad de que recibieran pensión, o indemnización alguna, los mutilados, civiles o militares, así como las viudas y huérfanos de combatientes del bando vencido; también incautó propiedades a los partidos políticos, los sindicatos y a particulares por el mero hecho de haber defendido, o simpatizado, con el régimen legal existente con anterioridad a la guerra, la Segunda República, el mismo que la dictadura había depuesto por la fuerza de las armas, como resalta Paloma Aguilar ("La justicia transicional en los casos español, argentino y chileno", *Estudio Tallere 10. Enfoques alternativos para superar el pasado*, p. 2).

[9] José Antonio Martín Pallín y Rafael Escudero Alday, Introducción, José Antonio Martín Pallín y Rafael Escudero Alday (Eds.). *Derecho y memoria*, ed. Trotta, Madrid, 2008, p. 10.

[10] Uno de los sustentos de la creencia compartida en el *nosotros* es la historia común, (García Amado, José Antonio "Usos de la historia y legitimidad constitucional", *Derecho y memoria*, José Antonio Martín Pallín y Rafael Escudero Alday (Eds.). *Bienestar insuficiente, democracia incompleta*, Anagrama, Barcelona, 2002, p. 25, 49). Esta vinculación entre la dimensión de derecho individual a una identidad, a un reconocimiento que implica necesariamente un elemento colectivo, abre el derecho a la perspectiva *familiar*... dimensión de la familia no como titular sino como espacio básico donde cada individuo reconstruye identidad individual mediante una permanente interacción con lo colectivo (Jose María Sauca Cano, "El derecho ciudadano a la memoria histórica: concepto y contenido", *Derecho y memoria*, José Antonio Martín Pallín y Rafael Escudero Alday (Eds.). p. 87, 88).

con pronunciamientos judiciales innovadores y muy importantes. La dialéctica que preside esta justicia se desenvuelva entre el pasado que hay que enjuiciar y el futuro que hay que construir. Es pues una justicia en cierta medida consensual, aunque no se haya pactado de forma expresa, pues los actores pretéritos, como veremos, están presentes en el proceso de transición y en la democracia que se instaura.

Como se ha dicho, en esta aportación, nos queremos referir, en concreto, a la derrota ideológica de gran parte de los vencidos, que tuvieron que asumir el nuevo orden político de democracia representativa de economía capitalista, con olvido, en la mayoría de los casos, de sus demandas y aspiraciones, precisamente las que habían motivado su oposición al régimen vigente; de tal manera que, una vez restaurada la democracia, su situación no ha mejorado en los términos en los que se plantearon y, aún en la actualidad, permanecen al margen de los beneficios del sistema; unos beneficios que polarizan unos pocos, generalmente los que nunca perdieron.[11] Hablamos pues de otro tipo de daños, de un daño, si se quiere, ideológico, pero con consecuencias importantes, en la medida que la ideología era la enseña de una movilización social y política que pretendía mejores condiciones de vida. Es decir, en un principio se podría pensar que se hace referencia exclusivamente a un perjuicio moral, una "renuncia" a una aspiración, si se quiere, utópica, que tiene que destilares en el juego democrático y su aceptación por la ciudadanía; sin embargo, ello no es así, pues se alude a propuestas muy concretas que tienen por finalidad el reconocimiento de derechos de los que sufrieron la represión, la tortura, la muerte o el escarnio, concretamente, la de los campesinos anclados en la tierra de los grandes hacendados, la de los trabajadores que laboraban en condiciones de explotación, la de los empleados públicos en situación de desprotección, la de los los estudiantes o los intelectuales que reclamaban mayor igualdad y libertad, lo mismo que las mujeres.[12]

---

[11] Estas afirmaciones, siendo ciertas, se deben matizar para cada país, pues en todos los procesos se produce la emergencia de nuevos actores económicos que, incluso, provienen de las filas de la insurgencia, debido en muchos casos a su origen burgués, en el que se integran tras el cambio político.

[12] El informe *Nunca Más*, de la Comisión Nacional para la Desaparición de Personas de Argentina se afirma: Todos caían en la redada: dirigentes sindicales que luchaban por una simple mejora de salarios, muchachos que habían sido miembros de un centro estudiantil, periodistas que no eran adictos a la dictadura, psicólogos y sociólogos por pertenecer a profesiones sospechosas, jóvenes pacifistas, monjas y sacerdotes que habían llevado las enseñanzas de Cristo a barriadas miserables. Y amigos de cualquiera de ellos, y amigos de esosamigos, gente que había sido denunciada por venganza personal y por secuestrados bajo tortura. Todos, en su mayoría inocentes de terrorismo o siquiera de pertenecer a los

Y en este punto se debe resaltar la connivencia entre la élite económica y los que ejercían el poder político, generalmente militares, pues eran estos últimos los que debían garantizar un modelo económico basado en la explotación de las clases más débiles.[13] Cualquier intento de subvertir la situación se veía como una amenaza intolerable que se debía abortar.[14] Pero en este escenario había otros actores que confluían para que las cosas fueran así, estaban las grandes empresas extranjeras, generalmente norteamericanas, con importantes intereses en determinados sectores económicos, y también, auxiliando a las mismas, los EEUU, con su ingente capital militar y de inteligencia, cuya participación era esencial para mantener el *statu quo*.[15]

---

cuadros combatientes de la guerrilla, porque éstos presentaban batalla y morían en el enfrentamiento o se suicidaban antes de entregarse, y pocos llegaban vivos a manos de los represores. Disponible en: <http://www.desaparecidos.org/arg/conadep/nuncamas/nuncamas.html>.

[13] En este sentido se debe tener en cuenta que las élites económicas en los distintos países estaban ligadas a ámbitos de producción divergentes, aunque relacionados con los intereses extranjeros. Para Nicaragua se ha afirmado que en las actividades comerciales y el capital financiero se encontraba el centro de poder económico de la burguesía local y el ámbito fundamental de su articulación con el imperialismo y con el Estado (Carlos M. Vilas, "Nicaragua: una transición diferente", *Revista Mexicana de Sociología*, v. 45, n. 3, 1983, p. 943). Respecto de Chile, Al consolidarse las posiciones dentro del equipo económico por parte de la tecnocracia neoliberal (los llamados *Chicago boys*) e implantarse la política del *shock* a partir de abril de 1975, se produjo un visible estrechamiento de los sectores beneficiarios de la política económica... La política económica favoreció al sector de la burguesía que operaba en la órbita de la economía financiera y que se encontraba estrechamente vinculado con los círculos financieros internacionales y con los grupos que realizaban actividades mercantiles y de exportación (Patricio Silva, "Empresarios, neoliberalismo y transición democrática en Chile", *Revista Mexicana de Sociología*, v. 57, nº 4, 1995, p. 5).

[14] Sobre la influencia de EEUU en la conformación de los ejércitos latinoamericanos en los años sesenta bajo la doctrina de la seguridad nacional (Tulio Halperín, *Historia contemporánea de América Latina*, reimpresión 2004, p. 526 *et seq*). Los regímenes militares introdujeron en América Latina la autonomía e impunidad de los militares, así como su poder político representan un último recurso para que los políticos civiles de todo el continente puedan mantener los principios neoliberales sea cual fuere el grado de oposición popular (James Petras y Steve Vieux, *Hagan juego*, ed. Icaria, España.1995, p. 60).

[15] De nuevo hay que tener en cuenta la diversidad de las situaciones que varían de un país a otros. Así, se ha afirmado sobre Nicaragua: "Más que en términos económicos directos, por lo tanto, la gravitación del imperialismo, intensa como fue, se manifestó sobre todo como potencia político-militar. Bajo la dictadura somocista Nicaragua fue para los Estados Unidos más un voto en los organismos internacionales y un aliado político seguro para el control de la región, o territorio de reserva para un eventual segundo canal interoceánico, que un emplazamiento significativo de inversiones productivas. Fue un imperialismo de embajadores y generales que antes que de industriales y banqueros. La fuerte dependencia externa de la economía nicaragüense se consiguió con relativamente capital foráneo y se dio más en el plano de la circulación y realización de capital, que en la producción" (Carlos M. Vilas, "Nicaragua: una transición diferente", p. 951). Para Brasil, se ha señalado que los protagonistas no solo fueron las empresas multinacionales conquistadoras de la economía nacional, y un Estado-gendarme que, opresivo en la esfera política, no aspira a participar

Con frecuencia, el análisis de la represión ejercida durante las dictaduras se detiene en la epidermis del problema, es decir, en las notorias violaciones de los derechos que sufrió gran parte de la población civil, reprobables desde cualquier punto de vista, que justifican por sí mismas no solo su repulsa, sino también que se arbitren los mecanismos oportunos para su sanción y se busque la reparación de las víctimas. Pero lo anterior no debe impedir que se indague en las causas que motivaron en su momento la movilización social de estos sectores y la respuesta del aparato del Estado y de los comandos que se organizaron en su entorno, además de la intervención externa. Y entre estas causas está sin duda una estructura económica y social presidida por la desigualdad y la explotación. Lo anterior explica la condición de las víctimas, con frecuencia campesinos, trabajadores, empleados públicos, estudiantes, intelectuales o mujeres, es decir colectivos o grupos de la sociedad civil, en contraposición a las víctimas del Estado, en su gran mayoría pertenecientes a las fuerzas de seguridad. La privación de los derechos y libertades que imponen las dictaduras tienen como objetivo reprimir la contestación popular en pro de la justicia social desde un pensamiento de izquierda, vinculado en algunos casos a un amplio espectro de partidos u organizaciones marxistas,[16] pero también a otras formaciones partidarias y sindicales comprometidas con una democracia de carácter social, e, incluso, a las Confesiones religiosas que se implican en la defensa de los más débiles.[17] Y si bien la insurgencia se ha manifestado en forma de conflicto bélico, o como guerrilla urbana,[18] lo cierto es que la población civil fue objeto de una persecución sistemática que culminó con la violación masiva de sus derechos.

en el control de la económica; sí es verdad que aquéllas se expanden más rápidamente que la economía en su conjunto, por su parte el nuevo estado autoritario y represor, aun antes de 1964, sigue siendo Estado empresario (Tulio Halperín, *Historia contemporánea de América Latina*, p. 658).

[16] En los países del Cono Sur bajo la Doctrina de la Seguridad Nacional se desarrolló la idea de guerra interna que hay que librar contra un enemigo subversivo, de acuerdo con la definición del Estado Mayor brasileño, contra un enemigo subversivo de inspiración marxista-leninista. La existencia de organizaciones subversivas o fascistas de extrema derecha no es tenida en cuenta (Carlos Malamud, *América Latina, siglo XX. La búsqueda de la democracia*, Madrid, 1999, p. 150).

[17] Sobre la importancia de las organizaciones sociales es muy significativo el estudio de Carlos M. Vilas, que al respecto de Nicaragua afirma: "El pueblo de Nicaragua salió a las calles a luchar y a morir porque existían condiciones políticas y organizativas creadas por casi dos décadas de luchas sandinista" ("Nicaragua: una transición diferente", p. 960).

[18] Distinto es la acción armada de los grupos guerrilleros, de extracción también civil, que ejercieron la violencia contra las fuerzas del Estado y las élites que lo sustentaban. Tema que ha sido abordado en profundidad y que plantea una cuestión de legitimidad que no podemos abordar en esta aportación.

Como se ha dicho, en ciertos países latinoamericanos, en los que la coyuntura política se definía por un ascenso en la movilización política de las clases populares y cuyas consecuencias habían sido la alteración de la correlación de fuerzas al interior del Estado, la reorganización del bloque de fuerzas burguesas sólo fue posible a partir de la instauración de regímenes dictatoriales edificados sobre el uso irrestricto de la violencia represiva.[19] Con la doctrina de la seguridad nacional ante la emergencia social se quiere legitimar una violencia que solo repara en la tranquilidad de los grupos hegemónicos y la estabilidad de las inversiones extranjeras.

Las dictaduras que se impusieron[20] y la transición que les siguió tienen una dimensión internacional, por cuanto transcurrieron en gran medida durante los años de la *guerra fría*, años en los que las dos grandes potencias se batieron en escenarios muy distintos en defensa de sus propios intereses, unos intereses no solo políticos sino fundamentalmente económicos. Desde la perspectiva occidental, la implicación de los EEUU en América Latina era esencial, pues debía salvaguardar un espacio económico vital para su propio desarrollo; por ello no solo actuó en connivencia con las dictaduras represoras, sino que dirigió y asesoró directamente la acción de las fuerzas armadas y de seguridad, y controló el proceso de transición.[21]

---

[19] Tal es el caso de Chile, en donde la trayectoria histórica de las fuerzas populares, el nivel alcanzado por la lucha de clases y el funcionamiento prolongado de un régimen de democracia burguesa que había facilitado la movilización y el encuadramiento de amplias capas del proletariado hicieron posible una experiencia de la trascendencia y profundidad como la que tuvo el gobierno del presidente Allende (Atilio A. Borón, "El fascismo como categoría histórica: en torno al problema de las dictaduras en América Latina", p. 513, 514). Tras el golpe de Estado en Chile, los sectores empresariales cedieron la iniciativa política y económica al régimen militar, al cual se consideró entonces como una garantía suprema para sus intereses gremiales. Los empresarios estaban convencidos de que solo un sistema político autoritario de las características del recién constituido gobierno militar podría imposibilitar el retorno de lo que denominaban la "pesadilla socialista". En franca actitud de gratitud y reconocimiento, los empresarios adoptaron una postura de apoyo incondicional ante las nuevas autoridades (Patricio Silva, "Empresarios, neoliberalismo y transición democrática en Chile", 1995, p. 4).

[20] "Washington, actuando de acuerdo con los militares latinoamericanos, derrocó los gobiernos elegidos democráticamente en Chile, Argentina, Brasil y Uruguay. Los dictadores recién instalados, apoyados por las instituciones financieras internacionales, procedieron a desmantelar las barreras sociales y proteccionistas y a desnacionalizar el sector industrial y de banca, para privatizar los bienes sociales. Se implementaron y reforzaron las políticas de mercado libre por medio de regímenes draconianos que mataron a miles de personas, metieron en prisión y torturaron a otras decenas de miles y obligaron a decenas de personas a exiliarse. Las uniones políticas entre bancos y corporaciones multinacionales, capitalistas trasnacionales latinoamericanos y el Estado fueron reforzadas y las aspiraciones de hegemonía de los EEUU se convirtieron en una realidad" (James Petras, *Las estrategias del Imperio. Los EEUU y América Latina*, 2. ed., ArgitaletxeHiru S.L., Guipúzcoa, 2005, p. 16).

[21] Desde una visión crítica, Noam Chomsky califica la intervención de EEUU en América Latina como la libertad de saquear y explotar (*La quinta libertad. La intervención de los Estados*

La transición "vigilada"

No hay homogeneidad en la forma en la que se articularon los distintos procesos de transición.[22] En algunos casos se escenificaron en pactos comparables a los que se llevaron a cabo en España a mediados de los 70[23] —, como sucedió en El Salvador[24] o Guatemala.[25] De este modo, se plasmaron las reglas de juego que marcaron el futuro, con propuestas concretas de Constitución y con menciones específicas a algunos avances sociales, que la dinámica posterior devaluó cuando no ignoró.[26] Otros procesos discurrieron por cauces muy disímiles — como Nicaragua con su experiencia particular del sandinismo,[27] o Uruguay[28]

Unidos en América Central y la lucha por la paz, Ed. Critica, Barcelona, 1988). Sin embargo, bajo el mandato del presidente Carter, a pesar de su contradictoria política, disminuyó la asistencia militar norteamericana a los regímenes represores, (Olivier Dabène, *América Latina en el siglo XX*, Madrid, 2000, p. 173 *et seq*.). Desde una perspectiva económica, Olivier Dabène, señala como característica de los regímenes autoritarios instalados después de 1973, su adhesión inquebrantable a las teorías monetaristas de Friedman. Se depositó una confianza desmedida en las ventajas de una apertura total de las economías a la competencia internacional y en las capacidades naturales de los mercados para asegurar la estabilidad y el crecimiento, A*mérica Latina en el siglo XX*, Madrid, 2000, p. 165.

[22] Un estudio de los procesos de transición en Guillermo O'Donnel, Philippe Schmitter y Lawrence Wihtehead (Compiladores), (*Transiciones desde un gobierno autoritario*, t. 2. América Latina. ed. Paidós, España, 1986). También, Jorge Rovira Más que analiza los distintos procesos desde la teoría política ("Transición a la democracia y su consolidación en Centroamérica: un enfoque para su análisis", *Anuario de Estudios Centroamericanos*, v. 28, n. 1, Costa Rica, 2002, p. 9 *et seq*.).

[23] El proceso de redemocratización se sustenta en un pacto entre élites que gozaron de un amplio margen para la negociación, favorecido por la existencia de una sociedad políticamente desmovilizada, tal como se pone en evidencia al analizar la participación política no convencional de la sociedad española en el periodo 1975-78, (Cayo Sastre García, "La transición política en España: una sociedad desmovilizada, *Reis*, n. 80, 1997, Centro de Estudios Sociológicos, España, p. 43).

[24] Tras diez años de confrontación y después del fracaso de algunos intentos, se firmaron los Acuerdos de Chapultepec (1992).

[25] El presidente Álvaro Arzú Irigoyen negoció la paz en 1996 con el grupo guerrillero Unidad Nacional Revolucionaria de Guatemala (UNRG).

[26] Los acuerdos se concretaron en 9 capítulos que abarcan 5 áreas fundamentales: modificación de las Fuerzas Armadas, creación de la Policía Nacional Civil, modificaciones al sistema judicial y a la defensa de los Derechos Humanos, modificación en el sistema electoral y adopción de medidas en el campo económico y social.

[27] El 17 de julio de 1979 el dictador Somoza huyó del país y el 19 el FSLN, tras la ofensiva final en Managua, asume el poder. El 25 de febrero de 1990, el FSLN pierde las elecciones que ganó la Unión Nacional de Oposición. Por todos, Olivier Dabène, A*mérica Latina en el siglo XX*, p. 176 *et seq*.

[28] En Uruguay las piezas claves de la transición son los partidos políticos, sin que se minimice el papel de las movilizaciones populares anti régimen. La transición es un *affaire* de las élites políticas y los militares. Esta terminó con un pacto cívico-militar, definido como un "cambio en paz", sin confrontación ni represión, fruto de la automoderación de las partes, de su realismo (Liliana de Riz, "Uruguay: la transición desde una perspectiva comparada", *Revista Mexicana de Sociología*, n. 47, v. 2, 1985, p. 17).

o Chile[29] — mediante la convocatoria de plebiscitos o referéndum que impusieron la abertura del régimen, o con la celebración de elecciones democráticas como ocurrió en Argentina,[30] Paraguay[31] o Brasil.[32] En estas últimas experiencias, con mayor o menor intensidad, se había producido un agotamiento o desgaste del régimen, que fue perdiendo toda la legitimación social; en este sentido importa reseñar la importancia de la presión internacional, apoyando la contestación interna que no cejó ni en los peores momentos de la represión, y el giro de la política exterior de los EEUU. Y en este orden de ideas, no es un factor menor las crisis económicas que pusieron de manifiesto las insuficiencias de las recetas aplicadas por las dictaduras, de las que se fueron alejando unas élites en busca de nuevos anclajes políticos para mantener su hegemonía en un orden económico internacional cambiante.[33]

En todos estos procesos, a pesar de sus diferencias, están muy presentes los intereses económicos, envueltos en la dinámica internacional de las grandes empresas a cuyo servicio se habían colocado las

---

[29] La paradoja de la transición chilena radica en su carácter pactado: una configuración de élites contra la dictadura asumió un papel cada vez mayor gracias a resurgimiento de la sociedad civil y, de tal modo, se desarrolló un proceso de transición que finalizó con pactos inter-élites en los cuales la posición de la sociedad civil fue desatendida (Cristóbal Rovira Kaltwasser, "Chile: transición pactada y débil autodeterminación colectiva de la sociedad", *Revista Mexicana de Sociología*, v. 69, n. 2, 2007, p. 351).

[30] Ninguna negociación política con las fuerzas armadas acerca del tratamiento del pasado de violación de los derechos humanos precedió la entrada del nuevo régimen; estas se vieron forzadas a entregar el poder en las peores condiciones que imaginaron, es decir, sin garantías acerca de cómo las fuerzas políticas enfrentarían la herencia que dejaban. A diferencia de las transiciones en Brasil o Uruguay, en Argentina, los políticos no tenían incentivos para negociar, derrotados los militares en una guerra y sin capacidad para ejercer influencia en la dinámica política de la transferencia del poder. Tampoco hubo una tradición de acuerdo entre las principales fuerzas políticas, como en Uruguay o en Brasil. La desconfianza mutua, la intolerancia y la confrontación fueron modalidades de relación entre peronistas y radicales. Separados por una tradición maximalista, el acuerdo recibió el calificativo peyorativo de contubernio; peronistas u radicales, cuando gobernaron, lo hicieron solos [Liliana de Riz, "Argentina: el comportamiento electoral durante la transición democrática (1983-1989), *Reis*, n. 50, 1990, Centro de Investigaciones Sociológicas, España, p. 8].

[31] Tras 34 años en el poder del dictador Stroessner, en 1989 el general Andrés Rodríguez da un golpe de Estado y convoca elecciones generales, sobre el tema Benjamín Arditi ("Elecciones y partidos en el Paraguay de la transición", *Revista Mexicana de Sociología*, v. 52, n. 4, 1990, p. 83 *et seq*.)

[32] El proceso de redemocratización se desenvuelve en varias etapas propiciado por la apertura del régimen militar, que se inicia con el general Ernesto Geisel, y en el que se combinan medidas restrictivas y represoras con algunas más tolerantes, tenido como telón de fondo la crisis económica. En este sentido se puede señalar como punto de inflexión la elección en por el Colegio electoral de Neves como presidente y Sandes como vicepresidente, que después asumió la jefatura por muerte del primero, aunque la elección de presidente por sufragio universal directo no se produce hasta 1989.

[33] Sobre la herencia económica de los regímenes dictatoriales, James Petras y Steve Vieux, *Hagan juego*, ed. Icaria, España. 1995, p. 60 *et seq*. En España, la inflación había superado el 40%.

potencias dominantes. América Latina no se podía perder para la causa occidental, si bien fuera a costa de las aspiraciones de los campesinos y trabajadores; tanto de los que habían quedado en el camino como, también, de los que lograron sobrevivir. Las grandes transnacionales habían encontrado en la región una fuente inagotable de recursos que era necesario explotar si se quería garantizar el bienestar de los países dominantes. No se dilucidaba pues una mera cuestión política o, si se quiere, de régimen político, lo que estaba en liza eran las reglas del mercado para garantizar el capitalismo, que en estos países mostraba su rostro más feroz. Había que asegurar pues que en la nueva situación las cosas permanecían tal cual; para ello era imprescindible que las demandas de mejores condiciones para los campesinos, de nuevas reglas que protegieran a los trabajadores o la profundización en la democracia desde una perspectiva social, no prosperaran en los términos que habían planteado las víctimas.[34]

Estos procesos de transición abocaron a democracias representativas ligadas a la economía de mercado, con la implantación de un modelo neoliberal a fin de que los intereses de las grandes corporaciones, generalmente norteamericanas, quedaran a resguardo; aunque hay que reconocer que en algunos países las élites económicas adquirieron por su fortaleza un papel dirigente y protagónico en los procesos transicionales.[35]

Sin embargo, no se puede afirmar con rotundidad que la transición fuera irrelevante desde la perspectiva de las víctimas. De entrada, supuso el reconocimiento de los derechos y libertades de la democracia representativa;[36] también, y esto es importante, la abertura de cauces de

---

[34] Como se ha dicho para Paraguay, el mapa electoral que surge de la transición, protagonizado por los dos grandes partidos, fomenta la escisión entre la lógica social y la lógica política, las demandas ciudadanas de participación, justicia social y solidaridad se van desarrollando por un camino distinto al interiorismo que caracteriza a las formaciones políticas dominantes (Benjamín Arditi, "Elecciones y partidos en el Paraguay de la transición", *Revista Mexicana de Sociología*, v. 52, n. 4, 1990, p. 91 *et seq.*).

[35] Respecto de estas democracias, se ha afirmado que esta nueva teoría no enfatiza, o bien simplemente descarta, la relación entre democracia y justicia social, y entre democracia y soberanía. Lo que queda es el aspecto formal procesal de la democracia, los procesos electorales y las estructuraciones puramente político institucionales del aparataje estatal democrático (Eduardo E. Saxe Fernández y Christian BrüggerBourgeois, *El "globalismo democrático neoliberal" y la crisis Latinoamericana*, Ed. Heredia, Costa Rica, 1996, p. 120).

[36] Los pactos de la Moncloa: En el terreno político se acordó modificar las restricciones de la libertad de prensa, quedando prohibida la censura previa y dejando al poder judicial las decisiones sobre la misma; se modificó la legislación sobre secretos oficiales para permitir a la oposición el acceso a la información imprescindible para cumplir sus obligaciones parlamentarias; se aprobaron los derechos de reunión, de asociación política y la libertad de expresión mediante la propaganda, tipificando los delitos correspondientes por la

participación política con formaciones que en algunos casos reasumieron el juego democrático, también de representación social como la sindical.[37] En otro plano, se realizaron otras conquistas, como la reforma agraria, siendo en este punto muy emblemática la que se opera en El Salvador; la mejora de las condiciones laborales, con reformas legislativas; y la extensión de las prestaciones sociales. Ahora bien, en los distintos procesos transicionales no se alteran las bases económicas del sistema, la del capitalismo que se engarza con un orden económico neoliberal, que tiene en los actores nacionales e internacionales sus valedores más efectivos. De ello se encarga una transición *vigilada* y un orden económico internacional dispuestos a controlar la economía de estos países.[38]

Tampoco se desmonta en la medida esperada el aparato institucional del Estado, que pasa a gestionar la nueva situación. En este sentido, la depuración de las fuerzas armadas y de seguridad, cuando se produce, es más simbólica que real, conservando éstas una amenazante capacidad de presión política. Lo mismo ocurre con el poder judicial cuyos titulares en algunos casos continúan ejerciendo en el nuevo escenario democrático. Y así se pudo imponer, sin que cause extrañeza, el olvido de las violaciones de los derechos humanos sustrayendo a la acción de la justicia a sus responsables.[39]

---

violación de estos derechos; se creó el delito de tortura; se reconoció la asistencia letrada a los detenidos; se despenalizó el adulterio y el amancebamiento; se derogó la estructura del Movimiento Nacional, así como otras medidas sobre la restricción de la jurisdicción penal militar.

[37] Respecto de Paraguay se ha puesto de manifiesto cómo la debilidad de los partidos mayoritarios que asumieron la representación y su alejamiento de las cuestiones sociales facilitó generó la proliferación de organizaciones sociales (Benjamín Arditi, "Elecciones y partidos en el Paraguay de la transición", *Revista Mexicana de Sociología*, v. 52, n. 4, 1990, p. 91).

[38] Se basa en sostener que la esencia de vida política es similar a la esencia de la vida económica, de donde se sigue uno de los dogmas principales, "que solamente la empresa privada genera (o produce) libertad y por tanto bienestar y democracia". En un sistema asimétrico dominado por oligopolios y monopolios transnacionales (globales), la libertad y la soberanía se concentran ("se precipitan") en el sector más globalizado y globalizante, el financiero (Eduardo E. Saxe Fernández y Christian Brügger Bourgeois, *El "globalismo democrático neoliberal" y la crisis Latinoamericana*, p. 121). En el acuerdo entre las élites se selló un acuerdo — más implícito que explícito — referente a la perpetuación de la ortodoxia del modelo económico de libre mercado instaurado por la dictadura. De tal manera que los grandes grupo económicos lograron establecerse como actores de veto que tienen capacidad de maniobrar allende las reglas democráticas (Cristóbal Rovira Kaltwasser, "Chile: transición pactada y débil autodeterminación colectiva de la sociedad", *Revista Mexicana de Sociología*, v. 69, n. 2, 2007, p. 359).

[39] Las circunstancias en España no fueron muy diferentes: la estrategia de camuflaje de los dirigentes políticos del franquismo resultaba jurídicamente imposible. Si la amnistía de 1977 abarcaba los delitos "cometidos con intencionalidad política", lo cierto e innegable es que se trataba de una política diseñada no por los policías como elementos autónomos e incontrolados, sino por los que los dirigían. Los responsables de la redacción del texto de

El Estado de Derecho que se quería instaurar nacía pues con un gran déficit. Pero esta estrategia escondía un plan oculto, el de evitar la desligitimación de los represores, pues ellos debían seguir siendo actores sociales, políticos y económicos en el nuevo escenario que se aventuraba. En esta secuencia de acontecimientos los responsables del pasado están presentes en la construcción del futuro, sean éstos las personas que ostentaron el poder o las instituciones que lo ejercieron, o la élite económica que los justificaron y mantuvieron.[40] La transición imponía un *pacto de silencio*, no de los historiadores, sino de los políticos y de los partidos.[41] Se debía acallar a las víctimas a fin de no perturbar la salida del conflicto, en la que el *consenso* era su máxima aspiración. Por estas razones, para culminar el proceso había que elaborar leyes de amnistía,[42] que cerraran la vuelta al pasado, negando a las víctimas

---

gracia y perdón convirtieron la tortura en un delito político, ignorando y despreciando las normas internacionales, que la consideran como un crimen contra la humanidad. La impunidad judicial, como acto individual y como política sistemática, quedó englobada dentro de la categoría de los delitos de intencionalidad política (José Antonio Martín Pallín, "La ley que rompió el silencio", José Antonio Martín Pallín y Rafael Escudero Alday (Eds.). *Derecho y memoria*, p. 32).

[40] Los dirigentes políticos del franquismo que tuvieron el mando y dirigieron la operación hasta el momento final, quedaron al margen e intocados como parte de un pacto no escrito y por nadie justificado. Sin embargo, sí se vieron favorecidos los policías que torturaron, sin tasa ni medida, hasta el final del franquismo e incluso en tiempos posteriores. Los jefes no fueron objeto de amnistía, por lo que quedaban en una situación de absoluta indefinición (José Antonio Martín Pallín y Rafael Escudero Alday, Introducción, José Antonio Martín Pallín y Rafael Escudero Alday (Eds.). *Derecho y memoria*, p. 6). Respecto de Paraguay se ha afirmado que el cambio viene desde arriba y desde dentro del mismo poder, puesto que fue desencadenado — mediante un golpe de estado, por las fuerzas que sustentaban al régimen derrocado y un sector del gobernante partido Colorado. Ello implica que el nuevo poder impone unilateralmente las condiciones y reglas del juego político. Además, el cambio ocurre a partir de la legalidad heredada de la dictadura y con los mecanismos que ella misma estableció (Benjamín Arditi, "Elecciones y partidos en el Paraguay de la transición", p. 83).

[41] Jose Antonio García Amado, "Usos de la historia y legitimidad constitucional", José Antonio Martín Pallín y Rafael Escudero Alday (Eds.). *Derecho y memoria*, p. 61.

[42] Se aprobaron leyes de Amnistía en todos los Estados. En España, a la luz de los resultados no cabe duda de que Ley nº 46/1977, de 15 de octubre, de *Amnistía* puede calificarse como una auténtica ley de "punto final" (José Antonio Martín Pallín y Rafael Escudero Alday, Introducción, José Antonio Martín Pallín y Rafael Escudero Alday (Eds.). *Derecho y memoria*, p. 9, 10). En Argentina se aprobó la Ley de *Punto Final* (Ley nº 23.492 de 1986) y *Obediencia Debida* (Ley nº 23.521 de 1987), que interrumpieron los procesos penales que se llevaban a cabo contra los militares represores, y avaló la Ley nº 25.779 de 2003, que precisamente declaraba la nulidad de las mencionadas leyes. En Uruguay se aprobó la Ley de Caducidad, de 22 de diciembre de 1986; en 1988 la Corte Suprema de Justicia sostuvo la constitucionalidad de la Ley, por el contrario, la sentencia de la Corte Suprema de 19 de octubre de 2009 declaró la inconstitucionalidad de algunos de los artículos, fallo que reitera en la de 29 de octubre de 2010, <http://archivo.presidencia.gub.uy/sci/resoluciones/2011/06/mrree_903_sentencia_2.pdf>. En Chile la amnistía se impone por DL nº 2.101, sobre esta ley de impunidad y la posterior jurisprudencia (Jorge Precht Pizarro, "Vigencia de la Ley de amnistía", *Revista del Centro de Estudios Constitucionales*, Universidad de Talka, Santiago de Chile, 2003, p. 255 *et seq*).

el derecho a ser reparadas por tal condición. La consolidación de la democracia requería pasar página y olvidar los sucesos del pasado. Como se ha dicho: "La neutralización epistemológica del pasado siempre ha sido la contraparte de la neutralización social y política de las clases peligrosas".[43]

Esto último explica que actualmente muchos de estos países no reconozcan el derecho de las víctimas a la verdad, justicia y reparación. Un recorrido ciertamente diferente tiene Argentina, pues la posición de los militares tras el desastre de las Malvinas era muy débil.[44] Así, a pesar de las leyes de *Punto y Final* y de *Obediencia Debida* por las que se quería limitar la persecución de los represores, se constituyó la Comisión de la Verdad para terminar, en una secuencia de acontecimientos que no podemos relatar, con el enjuiciamiento de los militares involucrados en la violación de los derechos humanos.[45] También Chile ha dado pasos importantes en este sentido, aunque el prestigio de los militares chilenos no se ha visto menguado en proporción a su responsabilidad política durante la dictadura.[46] En El Salvador puede cambiar la situación.[47] En España ha habido un cierto reconocimiento a las víctimas.[48] En los demás países, éstas aún luchan por el reconocimiento de sus derechos.

---

[43] Boaventura de Sousa Santos, *El milenio huérfano*, ed. Trotta, Madrid, 2005, p. 61.

[44] Como afirma Tulio Halperin: La catástrofe militar, unida a una crisis económica cada vez más grave, dispuso finalmente a la opinión argentina a prestas oídos al clamor de los sobrevivientes de las recientes matanzas, que habían horrorizado al resto del mundo: las Madres y Abuelas de la Plaza d e Mayo se encontrarron súbitamente rodeadas de una devoción poco menos que universal, mientras se hacía igualmente universal la convicción de que la crisis argentina había alcanzado tales extremos que, más que un retorno de rutina al orden constitucional, se quería un nuevo comienzo político, *Historia contemporánea de América Latina*, p. 653.

[45] Comisión Nacional sobre Desaparición de Personas Conadep, Argentina, edita el libro *Nunca más*. Disponible en: <http://www.desaparecidos.org/arg/conadep/nuncamas/>.

[46] Sobre el tema, Humberto Nogueira Alcalá, Decreto Ley de Amnistía 2. 191 de 1978 y su armonización con el Derecho Internacional de los Derechos Humanos, Revista de Derecho, v. XVIII, n. 2, 1995, Universidad de Valdivia (Chile), p. 107 *et seq*.

[47] La Sala de lo constitucional de la Corte Suprema de Justicia de El Salvador, en sentencia de 26 de diciembre de 2000, cambió el criterio jurisprudencial respecto de la constitucionalidad de la Ley de Amnistía, declarando que la amnistía solo era aplicable en aquellos casos en los cuales no se impidiera la protección de la conservación y la defensa de los derechos de la víctima o sus familiares; dictaminado en consecuencia que era posible juzgar a los presuntos responsables de graves violaciones de derechos humanos y del derecho internacional humanitario.

[48] Respecto de la llamada ley española de *Memoria Histórica*, se ha dicho que el reconocimiento de derechos se dirige expresamente a los que sufrieron persecución o violencia durante la guerra civil y la dictadura. Es una ley de parte, que por fin desmiente la equidistancia entre los dos bandos, pero el reconocimiento de la asimetría no significa que solo hubiera violencia de un lado, (Andrea Greppi, "Los límites de la memoria y las limitaciones de la Ley. Antifascismo y equidistancia", José Antonio Martín Pallín y Rafael Escudero Alday

Sin desconocer la falta de homogeneidad de los procesos de transición, es cierto que, salvando las distancias entre ellos y con las adecuadas reservas respecto de algunos países, en dichos acontecimientos estuvieron presentes los responsables del régimen anterior, que con mayor o menor fuerza impusieron el olvido;[49] pero de lo que no cabe duda es la presión que ejerció la oligarquía económica que había sustentado la dictadura. Sobre ella no se proyecta ningún tipo de deslegitimación, antes al contrario, actúa como pares con las víctimas en un proceso que consolida la estructura económica y social a su servicio. Aunque en este punto se debe tener en cuenta que no todos los empresarios tienen el mismo poder, pues éste depende de los sectores en los que desenvolvían su actividad y su conexión con los intereses internacionales.

También había que imponer el silencio sobre las demandas que habían movilizado a las víctimas, porque éstas eran incompatibles con un modelo de producción y explotación que colocaba al beneficio en el centro del sistema, sin concesiones ni habilitaciones que la cuestionaran. La propiedad, fuera esta de la tierra o de la empresa, se debía blindar ante futuros ataques, y la liberación del comercio y las inversiones eran exigencias irrenunciables. Y ello se hizo mediante la democracia representativa que al mismo tiempo que legitimaba el sistema aseguraba su permanencia.[50] Surge pues una democracia frágil que acusa en su inicial formulación la desigual posición de los actores en el proceso de su construcción.

Lo anterior añade un elemento de tensión a la transición que determina que la justicia transicional no sea la justicia ideal, sino la

---

(Eds.). *Derecho y memoria,* p. 107). Sin embargo, no debemos dejar de considerar la postura del TS de 27 de febrero de 2012, en la que se absuelve al exjuez español Baltasar Garzón del delito de prevaricación por la causa abierta sobre las víctimas del franquismo, en la que se hace, entre otras afirmaciones, la siguiente: "Precisamente, porque la 'transición' fue voluntad del pueblo español, articulada en una ley, es por lo que ningún juez o tribunal, en modo alguno, puede cuestionar la legitimidad de tal proceso. Se trata de una ley vigente cuya eventual derogación correspondería, en exclusiva, al Parlamento".

[49] La transición española se caracterizó, entre otras cosas, porque las más importantes reglas del juego democrático se adoptaron mediante el consenso de los reformistas del franquismo y las principales fuerzas políticas de la oposición democrática (Paloma Aguilar, "La justicia transicional en los casos español, argentino y chileno", p. 3).

[50] En España, la combinación — en un periodo muy breve — de los cambios en la arquitectura institucional y la crisis en la que se encontraba su economía, con inestabilidad en los mercados productivos y financiero, provocó una reacción empresarial beligerante frente al gobierno, sobre todo ante un escenario de insurgencia sindical y serios conflictos obrero-patronales (Anselmo Flores Andrade, "Los empresarios y la transición a la democracia: los casos de México y España", *Revista Mexicana de Sociología*, v. 65, n. 3, 2003, p. 513).

que se precipita en unos acontecimientos en los que las reglas de juego están previamente establecidas. Ya sea esta transición fruto de una ruptura, de un proceso pactado o de una caída del régimen lo cierto es que la ideología que lo preside es la vencedora, la de una democracia representativa que tiene más de formal que de real, y ello porque las bases sociales y económicas en las que se asentaba el anterior régimen permanecieron, en muchas ocasiones, con los mismos actores trasvestidos a la democracia.

Y así, el tránsito a la democracia supuso para los vencidos la derrota de sus ideales y la *aceptación* sin más de unas reglas de juego que le venían impuestas. En el marco de la *guerra fría* el interés de Occidente, con su Imperio al mando, se centra en poner coto a la expansión de las ideas socialistas, sin dejar ningún resquicio por el que pudiera penetrar cualquier aspiración de justicia social, más allá de las que permitía el mercado y sus actores sociales y políticos. Se pone al fin con broche de oro a un episodio más de la *guerra fría* que ganó Occidente, con su sistema político, pero sobre todo con su estructura económica.

El consenso económico y el fin de las ideologías

Mucho se ha escrito sobre la colonización económica de América Latina en la era de la globalización. Como se ha dicho, no es objeto de este trabajo insistir en una materia que ha tenido y tiene excelentes tratadistas, por lo que sólo se pretende aquí llamar la atención sobre su vinculación con los procesos de transición, de manera que forma parte de la justicia transicional valorar las nuevas democracias desde esta perspectiva, imprescindible si se quiere comprender los procesos abiertos en América Latina para recuperar un discurso social que fue abortado so pretexto de una pretendida reconciliación social, cuando lo que se procuraba era asegurar un orden económico internacional de dominación, en el que las corporaciones y las entidades financieras internacionales ejercieran el control político del destino de los pueblos. También imprescindible, si que quiere entender lo que está ocurriendo en Europa y específicamente en España, con la crisis en las que están inmersas.

Cuando se ha asegurado el control económico en el interior de los países, las grandes transnacionales se emplean en un nuevo orden que asegure el *status quo* conseguido en el marco del proceso de globalización. Los medios son ahora otros, ya no es necesario imponer dictaduras, se tira de otros recursos como los organismos internacionales y los procesos de integración regional.[51]

Su fundamento ideológico está en lo que se conoce como el *Consenso de Washington*, cuyo inspirador es el economista inglés John Williamson, en el que se implican organismos internacionales como el Banco Mundial y el Banco Interamericano del Desarrollo, estadunidenses como la Reserva Federal, además de entidades privadas de carácter económico, así como destacados expertos. Bajo el lema de *ajuste estructural* se diseñan un conjunto de políticas de carácter neoliberal que consolidan el poder de las grandes transnacionales de las finanzas sobre la política interior de los Estados.[52] Consecuencia de lo anterior es el debilitamiento del Estado, el empobrecimiento de las sociedades y su retroceso en términos económicos.[53] Hasta el punto de que los años ochenta se han calificado como la década perdida de América Latina (CEPAL). Durante estos años se registraron avances espectaculares y pavorosos de la miseria y de las desigualdades. La "deuda social" a la que las democracias debieron hacer frente demostró ser especialmente gravosa para las democracias restauradas y pareció ser capaz de reducir sus posibilidades de éxito.[54]

---

[51] La empresa capitalista transnacional juega como siempre. Pero también están el conjunto de instituciones financieras internacionales desde donde se procede a rearticular la economía mundial para propiciar el globalismo. Esto significa la elaboración y ejecución de un conjunto de políticas financieras internacionales que induzcan la mayor concentración económica, el bienestar y desarrollo lo más acelerado posible del centro hegemónico (Eduardo E. Saxe Fernández y Christian Brügger Bourgeois, *El "globalismo democrático neoliberal" y la crisis Latinoamericana*, p. 121).

[52] Entre estas medidas se destacan la disciplina presupuestaria (los presupuestos públicos no pueden tener déficit), un reordenamiento de las prioridades del gasto público (el gasto público debe concentrarse donde sea más rentable); una reformaimpositiva (ampliar las bases de los impuestos y reducir los más altos); la liberalización de los tipos de interés, junto a un tipo de cambio de la moneda competitivo, de la mano de la liberalización del comercio internacional (*trade liberalization*), con la consiguiente disminución de barreras aduaneras. Asimismo, la eliminación de las barreras a las inversiones extranjeras directas, la privatización (venta de las empresas públicas y de los monopolios estatales) y desregulación de los mercados y la protección de la propiedad privada. La tendencia de los programas de ajuste han sido el debilitamiento de las pequeñas granjas agrícolas diversificadas y la constitución de oligopolios productivos, las más de las veces con capitales extranjeros, para los cultivos de exportación no tradicionales (Cristóbal Key, "Desarrollo rural y cuestiones agrarias en América Latina contemporánea", *Agricultura y Sociedad*, n. 75, 1995, p. 41).

[53] Eduardo E. Saxe Fernández y Christian Brügger Bourgeois identifican los siguientes mecanismos para desmantelar el nacionalismo latinoamericano por los poderes económicos ligados a EEUU: el manejo de la deuda externa, el aperturismo comercial externo indiscriminado, los programas de ajuste estructural neoliberales y la corrupción (*El "globalismo democrático neoliberal" y la crisis Latinoamericana*, p. 114).

[54] Olivier Dabène, *América Latina en el siglo XX*, p. 176.

Llegaron años difíciles en los que los diferentes Estados tuvieron que negociar su deuda externa y sufrir la presión de los organismos internacionales para el recorte o achicamiento del Estado.[55] Se adoptaron políticas de choque con las que reducir los gastos públicos y poder contentar a los acreedores. Y así, las medidas de ajustes llevada a cabo por los Estados, por imposición de los organismos económicos internacionales, acabaron con las aspiraciones de los que se habían movilizado contra las dictaduras y habían padecido persecución.[56]

No podemos abordar en este trabajo, que pretende ser solo un apunte para la reflexión, los acontecimientos que han marcado la historia más reciente de América Latina; incluso, desbordaría sus pretensiones, analizar las consecuencias económicas y políticas del influjo neoliberal de la globalización, cuyo desenvolvimiento excede en todo punto a los procesos de transición, que son los que nos convoca en esta obra. Únicamente se quiere dejar constancia de la derrota ideológica de muchas víctimas, que vieron frustradas sus esperanzas por la imposición de un orden económico internacional cuya vigencia se decidió también en el espacio latinoamericano, a costa de las aspiraciones de los que se habían movilizado en pro de la justicia social. No obstante, se debe dejar constancia de los esfuerzos de sus sociedades por conjurar los efectos de unas reglas del mercado que le venían dadas.

En el nuevo siglo América Latina se intenta recuperar con opciones políticas de un contenido social, dando un giro a la izquierda, al mismo tiempo que impone medidas más proteccionistas de sus propios intereses ante la amenaza de los actores internacionales. En la actualidad, y no es por casualidad, España y otros países de la UE padecen ahora los embates de los especuladores disfrazados de mercados en términos muy parecidos a lo que ocurrió en América

---

[55] En Argentina se diseñó el plan austral, que se dio a conocer el 14 de junio de 1985, por el que se imponía, entre otras medidas, la congelación de salarios y la subida de las prestaciones estatales. Por su parte, Brasil, aplicó el plan cruzado, que entró en vigor el 28 de febrero de 1986 (William C, Smith y Rosa Cusmisnky de Cendrero, "políticas económicas y de choque y transición democrática en Argentina y Brasil", *Revista Mexicana de Sociología*, v. 50, n. 2, 1988, p. 65 *et seq.*).

[56] En los años noventa, la clase trabajadora hizo frente a la mayor campaña llevada a cabo por organismos internaciones tales como el Banco Mundial para la reforma del mercado laboral. La intención de esta campaña, la última arma en el arsenal de aquellas organizaciones que se ha unido a la batalla del capitalismo, era crear condiciones políticas para un régimen nuevo y más flexible de acumulación de capital, y un modo de regulación del trabajo: dar así al capital, en su función de gestión, mayor libertad para alquilar, despedir y utilizar el trabajo como se necesite (James Petras, *Las estrategias del imperio. Los EEUU y América Latina*, p. 44-45).

Latina.⁵⁷ El neoliberalismo, que llegó para instalarse en el orden global, se ceba ahora con Europa.

> Informação bibliográfica deste texto, conforme a NBR 6023:2002 da Associação Brasileira de Normas Técnicas (ABNT):
>
> VALPUESTA FERNÁNDEZ, Rosario: Transición y neoliberalismo: un apunte. *In*: PRONER, Carol; ABRÃO, Paulo (Coord.). *Justiça de Transição*: reparação, verdade e justiça: perspectivas comparadas Brasil-Espanha. Belo Horizonte: Fórum, 2013. p. 71-91. ISBN 978-85-7700-737-0.

---

[57] Son plenamente vigentes para España las afirmaciones de Olivier Dabène sobre América Latina: El mercado de trabajo también padeció las desregulaciones. Así los salarios mínimos reales, considerados por los neoliberales como un obstáculo para la autoregulación del mercado de trabajo, disminuyeron apreciablemente entre 1984 y 1992. Se eliminaron las protecciones contra los despidos, se incentivaron los contratos temporales, se pusieron en marcha sistemas de seguridad social por capitulación, y las leyes laborales fueron modificadas, lo que hizo más difícil el recurso a la huelga (*América Latina en el siglo XX*, Madrid, 2000, p. 204).

PARTE II

DESAFIOS DA JUSTIÇA TRANSICIONAL FRENTE AOS CRIMES DOS REGIMES AUTORITÁRIOS

CRÍMENES DE ESTADO Y JUSTICIA TRANSICIONAL*

JOSÉ CARLOS MOREIRA DA SILVA FILHO

Introducción

De entre todas las características que ya han señalado innumerables autores, quizás la que hasta el momento mejor se ajuste al fenómeno de los Estados modernos sea, según lo ya formulado por Weber, el monopolio de la fuerza legítima en una sociedad determinada.

Sin embargo, como es sabido, incluso con las balizas de la noción de Estado de Derecho — es decir, de un Estado que se someta a leyes democráticamente producidas por él mismo —, el calificativo de "legítima" atribuido a la fuerza ejercida por el Estado puede dar paso a verdaderas atrocidades, no raras veces apoyadas en la flexibilidad del concepto. No siempre queda claro para la sociedad y sus agentes públicos qué separa la fuerza legítima de la ilegítima.

Precisamente, por detener el monopolio de la fuerza, el Estado es el que posee las mayores probabilidades de utilizarla de manera

---

* Traducción al español de Lara Oleques de Almeida Ercolini. Este artículo es producto de un proyecto de investigación desarrollado por el Grupo de Investigación Derecho a la Memoria y la Verdad y Justicia Transicional, con sede en el Programa de Posgrado en Ciencias Criminales de la Pontificia Universidad Católica de Rio Grande do Sul – PUCRS. Dicho proyecto de investigación cuenta con beca del Consejo Nacional de Desarrollo Científico y Tecnológico – CNPq. El original en portugués de este artículo está publicado en: SILVA FILHO, José Carlos Moreira da. Crimes do Estado e Justiça de Transição. *Sistema Penal & Violência*, v. 2, p. 22-35, 2010.

inadecuada, como así también es el que puede propiciar los resultados más funestos, tanto en calidad como en cantidad.

Al servicio del Estado están aparatos represivos fuertemente entrenados y armados, tales como las policías y las fuerzas militares. En la estructuración de estos aparatos se presenta una organización burocrática con varias y complejas ramificaciones, un conjunto ideológico que justifica sus acciones, un fuerte sentimiento corporativo y una racionalidad instrumental que pasa por todas sus instancias. Ninguna cuadrilla o banda de criminales de un país consigue igualar tal poderío, a no ser cuando se empieza a atisbar algo como un proto-Estado,[1] a punto de dar un golpe o llevar a cabo una revolución.

Mediante un número todavía reducido de estudiosos e investigadores, la criminología viene dedicándose al tema. Por otra parte, se reúnen, de manera cada vez más abultada, innumerables grupos interesados por el tema de la justicia transicional, es decir, por el enfrentamiento del pasado violento generado por tragedias y conflictos de grandes proporciones en una sociedad en los que el Estado invariablemente gana relieve, como es el caso de las dictaduras y las masacres.

Ahora bien, este artículo pretende trazar, en rasgos breves y generales, los siguientes puntos, divididos en los apartados a continuación: qué son crímenes de Estado y cómo ha nacido la discusión sobre el tema en el ámbito de la criminología; la invisibilidad de los crímenes de Estado en las discusiones criminológicas y en la propia vida cotidiana; el examen de algunos planteamientos y modelos de análisis de los crímenes de Estado que se valen de autores y conceptos de la criminología clásica; y la necesidad de analizar y estudiar los crímenes de Estado desde el enfoque de la justicia transicional.

El surgimiento y los parámetros de los crímenes de Estado en el ámbito de la Criminología

A partir de la premisa de que un Estado puede adoptar un comportamiento que se considere desviado en relación con determinados estándares — en especial cuando dicho comportamiento involucra el empleo de la violencia —, es posible constatar la existencia de un crimen de Estado.

---

[1] GREEN, Penny; WARD, Tony. *State crime*: governments, violence and corruption. London: Pluto Press, 2004.

Aunque muy antiguos en su realidad (y en el caso del Estado moderno desde sus más incipientes manifestaciones), el interés por la definición y el estudio de los Crímenes de Estado es algo relativamente reciente. Impulsados por el trabajo de Sutherland sobre los *White Collar Crimes*, lanzado en 1949, fue sólo a partir de la década de 1970 que los criminólogos empezaron a tratar el tema más detenidamente.[2] Aún a fines de los años 80 y principios de los 90, según lo aclara Rothe, las dos grandes cuestiones sobre las que los estudiosos se dividían y concentraban sus esfuerzos eran: 1. ¿Quién es el sujeto de esos crímenes: el individuo o una organización como el Estado?; 2. ¿Cuáles son los estándares que se deben utilizar para definir tales crímenes?

Respecto a la primera cuestión, los sociólogos organizacionales enfatizaron la necesidad de que las ciencias sociales cambiaran el foco desde el individuo hacia las organizaciones, percibidas como una entidad.[3] El consenso al que se llegó — y que se puede identificar claramente en la legislación internacional — fue que la responsabilización por los crímenes cometidos por el Estado les toca tanto a los agentes individuales involucrados como a la institución estatal.

Las condiciones estructurales y organizacionales se combinan con las preferencias individuales para generar ese tipo de ofensa; castigar únicamente a los individuos no resuelve el problema, ya que las políticas y las estructuras quedan.

Aun cuando el Estado no pueda ser encarcelado, hay otras formas de control, tales como las sanciones comerciales, imposiciones de aranceles, negación de préstamos, reputación internacional empañada e incluso, en los casos más extremos, misiones militares enviadas por otros Estados. Para que tales controles operen, es necesario, sin embargo, que haya voluntad política de los actores internacionales, especialmente de Estados que posean condiciones políticas y económicas para intervenir.

La otra cuestión que ha provocado fuertes polémicas y discusiones respecto a los crímenes de Estado fue la atinente a los criterios a ser utilizados para que se pueda identificar un crimen de esa clase. La gran perplejidad inicialmente producida puede resumirse en la siguiente indagación: ¿Cómo el Estado podría ser un agente delictivo si él mismo es el que define qué es un comportamiento criminal? La búsqueda de una instancia definidora del crimen que esté más allá del Estado ¿no sería atacar su soberanía?

---

[2] ROTHE, Dawn L. *State criminality*: the crime of all crimes. Plymouth: Lexington Books, 2009.
[3] *Ibidem.*

Es justamente ante preguntas como ésas que se puede evaluar la gran importancia del derecho internacional, sobre todo cuando el foco recae sobre la violación a los derechos humanos. Actualmente, es vasta la legislación internacional que no sólo establece limitaciones para las acciones del Estado sino que también tipifica los crímenes que éste puede cometer,[4] delimitando responsabilidades individuales de los agentes y responsabilidades asignadas directamente a la organización estatal. Además, el recurso al derecho internacional ayuda a anular el argumento del ataque a la soberanía, una vez que los Estados acatan voluntariamente a esas normas, participando en su elaboración.

Del mismo modo, no se puede olvidar que hay límites establecidos por la legislación interna del propio Estado que, cuando superados, también pueden configurar una actitud criminal del poder público, enfocada en principio a la acción individual de los agentes involucrados, pero también volcada hacia la responsabilización del propio Estado.

Un criterio razonablemente consensual en cuanto a la delimitación del crimen de Estado es, por lo tanto, la propia legislación, en especial la producida en la esfera internacional. Green & Ward, preocupados por no transformar la noción de crimen de Estado en una panacea orientada hacia cualquier acción estatal inadecuada, se apresuran en registrar que es esencial para la definición de esa clase de crimen que el mismo configure violación a los derechos humanos.[5] Por ejemplo, no será cualquier sanción comercial originada del incumplimiento estatal de algún acuerdo comercial que habrá de caracterizar a un crimen de Estado.

Al señalar la violación a los derechos humanos, sin duda, los autores llaman la atención para la legislación internacional, pero también ponderan que ésta puede revelarse ambigua y excesivamente vaga. Por ello, es necesario que se tengan en cuenta las premisas que sostienen los derechos humanos — primariamente volcadas hacia la atención a las necesidades humanas en sus más variadas manifestaciones — y que no siempre están debidamente contempladas o interpretadas en el interior de las legislaciones disponibles.[6] Los autores dejan abierta, por lo tanto, una especie de ventana sociológica para que concretamente, en los más diversos grupos y latitudes sociales, la sociedad civil organizada también sea un criterio importante que tenerse en cuenta al momento de definir la existencia del crimen de Estado.

---

[4] El Tratado de Roma de 1998, ya ratificado por Brasil y que instituye el Tribunal Penal Internacional – TPI – es probablemente el documento internacional más incisivo en ese sentido.
[5] GREEN, Penny; WARD, Tony. *State crime...*, 2004.
[6] *Ibidem*.

Green & Ward aúnan esa definición a la constatación de una conducta desviada por parte del Estado. Lo hacen a partir de la obra de Becker, quien destacó la desviación como resultante de la aplicación de una regla al acto tenido como desviado. El acto es desviado cuando hay la aceptación por parte de una "audiencia social" de una regla o parámetro de comportamiento, cuando ese acto es interpretado como una violación a dichas reglas o parámetros y cuando hay la disposición para aplicarse sanciones significativas a la violación llevada a cabo.[7]

Luego, en el caso de los crímenes de Estado, el agente es el Estado; las reglas son las normas internacionales y nacionales, además de una especie de moralidad social que se presenta en distintas audiencias (sociedad civil, movimientos sociales, organizaciones no gubernamentales nacionales e internacionales y organizaciones internacionales); y las sanciones significativas involucran las sanciones comerciales internacionales, acciones militares de otros Estados, perjuicios a la reputación del Estado, etc.

A su turno, Rothe ve con algunas reservas la adopción de un parámetro tan vago como el de "audiencia social" para delimitar la incidencia de violaciones a los derechos humanos por parte del Estado. Prefiere limitarse a los marcos establecidos por la legislación internacional, lo que lo lleva a la formulación del siguiente concepto de crimen de Estado:

> Toda acción que viole el derecho internacional público y/o una ley interna del propio Estado cuando tales acciones son practicadas por agentes individuales que actúan a favor o a nombre del Estado, aun cuando tales actos hayan sido motivados por sus intereses personales, ya sean de carácter económico, político o ideológico. (ROTHE, 2009, p. 6)[8]

De entre los tipos de crímenes identificados tanto en la legislación como en la literatura sobre el tema, destacan los crímenes de genocidio y los crímenes contra la humanidad.[9] Mientras que el crimen de genocidio

---

[7] *Ibidem*.
[8] En el original: "Any action that violates international public Law, and/or a state's own domestic law when these actions are committed by individual actors acting on behalf of, or in the name of the state, even when such acts are motivated by their personal economical, political, and ideological interests".
[9] En su libro, Green & Ward identifican los siguientes tipos de crímenes de Estado, dedicando un capítulo para explicar cada uno de ellos: corrupción, desastre natural (cuando hay displicencia del Estado en prevenir sus efectos), crímenes de la policía, crímenes de Estado y las corporaciones (cuando el Estado se asocia a grandes corporaciones para violar los derechos humanos), crímenes de Estado y crimen organizado (cuando el Estado se asocia a organizaciones criminales), terrorismo de Estado, tortura, crímenes de guerra

implica en el propósito deliberado de eliminar completamente a un grupo humano determinado, caracterizado a partir de criterios étnicos, religiosos, raciales o políticos, por otra parte, el crimen contra la humanidad implica en la puesta en práctica de una política estatal de persecución sistemática a un grupo humano determinado. Cuando dicha persecución se convierte en acciones que deliberadamente anhelan la eliminación completa de los integrantes de aquel grupo (como en el ejemplo paradigmático del nazismo), se está ante el crimen de genocidio.

La tipificación de ambos crímenes se remonta inicialmente al inmediato segundo posguerra.[10] Hoy por hoy están muy bien delimitados en el Tratado de Roma de 1998, figurando como las dos clases más graves de crímenes que un Estado puede cometer.

Detallando un poco más los crímenes contra la humanidad, es posible identificar sucintamente la constancia de tres elementos que los caracterizan:[11] a) el carácter inhumano y aberrante del acto criminal;[12] b) la enunciación no taxativa de la enumeración de estos actos; y c) el hecho de que sean practicados en medio de una política de persecución general y sistemática a una parte de la población civil.

Desgraciadamente, esos tres aspectos se están reuniendo cada vez más en acciones practicadas por los gobiernos nacionales contra

---

y genocidio (GREEN; WARD, 2004). Aunque bajo otra nomenclatura, ese listado abarca muchos de los crímenes internacionales hoy tipificados. Rothe, a su vez, plantea la siguiente terminología: crímenes de Estado y las corporaciones, crímenes de Estado y las organizaciones internacionales (especialmente los llamados "crímenes de globalización", en los que los organismos financieros internacionales, actuando en colusión con uno o más Estados, causan abruptos desplazamientos de recursos de un país, afectando directamente innumerables derechos básicos de la población), crímenes políticos y crímenes ambientales. A partir de la legislación internacional, Rothe identifica, de manera más específica, los siguientes tipos, que se se pueden encasillar en las clasificaciones anteriores: genocidio, violación genocida, crímenes contra la humanidad, crímenes de guerra, tortura, asesinatos auspiciados por el Estado, terrorismo de Estado, desaparición forzada de personas, esclavitud, reclutamiento militar de niños, crímenes de agresión (cuando un Estado invade a otro y provoca serios daños a la población civil, como pasó, por ejemplo, en la invasión de Iraq por los Estados Unidos) y desplazamiento (cuando poblaciones enteras son expulsadas de sus hogares y forzadas a desplazarse a otro lugar) (ROTHE, 2009).

[10] Los crímenes contra la humanidad han sido previstos inicialmente en el Acuerdo de Londres de 1945 (el mismo que instituye el Tribunal de Nuremberg) y el crimen de genocidio, en una Convención específica: la Convención para la Prevención y Punición del Crimen de Genocidio de 1948, también adoptada por las Naciones Unidas.

[11] INTERNATIONAL CENTER FOR TRANSITIONAL JUSTICE, 2009.

[12] Tal aspecto señala una situación de total sumisión de la víctima al ofensor, en la que se elimina completamente cualquier posibilidad de elección o manifestación autónoma, desnudándole a la víctima de su propia humanidad. El ejemplo más evidente de un acto con tales características es la tortura.

su propia población.[13] Tales crímenes son llamados crímenes contra la humanidad porque señalan la completa eliminación de parte inherente a la diversidad humana, expulsando a ese grupo de la comunidad política y atacando la base de lo que permite la propia existencia de la política: la pluralidad humana.[14] El Estado es el que se ha revelado el principal autor de los crímenes contra la humanidad. Y esto conlleva un agravante, ya que es justamente el Estado el que debería proteger a los ciudadanos de la violación a sus derechos fundamentales.

La invisibilidad científica y cotidiana de los crímenes de Estado

Los crímenes de Estado son los que más vidas humanas sacrifican. Sin duda, es el tipo más gravoso de crimen. Ante esa constatación, está la paradoja de que justamente estos crímenes acabaron por quedar fuera de las preocupaciones científicas de la criminología, de modo que sólo recientemente, según se señaló en la primera parte de este artículo, la criminología se viene dedicando a su estudio, pero, aún así, apenas de manera marginada y sectorizada, en algunos pocos centros y autores.[15] Ello no significa que tales crímenes no hayan sido estudiados y que no exista una amplia producción al respecto, sólo que ésta se presenta en otras ramas científicas, como las Relaciones Internacionales, la Ciencia Política y el Derecho Internacional.

---

[13] En su libro, Garapon presenta algunos datos estadísticos importantes que lo demuestran. En la Primera Guerra Mundial, los civiles representaban el 10 por ciento de las víctimas y en la Segunda Guerra Mundial pasaron al 60 por ciento. Ya en los conflictos estallados después de 1945, la cifra alcanzó casi la total plenitud: el 90 por ciento de las víctimas eran civiles. Además, de 1945 a 1970, de entre 97 conflictos registrados, 82 eran internos. En el siglo XX, las guerras entre Estados hicieron 35 millones de víctimas y los conflictos internos, 150 millones (GARAPON, 2004).

[14] Para Hannah Arendt, la "pluralidad es la condición de la acción humana debido a que todos somos lo mismo, es decir, humanos, sin que nadie sea exactamente igual a cualquier persona que haya existido, exista o venga a existir" (ARENDT, 2004, p. 16). En la misma obra, la autora evalúa las directrices que condicionan a la humanidad del hombre, utilizando las categorías de "labor" y "trabajo" — como atribuciones periféricas a la condición de persona — y principalmente la de "acción", enfocada a las relaciones sociales y políticas entre los seres humanos como propia condición indispensable para su humanidad.

[15] De entre estos se destacan Penny Green & Tony Ward (quien incluso mantiene un grupo de estudios y un sitio electrónico — vinculados al *King's College* de Londres — que se llama *International State Crime Initiative*. Disponible en: <http://www.statecrime.org>), Dawn L. Rothe (quien también coordina un grupo de estudios y un sitio electrónico — vinculados a la *Old Dominium University*, en Norfolk, Estados Unidos de América — que se llama *International State Crime Research Consortium*. Disponible en: <http://al.odu.edu/iscrc/>), Kauzlarich & Kramer, Christopher W. Mullins, Elizabeth Stanley, Jeffrey Ian Ross y David O. Friedrichs.

Según Zaffaroni, la temática es el gran desafío de la criminología para el siglo XXI. Asevera que sería despreciable un saber criminológico que ignorara el más grave de todos los crímenes, siendo tal omisión una señal de indiferencia y aceptación.[16]

El tema de los crímenes de Estado le aporta a la criminología, de forma clara, una indispensable vinculación ética como premisa para su desarrollo como ciencia: el respeto a los derechos humanos.[17] Una de las primeras consecuencias causadas por tal punto de partida es la imperiosidad de que la criminología se vuelva sobre su propio discurso científico para evaluar hasta qué punto oculta o incluso contribuye a la realización de los crímenes de Estado, generando teorías y justificaciones científicas para la neutralización de las acciones criminales del Estado.[18] Esa misma mirada crítica debe dirigirse también hacia el campo del Derecho Penal.

Sin embargo, si el campo de la criminología fuera el único en el que los crímenes de Estado no lograran mayor atención, eso ya sería un gran avance. El problema mayor está en que, en la vida cotidiana, esos crímenes también están envueltos en la opacidad. En la cobertura realizada por los medios impresos y televisivos, por ejemplo, el espacio reservado para el tema de los crímenes de Estado es muy reducido y, cuando lo hay, los reporteros no son especializados en la cuestión y no la tratan con la necesaria contextualización y complejidad, lo que acaba por acarrear una desinformación. A los crímenes comunes se les da mucho más atención. Ese comportamiento de los medios favorece la opinión de que esos crímenes son más importantes que los de Estado.

Otra importante razón para la invisibilidad de los crímenes de Estado está en la propia complejidad de la que están rodeados: no se circunscriben pura y simplemente en el contexto social e individual del agente, sino que alcanzan la propia estructura organizacional del Estado, con todos los aspectos históricos, políticos, económicos y culturales que les son inherentes a cada uno de los Estados existentes en

---

[16] ZAFFARONI, Eugenio Raúl. *El crimen de Estado como objeto de la Criminologia*, 2006. Disponible en: <http://www.bibliojuridica.org/libros/6/2506/4.pdf>. Consultado el: 08 jan. 2011.
[17] En este punto, se está plenamente de acuerdo con la afirmación de Green & Ward: "[...] hemos argumentado que algunas de esas normas — las que definen derechos humanos universales — reflejan, aunque de modo imperfecto, principios de justicia que los criminólogos deben apoyar. No creemos que la criminología pueda quedarse neutral respecto de los violadores de derechos humanos y sus víctimas" (GREEN; WARD, 2004, p. 2). En el original: "[...] we argued that some of these norms — those that define universal human rights — reflect, however imperfectly, principles of justice that criminologists ought to support. We do not believe that criminology can be neutral between human rights violators and their victims".
[18] ZAFFARONI, Eugenio Raul. *El crimen de Estado como objeto de la Criminologia*, 2006.

el mundo.[19] Hay una cultura organizacional fuertemente urdida en los Estados, cada cual a su manera, que, en no raras situaciones, aporta justificaciones para quitarles el carácter criminal a algunas de sus acciones. Véase, por ejemplo, la cantidad de crímenes que hoy cometen los Estados a nombre de la seguridad.

Éste es un punto que ya refleja algo que se desarrollará más adelante: la inversión de las características de esos crímenes en relación con los crímenes comunes. Mientras que en éstos el agente generalmente procura excusar su conducta viéndola como una excepción necesaria a una regla con la que él mismo está de acuerdo, por otra parte, el agente público que comete un crimen apoyado por la propia organización estatal a la cual pertenece, se ve, muchas veces, como una especie de heraldo de los valores sociales que se reforzarían con su acto.

Ello queda claro cuando se visualiza el ejemplo de las dictaduras latinoamericanas en los años 60 y 70. Torturar, asesinar, hacer desaparecer los restos mortales, desterrar, exiliar, revocar derechos, demitir, monitorear y difamar a personas que eran tenidas como subversivas o, peor aún, comunistas, eran acciones practicadas por el Estado y justificadas como una especie de guerra santa contra el comunismo internacional y la amenaza a los valores cristianos y familiares. Teorías como la Doctrina de la Seguridad Nacional fueron detalladamente elaboradas y pasadas en cursos, ponencias, legislaciones y publicaciones.[20]

Asimismo, en los Estados democráticos se vislumbra el intento de legitimación de la tortura, ya sea mediante el propio Derecho, como pasa en los Estados Unidos,[21] o por medio de discursos apologéticos de

---

[19] Exactamente en este punto es posible identificar la diferencia entre los delitos de cuello blanco y los crímenes de Estado, ya que en aquéllos no existe la complementación organizacional del objetivo individual del agente (GREEN; WARD, 2004).

[20] Para profundizar el contexto del surgimiento de la Doctrina de Seguridad Nacional en Brasil y en Latinoamérica, así como de sus preceptos y mandamientos, es indispensable la lectura del libro escrito por el P. Joseph Comblin, ex perseguido político en Brasil (COMBLIN, 1978).

[21] Tal legalización se dio especialmente con la aprobación del *2006 Military Comission Act* en el gobierno Bush. Según ese dispositivo legal, las reglas internacionales de derechos humanos no se aplicarían a ciertos prisioneros considerados *unlawful enemies combatants* (en la reformulación de esa ley, en el 2009, se utilizó la expresión *unpriviléged enemies belligerents*), que pueden quedar detenidos por tiempo indeterminado sin juicio y que pueden, a criterio de la comisión militar, formada al albedrío del presidente, recibir cualquier castigo, incluso la muerte. La ley de 2006 todavía permitía la aceptación de testimonios obtenidos bajo cualquier medio, incluso la tortura. Tal previsión fue rechazada por la *2010 National Defense Authorization Act*, también conocida como *2009 Military Comission Act*, ya bajo la égida del gobierno Obama. Tal reformulación también excluyó de la jurisdicción de las comisiones militares a los ciudadanos estadounidenses, contribuyendo a disminuir la resistencia interna a las comisiones militares y aumentar la discriminación en contra de los inmigrantes. La actual ley procuró asignarles algunas garantías procesales a las personas juzgadas por las

la violencia del Estado en contra de criminales comunes. En el trasfondo de esa realidad, se desarrollan algunas tesis pretendidamente científicas que van a desaguar luego hacia políticas del tipo "tolerancia cero".[22]

Por fin, la dificultad de tratar a los crímenes de Estado, sin duda, es mayor en el ámbito interno del país respectivo, una vez que muchos de los que están directa o indirectamente involucrados con esos crímenes están en el poder político. Es delante de ese hecho que crece la importancia de los organismos internacionales y los innumerables militantes de derechos humanos que actúan en el espacio transnacional.[23]

El recurso a la Criminología clásica en los crímenes de Estado

Así como la responsabilidad en los crímenes de Estado se concentra tanto sobre el individuo que ha cometido el acto como sobre el Estado como institución, un análisis adecuado de esos crímenes debe contemplar tanto la esfera individual como la macro social. En el esfuerzo por construir modelos teóricos que puedan dar cuenta de la tarea, algunos autores se han valido de las teorías clásicas de la criminología, ahora iluminadas por otra luz y entendidas como fragmentos que pueden ayudar a aclarar determinados aspectos enmarcados en el contexto mayor de esos crímenes.

Zaffaroni asevera que los elementos que provienen de la criminología clásica pueden ser mucho más útiles a los crímenes de Estado que a los crímenes comunes, y lo ejemplifica trabajando con las técnicas de neutralización de Sykes y Matza. Dichas técnicas fueron presentadas por Sykes y Matza en el año 1957 en un artículo publicado en la *American Sociological Review* y estaban orientadas hacia la elucidación de la delincuencia juvenil.[24]

---

comisiones militares, aunque siga permitiendo, incluso dentro de ciertos límites, la obtención de testimonios de los detenidos bajo coacción, es decir, bajo tortura. La ley de 2006 simplemente hacía algo idéntico a lo que hizo el AI-5 en la dictadura militar brasileña: la eliminación de la garantía del *habeas corpus*. Por fin, ambos dispositivos legales procuran restringir la jurisdicción de las cortes nacionales sobre esos casos.

[22] Sobre la criminalización de la pobreza, el incremento exponencial del encarcelamiento y tesis como la de las "ventanas rotas", según la cual se debe castigar con rigor el menor de los delitos, para prevenir la práctica de delitos mayores, véase el breve, pero aclarador texto de LoïcWacquant (WACQUANT, 2001).

[23] En ese sentido, véase la obra de Kathryn Sikkink y Margareth E. Keck, 1998.

[24] SYKES, Gresham M.; MATZA, David. Techniques of neutralization: a theory of delinquency. *American Sociological Review*, n. 22, p. 664-670, 1957.

El principio básico de las técnicas de neutralización se apoya en la posibilidad siempre presente de que los actos — que en un principio serían ofensivos a los valores y normas vigentes — sean justificados de modo a no representar una ofensa real. En otras palabras, son justificaciones para las acciones delictivas que operan para que éstas no entren en contradicción con los parámetros sociales. A los ojos del agente, su acción es válida y, en vez de afrontar directamente los valores prevalentes, resultan neutralizados en relación con esa acción.

Sykes y Matza se apoyaron en la teoría de la asociación diferencial de Sutherland, según la cual tanto las técnicas empleadas en la acción criminal como las justificaciones y las racionalizaciones que les dan soporte pueden ser enseñadas y aprendidas.[25] En lo atinente a los crímenes de Estado, dichas justificaciones y racionalizaciones se presentan de manera mucho más clara y elaborada que en la delincuencia juvenil, dispersa en el ámbito de las relaciones sociales.[26]

Como se ha señalado ya, el crimen de Estado es cometido no a partir de alguna excusa para justificar la ofensa a los valores predominantes, sino a partir de la convicción de que se los están reforzando. Tal peculiaridad aunada a la profunda complejidad inherente a la propia entidad estatal, sus procesos y ramificaciones, conlleva a la construcción de una neutralización mucho más elaborada que la que se encuentra en los crímenes comunes cometidos por los ciudadanos. Los agentes de los crímenes de Estado casi siempre se presentan como moralistas y defensores del orden y las buenas costumbres. Verdaderos líderes morales.[27]

Los crímenes de Estado, en el meollo de sus procesos de neutralización, no se contentan simplemente con evitar que ocurran daños

---

[25] Al concentrarse en la investigación del contenido de lo que se puede aprender en esos procesos, Sykes y Matza contrarrestaban el argumento de que los delincuentes se encastillaban en subculturas que representaban verdaderas inversiones de los valores y directrices predominantes en la sociedad. La investigación sobre las técnicas de neutralización mostró que se prestaban exactamente para mantener la vinculación del agente a los valores y parámetros que su acto en un principio estaría violando (SYKES; MATZA, 1957). Así es como los autores definen textualmente las técnicas de neutralización: "el delincuente no representa una oposición radical a la sociedad obediente al Derecho, sino algo semejante a una falta apologética, alguien que a menudo se considera más ofendido que ofensor. A esas justificaciones para el comportamiento desviado las llamamos técnicas de neutralización" (SYKES; MATZA, p. 667, 1957). En el original: "[...] the delinquent represents not a radical opposition to Law-abiding society but something more like an apologetic failure, often more sinned against than sinning in his own eyes. We call these justifications of deviant behavior techniques of neutralization".

[26] ZAFFARONI, Eugenio Raúl. *El crimen de Estado como objeto de la Criminologia*, 2006.

[27] ZAFFARONI, Eugenio Raúl. *El crimen de Estado como objeto de la Criminologia*, 2006.

a la autoimagen de los ofensores, sino que tratan de promover la exaltación de los actos que los caracterizan, convirtiendo a los agentes en héroes o próceres. Ello ayuda a explicar por qué los autores de esas acciones no se percatan de su naturaleza aberrante y por qué se vuelven arduos defensores de sus actitudes.

El aspecto organizacional y corporativo de los crímenes de Estado contribuye al fracaso de cualquier teoría que busque evaluarlos únicamente desde la óptica de la psicopatía individual de los agentes directamente involucrados. No se trata de atribuírselos a la maldad o la perversión de éste o aquel agente, sino de concebirlos como producto de una compleja trama organizacional que arma y pone en marcha un aparato altamente especializado, segmentado, técnico y jerárquico, responsable incluso por convertir a ciudadanos regulares en agentes públicos capaces de las más innombrables atrocidades.

Las técnicas de neutralización presentadas por Sykes y Matza son: la negación de la responsabilidad, la negación de la lesión, la negación de la víctima, la condenación de los condenadores y la apelación a las autoridades superiores.[28] Afirma Zaffaroni que tales técnicas se aplican mejor a los crímenes de Estado que a los crímenes cometidos por infractores juveniles.[29]

La *negación de la responsabilidad* surge cuando el agente público entiende y defiende su acción criminal como algo inevitable para que se pueda alcanzar un objetivo superior y justificador de esa acción, tal como "salvar al país del comunismo", garantizarles la seguridad a los "ciudadanos de bien", velar por la pureza de la raza, defender los valores sagrados de alguna religión o combatir el narcotráfico y el terrorismo.

La *negación de la lesión* se presenta en primer plano en la negación del propio acto que la ha generado. Es el *negacionismo*, especialmente en relación con la comisión de crímenes de lesa humanidad, torturas y otras villanías. Cuanto más una sociedad deja de hacer un ejercicio de memoria y de confrontar el pasado violento producido por el Estado, en especial en el curso de regímenes autoritarios, más fuerte será la apelación a ese tipo de negación. Por otra parte, la negación de la lesión también puede presentarse en el intento de minimizar el daño causado o de justificarlo, como suele pasar en las invocaciones de legítima defensa. Para mencionar un ejemplo, hoy es sabido que innumerables muertes causadas por tortura durante la dictadura militar brasileña

---

[28] SYKES, Gresham M.; MATZA, David. Techniques of neutralization: a theory of delinquency. *American Sociological Review*, n. 22, 1957.
[29] ZAFFARONI, Eugenio Raúl, *op. cit.*

fueron falsamente presentadas como muertes en combate armado entre las fuerzas de represión y las de resistencia al régimen; para fijar tal versión, incluso se contó con la ayuda siempre inestimable de muchos diarios y cadenas de televisión, que a la época la comprobaban y que comprensivamente hasta los días actuales no demuestran mucho interés en revelar su real papel y lo que se ocultaba detrás de las falsas noticias.

La *negación de la víctima* es estampada en colores que la vuelven un ser perverso y nocivo a la sociedad, rotulado como terrorista, enemigo de la patria, amenaza y verdadero agresor del orden y los valores protegidos por la sociedad. Se trata, en realidad, de un proceso de deshumanización que tendencialmente le proyecta a la víctima hacia una zona de excepción en la que toda acción cometida contra sí queda implícitamente justificada.[30] La víctima es inferiorizada y disminuida, considerada de hecho una subespecie humana. Por lo tanto, no se la reconoce como persona, no se reconoce su sufrimiento, ni siquiera su papel político ante el Estado criminal, razón por la que acaba por atraerse a sí la violencia de éste.

La *condenación de los condenadores* se evidencia en la criminalización de los movimientos y personas que buscan denunciar la existencia de los crímenes cometidos por el Estado, siendo extensiva a los disidentes y adversarios políticos. Es una estrategia de neutralización presente tanto en las dictaduras como en las democracias. Se presenta, asimismo, en momentos de transición en los cuales los agentes que han cometido crímenes de lesa humanidad no reconocen la autoridad moral de sus juzgadores, tal como ha pasado recientemente en el juicio del ex dictador argentino Jorge Rafael Videla.[31]

Por fin, la *apelación a las autoridades superiores* enmarca la justificación más común para los crímenes cometidos por agentes públicos: la obediencia a las órdenes superiores. Sólo estar cumpliendo órdenes fue lo que, de forma paradigmática, los oficiales y colaboradores nazistas alegaron en su defensa en el Tribunal de Nuremberg. Además de la

---

[30] AGAMBEN, Giorgio. *Homo Sacer*: o poder soberano e a vida nua I. Belo Horizonte: UFMG, 2004.

[31] En la conclusión del juicio por la muerte de 31 prisioneros durante la dictadura militar argentina, ocurrido el 22 de diciembre de 2010 y en el cual se le condenó a cadena perpetua, el ex dictador argentino Jorge Rafael Videla declaró no considerarse un "preso político", añadiendo que "no he venido a defenderme, este no es mi tribunal natural, asumiré bajo protesta la injusta condena y la he de ofrecer como un acto de servicio". Remató su declaración considerándose un "chivo expiatorio" (Informaciones obtenidas junto a la Agencia de Noticias de la República Argentina – TELAM. Disponible en: <http://www.telam.com.ar/vernota.php?tipo=N&dis=27&sec=2&idPub=228305&id=39343>. Accessado el: 05 jul. 2011).

apelación a las autoridades superiores, hay también la apelación a las causas, valores y doctrinas que buscan justificar cualquier actitud.[32] En esas circunstancias se abre un campo libre y fértil para las más espantosas perversiones valorativas. A nombre de la moral, la seguridad, el orden, la libertad, la democracia, los valores cristianos y aun de los derechos humanos se practican las más violentas y bárbaras acciones.[33]

Rothe también recurre a las técnicas de neutralización de Sykes y Matza, pero busca otras construcciones conceptuales de la teoría clásica para analizar los crímenes de Estado. Rothe plantea un modelo integrado de teorías, partiendo del supuesto de que ninguna aisladamente es suficiente para analizarlos.[34]

El autor empieza afirmando que la contextualización de los crímenes de Estado es algo siempre esencial e indispensable para que se pueda entender tanto la acción individual como los patrones que emergen globalmente del fenómeno. Observa que un problema generalizado de los modelos criminológicos, en especial cuando están volcados hacia los crímenes de Estado, consiste en que ignoran lo que pasa en la esfera supranacional. El nivel más alto de análisis suele ser el del Estado. Aquí el autor ya fija la necesidad de la existencia de un nivel internacional — como se verá más adelante —, más allá de un nivel macro de análisis, en el que tales aspectos relacionados con un Estado determinado (políticos, económicos y culturales) puedan ser estudiados.

En su modelo, Rothe utiliza un amplio cuerpo de conceptos y autores, insertando aspectos de las *learning theories*, del interaccionismo simbólico, de la fenomenología, de los conceptos de anomia de Durkheim y Merton, de las técnicas de neutralización de Sykes y Matza,

---

[32] De todas formas, es indispensable constatar que los que se ven encargados de la tarea de perpetrar directamente la violencia a nombre del Estado lo hacen principalmente por verse involucrados en una organización que se apoya en el secreto, el anonimato, el aislamiento y la violencia, viviendo siempre bajo las órdenes de poderosos facilitadores sin rostro, ocupantes de cargos y puestos alejados de las escenas sangrientas. Mucho más que justificaciones ideológicas, lo que mueve a los agentes perpetradores es su pertenencia burocrática a una perversa e implacable cadena de comando, que acaba por volverse su práctica profesional cotidiana. En ese sentido, es altamente esclarecedora la investigación que lleva adelante Martha Huggins sobre la violencia policial en Brasil antes, durante y después de la dictadura iniciada en 1964, con entrevistas a 23 policías civiles y militares perpetradores y facilitadores de atrocidades (HUGGINS; HARITOS-FATOUROS; ZIMBARDO, 2006).

[33] Franz Hinkelammert indica que en la modernidad, por lo menos desde John Locke, es posible identificar el modelo esquemático de ese tipo de perversión, por él llamada *inversión ideológica de los derechos humanos*, es decir, de la violación a los derechos humanos a nombre de su protección (HINKELAMMERT, 2000).

[34] ROTHE, Dawn L. *State criminality*: the crime of all crimes. Plymouth: Lexington Books, 2009.

de las teorías organizacionales, de las *differencial social organizations* de Sutherland y de la teoría de la elección racional.[35]

De modo sucinto, se puede describir el modelo de Rothe a partir de cuatro catalizadores que se proyectan, a su vez, hacia cuatro niveles de análisis y las relaciones que hay entre esos niveles. Los niveles de análisis son: nivel micro (individuo y grupo social en el cual está insertado), nivel meso (relativo a las organizaciones), nivel macro (involucra la dimensión nacional y los respectivos ámbitos político, económico, militar e ideológico) y nivel internacional (como el propio nombre lo indica, tiene en cuenta la esfera internacional y sus aspectos políticos, económicos, militares e ideológicos). En cada uno de esos niveles, Rothe plantea que se observen cuatro diferentes aspectos o catalizadores de las acciones relativas a los crímenes de Estado, a saber: motivación, oportunidades, limitaciones y controles.[36]

Mientras que en los crímenes comunes la motivación no suele indicarse como un elemento relevante, en el campo de los crímenes de Estado asume gran importancia. Según se señaló anteriormente, las neutralizaciones producidas en ese nivel son altamente elaboradas y juegan un rol decisivo en la promoción de los actos criminales. En los crímenes de Estado, dado su carácter organizacional, las motivaciones individuales deben entenderse en relación con los objetivos y prácticas inherentes a una organización estatal determinada. En el nivel micro, los objetivos y la ideología del agente, como así también las influencias de su posición social, se presentan como factores motivacionales. En el nivel meso, se presentan los objetivos y la cultura de la organización estatal a la que pertenece el agente. En el nivel macro, están presentes las transformaciones estructurales del país, las presiones económicas y los objetivos políticos, además de situaciones extremas como golpes y revoluciones. Por fin, en el nivel internacional, las motivaciones se concretan en intereses políticos y económicos de los Estados en sus interrelaciones, así como a partir de los recursos, riquezas y posiciones ideológicas de cada cual.

Las oportunidades se refieren a aquellas interacciones sociales en las que surge la posibilidad de cometerse el crimen y se presenta un agente motivado a ello. Una oportunidad puede revelarse, por ejemplo, cuando los medios legales aportan dificultades a los objetivos perseguidos por los agentes estatales y reforzados por la misma

---

[35] Dentro de los límites de este artículo, no es posible examinar detalladamente cada una de esas influencias y toda la extensión del modelo de análisis planteado por el autor, remitiéndose al lector interesado a su obra (ROTHE, 2009, p. 91-113).

[36] ROTHE, Dawn L. *State criminality...*, *op. cit.*

organización a la cual pertenecen. En el nivel micro, las oportunidades pueden presentarse, por ejemplo, en la apelación a la autoridad, en la difusión de la responsabilidad en varias cadenas de comando y ante obstáculos legales que estimulen acciones ilegales. En el nivel meso, se presentan las especializaciones organizacionales, las estructuras de comunicación y la disponibilidad de medios de las organizaciones estatales. El nivel macro, a su vez, involucra aspectos como las capacidades militares, la propaganda política y el control de información. En el nivel internacional, la supremacía militar de algunos Estados puede llevarlos a incumplir más fácilmente los tratados o los acuerdos a los cuales se han vinculado (o incluso a no ratificarlos, como lo hicieron los Estados Unidos respecto a la jurisdicción de la Corte IDH, al Tribunal Penal Internacional y al Protocolo de Kioto), pasando lo mismo en lo atinente a la supremacía económica.

Las limitaciones son aquellos elementos sociales que pueden hacer que un crimen sea más arriesgado y esté más sujeto al fracaso. Aquí entra en juego todo tipo de presión política. El Estado puede esquivar tales limitaciones mediante técnicas de neutralización. En el nivel micro, pueden surgir limitaciones como patrones morales en conflicto con el acto, obediencia a la autoridad que no aprueba la violación e innumerables medios de control social informal. El nivel meso aporta las tradicionales estructuras burocráticas de autoridad que paralizan diversas posibilidades de desviación. En el nivel macro, se encuentran el escrutinio mediático, la opinión pública, la presión de los movimientos sociales y otras presiones políticas. El nivel internacional presenta las reacciones internacionales, la opinión pública, los movimientos sociales de carácter global y la actuación de los organismos internacionales.

Los controles involucran un obstáculo a la acción criminal mucho más elaborado que las limitaciones. Están presentes tanto en la existencia de instituciones y sistemas que pretenden evitar la reiteración del crimen como en la realización de juicios, responsabilizaciones y castigos después de su incidencia. Tanto los límites como los controles no actúan directamente sobre la motivación y las oportunidades, pero pueden contribuir a disminuir sus fuerzas, afectando la decisión del posible ofensor. En cuanto a los crímenes de Estado, los agentes que pueden venir a cometerlos poseen un perfil más susceptible a la observancia y consideración de las normas legales, con todo, la alta posición jerárquica eventualmente ocupada, su posición social o su inserción en una fuerte cadena de comando podrán representar fuertes neutralizaciones de sus actos criminales.

Los controles en el nivel micro pueden ejemplificarse con la legitimidad del sistema jurídico ante el propio agente y la percepción que éste posee de su efectividad. En el nivel meso, se encuentran los códigos de conducta presentes en la cultura organizacional. El nivel macro aporta el orden jurídico y sus estructuras al nivel nacional, así como todo el sistema sancionador y los órganos de control y represión del país. Por fin, el nivel internacional evidencia el conjunto de tratados, convenciones, costumbres y demás reglas internacionales, así como los órganos internacionales de control, especialmente los destinados a una posible aplicación de sanciones.

Los crímenes de Estado bajo el enfoque de la justicia transicional

Sin querer subestimar la gran importancia que vienen asumiendo los estudios criminológicos en el campo de los crímenes de Estado, es imprescindible que a su análisis y comprensión se les agreguen las colaboraciones del campo de investigaciones que quedó conocido como justicia transicional.[37]

Justicia transicional es un término de origen reciente,[38] pero pretende indicar aspectos que han pasado a ser cruciales a partir de las grandes guerras mundiales estalladas en el siglo XX: el derecho a la verdad y la memoria, la reparación, la justicia y el fortalecimiento de las instituciones democráticas. El enfoque preferencial de la justicia transicional recae sobre sociedades políticas que salieron de un régimen de fuerza para un régimen democrático, pero también puede ser claramente identificado dentro de los propios regímenes democráticos, siempre que ocurran violaciones a los derechos humanos por el Estado.

---

[37] O justicia de transición [nota de la traductora]. En este punto, se reiteran brevemente las explicaciones básicas sobre qué es la justicia transicional, publicadas (SILVA FILHO, 2010a).

[38] A la Justicia Transicional se la ha denominado de la siguiente forma en documento producido por el Consejo de Seguridad de la ONU: "La noción de 'justicia transicional' discutida en el presente informe comprende el conjunto de procesos y mecanismos asociados a los intentos de la sociedad para llegar a un acuerdo en cuanto al gran legado de abusos cometidos en el pasado, a fin de asegurar que los responsables rindan cuentas de sus actos, que se haga justicia y se conquiste la reconciliación. Tales mecanismos pueden ser judiciales y extrajudiciales, con diferentes niveles de participación internacional (o ninguna), así como pueden abarcar el juicio de procesos individuales, reparaciones, búsqueda de la verdad, reforma institucional, investigación de antecedentes, la destrucción de un cargo o la combinación de todos esos procedimientos" (NACIONES UNIDAS, 2009). Sobre el tema de la Justicia Transicional (ABRÃO; VIEIRA; LOPES, 2009).

Para citar un ejemplo, la masacre de Eldorado dos Carajás, que tuvo lugar el 17 de abril de 1996 en el estado de Pará (Brasil), si bien ocurrió en plena democracia, suscita integralmente todos los puntos de la justicia transicional.[39]

En síntesis, el *derecho a la verdad y la memoria* se refiere a la necesaria dilucidación de los hechos sucedidos en períodos represivos y autoritarios, especialmente en dictaduras y totalitarismos, fijando la necesidad de un amplio acceso a los documentos públicos. La apelación a la memoria indica, además de ello, la necesidad de que el Estado lleve a cabo políticas de la memoria, para reforzar la idea de la no repetición. La *reparación* trae a colación el derecho de indemnización a quienes fueron perseguidos y perjudicados por la acción represiva del Estado, tanto en el aspecto económico como en el moral, señalando la necesidad del reconocimiento del papel político ejercido por los que sintieron la mano pesada del Poder Público.[40] La *justicia* se refiere al derecho de la sociedad a que sean investigados penalmente los crímenes de lesa humanidad cometidos por los agentes públicos y sus mandantes, fijando, además, su responsabilización. Por fin, el *fortalecimiento de las instituciones democráticas* aporta la imperiosidad de la reforma de las instituciones públicas que, durante el régimen de excepción, permitieron y se adaptaron a la práctica sistemática de crímenes contra la humanidad, en especial las instituciones relativas a la justicia y la seguridad pública.[41]

Esos cuatro aspectos concernientes al concepto de justicia transicional están fuertemente entrelazados y son vitales para el análisis y el enfrentamiento de los crímenes de Estado. La posibilidad de juicios de agentes públicos por violaciones a los derechos humanos, incluso por violaciones practicadas en regímenes democráticos, es fundamental para el cambio de la cultura organizacional del Estado. Los juicios contribuyen a reforzar los valores que no están de acuerdo

---

[39] En esa acción de la policía militar de Pará (Brasil), diecinueve integrantes del movimiento de los sin-tierra fueron ejecutados por los policías. Además del pago de indemnizaciones por el gobierno del Estado, lo que sólo ocurrió en el año 2007, el embrollo del juicio y la responsabilización (hasta hoy sin concluir), la evidente necesidad de reformulación organizacional de la policía militar del Estado y el misterio que todavía rodea sobre las circunstancias de las muertes y las responsabilidades de los involucrados, hay también acciones de memoria, como el intento de construcción de un Memorial en Marabá (Pará), con proyecto de Oscar Niemeyer, que acabó siendo destruido.

[40] Acerca de la reparación en el contexto de la amnistía brasileña y, en especial, del proceso de reconocimiento social que representa (BAGGIO, 2010).

[41] Para mayores detalles sobre esos cuatro puntos cardinales de la justicia transicional y su proyección en el caso brasileño (SILVA FILHO, 2010a; SILVA FILHO, 2010b; SILVA FILHO, 2009).

con las prácticas delictivas del Estado y a inhibir las tradicionales neutralizaciones. El papel preventivo del juicio y la responsabilización de esos crímenes va mucho más allá de la prevención en los crímenes comunes, ya que en los crímenes de Estado las motivaciones y las acciones de los agentes individuales no se apartan de las motivaciones y neutralizaciones presentes en la institución estatal.

Otro punto de conexión importante entre el tema de la justicia transicional y el de los crímenes de Estado está en la relación existente entre la actuación violenta y letal de las fuerzas de seguridad pública y la ausencia de políticas de la memoria, de publicidad de documentos públicos, de transparencia de las instituciones públicas y de responsabilización de los agentes que cometieron crímenes de Estado. Por la senda de la reparación, muchas informaciones y narrativas, antes sofocadas, pueden salir a la luz y contribuir a las necesarias acciones de apertura de archivos y de responsabilizaciones.

Es vital señalar que la importancia de los juicios por violaciones a los derechos humanos, según reza el enfoque de la justicia transicional, no está necesariamente en el castigo al agente, sino más bien en su responsabilización pública. La amnistía a crímenes contra la humanidad cometidos por el Estado mediante sus agentes sólo debe ser considerada luego del esclarecimiento de todos los hechos sucedidos y su reconocimiento público.[42] Al fin y al cabo, ¿cómo es posible perdonar aquello que no se conoce? Se trata menos de castigar que de llamar la atención para la necesidad de la no repetición.

El derecho a la memoria y la verdad implica la necesidad de que el Estado se comprometa con políticas de la memoria y que permita y fomente el surgimiento de todas las narrativas relativas a las violaciones pasadas. Cuando se habla de verdad, no se está indicando los altares metafísicos, sino los intentos, siempre renovados, de representar el pasado. No se trata de buscar una versión absoluta y oficial de los hechos, una vez que hay narrativas diferentes y todas son importantes para recomponer el caleidoscopio de la historia, pero a la vez es imprescindible que se construya una narrativa pública reconocida por el Estado en relación con los abusos cometidos a su propio nombre.

En un país como Brasil, en el que la reconciliación se confunde con el olvido y la negación, tanto de los crímenes de la dictadura como

---

[42] En ese sentido, es paradigmática la actuación de la Comisión de Verdad y Reconciliación de Sudáfrica. Los terribles actos cometidos por agentes públicos al servicio del *apartheid* podrían escapar de la apreciación judicial y la consecuente punición si dichos agentes revelaran los detalles de sus acciones. En este caso, amnistía no es sinónimo de olvido.

de los crímenes cometidos por el Estado en el presente, la ausencia de juicios por violaciones a los derechos humanos trae un fuerte obstáculo para el fortalecimiento de la democracia. Dicha reconciliación impide el conocimiento de la verdad histórica al no ofrecer una verdad judicial que, especialmente en los casos de los crímenes de Estado, es un componente esencial de una verdadera reconciliación.

Cuando se mira hacia los crímenes de Estado desde el enfoque de la justicia transicional queda cristalino que tales crímenes no caben en la lupa del Derecho Penal. Hace falta que se les estudien y analicen con el aporte de otras áreas afines, como las Relaciones Internacionales, la Ciencia Política, la Sociología, la Historia y la Filosofía Política, como así de otras áreas dentro del Derecho, como la Criminología y, sobre todo, el Derecho Internacional.

En el Derecho Penal Internacional se constata una lógica y una cadencia muy diferentes respecto del Derecho Penal interno. Es importante fijar que, en su gran parte, los crímenes de Estado son crímenes internacionales, así definidos en tratados, convenciones y otros documentos internacionales, luego, aunque el juicio tenga lugar en un órgano del Poder Judicial nacional, y no en una Corte internacional, evocan la dinámica propia y las características presentes en la esfera penal internacional.

Mientras que los crímenes comunes se concentran en el parámetro de cómo las personas deben comportarse en sociedad, según valores positivos abrazados y protegidos por su normas, el enfoque de los crímenes internacionales es negativo, es decir, la condición de la justicia parte desde el reconocimiento y de la memoria de catástrofes y tragedias masivas, con la esperanza de que esa memoria pueda significar una no repetición de aquellas acciones en el futuro.[43]

No se trata de la protección a uno u otro individuo, sino más bien de poblaciones y grupos enteros que quedan a la merced de la acción violenta, ilegítima y organizada del Estado.

Hay una tendencia a verse al transgresor de las normas penales internas como alguien desajustado y desviado con relación a la sociedad y sus parámetros de moralidad. Tal tendencia, demasiado simplista, dicho sea de paso, no se verifica en los crímenes internacionales con tanta facilidad. Es más difícil para la sociedad y el Estado que huyan de la responsabilidad que poseen en esos eventos desastrosos, lo que

---

[43] SILVA FILHO, José Carlos Moreira da. O anjo da história e a memória das vítimas: o caso da ditadura militar no Brasil. *In*: RUIZ, Castor Bartolomé (Org.). *Justiça e memória*: por uma crítica ética da violência. São Leopoldo: UNISINOS, 2009. p. 121-157.

configura una de las razones para la resistencia a su dilucidación. En el caso paradigmático de la dictadura militar en Brasil, hubo apoyo explícito de grupos y miembros de la élite social, como los grandes propietarios de tierras, sectores de la iglesia, empresarios, industriales, sectores de los grandes medios, además de una parte significativa de la población, incauta, desinformada y contaminada por el miedo. Por ello, hay quienes prefieran asignar al régimen dictatorial sucedido acá en Brasil la calificación de dictadura cívico-militar. Es en los momentos de rendición de cuentas con tales crímenes cuando toda la sociedad y la institución estatal tienen la oportunidad de intentar responder cómo han podido aprobar esas acciones y cómo deben proceder para que eso no ocurra nuevamente.

En los juicios por crímenes internacionales, la víctima tiene un protagonismo y una importancia que no se encuentran en los juicios internos por crímenes comunes. Mientras en éstos el foco recae sobre el acusado, en aquéllos el énfasis es hacia la víctima. No es por otra razón que el punto alto de los juicios por crímenes internacionales no es la sentencia, sino más bien el testimonio ofrecido por los supervivientes. Por medio de los testimonios y del escenario judicial, la víctima, más que ser reconocida, es reconstituida, devuelta a su papel político dentro de la sociedad, liberándose de su condición de víctima.[44]

Además de ello, los testimonios son la puerta de acceso privilegiado de toda la sociedad al conocimiento de hechos notables y constitutivos de su propia historia. Solamente con la mirada de la víctima la sociedad podrá señalar con firmeza y profundidad hacia la no repetición y el respeto a los derechos humanos.[45]

Por fin, mientras en los juicios de los crímenes comunes se presenta toda la contundencia de un sistema violento, deshumanizador y selectivo como lo es el sistema penal, en los juicios de los crímenes de Estado, al propio agente de la violencia del sistema penal se le pone al banquillo de los acusados: el Estado y sus fuerzas de seguridad. La

---

[44] GARAPON, Antoine. *Crimes que não se podem punir nem perdoar*: para uma justiça internacional. Tradução de Pedro Henriques. Lisboa: Piaget, 2004.

[45] SILVA FILHO, José Carlos Moreira da. O julgamento da ADPF 153 pelo Supremo Tribunal Federal e a inacabada transição democrática brasileira. *In*: PIOVESAN, Flávia; SOARES, Inês Prado (Org.). *Direito ao desenvolvimento*. São Paulo: Fórum, 2010. p. 515-545; SILVA FILHO, José Carlos Moreira da. Dever de memória e a construção da história viva: a atuação da Comissão de Anistia do Brasil na concretização do Direito à Memória e à Verdade. *In*: SANTOS, Boaventura de Sousa; ABRÃO, Paulo; MACDOWELL, Cecília; TORELLY, Marcelo D. (Org.). *Repressão e Memória Política no Contexto Ibero-Brasileiro: estudos sobre Brasil, Guatemala, Moçambique, Peru e Portugal*. Coimbra: Coimbra Ed.; Brasília: Ministério da Justiça, 2010. p. 185-227.

misma violencia que se quiere reconocer en los juicios por crímenes de Estado, buscando impedir que se la repita, es la violencia que se les aplica a los acusados y a los presos comunes, especialmente en el mantenimiento de las condiciones degradantes de las cárceles y en la práctica cotidiana de la tortura. La posibilidad de los juicios por violaciones a los derechos humanos cometidas por el Estado se dirige incluso hacia esa situación. Es una apuesta en la inversión selectiva y en la búsqueda de la realidad menos deshumanizadora para el sistema penal.

Consideraciones finales

La criminología crítica juega un rol indispensable al denunciar las simplificaciones, inconsistencias y, sobre todo, la extrema violencia practicada por el sistema penal. Necesita, sin embargo, ensanchar sus horizontes para enfrentar el tema de los crímenes de Estado. Dado el carácter altamente lesivo del Derecho Penal para sus sujetos, se suele decir que el recurso al sistema penal debe ser la *ultima ratio*. Sería lógico, por lo tanto, entender que la *ultima ratio* debe volcarse preferentemente hacia los crímenes con consecuencias más lesivas para la sociedad. Ahora bien, si es que hay crímenes que aúnan todas esas características, seguramente son los crímenes de Estado.

Por otra parte, no se puede dejar de objetar que suena como mínimo incoherente, en el caso de la legislación internacional que rige al Derecho Penal Internacional, la previsión de penas comprobadamente inhumanas, como es el caso de la cadena perpetua.[46] Se tiene aquí un caso de inversión ideológica de los derechos humanos.

Asimismo, hay que tener atención a los riesgos de imperfecciones y hasta de verdaderas perversiones en la aplicación de los mecanismos transicionales,[47] en especial, de los juicios y responsabilizaciones. Siempre hay el riesgo de que sean apenas cortinas de humo para conveniencias políticas, ajenas a la preocupación por la preservación y el respeto a los derechos humanos. La escena del Derecho Internacional presenta muy bien dicho riesgo al mostrar que los tribunales internacionales y

---

[46] Este punto ha sido muy bien captado por Salo de Carvalho (2005).
[47] De entre los mecanismos transicionales se destacan las Comisiones de la Verdad, los Juicios por Violaciones a los Derechos Humanos y las Comisiones de Reparación a las Víctimas. Asimismo se puede incluir toda y cualquier política de la memoria que se concrete en actos públicos de desagravio, homenaje o celebración, como así en la construcción de monumentos, el cambio de nombres de calles, avenidas y los demás espacios públicos.

la legislación internacional de los derechos humanos pueden incidir con mayor, menor o casi ninguna expresión sobre los gobernantes y sus agentes, dependiendo del mayor o menor poder del Estado involucrado.

De igual manera, especialmente en las cortes nacionales, los juicios podrán incluir en el sistema penal únicamente a los agentes más llanos — en general los que tienen una posición social menos privilegiada — y mantener alejados de su incidencia a los que ocupaban u ocupan cargos jerárquicamente superiores en la organización estatal, como así los mandantes de los crímenes, quienes deben ser, sin duda, los blancos preferenciales en los procesos de responsabilización por la práctica de crímenes de Estado, si bien no deben ser relevados de responsabilidad los agentes directos que intentan esquivarse alegando la mera obediencia a órdenes superiores.

Tales dificultades revelan simplemente que el campo de lo mundano, escenario de la política y el derecho, es un campo de lucha, al que la acción responsable y crítica debe mirarse para buscar su espacio. No existe una fórmula mágica o abstracta para confrontar el pasado de violencia y su repercusión en el presente. Las transiciones políticas y sociales deben siempre analizarse en su concretud, pues es allí donde se encuentran las medidas de los mecanismos transicionales que han de aplicarse y de las decisiones necesarias y responsables. Y aún así, según lo señala Derrida, "uno nunca está seguro de haber hecho la elección justa; uno nunca lo sabe".[48]

Informação bibliográfica deste texto, conforme a NBR 6023:2002 da Associação Brasileira de Normas Técnicas (ABNT):

SILVA FILHO, José Carlos Moreira da. Crímenes de Estado y justicia transicional. In: PRONER, Carol; ABRÃO, Paulo (Coord.). *Justiça de Transição*: reparação, verdade e justiça: perspectivas comparadas Brasil-Espanha. Belo Horizonte: Fórum, 2013. p. 95-117. ISBN 978-85-7700-737-0.

---

[48] En el original: "one is never sure of making the just choice; one never knows" (DERRIDA, 2001, p. 56).

PODER JUDICIÁRIO, DESAFIOS TRANSICIONAIS E LEIS DE ANISTIA
A CORTE INTERAMERICANA DE DIREITOS HUMANOS

ROBERTO DE FIGUEIREDO CALDAS

Os desafios transicionais

A Justiça de Transição é uma realidade em muitos países que passaram por tempos de exceção e/ou que promoveram posteriormente uma conciliação com os princípios basilares de democracia e de respeito ao ser humano. É ela uma maneira de lidar com o legado de violações de direitos humanos, ao término de um período de repressão ou conflito armado, com vistas à construção de um futuro mais democrático e pacífico, como ocorreu em países como: Alemanha, África do Sul, Timor Leste, países do leste europeu, Argentina, Chile, Israel, Iraque e Palestina, em situações como guerras, conflitos civis, segregações raciais, ocupações de países, ditaduras e governos autoritários.[1]

Com o Brasil não foi diferente. Passado o período da ditadura militar brasileira, de 1964 a 1985, em que, estima-se, mais de 50.000 pessoas foram detidas nos seus primeiros meses; cerca de 20.000 presos foram submetidos a torturas; um saldo de 354 mortos e desaparecidos políticos; 130 expulsos do país; e 4.862 pessoas com os seus mandatos

---

[1] MEZAROBBA, Glenda. *Um acerto de contas com o futuro*: a Anistia e suas consequências: um estudo do caso brasileiro. São Paulo: Associação Editorial Humanitas: FAPESP, 2006.

e direitos políticos suspensos,[2] iniciou-se um período de transição para um Estado Democrático, que mesmo contando com uma ordem constitucional estável há mais de 23 anos, ainda hoje tem que se esforçar muito para avançar na Justiça de Transição.

Para tanto, ao lado do Direito Internacional, o Direito Comparado é fonte inesgotável de aprendizado e evolução, particularmente na área dos Direitos Humanos, pois as violações a tais direitos de um só indivíduo ofendem e lesionam toda a Humanidade.

Ao buscar conceituar a Justiça de Transição, nota-se que o rompimento com a ordem anterior não constitui tarefa simples nem fácil. Segundo a Organização das Nações Unidades (ONU), a Justiça de Transição é conjunto de ferramentas utilizadas para lidar com o legado histórico da violência do regime anterior, responsabilizando os seus agentes, distribuindo justiça e alcançando a reconciliação.

Para que essa justiça seja alcançada há que se cumprir alguns passos, como a democratização do Estado; o acesso à educação e à memória; a reparação e a publicização do ocorrido, de modo a fomentar a verdade; a reorganização judicial e a reforma das instituições estatais.

A ampliação da democratização do Estado é o primeiro passo para viabilizar os demais para que a transição seja completa. O Estado Democrático de Direito é alcançado por meio da garantia de participação cidadã, democratização das relações sociais e transparência às ações estatais, além da garantia de maior presença do Estado onde antes não havia. Mais do que isso, a transição justa exige, ainda, um arcabouço legal claro e preciso, de modo que será iníqua aquela que se fundamentar em um marco legislativo de exceção, pois a legitimidade do novo regime depende de sua atuação previsível, evitando a arbitrariedade, sempre contrária à ordem democrática.

Um segundo passo é o fomento do acesso à educação e à memória, por meio da transformação do sistema educativo, com o fim das mensagens e códigos do regime de exceção, utilizando, para tanto, a memória como ferramenta didática. O direito à memória deve ser preservado, acima de tudo, pois a história pertence a todos, não podendo haver uma versão oficial dos governos episódicos, motivo pelo qual é importante que sejam abertos os arquivos de documentos para que toda a sociedade possa ter acesso a eles e desenhe a sua própria verdade histórica a partir dos dados existentes.

---

[2] COSTA RICA. Corte Interamericana de Direitos Humanos. *Sentença* (Exceções Preliminares, Mérito, Reparações e Custas) de 24 de novembro de 2010. Caso Gomes Lund e outros ("Guerrilha do Araguaia") *versus* Brasil. Parágrafo 87.

Um terceiro e importante passo para que se efetive a transição é o acesso à verdade, que pode se dar por meio da criação de comissões de modo a esclarecer os fatos e dar voz às vítimas. Ao estabelecer-se a verdade sobre um passado de violações — ouvido não somente o governo, mas, principalmente, a sociedade — sensibilizam-se futuras gerações contra o revisionismo, além de dar aos cidadãos poder para que reconheçam e oponham resistência ao retorno àquelas condutas.[3] É nesse momento que se mostra a importância das comissões da verdade com participação social.

Essas comissões dão voz às vítimas e suas famílias para que contestem eventuais elementos distorcidos ou inverídicos sobre as violações de direitos humanos ocorridas. Exemplo disso é o ocorrido na África do Sul, onde se tornou impossível negar que a tortura era tolerada oficialmente e que se deu de forma sistemática. Também as comissões da verdade estabelecidas no Chile e na Argentina, no bojo das quais se refutou a versão de que os opositores do regime militar tinham fugido desses países ou se escondido, e fez-se prevalecer, assim, a versão de que os opositores foram, na verdade, vítimas de desaparecimento forçado e assassinatos perpetrados por membros das forças militares como consequência de uma política oficial.[4]

Igualmente importante ao acesso à verdade é proceder à reparação integral, que extrapola a reparação meramente patrimonial ou o simples pedido de desculpas. O dever de reparar as vítimas de graves violações de direitos humanos vai além. Demanda assistência psicológica, medidas simbólicas, o acesso aos arquivos e documentos pertinentes, a compreensão, a participação dos agentes envolvidos, além da construção pública da memória.

Há que se atentar, também, para que haja uma reorganização judicial, por meio de ações como a supressão das leis de exceção, o restabelecimento das garantias antes retiradas,[5] o fim da impunidade e a incorporação da vítima como protagonista. Nesse sentido, é necessário que haja o julgamento dos indivíduos responsáveis pelos crimes cometidos durante o regime de exceção, tratando-se, em verdade, do

---

[3] VAN ZYL, Paul. Promovendo a justiça transicional em sociedades pós-conflito. *Revista Anistia Política e Justiça de Transição*. Brasília. n. 1, jan./jun. 2009. Disponível em: <http://www.portalmemoriasreveladas.arquivonacional.gov.br/media/2009RevistaAnistia01.pdf>. Acesso em: 09 ago. 2011.

[4] VAN ZYL, Paul. Promovendo a justiça transicional em sociedades pós-conflito. *Revista Anistia Política e Justiça de Transição*. Brasília. n. 1, jan./jun. 2009. Disponível em: <http://www.portalmemoriasreveladas.arquivonacional.gov.br/media/2009RevistaAnistia01.pdf>. Acesso em: 09 ago. 2011.

[5] Um bom exemplo é o restabelecimento do *habeas corpus* e dos demais direitos dos detidos.

enaltecimento do mais basilar dos direitos humanos, que é o direito à justiça, ostensivamente protegido pelos mais diversos tratados internacionais.[6]

Não por outra razão a previsão da Convenção Americana de Direitos Humanos que dispõe terem todos o direito a um recurso simples e rápido, ou a qualquer outro recurso efetivo, perante os juízes e tribunais competentes, capaz de protegê-los dos atos que violem os seus direitos fundamentais reconhecidos constitucionalmente, legalmente, ou pela Convenção, mesmo quando a violação for perpetrada por pessoas no exercício de suas funções essenciais (artigo 25.1).

Por seu turno, a jurisprudência da Corte Interamericana de Direitos Humanos (doravante também designada simplesmente CIDH) foi reafirmada após a análise dos crimes cometidos durante a ditadura militar brasileira, no bojo da sentença do Caso Guerrilha do Araguaia. O Tribunal confirmou o seu posicionamento no sentido da importância do dever estatal de investigar e punir as violações de direitos humanos, adquirindo especial importância ante a gravidade dos crimes cometidos e a natureza dos direitos ofendidos.[7] Essa obrigação de investigar e punir as violações aos direitos humanos, continua a Corte, está entre as medidas positivas que os Estados devem adotar a fim de garantir os direitos reconhecidos na Convenção Americana.

Assim, mais do que uma etapa necessária para que se realize a Justiça de Transição, os julgamentos dos perpetradores de violações durante o período de exceção constituem-se, acima de tudo, em um direito fundamental internacionalmente assegurado. Esses julgamentos mostram-se importantes, pois são eles uma forma de se evitar futuros crimes, pois, além de dar às vítimas algum alento, atuam de modo a permitir o pensamento em um novo grupo de normas, bem como constituem um verdadeiro impulso ao processo de reforma das instituições governamentais, agregando-lhes confiança.[8]

---

[6] A "Declaração Universal dos Direitos Humanos" assegura o acesso à justiça no seu artigo X. A "Convenção Americana De Direitos Humanos" (Pacto de São José da Costa Rica) traz o direito à proteção judicial e às garantias judiciais nos seus artigos 25 e 8º, respectivamente. Já a Convenção Europeia de Direitos do Homem prevê esses direitos nos seus artigos 6º (direito a um processo equitativo) e 13 (direito a um recurso efetivo), e a Carta Africana de Direitos Humanos e dos Povos (Carta de Banjul) traz, em seu artigo 7º, o direito ao acesso à justiça.

[7] COSTA RICA. Corte Interamericana de Direitos Humanos. Sentença (Exceções Preliminares, Mérito, Reparações e Custas) de 24 de novembro de 2010. Caso Gomes Lund e outros ("Guerrilha do Araguaia") *versus* Brasil. Parágrafo 137.

[8] VAN ZYL, Paul. Promovendo a justiça transicional em sociedades pós-conflito. *Revista Anistia Política e Justiça de Transição*, Brasília. n. 1, jan./jun. 2009. Disponível em: <http://www.portalmemoriasreveladas.arquivonacional.gov.br/media/2009RevistaAnistia01.pdf>. Acesso em: 09 ago. 2011.

Por fim, mas não menos importante, a transição demanda a reforma das referidas instituições. É necessário que se passe a ter um sistema de segurança pública centrada no cidadão, e não na "segurança nacional", melhor dita segurança governamental, regulamentando o uso da violência, do poder disciplinar e da hierarquia por meio da implementação de um controle interno das forças de segurança.

Para que as instituições governamentais sejam reformadas é necessário, outrossim, assegurar que os perpetradores das violações aos mais caros direitos do ser humano durante o período de exceção sejam retirados dos cargos públicos, mecanismo conhecido como "*vetting*", termo utilizado exatamente no campo da Justiça de Transição que significa o exame, avaliação e revisão de estruturas institucionais e de integridades individuais, quanto à adesão aos padrões de direitos humanos que se quer implantar. Essa alteração dos quadros governamentais repise-se, atribui ao Estado uma maior confiabilidade, constituindo, assim, uma parte relevante para o restabelecimento da integridade das instituições públicas. Entretanto, o *vetting* não foi promovido suficientemente no Brasil. Mantiveram-se no Poder Legislativo diversos apoiadores do regime anterior. Também assim no ápice do Poder Judiciário, até recentemente, juízes nomeados pela ditadura, que só saíram por vontade própria, por aposentadoria compulsória por idade (70 anos é o limite constitucional para permanência no serviço público), ou fatos naturais como incapacidade ou morte.

Todos esses passos demonstram um esforço do Estado capaz de efetivar a transição de um cenário de exceção para um panorama amplo e próspero de democracia. Resta-nos analisar se esse esforço tem se mostrado suficiente e eficaz no âmbito brasileiro.

A transição no Brasil

> Os líderes, dentro e fora do governo, terão de tomar medidas proativas para demonstrar que a democracia está a serviço de todos os cidadãos, que a paz atribui dividendos substanciais a todos, e que a diversidade pode ser uma fonte de fortaleza mais do que de conflito.[9]

---

[9] VAN ZYL, Paul. Promovendo a justiça transicional em sociedades pós-conflito. *Revista Anistia Política e Justiça de Transição*, Brasília, n. 1, jan./jun. 2009. Disponível em: <http://www.portalmemoriasreveladas.arquivonacional.gov.br/media/2009RevistaAnistia01.pdf>. Acesso em: 09 ago. 2011.

Por não ser uma tarefa de execução simples em nenhuma nação, o percurso da democratização, e, portanto, da Justiça de Transição no Brasil, não transcorre sem percalços. Por isso, importante à análise dos pontos que demandam uma maior atenção do Estado.

Uma significante lacuna desse processo transicional foi construída pela Lei nº 6.683/79, a Lei de Anistia, ainda na prática em vigor no Brasil, como obstáculo à verificação de responsabilidade, a obtenção da verdade judicial e punição dos criminosos da ditadura militar. A crítica é tecida, entretanto, não sem que se leve em conta os esforços envidados para a obtenção da exortada verdade por meios outros que não o judicial. Nesse sentido, destaca-se a postura do Ministério da Aeronáutica, que franqueou o acesso aos seus arquivos mediante requerimento. Deve-se ressaltar, também e principalmente, a festejada Comissão de Anistia, com uma década de bons trabalhos, e a recém-instalada Comissão da Verdade.

O caminho a trilhar ainda está longínquos passos do fim, porém os esforços estão, agora, sendo empreendidos sob os olhares cada vez mais atentos da comunidade internacional, verificado o percurso de redemocratização e desenvolvimento sócio-econômico nacionais, que levou o país a aderir à plena jurisdição americana de direitos humanos, o que confere maior solidez e cobrança para a efetiva conclusão da Justiça de Transição. Assim, foi ao reconhecer espontaneamente a jurisdição contenciosa da Corte Interamericana de Direitos Humanos em 1998, que o Brasil abriu-se à possibilidade de vir a ser julgado naquele âmbito, o que acabou por ocorrer na já histórica sentença do Caso Gomes Lund e outros (ou Caso Guerrilha do Araguaia), que condenou o Brasil, entre outros pontos, a rever a sua postura e considerar parcialmente nula de pleno direito a Lei de Anistia, de modo a não aplicá-la aos agentes estatais autores de diversas violações de direitos humanos à época da ditadura militar, além de dar curso às respectivas persecuções penais, bem como ao almejado acesso à memória e à verdade.

A Lei de Anistia como real — mas ilegítimo — empecilho para a obtenção da verdade judicial, verificação de responsabilidade e punição dos responsáveis

Em 28 de agosto de 1979 foi sancionada a Lei nº 6.683, a Lei de Anistia, fruto de uma série de acontecimentos históricos que desgastaram a ditadura militar. O Congresso Nacional, responsável pela aprovação dessa Lei, encontrava-se sob forte ingerência do regime de força, havendo, naquele momento da História, apenas dois partidos políticos permitidos: a Arena, partido do governo militar, que contava com a maioria numérica no Congresso Nacional, e o Movimento Democrático Brasileiro (MDB), partido de uma oposição aceita e consentida. Existia ainda uma excrescência jurídica logo apelidada popularmente como "senadores biônicos",[10] que somavam 22 do total de 66 senadores, os quais, identificados com os militares, garantiam que a posição do governo prevalecesse nas votações, afastando, dessa forma, a chance de aprovação para projetos que não fossem do interesse governista. O cenário no qual tramitou o projeto de lei, que culminaria na Lei de Anistia, ocorreu, dessa forma, sob permanente custódia maniatadora dos militares, o que fez com que muitos presos políticos e familiares, isolados e sem possibilidade de participar do debate, lançassem mão da greve de fome a fim de demonstrar o seu descontentamento com o projeto.

Nesse contexto antidemocrático e ilegítimo, foi aprovada a Lei de Anistia, trazendo em seu bojo a pretensa extinção da responsabilidade penal de todos os indivíduos que cometeram crimes bárbaros durante a ditadura militar.[11] Não obstante não fazer qualquer menção à anistia dos agentes da repressão, a Lei abre margem a uma hermenêutica a um só tempo amedrontada e perversa, ainda adotada no Brasil, que não leva em conta os termos da Convenção Americana sobre Direitos Humanos (ratificada pelo Brasil em 1992) e nem a jurisprudência vinculante de sua intérprete última: a Corte Interamericana de Direitos Humanos (cuja competência foi aceita pelo Brasil em 1998).

Em 28 de abril de 2010, na apreciação da Arguição de Descumprimento de Preceito Fundamental nº 153, o Supremo Tribunal Federal

---

[10] À época da ditadura militar, mais especificamente em 1977, o governo militar, com receio de perder a maioria no Senado Federal, editou nova regra para as eleições parlamentares, de modo que um terço dos senadores não seriam eleitos pelo voto popular direto e sim referendados após uma indicação do presidente da República. O termo "biônico" advinha de uma série de televisão exibida à época com alta popularidade, *O homem biônico* ou *O homem de seis milhões de dólares* (do original "The Six Million Dollar Man"), cujo principal personagem era um coronel vitimado por grave acidente de paraquedas, que após ser reconstruído eletronicamente por órgão de inteligência das forças armadas por um custo que dá título à série, passou a ser um super-herói dotado de velocidade e força descomunais. Em resumo, uma criatura artificial e forte.

[11] Art. 1º É concedida anistia a todos quantos, no período compreendido entre 02 de setembro de 1961 e 15 de agosto de 1979, cometeram crimes políticos ou conexo com estes, crimes eleitorais, aos que tiveram seus direitos políticos suspensos e aos servidores da Administração Direta e Indireta, de fundações vinculadas ao poder público, aos Servidores dos Poderes Legislativo e Judiciário, aos Militares e aos dirigentes e representantes sindicais, punidos com fundamento em Atos Institucionais e Complementares (vetado).
§1º Consideram-se conexos, para efeito deste artigo, os crimes de qualquer natureza relacionados com crimes políticos ou praticados por motivação política [...].

(STF), órgão máximo do Judiciário, enfrentou questões relacionadas à extensão da interpretação dada à Lei de Anistia. Por sete votos a dois, o STF confirmou a jurisprudência nacional ainda dominante sobre a Lei nº 6.683/79, no sentido de impedir investigações, processamentos e punições, mantendo-a incólume, portanto. Ressalvadas as opiniões dos ilustres Ministros Ricardo Lewandowski e Carlos Ayres Britto, o Supremo por maioria entendeu por crimes conexos aos crimes políticos aqueles dos agentes do Estado, e, portanto, anistiados tais agentes de crimes de qualquer natureza praticados à época.

No entanto, desafortunadamente, por meio daquela interpretação dada ao artigo 1º da Lei de Anistia, até este momento continua a impedir a persecução penal de agentes militares e civis envolvidos nas ações criminosas cometidas durante o regime militar. Impossibilita a investigação, a sanção e a reparação dessas condutas. É o que demonstra a História: inexistir até os dias de hoje qualquer condenação criminal de agentes das forças de segurança do Estado, autores de crimes de lesa-humanidade ou gravíssimos, como tortura, desaparecimento forçado, ocultação de cadáver e execução sumária, extrajudicial ou arbitrária. Sem poder punir agentes, qualquer processo judicial de investigação perde sua utilidade e é prontamente arquivado, o que impede a formação de uma verdade judicial sobre os fatos e gera um quadro de continuada impunidade.

É bem verdade que há boa possibilidade de o próprio STF rever sua decisão na ADPF nº 153. Isto porque (1) a decisão do STF é anterior à sentença da CIDH (do Caso Guerrilha do Araguaia), que declara a nulidade da Lei de Anistia quanto a agentes estatais. (2) Também é certo que o STF não levou em conta a existência, já naquele momento, de jurisprudência vinculante da CIDH quanto ao impedimento de leis nacionais chamadas de autoanistia. (3) Outro fato relevante que pode influenciar em uma próxima revisão daquele precedente é que dos sete ministros que votaram pela validade da Lei, apenas cinco ministros continuam no Tribunal,[12] sendo que os outros seis ministros ainda não votaram no tema,[13] o que é perfeitamente possível diante do amadurecimento do debate público e jurídico quanto ao conteúdo do tema e à compulsoriedade de respeito às decisões da CIDH.

---

[12] Continuam no STF os Ministros Cezar Peluso, Celso de Mello, Marco Aurélio, Gilmar Mendes e Cármen Lúcia. Aposentaram-se Eros Grau, relator, e Ellen Gracie.
[13] Os Ministros Carlos Ayres Britto e Ricardo Lewandowski votaram pela invalidade parcial da Lei. Joaquim Barbosa e Dias Toffoli não participaram daquele julgamento porque estavam respectivamente em licença médica e impedido no processo específico. Também não votaram no processo porque ainda não eram do Tribunal os Ministros Luiz Fux e Rosa Weber.

Mas não é o objetivo deste trabalho analisar mais profundamente ou criticar a decisão do STF, mas apenas esboçar o fato importante de não guardar harmonia com a decisão do Caso Guerrilha do Araguaia, específica contra o Estado brasileiro. O registro importante é que, com a inalteração da jurisprudência nacional, se embaça o desenvolvimento de uma Justiça de Transição. Ao anistiar os algozes da ditadura militar, escolheu-se não olhar para trás para verificar os erros, incorrendo-se num convite a não olhar para frente e enfrentar idênticos erros. Para a democracia essa cegueira, esse esquecimento, age como perigoso veneno, constitui ele o mais grave obstáculo para a consolidação de uma Justiça de Transição no Brasil.[14] A reorganização judicial e a consequente reparação às vítimas da ditadura militar, passos essenciais que são à Justiça de Transição, restam deficientes.

Ocorre que, como observado anteriormente, o posicionamento brasileiro não passou despercebido da comunidade internacional, mais especificamente da Organização dos Estados Americanos por meio da Comissão e da Corte Interamericana de Direitos Humanos. Isso porque a Corte, na trilha da sua já consolidada jurisprudência[15] e da posição assumida pelos variados órgãos internacionais de proteção de direitos humanos e pelas diversas altas cortes nacionais da região, proferiu sentença, em 24 de novembro de 2010, no bojo do Caso da Guerrilha do Araguaia, que trouxe o reconhecimento de nulidade da Lei nº 6.683/79 para anistiar os agentes do próprio governo de então (autoanistia).

Assim, a Corte Interamericana concluiu pela incompatibilidade da Lei de Anistia com a Convenção Americana sobre Direitos Humanos, o Direito Internacional e as obrigações internacionais assumidas pelo Estado brasileiro, uma vez que essa lei afronta o dever internacional de investigar e sancionar tais violações.

A Corte reiterou a inadmissibilidade das "*disposições de anistia, as disposições de prescrição e o estabelecimento de excludentes de responsabilidade, que pretendam impedir a investigação e punição dos responsáveis pelas graves violações dos direitos humanos, como a tortura, as execuções sumárias, extrajudiciais ou arbitrárias, e os desaparecimentos forçados, todas elas proibidas, por violar direitos inderrogáveis reconhecidos pelo Direito Internacional dos Direitos Humanos*".[16]

---

[14] GENRO, Tarso Fernando Herz. Teoria da democracia e Justiça de Transição. *Revista do Tribunal Regional do Trabalho da Oitava Região*, Belém. v. 42, n. 83, jul./dez. 2009. Disponível em: <http://www.trt8.jus.br/download/ascom/revista/TRT_REVISTA_n83.pdf>. Acesso em: 09 ago. 2011.

[15] Corte Interamericana de Direitos Humanos, casos Bairros Altos e La Cantuta, ambos contra o Peru, e o caso Almonacid Arellano e outros contra o Chile.

[16] COSTA RICA. Corte Interamericana de Direitos Humanos. Sentença (Exceções Preliminares, Mérito, Reparações e Custas) de 24 de novembro de 2010. Caso Gomes Lund e outros ("Guerrilha do Araguaia") *versus* Brasil. Parágrafo 171.

Nesse aspecto, o CIDH ressaltou ser irrelevante a discussão das partes quanto a ter se tratado de uma anistia, uma autoanistia ou um "acordo político", pois a incompatibilidade em relação à Convenção inclui as anistias de graves violações de direitos humanos e não se restringe somente às denominadas "autoanistias":

> Além disso, como foi destacado anteriormente, o Tribunal, mais que ao processo de adoção e à autoridade que emitiu a Lei de Anistia, se atém à sua *ratio legis*: deixar impunes graves violações ao direito internacional cometidas pelo regime militar. A incompatibilidade das leis de anistia com a Convenção Americana nos casos de graves violações de direitos humanos não deriva de uma questão formal, como sua origem, mas sim do aspecto material na medida em que violam direitos consagrados [...] na Convenção.

Ainda, face a confirmação da Lei de Anistia pelo Supremo Tribunal Federal, a Corte destacou que os Estados não podem, por razões de ordem interna, descumprir obrigações internacionais. Ou seja, as obrigações convencionais dos Estados-parte vinculam todos seus poderes e órgãos, os quais devem garantir o cumprimento das disposições convencionais e seus efeitos próprios no plano de seu direito interno.

Em adição, a jurisprudência da Corte Interamericana é clara ao estabelecer que as autoridades internas do país estão sujeitas ao império da lei e, por esse motivo, obrigadas a aplicar as disposições vigentes no ordenamento jurídico. Ademais, quando um Estado é parte de um tratado internacional, como a Convenção Americana, todos os seus órgãos, inclusive os juízes, também estão submetidos àquele, o que os obriga a zelar para que os efeitos das disposições da Convenção não se vejam enfraquecidos pela aplicação de normas contrárias ao seu objeto e finalidade, as quais desde o início carecem de efeitos jurídicos. O Poder Judiciário, nesse sentido, está internacionalmente obrigado a exercer um "controle de convencionalidade" *ex officio* das normas internas. Nessa tarefa, o Poder Judiciário deve levar em conta não somente o tratado, mas também a interpretação que a ele conferiu a Corte Interamericana,[17] que tem eficácia jurídica imediata e oponível indistintamente a todos (*erga omnes*).

Tanto a Convenção Americana quanto as decisões proferidas pela Corte em face de violações àquela buscam aperfeiçoar o direito interno

---

[17] COSTA RICA. Corte Interamericana de Direitos Humanos. Sentença (Exceções Preliminares, Mérito, Reparações e Custas) de 24 de novembro de 2010. Caso Gomes Lund e outros ("Guerrilha do Araguaia") *versus* Brasil. Parágrafo 176.

dos Estados que a elas se submetem, com o intuito de maximizar a proteção dos direitos humanos, de modo que, sempre que necessário, haverá a revisão ou revogação de leis nacionais.[18]

Destarte, tendo em vista a ratificação do Pacto de São José da Costa Rica e o posterior reconhecimento pelo Brasil da jurisdição contenciosa da Corte Interamericana, que culminam na responsabilidade internacional do Estado, não há que se concluir de modo diverso da plena obrigatoriedade do Brasil em cumprir integralmente o estabelecido na sentença da Corte no Caso Gomes Lund e outros (Guerrilha do Araguaia), mesmo que para isto tenha que ir de encontro à jurisprudência consagrada na jurisdição nacional, ainda que placitada pelo Supremo Tribunal Federal. Isto porque os países americanos entenderam por ratificar tratado internacional que deixa à jurisdição da CIDH a última palavra na interpretação da Convenção Americana sobre Direitos Humanos, vale dizer, em questões fundamentais de direitos humanos.

Outro ponto quanto ao qual a sentença do Caso Guerrilha do Araguaia traz novo debate diz respeito à imprescritibilidade relativa aos crimes de lesa-humanidade. Senão uma novidade reacende debate vigoroso e atual. No Brasil, as únicas previsões normativas internas expressas quanto à imprescritibilidade de conduta criminosa estão direcionadas à prática do racismo e à ação de grupos armados, civis ou militares, contra a ordem constitucional e o Estado Democrático,[19] todavia, como consideramos no voto fundamentado na citada sentença, a inserção no sistema internacional de proteção aos direitos humanos leva a que se aplique a imprescritibilidade, contida em normas de *jus cogens*:

> Os crimes de desaparecimento forçado, de execução sumária extrajudicial e de tortura perpetrados sistematicamente pelo Estado para reprimir a Guerrilha do Araguaia são exemplos acabados de crime de

---

[18] Nesse sentido o voto de Cançado Trindade no caso da Última Tentação de Cristo *versus* Chile, parágrafo 40. Trecho citado pelo Juiz *ad hoc* Roberto Caldas na ocasião de seu voto no caso Gomes Lund e outros (Guerrilha do Araguaia) *versus* Brasil, parágrafo 9. "No quarto item do parágrafo 40 do mesmo voto, o juiz Cançado Trindade expõe que: 'Qualquer norma de direito interno, independentemente de seu *status* (constitucional ou infraconstitucional), pode, por sua própria existência e aplicabilidade, *per se* comprometer a responsabilidade de um Estado Parte em um Tratado de Direitos Humanos'". Disponível em: <http://www.cidadao.pr.gov.br/arquivos/File/Voto_Caldas_final.pdf>.

[19] Assim dispõem respectivamente os incisos XLII e XLIV, do artigo 5º, da Constituição Federal. Veja-se:
Art. 5º [...] XLII – a prática do racismo constitui crime inafiançável e imprescritível, sujeito à pena de reclusão, nos termos da lei;
[...] XLIV – constitui crime inafiançável e imprescritível a ação de grupos armados, civis ou militares, contra a ordem constitucional e o Estado Democrático.

lesa-humanidade. Como tal merecem tratamento diferenciado, isto é, seu julgamento não pode ser obstado pelo decurso do tempo, como a prescrição, ou por dispositivos normativos de anistia.

A Assembleia Geral da Organização das Nações Unidas adotou, em 26 de novembro de 1968, a Convenção Sobre a Imprescritibilidade dos Crimes de Guerra e dos Crimes contra a Humanidade. Deve-se identificar como característica desta convenção que ela não é criadora-inovadora do Direito, mas sim consolidadora, razão pela qual ainda que não ratificada ela deverá ser aplicada pelo Estado. Na mesma esteira, em 1974, o Conselho da Europa elaborou a Convenção Europeia sobre a Imprescritibilidade dos Crimes contra a Humanidade e dos Crimes de Guerra.

Assim o fizeram não por uma imposição de tratativas. Não é fruto, pois, de conclusão alcançada por meio do processo de negociação, assinatura, ratificação e referendo parlamentar que pressupõe toda a adoção de tratado internacional. A bem da verdade, esses instrumentos supranacionais só fazem reconhecer aquilo que o costume internacional já determinava.

Também ocorreu, no tocante à Convenção de Viena de 1969, tratado multilateral de consolidação das regras costumeiras de celebração de tratados entre Estados soberanos. Desde a sua efetiva entrada em vigor em âmbito internacional, em 1980, passaram-se longos 29 anos até que o Brasil internalizasse a Convenção, vindo a fazê-lo sob a imposição de duas reservas aos termos da Convenção.

Por outro lado, 42 anos após a sua adoção no âmbito internacional, o Brasil permanece sem a devida ratificação da Convenção sobre Imprescritibilidade dos Crimes de Guerra e dos Crimes de Lesa-humanidade, não obstante tê-la assinado. Essa omissão certamente foi fruto de pressão política daquele grupo de militares que praticou as atrocidades descritas neste processo. Entretanto, essa falta de ratificação é superada, pois, como já entendeu esta Corte, a sua observância obrigatória decorre do costume internacional e não do ato de ratificação. A imprescritibilidade desses crimes surge como categoria de norma de Direito Internacional geral, que não nasce com a dita Convenção, mas sim é nela reconhecido (Caso Almonacid, parágrafos 152 e 153).

Cabe, portanto, ao aplicador do Direito o reconhecimento da imprescritibilidade dos crimes contra a humanidade, entre os quais se encontram crimes cometidos durante a ditadura militar brasileira por seus agentes. Dessa forma, levados à apreciação jurisdicional, esses crimes não podem ser declarados prescritos.

Sob um outro aspecto, encontra-se o país afastado da completude de seu processo transicional. No que toca a obtenção da verdade sobre o ocorrido por via judicial, merece destaque a Ação Ordinária nº 82.00.24682-5, ajuizada pelos familiares dos mortos e desaparecidos no contexto da Guerrilha do Araguaia, cujo objeto restringe-se à mera obtenção de informações acerca do ocorrido nas operações impingidas na região. A Primeira Vara Federal do Distrito Federal deu provimento ao pedido das famílias e embora o trânsito em julgado tenha ocorrido mais de 20 anos após o ajuizamento da ação, que se deu em 1982, até a presente data não houve êxito na execução do julgado, pois o Estado ainda não entregou as informações exigidas.

Portanto, a Lei de Anistia não pode ser obstáculo à restauração da verdade e à atuação judicial para evitar a impunidade.

A abertura de possibilidade para ouvir as vítimas e a busca pela verdade histórica. Comissão de Anistia e Comissão da Verdade

Na trilha de seus esforços na busca pela Justiça de Transição, algumas iniciativas foram apreciadas pela Corte Interamericana de Direitos Humanos.

O Brasil realmente merece reconhecimento pela atuação da Comissão de Anistia, que, ademais da indenização em espécie, tem tido valiosas iniciativas, como as Caravanas da Anistia, a realização de seminários e a publicação de textos e livros sobre o tema.

Instalada pelo Ministério da Justiça no dia 28 de agosto de 2001, a decenária Comissão de Anistia tem exercido um papel crucial na implementação de parte da Justiça de Transição, com um conceito inverso de anistia: não é o Estado a perdoar aqueles que infringiram o ordenamento jurídico, mas sim o Estado a pedir perdão pelos prejuízos que impôs aos que tentaram resistir ao regime militar.

Tem como papel principal reparar economicamente pessoas que foram impedidas de exercer atividades econômicas por motivos exclusivamente políticos entre 18 de setembro de 1946 e 05 de outubro de 1988, quando entrou em vigor a Constituição Federal vigente.

Composto por 24 conselheiros nomeados, o grupo é presidido pelo Secretário Nacional de Justiça, Dr. Paulo Abrão Pires Júnior, e é diretamente vinculado ao Gabinete do Ministro da Justiça. Desde que foi criada, recebeu milhares de pedidos de anistia política. Em 2008, ademais de indenizar as vítimas, a Comissão abriu um canal de comunicação que permite que as vozes das vítimas sejam ouvidas, merecendo destaque o projeto, dentro da Comissão de Anistia, das *Caravanas da Anistia*, que realiza o julgamento nos locais onde ocorreram as perseguições, de forma a promover a transparência e a publicidade dos trabalhos da Comissão.

Além do papel precípuo na implementação da política de reparação aos perseguidos políticos,[20] a Comissão de Anistia tem procurado integrar esforços principalmente com o projeto *Marcas da Memória* e com a Construção do *Memorial da Anistia*, que tem previsão para ser inaugurado em dezembro de 2012, além de buscar aproximar horizontes com outros países da América Latina e do mundo. Exemplo disso foi o *I Encontro das Comissões de Reparação e Verdade da América Latina*, no Arquivo Nacional do Rio de Janeiro, em novembro de 2008, que reuniu representantes de nove países do continente responsáveis por medidas transicionais, num esforço inédito de intercâmbio de experiências e formação de uma agenda comum. Importante ressaltar também que a Comissão tem procurado fomentar o debate público sobre os quatro grandes temas-chave da Justiça de Transição: a reforma das instituições para a democracia; o direito à memória e à verdade; o direito à reparação e; o direito ao igual tratamento legal e à Justiça.[21]

Contudo, nem todos os órgãos estatais mostram-se firmes na compreensão das concessões de indenizações, pois um dos órgãos vinculados ao Poder Legislativo, o Tribunal de Contas da União, propôs revisar as anistias para checar a adequação dos valores concedidos, como que a criar, sem lei que o permita, outra instância de exame administrativo das anistias.

Apesar desse claudicante passo do órgão estatal, a Comissão de Anistia completou, em agosto de 2011, dez anos de notável atuação. Visando aproximar-se ainda mais da sociedade civil, um intenso debate foi realizado em todos os Estados da Federação brasileira, além da proposição de novos desafios e debates sobre obstáculos a serem transpostos.[22] Segundo declaração do seu presidente, Dr. Paulo Abrão, a Comissão pretende dar continuidade ao processo de reparação aos perseguidos políticos nos termos da lei, *"oficializando o pedido de desculpas do Estado pelos erros cometidos contra eles [perseguidos políticos] no passado"*.[23]

---

[20] ABRÃO, Paulo *et al*. Justiça de Transição no Brasil: o papel da Comissão de Anistia do Ministério da Justiça. *Revista Anistia Política e Justiça de Transição*, Brasília, n. 1, jan./jun. 2009. Disponível em: <http://www.portalmemoriasreveladas.arquivonacional.gov.br/media/2009RevistaAnistia01.pdf>. Acesso em: 16 ago. 2011.

[21] ABRÃO, Paulo *et al*. Justiça de Transição no Brasil: o papel da Comissão de Anistia do Ministério da Justiça. *Revista Anistia Política e Justiça de Transição*. Brasília. n. 1, jan./jun. 2009. Disponível em: <http://www.portalmemoriasreveladas.arquivonacional.gov.br/media/2009RevistaAnistia01.pdf >. Acesso em: 16 ago. 2011.

[22] SEMANA DA ANISTIA. *Adital*, Fortaleza, 2 ago. 2011. Disponível em: <http://www.adital.com.br/?n=b3sn>. Acesso em: 16 ago. 2011.

[23] BRASIL. Comissão da Anistia completa dez anos. *Portal Brasil*, Brasília, 10 jun. 2011. Disponível em: <http://www.brasil.gov.br/noticias/arquivos/2011/06/10/comissao-da-anistia-completa-dez-anos>. Acesso em: 16 ago. 2011.

Num segundo momento, há que se destacar outro sinal positivo no caminho ao alcance da Justiça de Transição empreendido pelo Brasil. Fala-se da Lei nº 12.528,[24] promulgada em 18 de novembro de 2011, que cria a Comissão Nacional da Verdade. A Comissão tem o intuito de examinar e esclarecer casos de violação de direitos humanos ocorridos entre 1946 e 1988. Sua criação é um dos projetos trazidos no bojo do terceiro *Plano Nacional de Direitos Humanos* (PNDH),[25] lançado em 2009 e alterado por meio de decreto[26] do Poder Executivo no ano seguinte.

Por Decreto presidencial de 10 de maio de 2012,[27] a Comissão Nacional da Verdade foi designada. Seus sete membros, designados pela presidenta da República entre brasileiros e brasileiras de reconhecida idoneidade e conduta ética, identificados com a defesa da democracia e da institucionalidade constitucional, bem como com o respeito aos direitos humanos, sendo o trabalho por eles desenvolvido junto à Comissão considerado serviço público relevante. Instalada no dia 16 de maio seguinte, em histórica cerimônia no Palácio do Planalto, sede da Presidência da República, com a presença de todos os ex-presidentes da República vivos, esse grupo terá o prazo de dois anos para concluir os trabalhos e apresentar um relatório contendo as atividades realizadas, os fatos examinados, as conclusões e recomendações a respeito das investigações dos casos de tortura e desaparecimentos ocorridos durante o período ditatorial brasileiro.

Importante destacar que não se podem confundir suas atividades com as da Comissão de Anistia ou do Poder Judiciário. Elas não terão caráter jurisdicional ou persecutório, nem indenizatório. Segundo o texto da Lei,[28] figuram entre os objetivos da Comissão o esclarecimento dos fatos e das circunstâncias em que ocorrem as violações de direitos humanos, bem como a identificação de seus autores; a divulgação das estruturas, locais, instituições e circunstâncias relacionados à prática

---

[24] Disponível em: <http://www.presidencia.gov.br/ccivil_03/_Ato2011-2014/2011/Lei/L12528.htm>.
[25] BRASIL. *Programa Nacional de Direitos Humanos III*. Brasília: Ministério da Justiça, 2010. Disponível em: <http://portal.mj.gov.br/sedh/pndh3/pndh3.pdf>. Acesso em: 08 ago. 2011
[26] BRASIL. Decreto nº 7.177, de 12 de maio de 2010. Altera o Anexo do Decreto no 7.037, de 21 de dezembro de 2009, que aprova o Programa Nacional de Direitos Humanos – PNDH-3. *Diário Oficial da União*, Brasília, 13 maio 2010. Disponível em: <http://www.in.gov.br/imprensa/visualiza/index.jsp?jornal=1&pagina=5&data=13/05/2010>. Acesso em: 09 ago. 2011.
[27] Publicado no *Diário Oficial da União*, 11 maio 2012, Seção 2, p. 1, firmado pela presidenta Dilma Rousseff e pela Ministra da Casa Civil Gleisi Hoffmann, para funcionar "no âmbito da Casa Civil da Presidência da República", composta pelos seguintes sete comissários: "CLÁUDIO LEMOS FONTELES; GILSON LANGARO DIPP; JOSÉ CARLOS DIAS; JOSÉ PAULO CAVALCANTI FILHO; MARIA RITA KEHL; PAULO SÉRGIO DE MORAES SARMENTO PINHEIRO e ROSA MARIA CARDOSO DA CUNHA".
[28] Artigo 3º da Lei nº 12.528/2011.

desses crimes; o encaminhamento aos órgãos públicos competentes de toda e qualquer informação obtida que possa auxiliar na localização e identificação de corpos e restos mortais de desaparecidos políticos, e a promoção, com base nos informes obtidos, da reconstrução da história dos casos de graves violações de direitos humanos, bem como a colaboração para que seja prestada assistência às vítimas dessas violações.

Para que essas metas sejam alcançadas, o colegiado poderá requisitar informações, mesmo que sigilosas, aos órgãos públicos; realizar audiências públicas; receber testemunhos, informações, dados e documentos que lhe forem encaminhados voluntariamente, bem como solicitar perícias para a sua recuperação; convocar pessoas, incluindo militares, para que sejam interrogadas sobre casos de violação dos direitos humanos, podendo requisitar proteção aos órgãos públicos para qualquer dessas pessoas, caso elas se encontrem em situação de ameaça devido à colaboração com as investigações da Comissão, entre outras medidas. Suas atividades serão públicas, exceto quanto às informações entendidas, a critério dos seus comissários, como relevantes para o alcance de seus objetivos ou para resguardar a intimidade, vida privada, honra ou imagem de pessoas.

A Lei nº 12.528/2011 prevê que a Comissão trabalhe de forma articulada e integrada com os demais órgãos públicos, especialmente com o Arquivo Nacional, a Comissão de Anistia e a Comissão Especial sobre Mortos e Desaparecidos Políticos, além de firmar parcerias com instituições de ensino superior ou organismos internacionais para o desenvolvimento de suas atividades.

Ao avaliar a situação brasileira na busca pela verdade, a Secretária Nacional de Direitos Humanos, Ministra Maria do Rosário Nunes, afirmou que o Brasil, ao contrário de outros países da América Latina, havia avançado tão pouco nessa questão, porque ainda não havia constituído os instrumentos necessários para que as investigações ocorressem, ainda que os governos civis tivessem a intenção de fazê-lo. Nas suas palavras *"só foi possível hoje propor uma Comissão da Verdade porque os que vieram antes, no governo do Presidente Lula e no governo do Presidente Fernando Henrique Cardoso, agiram também de forma a construir bases que nos trouxeram até aqui"*.[29]

Com duração prevista de dois anos contados da sua efetiva instalação, a Comissão da Verdade, é um passo fundamental no processo de

---

[29] NUNES, Maria do Rosário. Uma Comissão da Verdade ampla. *Carta Capital*, São Paulo, 7 abr. 2011. Entrevista concedida a Sérgio Lirio. Disponível em: <http://www.cartacapital.com.br/politica/uma-comissao-da-verdade-ampla>. Acesso em: 08 ago. 2011.

Justiça de Transição em que ainda nos encontramos, sendo possível, a partir dela, como observado, esclarecer e tornar público o funcionamento da estrutura repressiva organizada no período ditatorial, de modo a trazer à tona a verdadeira História do país. A Comissão é a porta de entrada para que sejam esclarecidos os graves crimes contra direitos humanos cometidos durante a ditadura militar, e permite ao Brasil passar a limpo o seu passado para escrever o projeto para o futuro de uma nação pacificada, de respeito e promoção dos direitos humanos e do Estado Democrático de Direito.

A criação da Comissão da Verdade brasileira representa não só um grande avanço nesse processo transicional, mas constitui também medida de reparação incentivada pela Corte Interamericana de Direitos Humanos na sentença do Caso Gomes Lund e outros (Guerrilha do Araguaia),[30] na medida em que a Corte determinou ao Brasil, entre outras obrigações, que informe o paradeiro das vítimas da Guerrilha do Araguaia, bem como o possibilite o acesso, a sistematização e a publicação dos documentos que permitem essa elucidação e que se encontra em poder do Estado.

Vale ainda destacar que no mesmo dia em que o Brasil deu o primeiro passo para a criação da Comissão Nacional da Verdade, foi promulgada a Lei de Acesso à Informação, a Lei nº 12.527,[31] de 18 de novembro de 2011, então programada para entrar em vigor 180 dias após a publicação. Eis que simbolicamente entrou em vigor no mesmo dia em que instalada a Comissão Nacional da Verdade, em 16 de maio. Significa ela um mecanismo essencial de comunicação com a Comissão da Verdade, genuíno instrumento viabilizador do intuito da Comissão.

Direito humano fundamental que é tutelado por tratados internacionais devidamente ratificados pelo Brasil, como o Pacto Internacional dos Direitos Civis e Políticos, pela Convenção das Nações Unidas contra a Corrupção e pela Convenção Americana sobre Direitos Humanos, o acesso à informação permite que violações de direitos humanos cometidas por agentes públicos, principalmente aquelas cometidas durante o período da ditadura militar brasileira, não se submetam a sigilo indeterminado.

A Lei nº 12.527/2011 define prazos curtos de resposta a pedidos de informação; a sua prestação gratuita, de forma objetiva, transparente, clara e em linguagem de fácil compreensão; a previsão de acesso

---

[30] Sentença publicada nos sítios: <http://www.direitoshumanos.gov.br/sobre/sistemasint/lund.pdf> e <http://www.corteidh.or.cr/docs/casos/articulos/seriec_219_por.pdf>.
[31] Disponível em: <http://www.presidencia.gov.br/ccivil_03/_Ato2011-2014/2011/Lei/L12527.htm>.

adequado aos deficientes; os recursos e as devidas responsabilizações administrativas quando da negativa inadmitida de informação; e, principalmente, a impossibilidade de se restringir acesso a informações que versem sobre condutas que impliquem violação aos direitos humanos, praticadas por agentes públicos ou a seu mando.

A criação da Comissão da Verdade, bem como a promulgação da Lei de Acesso à Informação, são marcantes acenos de que, para além de dar cumprimento à decisão emanada da Corte Interamericana de Direitos Humanos, o Brasil tende à efetivação do seu processo transicional. Evolui, desse modo, a transparência pública, a efetivação e promoção dos direitos humanos, e, principalmente, a concretização da Justiça de Transição no Brasil.

A Corte Interamericana de Direitos Humanos

Como já observado, o processo transicional no Brasil conta hoje com mais uma importante aliada: a comunidade internacional. Em breve o país deve ter audiência perante a Corte para relatar o cumprimento integral do determinado por ela no Caso da Guerrilha do Araguaia, o que implica a efetiva consecução de passos imprescindíveis em direção à Justiça de Transição. É sempre bom anotar que qualquer ponto da sentença que não haja sido cumprido determinará que o caso não será encerrado e que o Estado terá novo prazo para cumpri-la integralmente.

Não é a primeira vez que a Corte decide desse modo. A sua jurisprudência demonstra o papel essencial desenvolvido na obtenção da Justiça de Transição em diversos países da América Latina. É o que ora se passa a examinar.

A jurisprudência da Corte Interamericana de Direitos Humanos

No Sistema Interamericano de Direitos Humanos são reiterados os pronunciamentos sobre a incompatibilidade das leis de anistia com as obrigações convencionais dos Estados, quando se trata de graves violações dos direitos humanos.

Em matéria de aplicação de leis de anistia, as decisões da Corte estabelecem que essas leis violam diversas disposições, tanto da Declaração Americana, quanto da Convenção. Essas decisões, coincidentes com o critério de outros órgãos internacionais de direitos humanos a respeito das anistias, declararam, de maneira uniforme, que tanto as leis de anistia como as medidas legislativas comparáveis, que impedem ou dão por concluída a investigação e o julgamento de agentes de um Estado, que possam ser responsáveis por sérias violações da Convenção ou da Declaração Americana, violam múltiplas disposições desses instrumentos. As sentenças da Corte Interamericana nos Casos de Barrios Altos (2001), de Almonacid (2006), e de La Cantuta (2006) assim demonstram.

Em sua decisão no caso do massacre de Barrios Altos (14 de março de 2001) *versus* Peru, a Corte Interamericana determinou que as leis de autoanistia são incompatíveis com os tratados de direitos humanos, como a Convenção Americana, e carecem de efeitos jurídicos. Segundo a Corte, as autoanistias (como as Leis peruanas nºs 26.479 e 26.492), excludentes de responsabilidade por violações graves dos direitos humanos, são inadmissíveis e, ao impedir o acesso das vítimas e seus familiares à verdade e à justiça, são violadoras dos artigos 1(1), 2, 8 e 25 da Convenção (parágrafos 41 e 43).[32]

Em sua sentença, de 26 de setembro de 2006, no Caso Almonacid Arellano e outros *versus* Chile, relativa à autoanistia do regime Pinochet, a Corte declarou que, ao pretender anistiar os responsáveis por crimes contra a humanidade, o Decreto-Lei chileno nº 2.191 é incompatível com a Convenção Americana, carecendo, pois, de efeitos jurídicos. A Corte determinou que a referida autoanistia não poderia continuar a representar um obstáculo à investigação, julgamento e sanção dos responsáveis por graves violações de direitos humanos.[33]

Ao apreciar, em 29 de novembro de 2006, o caso do massacre na Universidade de La Cantuta *versus* Peru, a Corte arrematou que a incompatibilidade *ab initio* das leis de anistia com a Convenção se concretizou em geral no Peru desde que foi impugnada pela Corte em sua sentença do Caso Barrios Altos.[34]

No Caso Gomes Lund e outros (Guerrilha do Araguaia) *versus* Brasil, de 24 de novembro de 2010, a Corte Interamericana de Direitos Humanos reafirmou a sua jurisprudência ao observar que, dada sua manifesta incompatibilidade com a Convenção Americana, as disposições da Lei de Anistia brasileira que impedem a investigação e sanção

---

[32] TRINDADE, A. A. C. *O fim das "leis" de autoanistia*. In: FÓRUM DE ENTIDADES NACIONAIS DE DIREITO HUMANOS, 31 dez. 2006.
[33] TRINDADE, A. A. C. *O fim das "leis" de autoanistia*. In: FÓRUM DE ENTIDADES NACIONAIS DE DIREITO HUMANOS, 31 dez. 2006.
[34] TRINDADE, A. A. C. *O fim das "leis" de autoanistia*. In: FÓRUM DE ENTIDADES NACIONAIS DE DIREITO HUMANOS, 31 dez. 2006.

de graves violações de direitos humanos carecem de efeitos jurídicos; e que, em consequência, não poderiam continuar a representar um obstáculo para a investigação dos fatos, nem para a identificação e punição dos responsáveis, nem podem ter igual ou similar impacto sobre outros casos de graves violações de direitos humanos consagrados na Convenção Americana ocorridos no Brasil.

Na ocasião, a Corte ressaltou, ainda, que a incompatibilidade em relação à Convenção inclui as anistias de graves violações de direitos humanos e não se restringe somente às denominadas "autoanistias". Isto é, a incompatibilidade das leis de anistia com a Convenção Americana nos casos de graves violações de direitos humanos não deriva de uma questão formal, como sua origem, mas sim do aspecto material na medida em que violam direitos consagrados no Pacto de São José da Costa Rica.

Caso Gomes Lund e outros (Guerrilha do Araguaia) versus Brasil

A demanda levada à apreciação da jurisdição internacional se refere à responsabilidade do Brasil pela detenção arbitrária, tortura e desaparecimento forçado de 70 pessoas, membros da chamada Guerrilha do Araguaia,[35] como resultado das operações empreendidas pelo Exército brasileiro, entre 1972 e 1975, no contexto da ditadura militar. O caso foi levado à Corte Interamericana, outrossim, pelo fato de, em virtude da Lei de Anistia, o Estado não ter levado a cabo nenhuma investigação penal com o objetivo de julgar e punir os responsáveis pelas mortes e desaparecimentos forçados ocorridos; porque os recursos judiciais de natureza civil ajuizados com o intuito de obter informação sobre os fatos não foram efetivos para garantir aos familiares dos mortos e desaparecidos o acesso à informação sobre a Guerrilha do Araguaia; porque as medidas legislativas e administrativas adotadas pelo Brasil restringiram indevidamente o direito de acesso à informação dos familiares; e porque os desaparecimentos e mortes, a impunidade de seus responsáveis, e a falta de acesso à justiça, à verdade e à informação, afetaram negativamente a integridade pessoal dos familiares dos mortos e desaparecidos.

---

[35] Entre abril de 1972 e janeiro de 1975, durante a época mais extremada do regime militar, um grupo de aproximadamente 70 integrantes do Partido Comunista do Brasil migrou para a região do Araguaia — divisa entre os Estados do Pará, Maranhão e Tocantins. O grupo tinha como objetivo combater a ditadura militar por meio da construção de um exército popular de liberação, e ficou conhecido como a "Guerrilha do Araguaia".

Após um cauteloso processo, a Corte Interamericana de Direitos Humanos proferiu, em 24 de novembro de 2010, a sua sentença. Considerou provado que os agentes estatais foram responsáveis pelos desaparecimentos forçados de 62 pessoas, e que, transcorridos mais de 38 anos desde o início desses desaparecimentos, somente se identificaram os restos mortais de duas dessas vítimas, tendo as 60 vítimas restantes permanecido sem paradeiro definido pelo Estado.

A Corte considerou que os atos constitutivos do crime de desaparecimento forçado possuem caráter permanente e implicam violações a uma diversidade de direitos reconhecidos na Convenção Americana. Segundo o Tribunal, une-se a essas violações a patente falta de investigação do Estado brasileiro, o que representa, *per se*, uma infração ao dever jurídico do Estado, estabelecido no artigo 1.1 da Convenção Americana em relação ao seu artigo 4.1, de garantir a toda pessoa sob sua jurisdição a inviolabilidade da vida e o direito de dela não ser privado arbitrariamente. A Corte concluiu, ainda, que o crime de desaparecimento forçado leva à vulneração do direito ao reconhecimento da personalidade jurídica (artigo 3 da Convenção), dado que o desaparecimento significa não somente uma das mais graves formas de subtração de uma pessoa de todo o âmbito do ordenamento jurídico, mas também nega a sua existência e a deixa numa espécie de limbo, numa situação de indeterminação perante a sociedade e o Estado.

A Corte Interamericana apreciou a conduta do Estado brasileiro face às garantias e proteção judiciais previstas (artigos 8 e 25 da Convenção), em relação à obrigação de garantia (artigo 1.1 do mesmo diploma internacional), concluindo pela responsabilidade do Brasil na violação desses dispositivos. Isso porque, como antes observado, a interpretação dada pelo Estado à Lei de Anistia impediu o devido cumprimento das referidas obrigações internacionais, de modo a deixar de investigar os fatos ocorridos no contexto da Guerrilha do Araguaia, bem como deixar de julgar e punir os responsáveis pelos crimes cometidos naquele contexto.

Ademais, a sentença proferida no Caso da Guerrilha do Araguaia traz em seu bojo a condenação do Estado brasileiro por violação da sua obrigação internacional de respeitar o direito de liberdade de pensamento e de expressão (artigo 13 da Convenção Americana) em relação ao dever de prover as garantias e proteção judiciais (artigos 8 e 25 da Convenção). Isso porque o direito previsto no artigo 13 abarca, entre outras coisas, o direito de buscar, receber e difundir informações e ideias de toda índole, protegendo, assim, o direito que tem toda pessoa de solicitar o acesso à informação sob controle do Estado, ressalvadas as restrições previstas pela Convenção. No caso analisado pela Corte, o Brasil não havia promovido o acesso referido, seja pela demora irrazoável e falta de devida execução de sentença de Ação Ordinária, pela falta de decisão final de Ação Civil Pública ajuizada, seja pela reiterada negativa do Estado em colocar à disposição documentação referente aos fatos ocorridos, sem que apresentasse motivo que o justificasse.

A Corte Interamericana concluiu, adicionalmente, pela responsabilidade do Brasil no que toca à violação do direito à integridade pessoal dos familiares das vítimas (artigo 5 da Convenção Americana). Assim entendeu devido ao impacto gerado pelo desaparecimento forçado de seus entes queridos, bem como pela falta de investigações efetivas para o esclarecimento das circunstâncias das mortes e desaparecimentos, e a consequente impunidade dos responsáveis. A conclusão no sentido da violação do artigo 5 embasou-se, por fim, no desconhecimento do paradeiro final das vítimas e na impossibilidade de dar aos seus restos mortais uma sepultura adequada, de modo a perpetuar para os seus familiares o sofrimento, os sentimentos de tristeza e angústia continuados.

Diante de todas essas violações, a Corte condenou o Estado brasileiro a conduzir de modo eficaz a investigação penal dos fatos do presente caso, a fim de esclarecê-los, determinar as correspondentes responsabilidades penais e aplicar efetivamente as sanções e consequências que a lei disponha; devendo essa obrigação ser cumprida em um prazo razoável.

Quanto ao paradeiro das vítimas, o Brasil foi condenado a realizar todos os esforços possíveis para determiná-lo com brevidade. A Corte também mandou que se preste atendimento médico, psicológico ou psiquiátrico, de forma gratuita e imediata, adequada e efetiva, por meio das instituições públicas especializadas de saúde, às vítimas, nesse caso os familiares dos mortos e desaparecidos, que assim o solicitem.

O Estado brasileiro foi condenado, a título de medidas de satisfação, a publicar a sentença em meios de comunicação e na rede mundial de computadores, em sítios do Governo Federal, bem como a realizar um ato público de reconhecimento de responsabilidade internacional, em relação aos fatos do presente caso, referindo-se às violações estabelecidas na sentença proferida.

Para que as violações cometidas não se repitam, a Corte Interamericana determinou que o Brasil desse prosseguimento às ações por ele já desenvolvidas e implementar, em um prazo razoável, um programa ou curso permanente e obrigatório sobre direitos humanos, destinado a todos os níveis hierárquicos das Forças Armadas. Deve o Brasil, ainda, dar prosseguimento à tramitação legislativa e adotar, em prazo razoável, todas as medidas necessárias para ratificar a Convenção Interamericana sobre o Desaparecimento Forçado de Pessoas, devendo ele, ainda, tipificar o delito de desaparecimento forçado de pessoas, em conformidade com os parâmetros interamericanos.

No que pertence ao acesso, sistematização e publicação de documentos em poder do Estado, a Corte determinou que este deve, em prazo razoável, adotar as medidas legislativas, administrativas e de qualquer outra natureza, que sejam necessárias para fortalecer o marco normativo de acesso à informação, em conformidade com os parâmetros interamericanos de proteção dos direitos humanos. Acima já se referiu à Lei de Acesso à Informação, já em vigor.

Por fim, o Tribunal valorou a iniciativa de criação da Comissão Nacional da Verdade e exortou o Estado a implementá-la, em conformidade com critérios de independência, idoneidade e transparência na seleção de seus membros, assim como a dotá-la de recursos e atribuições que lhe possibilitem cumprir seu mandato com eficácia. Determinou, ao final, o pagamento de indenizações, tanto por danos materiais e imateriais de modo a proceder à devida reparação às vítimas.

Conclusão

Não são poucos nem simples os passos a serem andados para que a Justiça de Transição seja alcançada. Assim foi para os diversos países que galgaram a plena e sólida democracia após um período de violações aos direitos humanos, assim é para o Brasil.

O Estado brasileiro ainda ostenta uma jurisprudência sobre a Lei de Anistia que, embora corrigida pela Corte Interamericana de Direitos Humanos, na prática ainda impede a obtenção da verdade por via judicial, verificação de responsabilidade e punição dos responsáveis, porém empreende esforços em outras esferas para que a verdade histórica seja alcançada. Por isso, salutar o exercício decenário da Comissão de Anistia, bem-vindas a Comissão Nacional da Verdade e a Lei de Acesso à informação.

A Justiça de Transição plena, entretanto, exige que os esforços sejam multiplicados, porquanto imperiosa a reparação e responsabilização pelos crimes cometidos pelos agentes do Estado durante a ditadura militar. O monitoramento do Brasil pela Corte Interamericana para o cumprimento de sua decisão renova os ânimos, pois as suas determinações acabam por impulsionar esse processo transicional.

Relembro aqui o encerramento do voto que proferi na sentença do Caso Guerrilha do Araguaia, no sentido de que é prudente lembrar que a jurisprudência, o costume e a doutrina internacionais consagram que nenhuma lei ou norma de direito interno, tais como as disposições acerca da anistia, as normas de prescrição e outras excludentes de punibilidade, deve impedir que um Estado cumpra a sua obrigação inalienável de punir os crimes de lesa-humanidade, por serem eles insuperáveis nas existências de um indivíduo agredido, nas memórias dos componentes de seu círculo social e nas transmissões por gerações de toda a humanidade. Que é preciso ultrapassar o positivismo exacerbado, pois só assim se entrará em um novo período de respeito aos direitos da pessoa, contribuindo para acabar com o círculo de impunidade no Brasil. É preciso mostrar que a Justiça age de forma igualitária na punição de quem quer que pratique graves crimes contra a humanidade, de modo que a imperatividade do direito e da justiça sirvam sempre para mostrar que práticas tão cruéis e desumanas jamais podem se repetir, jamais serão esquecidas e a qualquer tempo serão punidas.

Espera-se que o país permaneça no caminho trilhado de assumida postura entusiasta da proteção dos direitos humanos. Que faça cumprir os compromissos internacionais assumidos e transforme-se num país verdadeira e plenamente democrático.

Informação bibliográfica deste texto, conforme a NBR 6023:2002 da Associação Brasileira de Normas Técnicas (ABNT):

CALDAS, Roberto de Figueiredo. Poder Judiciário, desafios transicionais e Leis de Anistia: a Corte Interamericana de Direitos Humanos. *In*: PRONER, Carol; ABRÃO, Paulo (Coord.). *Justiça de Transição*: reparação, verdade e justiça: perspectivas comparadas Brasil-Espanha. Belo Horizonte: Fórum, 2013. p. 119-142. ISBN 978-85-7700-737-0.

EL TRIBUNAL INTERNACIONAL PARA LA JUSTICIA RESTAURATIVA DE EL SALVADOR, COMO PROPUESTA DE REPARACIÓN A LAS VÍCTIMAS

JOSÉ MARÍA TOMÁS TÍO

Preámbulo

Quiero inicialmente, como es costumbre en nuestro país, agradecer felicitando a quienes han sido capaces de ponerse de acuerdo para organizar y llevar a buen término este Seminario sobre la Justicia de Transición, Reparación y Verdad, presentando una perspectiva comparada entre dos países que se encuentran en una situación en ocasiones similar en el ámbito de la transición de la justicia. Muy especialmente a la Comisión de Amnistía del Ministerio de Justicia de Brasil y al Programa Máster Doctorado en Derechos Humanos, Interculturalidad y Desarrollo UNIA-UPO y, en concreto y particularmente, porque he descubierto estos días su papel protagonista, a Rosario Valpuesta, Carol Proner, Paulo Abrão, Vicente Barragán, Marcelo Torelly y Milena Petters.

Se me ha pedido que presente una experiencia singular en el contexto de los Programas de reparación a las víctimas, como han sido las actividades del Tribunal Internacional para la aplicación de la Justicia Restaurativa, convocado y celebrado en el país ensangrentado de El Salvador, hasta ahora con tres ediciones celebradas en la Capilla de los Mártires en la capital centroamericana de El Salvador en San

Salvador, en el año 2009; en la Casa de La Paz de la ciudad de Suchitoto en el departamento de Cuscatlán en el propio El Salvador, en el año 2010; y en la Parroquia de San Bartolomé de la ciudad mártir dentro del municipio de Arcatao en el departamento de Chalatenango, también de El Salvador, en el año 2011.

Dividiré mi intervención en tres partes que van a coincidir con:

I - La situación que propicia la necesidad del Tribunal Internacional para la aplicación de la Justicia Restaurativa;

II - Las funciones del Tribunal entre las respuestas ofrecidas ante la situación de un país como El Salvador; y

III - La tercera, más específica, sobre la justificación, escenarios, objetivos, metodología, legitimación, supuestos examinados, decisiones, recomendaciones, y los apoyos y patrocinios recibidos al funcionamiento del Tribunal.

La situación de El Salvador

Poco me detendré que no sea conocido por la multitud de documentales, informaciones periodísticas y estudios que vienen realizándose sobre la situación de El Salvador.

A partir de un documental de fácil acceso, emitido por el programa Informe Semanal de Televisión Española[1] y de varios de los documentos a que pudiera tener acceso cualquier lector avezado, se llega a una conclusión ineludible: en El Salvador se ha procedido, después de la contienda civil que masacró a la población, al secuestro de la verdad.

Hay múltiples formas de secuestrar la verdad, sobretodo cuando resulta de interés político ante el encadenamiento de determinados acontecimientos que en términos generales partieron del robo de vidas e identidades por parte de los ganadores; que generaron la necesidad de dar muerte a los enemigos que pudieran delatar la barbarie producida; para terminar con el ocultamiento de la verdad, concretada en la imposibilidad de acceder a todos aquellos archivos e informaciones que pudieran poner en cuestión la credibilidad de la acción política y en cualquier caso la certeza de haber actuado con arreglo a las exigencias de los intereses de la nación y sus ciudadanos, ajustados a normas y compromisos internacionales.

---

[1] Disponible en: <http://www.rtve.es/mediateca/videos/20090322/informe-semanal-anos-impunidad/454391.shtml>.

Jon Sobrino ha escrito con ocasión del Festival Verdad 2011, recordando la figura de Monseñor Romero: "Quiero comenzar con las palabras que hace muchos años dijo un campesino: 'Monseñor Romero dijo la verdad. Nos defendió a nosotros de pobres. Y por eso lo mataron [...]'" Monseñor se topó con la pobreza del pueblo, producto de la injusticia. Se topó con la cruel represión contra el pueblo, que desembocaría en guerra. Se topó con su esperanza de liberación y con su decisión a trabajar, e incluso luchar, por ella.

"Monseñor Romero dijo la verdad"

Así comenzó el campesino. Y en ello vamos a insistir... para ayudar a superar el lastimoso estado en que con frecuencia se encuentra la verdad en nuestro mundo y en nuestro país, en los medios (silencios, encubrimiento, tergiversación, trivialización...),[2] también en los discursos de la política y la economía (ideologización espuria, falsedades...), y a veces en la del discurso religioso y eclesial (dogmatismo, silencio, devociones dulcificantes...). Algo hemos mejorado en el país en "libertad de expresión", pero no mucho en "voluntad de verdad".

Para Monseñor decir la verdad significó luchar contra la mentira. Y eso no por razones éticas genéricas, sino porque la mentira oculta el asesinato.

a) Monseñor dijo la verdad "públicamente" en sus homilías. Como pedía Jesús, dijo la verdad "desde los tejados", en catedral, y a través de la YSAX que llegaba a miles de hogares — cuentan que aun a los cuarteles.[3] La dijo "vigorosamente", pues la mentira era aberrante, y la dijo "larga y repetidamente" pues la mentira ocultaba la magnitud de la negación de la vida.

El decir verdad así le convirtió en figura verdaderamente "pública", referente obligado para el país — y muy pronto fuera de él — y configurador de la realidad.

b) Monseñor fue o bispo de todos, pero en directo fue obispo de los pobres y las víctimas. Por esa razón al "decir verdad" se convirtió también en figura del pueblo. Lo fue de manera visible, pues hablaba

---

[2] En esto existe un incremento vertiginoso al ritmo, también vertiginoso, en que crece la mega industria de la diversión: deporte de élite y espectáculos, y todo lo que lo rodea. Además de su potencial alienante, priva de espacio y tiempo a noticias de realidades mucho más importantes, genera una escala de valores de lo que debe ser tenido en cuenta y por su naturaleza produce aire contaminado de inanidad que respira el espíritu.

[3] Se podía atravesar la ciudad en carro sin perder una palabra de sus homilías, retransmitidas por la YSAX, que resonaban en muchos hogares.

ante el pueblo, y el pueblo, no otras instancias políticas, académicas, eclesiásticas, aunque las tuviese en cuenta, fueron el destinatario primario de su palabra. Pero fue popular en un sentido más preciso y cualificado, que se suele olvidar con facilidad. La realidad del pueblo, sufriente y esperanzada, inspiró la palabra de Monseñor y le otorgó una dirección precisa.[4]

Monseñor fue "popular" en el decir verdad, y en este contexto quisiera insistir en que Monseñor, cuando hablaba al pueblo, tomó en cuenta y apreció la "razón" del pueblo, que el pueblo piensa, también los que solemos llamar "la gente sencilla", lo cual no suele ser muy tenido en cuenta en las campañas políticas ni muchas veces en la pastoral, ni en el trasfondo de actividades académicas.

Por ese respeto a la razón del pueblo, en la preparación de sus homilías se preparaba con serios estudios de teología bíblica, del Vaticano II, Medellín y Puebla, encíclicas de Juan XXIII y Pablo VI, de teología, también la de la liberación, y de la doctrina social de la Iglesia. No se contentaba con palabras piadosas anodinas o con comentarios bíblicos inofensivos, que abundan y no molestan a nadie. Y por lo que toca a la realidad del país, tanto en las homilías como sobre todo en las cartas pastorales, la exponía y explicaba tras análisis rigurosos, consultas a economistas, analistas políticos, expertos en la religiosidad del momento, teólogos, abogados y miembros del Socorro Jurídico.

Es cierto que la razón de los pobres no era como la de los estudiados, pero era real. Y sobre todo, para Monseñor Romero en lo fundamental los pobres tenían razón. Así lo pensó también Ellacuría, y sacó las consecuencias para la misión de la universidad. Esta "debe encarnarse entre los pobres intelectualmente para ser ciencia de los que no tienen voz, el respaldo intelectual de los que en su realidad misma tienen la verdad y la razón, aunque sea a modo de despojo, pero que no cuentan con las razones académicas que justifiquen y legitimen su verdad y su razón".[5]

c) Su modo de "decir verdad" le llevó a ser pionero, pienso, de algo que después ha sido aceptado con aprobación, y aun con entusiasmo, por los defensores de los derechos humanos. Me refiero a "la memoria histórica", que viene a designar el esfuerzo consciente de los grupos humanos por entroncar con su pasado, valorándolo y tratándolo con especial respeto — aunque no hay que exagerar como si "la memoria histórica" fuese invento de ahora.

---

[4] "El pueblo era", junto con Dios, dijo Ellacuría de forma programática, "un pilar en que se apoyaba Monseñor". Le "atribuía una capacidad inagotable de encontrar salidas a las dificultades más graves". Y el pueblo también tenía la virtud de mostrar la verdad más *verdadera*.

[5] "Discurso de graduación en la Universidad de Santa Clara", *Carta a las Iglesias* 22 (1982). 14.

Hablando de "decir verdad", permítanme un pequeño parénesis. Recordando cómo hablaba Monseñor de su presente, creo que no hubiese usado el término "globalización" con la naturalidad y ligereza, y muchas veces hipocresía, con que hoy se hace. El término no es adecuado para "decir verdad", pues entre los seres humanos y el ideal de lo humano no hay aquella equi-distancia que existe, por definición, entre todos los puntos de la esfera, el globo, símbolo de perfección para Platón, y el centro. Lo que sigue existiendo es abismal distancia y contradicción entre minorías de opresores y mayorías de oprimidos, lo cual Monseñor no olvidaba nunca. Y desde esa perspectiva se debiera usar, o dejar de usar, el término globalización.[6] Sí pienso que hablar de "un mundo uno" transmite verdad. Repetir que vivimos en "un mundo globalizado" la niega. La verdad es que vivimos en "un mundo uno de opresores y oprimidos".

La conclusión de lo dicho hasta ahora es que el decir verdad de Monseñor no fue algo que simplemente ocurrió. Decir verdad fue poner en palabra pública y popular la realidad doliente y esperanzada del pueblo en contra de la palabra callada y aburguesada. Fue ponerla en palabra que se mantenía en contra de la palabra olvidada. En palabra razonada en contra de la palabra impuesta. En palabra que cuenta con el pueblo, en contra de la palabra autosuficiente y que lo desprecia. Fue un decir verdad con autoridad como Jesús de Nazaret, en contra de la palabrería de los letrados. Fue decir verdad causando asombro, en contra del tedio. Fue decir verdad con agudeza en contra de la palabra roma, y deslindándola sin equívocos de la mentira.

Desenmascarar el encubrimiento

El arzobispo de Canterbury, El Dr. Rowan Williams, en la liturgia que celebraron los anglicanos en el XXX aniversario del martirio de Monseñor, dijo que, cuando Monseñor regresaba de Puebla, un funcionario del aeropuerto dijo: "Ahí va la verdad". Y al pasar por la aduana, el mismo Monseñor dijo: "En mi valija traigo la verdad". Lo cuenta en su Diario. Las palabras son bellas y sorprendentes, pero no es evidente que hablen así figuras públicas. La experiencia muestra más bien que la verdad, sobre todo la verdad social, está oprimida.

---

[6] En lo personal prefiero usar la expresión "el mundo uno". La expresión dice algo que hoy es muy verdadero. Pero no incluye para nada la *equi*-distancia que el término *globalización* sugiere subliminalmente.

El encubrimiento no ocurre al azar. El proceso[7] por el que se llega a oprimir la verdad puede ser descrito de la siguiente manera. En primer lugar ocurre la depredación,[8] el robo, la injusticia sobre todo al nivel macro-estructural de naciones, potencias, continentes — es la violación del séptimo mandamiento, no robar. Cuando es necesario para producir la depredación y mantenerla, ocurren asesinatos, torturas, masacres, invasiones, guerras — es la violación del quinto mandamiento, no matar. Y para ocultar todo ello ocurre el encubrimiento[9] de la realidad, de los hechos, las consecuencias y las razones — es la violación del octavo mandamiento, no mentir. No creo que Monseñor conceptualizase el proceso con estas palabras, pero, como es bien sabido, denunció vigorosamente la violación de los tres mandamientos citados.

Monseñor denunció la riqueza. "Yo denuncio, sobre todo, la absolutización de la riqueza, ese es el gran mal de El Salvador: la riqueza, la propiedad privada, como un absoluto intocable. ¡Y ay del que toque ese alambre de alta tensión! Se quema" (12 de agosto, 1979). Es la violación del séptimo mandamiento. Y la riqueza, producto de la depredación, lleva como por necesidad a la represión: "quien la toca se quema". Sus mayores diatribas fueron contra la muerte injusta y cruel. "No me cansaré de denunciar el atropello por capturas arbitrarias, por desaparecimientos, por torturas" (24 de junio, 1979). "Se sigue masacrando al sector organizado de nuestro pueblo solo por el hecho de salir ordenadamente a la calle para pedir justicia y libertad" (27 de enero de 1980). "La violencia, el asesinato, la tortura donde se quedan tantos muertos, el machetear y tirar al mar, el botar a la gente: esto es el imperio del infierno" (1 de julio, 1979). Es la violación del quinto mandamiento. Y tras estas dos violaciones, el encubrimiento de los hechos y de sus responsables: "Falta en nuestro ambiente la verdad" (12 de abril, 1979). "Sobra quienes tienen su pluma pagada y su palabra vendida" (18 de febrero, 1979). "Están muy manipulados los medios de comunicación, muy manipulados" (18 de febrero, 1979). "Distorsionan la verdad" (21 de enero, 1979). "Estamos en un mundo

---

[7] En la Escritura también se pone en el origen del mal la arrogancia, el intento de ser como Dios. Aquí nos fijamos en las acciones visibles de los seres humanos.

[8] El Nuevo Testamento lo dice en palabras equivalentes desde la subjetividad: "La codicia es la raíz de todos los males" (1 Tim 6, 10).

[9] Además del encubrimiento de la verdad los medios añaden el "desviar gravemente al atención" de lo importante y "descentrar" el interés por conocerlo. Entonces ocurre un encubrimiento más duradero y quizás más nocivo en épocas de normalidad. Así, un mundial, el entierro de una celebridad" (y nada digamos asuntos picarescos de personajes públicos) se convierten en realidades "comunicadas" a miles de millones, como si el hacerlo fuese humanizante, y como con derecho "divino" a desplazar a otras "noticias", es decir, a desplazar a la realidad más real.

de mentiras donde nadie cree ya en nada" (19 de marzo, 1979). Es la violación del octavo mandamiento. Escándalo y encubrimiento son correlativos, y de la magnitud del encubrimiento se puede colegir la magnitud del escándalo.

Decir la verdad para Monseñor no fue una pacífica muestra de honradez, sino un triunfo sobre el encubrimiento: la liberación de la verdad oprimida. José Luís Sicre, experto en el Antiguo Testamento, nos dijo hace años que Monseñor Romero había sido uno de los siete u ocho profetas de la tradición bíblico-cristiana, incluidos Isaías, Jeremías, Miqueas, Amos, Oseas...

En la fachada de la catedral anglicana de Westminster, en Londres, hay diez imágenes de mártires cristianos del siglo XX. Y en el centro están, juntos, Monseñor Romero y Martin Luther King. Ambos hicieron lo que dijo nuestro campesino. "Dijeron la verdad. Nos defendieron a nosotros de pobres y de negros. Y por eso los mataron". Ponerlos en la catedral anglicana fue una canonización cristiana.

Una canonización más laica, y que probablemente no muchos tomarán en serio, tuvo lugar el año pasado. El Consejo de Derechos Humanos de Naciones Unidas declaró el 24 de marzo — día en que Monseñor Romero fue asesinado — el Día internacional por el Derecho a la Verdad concerniente a las brutales violaciones de los derechos humanos y a la Dignidad de las Víctimas (Extractos del artículo "Monseñor Romero y la verdad", publicado por Jon Sobrino el 18 de marzo de 2011).

II - Cuáles fueron las respuestas que se ofrecieron ante la barbarie producida en los años de la guerra constituye también un presupuesto ineludible para examinar la justificación y el escenario en el que han podido desarrollarse las actividades del Tribunal Internacional para la aplicación de la Justicia Restaurativa.

La respuesta internacional ante la necesidad de suturar las heridas de la guerra vino de la mano de la creación y encargo a la Comisión de la Verdad, que desarrolló su trabajo en las condiciones que son conocidas. No puede olvidarse que las recomendaciones formuladas por la misma en su reporte final dieron lugar, cinco días después de la presentación de su informe el 20 de marzo de 1993, a que el órgano legislativo decretara una amnistía, contraria a las obligaciones internacionales adoptadas por el Estado en materia internacional de Derechos Humanos y, a estas alturas, sigue negándose a derogarla, pese a los señalamientos reiterados provenientes de distintos organismos intergubernamentales, internacionales y sociales internos.

Así lo explica la documentación preparatoria elaborada por el IDHUCA para el II Tribunal:

En el país, a dieciocho años de haber finalizado un conflicto armado fratricida que dividió a la sociedad, continúan presentes las causas que dieron origen al mismo: exclusión económica y social, falta de participación y representación política real y efectiva de las mayorías, control autoritario de las instituciones estatales — sobre todo las encargadas de impartir justicia — y su consecuencia más lógica y evidente que es la impunidad; sobre todo aquella discrecional que se garantiza dependiendo de quién es el victimario y quién la víctima.

Esto último influye en todo y responde, en gran medida, a la absoluta ignorancia de esenciales recomendaciones formuladas por la Comisión de la Verdad en su reporte final y, como complemento, al deliberado mal cumplimiento de otras. Más aún, cinco días después de la presentación de ese informe — el 20 de marzo de 1993 — el Órgano Legislativo decretó una amnistía contraria a las obligaciones internacionales adoptadas por el Estado en materia de derecho internacional de derechos humanos y, a estas alturas, sigue negándose a derogarla pese a los señalamientos reiterados en tal sentido, provenientes de distintos organismos intergubernamentales internacionales y sociales internos.

Kofi Annan, ex Secretario General de la Organización de las Naciones Unidas en su balance final del llamado "proceso de paz salvadoreño", lo denunció así:

> [...] un ejemplo claro del rechazo de las conclusiones de la Comisión de la Verdad lo constituyó la aprobación de una amplia ley de amnistía pocos días después del Informe de la Comisión. La celeridad con que esta ley se aprobó en la Asamblea Legislativa puso de manifiesto la falta de voluntad política de investigar y llegar a la verdad mediante medidas judiciales y castigar a los culpables.[10]

Es cierto, como lo subraya Carlos Nino, que al momento de iniciar procesos judiciales contra los responsables de abusos cometidos durante el pasado reciente es necesario tener en cuenta "las difíciles realidades que deben enfrentar los gobiernos sucesores", pues tales juicios "deben ser armonizados con el propósito de preservar el sistema democrático".[11] Sin embargo, eso no significa en ningún momento que — como afirma Rodrigo Uprimny — en el "marco de un proceso

---

[10] Instituto de Derechos Humanos de la Universidad Centroamericana "José Simeón Cañas". *La agenda pendiente, diez años después (De la esperanza inicial a las responsabilidades compartidas)*, UCA, San Salvador, El Salvador, 2002.

[11] Nino, Carlos S. *El deber de castigar los abusos cometidos en el pasado contra los derechos humanos puesto en contexto: El caso de Argentina*, publicado en The Yale Law Journal, v. 100, 1991.

transicional basado en negociaciones de paz entre actores armados", la impunidad se presente como una opción posible "desde el punto de vista ético y jurídico",[12] tal como sucedió en El Salvador.

Según Juan Méndez existen diversas razones jurídicas, éticas y políticas para que los Estados — no obstante la fragilidad de sus incipientes democracias — deben cumplir "la obligación afirmativa de responder a las herencias de violaciones masivas o sistemáticas de los derechos humanos",[13] encontrándose dentro de éstas tanto la urgencia de reconocer "el valor intrínseco de sus víctimas"[14] como la necesidad de instituir la rendición de cuentas como un elemento esencial del sistema democrático. Y es que — como lo manifiesta este mismo autor y reconocido defensor de derechos humanos — en "el acto del juicio y del castigo, la sociedad decente pone de manifiesto que nadie en su medio es considerado sin importancia ni descartable y que los ataques a la dignidad intrínseca de las víctimas serán castigados porque la sociedad decente es la que no humilla a sus ciudadanos".[15]

A la fecha, no obstante el triunfo del opositor Frente Farabundo Martí para la Liberación Nacional (FMLN) en las elecciones presidenciales de marzo del 2009, no se ha reparado el daño causado a las víctimas de la guerra; asimismo, están pendientes de realizar los cambios estructurales necesarios para avanzar hacia la construcción y consolidación de una sociedad democrática real y en todas sus formas, a fin de garantizar la no repetición de las atrocidades y superar la impunidad.

Por lo anterior, mienten quienes sostienen que en El Salvador se cumplieron a cabalidad los compromisos establecidos en los acuerdos que pusieron fin a la guerra y que se culminó con éxito el proceso de pacificación. Mienten porque la parte fundante de los mismos contenida en el documento de Ginebra, no se ha logrado a la fecha. No es cierto, porque tres de los cuatro componentes de dicho proceso aún son tareas pendientes. A excepción del cese al conflicto bélico a la mayor brevedad posible por la vía de la negociación política, se continúa esperando el irrestricto respeto de los derechos humanos, la democratización del país y la unificación de la sociedad.

---

[12] Uprimny Yepes, Rodrigo. ¿Justicia transicional sin transición? Verdad, justicia y reparación para Colombia, 2004.

[13] Méndez, Juan. La justicia penal internacional, la paz y la reconciliación nacional, en Verdad y justicia. Homenaje a Emilio F. Mignone, Instituto Interamericano de Derechos Humanos (IIDH) y el Centro de Estudios Legales (CELS).

[14] Ibidem.

[15] Ibidem.

En buena medida, esta situación tiene su origen en las decisiones políticas adoptadas para proteger a los responsables de las atrocidades; muchos de estos aún son actores vigentes en los ámbitos político, económico y social. Por eso no se llevó ante la justicia a los perpetradores de graves violaciones de derechos humanos, delitos contra la humanidad y crímenes de guerra que, por su trascendencia, son considerados como imprescriptibles por la comunidad internacional.

Pese a su creación y labor, los resultados de la Comisión de la Verdad salvadoreña nunca fueron divulgados suficientemente. Todo lo contrario a lo ocurrido en Perú, donde la Comisión de la Verdad y la Reconciliación celebró audiencias públicas televisadas. A diferencia de Sudáfrica — donde los perpetradores debieron subir al estrado a relatar los crímenes cometidos frente a las victimas sobrevivientes, familiares de víctimas y una nación expectante, si querían obtener ciertos beneficios —; en El Salvador las voces del dolor nacional quedaron silenciadas. Así, se destruyeron nuevamente los anhelos de miles de familias de levantar, tal como lo advierte Priscilla Hayner, "el velo de negación que cubre verdades sobre las que nadie habla, pero que todos conocen";[16] tal situación impidió, a su vez, establecer en el país una verdad compartida que permitiera a la sociedad salvadoreña hablar un mismo idioma respecto de los hechos acaecidos en el pasado reciente y, por ende, construir un esperanzador tejido social desde las víctimas, abajo y adentro.

En virtud de todo lo expuesto, es viable afirmar que en el país — tras dieciocho años de postguerra — aún están latentes las cuatro formas de impunidad descritas por Roberto Garretón: la legal, la política, la moral y la histórica.[17] Por tanto, para hablar de un verdadero proceso de refundación de la sociedad salvadoreña es indispensable retomar mecanismos de justicia transicional, constituyendo particularmente el objeto de este proyecto su realización como una contribución a la derrota de la impunidad.

Sin embargo, debido a que la Ley de Amnistía General para la Consolidación de la Paz es el principal obstáculo para someter a los perpetradores de graves violaciones de derechos humanos, delitos contra la humanidad y crímenes de guerra a la justicia penal, para lograr así que la justicia retributiva se imponga en el país, es indispensable

---

[16] Hayner, Priscilla B. *Enfrentando crímenes pasados y la relevancia de las Comisiones de la Verdad.*
[17] Rodríguez, Roger. Las dimensiones de la impunidad sin Pinochet, La República, lunes 14 de julio del 2008, Año 10, Número 2968, Uruguay, Disponible en: <http://www.larepublica.com.uy/politica/319779-las-dimensiones-de-la-impunidad-sin-pinochet>.

buscar formas complementarias o alternativos a esta; ese es el caso de la justicia restaurativa.

III - Nos hemos de detener en la creación y funcionamiento del Tribunal Internacional en ese escenario justificativo del proyecto.

Como afirma Carlos Beristain,

> la justicia restaurativa encuentra sus orígenes en las prácticas de mediaciones presentes en las instituciones de justicia indígena y aborda las vulneraciones de derechos humanos de forma distinta a los procesos penales que persiguen una justicia retributiva. En tal sentido, participan de forma activa víctimas y comunidades que han sufrido graves violaciones de sus derechos humanos, discutiendo los hechos e identificando las causas de los delitos, además de definir conjuntamente las sanciones. Asimismo, prestan gran importancia al arrepentimiento, la aceptación de la responsabilidad y la reparación por parte de los ofensores. En conclusión, el objetivo fundamental de este método alternativo de justicia no retributiva es restaurar, en el mayor grado posible, las relaciones tanto entre las víctimas y los perpetradores, como las de la comunidad a la que pertenecen.[18]

Y es que, asumida la conciliación como un proceso en el que "la víctima 'comprende' al criminal, intercambia, habla, se entiende con él"[19] y el perdón como una potestad que incluye únicamente esas dos singularidades — el perpetrador y la víctima —, es imposible concebir cómo los titulares del Estado, por su lado, se arrogan con tanta ligereza facultades que no les corresponden. Cuando deciden imponer el perdón, privan a las víctimas del "derecho a la palabra, o de esa libertad, de esa fuerza y ese poder que autorizan, que permiten acceder a la posición del 'te perdono'".[20] Así se convierte ese perdón, como lo señala Jaques Derrida, en "insoportable u odioso, hasta obsceno".

En ese sentido, lo primero que se afirma sobre la justicia transicional es que los mecanismos a través de los cuales se concreta no son fórmulas únicas o absolutas que se imponen en los países en proceso de cambio; eso conllevaría el desconocimiento de realidades culturales muy diversas. La misma se nutre de experiencias exitosas.

---

[18] Cfr. Beristain, Carlos Martín. *Reconciliación luego de conflictos violentos: un marco teórico* en *Verdad, justicia y reparación. Desafíos para la democracia y la convivencia social*, IIDH, San José, Costa Rica, 2005.

[19] Derrida, Jacques. *El Siglo y el perdón*, entrevista con Michel Wieviorka, Buenos Aires, Ediciones de la Flor, 2003.

[20] *Ibidem*.

Debido a que en El Salvador hasta la fecha — no obstante el actual gobierno ha pedido perdón en general, mencionando que reconoce el carácter vinculante de las recomendaciones de los organismos internacionales de derechos humanos — no se ha logrado imponer aún la justicia retributiva como medio eficaz para combatir la impunidad, es por lo que se procura optar por mecanismos de justicia restaurativa como los tribunales Inkiko-Gacaga instaurados en Ruanda para juzgar a los sospechosos de la perpetración del genocidio en 1994.

En ese marco se pretende instaurar el Tribunal internacional para la aplicación de la justicia restaurativa en El Salvador, integrado por reconocidos expertos y expertas internacionales y nacionales en materia de justicia transicional, a efecto de señalar públicamente a los responsables de graves violaciones de derechos humanos, delitos contra la humanidad y crímenes de guerra, tomando en cuenta directamente a las víctimas de tales atrocidades, a efecto de que se descubra y reconozca la verdad del algunos hechos.

Se debe destacar que la misma ha sido analizada en Brasil y en España es el punto de partida de un proyecto promovido por la Universidad de Salamanca.

La única forma de sanar esas heridas y lograr que algún día cicatricen, es dándole al pueblo salvadoreño lo que necesita: verdad, justicia y reparación integral.

A partir de ello, nos vamos a referir a los siguientes elementos:

A) Objetivo general

Instaurar un Tribunal internacional para la aplicación de la justicia restaurativa en El Salvador que imponga una condena moral a los responsables de graves violaciones de derechos humanos, crímenes de lesa humanidad, crímenes de guerra y genocidio, así como al Estado por el incumplimiento de sus obligaciones de respetar y garantizar los derechos de sus habitantes. El Tribunal trabajará de la mano con las víctimas que padecieron estas graves atrocidades. Su fallo deberá difundirse dentro y fuera del país.

B) Objetivos específicos

1. Evidenciar la responsabilidad de los perpetradores de graves violaciones de derechos humanos, crímenes de lesa humanidad, crímenes de guerra y genocidio en El Salvador, así como la falta de voluntad política del Estado salvadoreño para investigar, procesar y sancionar a estas personas;
2. Contribuir al cierre, al proceso de cicatrización social de las heridas y a la construcción de un nuevo tejido social a través

de la revelación de una realidad conocida por la mayoría de la población, pero no acatada unánimemente;
3. Promover procesos de conciliación entre las víctimas y los perpetradores, al menos en el seno de su comunidad;
4. Revelar la identidad de los perpetradores para que, exclusivamente quienes no reconozcan su responsabilidad, sean sujetos del escarnio público y la presión social, tal y como ha sucedido en Argentina a través del escrache.

C) Resultados
1. Colocar en el debate nacional el tema de la justicia transicional y la necesidad de impartirla como medida de combate a la impunidad;
2. Obtención de una condena moral tanto nacional como internacional al Estado salvadoreño y a los responsables de graves violaciones de derechos humanos, crímenes de lesa humanidad, crímenes de guerra y genocidio en el país;
3. Participación activa de la sociedad en temas de justicia transicional y concientización de la misma acerca de la materia;
4. Iniciar un verdadero proceso de conciliación entre las víctimas y los perpetradores.

D) Metodología

El tribunal viene estando constituido por personalidades nacionales e internacionales de reconocida trayectoria en el conocimiento y la aplicación del derecho internacional de los derechos humanos y del derecho de las víctimas.

Se configura como un espacio de opinión y denuncia selectiva de casos documentados de acuerdo a las exigencias del derecho internacional de derechos humanos.

La selección de casos se realiza por una comisión formada por personas con conocimiento y experiencia en la materia.

A partir de la segunda edición el Tribunal decidió proclamar la presidencia a las víctimas, que la asumieron de modo simbólico, situando en el centro de la mesa del Tribunal un ramo de flores.

Tras escuchar las intervenciones de personalidades relevantes comprometidas con la situación de las víctimas, se relataron los testimonios de las víctimas vivas o los testigos que pudieran dar razón de lo acontecido; se introdujo la valoración pericial de los efectos y consecuencias derivadas en cada supuesto; se da publicidad a la posición que en ese — de haber sido conocido el hecho por algún órgano judicial o Comisión investigadora anterior — o en similares supuestos — caso contrario — hubiera adoptado el Gobierno salvadoreño, y acaba presentándose el petitorio de todas las examinadas, concediéndoles la última palabra.

El pronunciamiento del segundo Tribunal[21] contiene el siguiente:
SUMARIO
I - EL TRIBUNAL.
II - LEGITIMIDAD Y COMPROMISO.
III - JUSTIFICACIÓN.
IV - CASOS.
V - INFORME PERICIAL (Referencia).
VI - PETITORIO DE LAS VÍCTIMAS.
VII - POSICIÓN DEL ESTADO SALVADOREÑO.
VIII - CONSIDERACIONES DE HECHO.
IX - CONSIDERACIONES DE DERECHO.
1. Discurso y actos oficiales recientes
2. Dejar atrás la "cultura del olvido"
3. Crímenes contra la humanidad
4. Obligaciones del Estado para adecuar el derecho interno
5. La amnistía: pretexto opuesto al Derecho internacional
6. El derecho a la reparación integral
X - LA VÍCTIMA Y SU ÚLTIMA PALABRA.
XI - DECISIÓN.
XII - RECOMENDACIONES.
XIII - CONSIDERACIONES DE CIERRE.
ANEXO I - ORGANIZACIONES CONVOCANTES, PATROCINADORAS Y ADHERIDAS
ANEXO II - INFORME PERICIAL PSICOLÓGICO.

El evento se viene desarrollando en El Salvador, durante un período de tres días con un horario de ocho horas por jornada, a partir de la primera convocatoria, en torno a la conmemoración del martirio de Monseñor Romero, ocurrido un 24 de marzo, declarado por el Consejo de Derechos Humanos de Naciones Unidas "Día internacional por el Derecho a la Verdad concerniente a las brutales violaciones de los derechos humanos y a la Dignidad de las Víctimas".

---

[21] El texto de las Sentencias publicadas de 2009 y 2010 puede verse y descargarse de la. Disponible en: <http://www.fundacionporlajusticia.org>.

E) Legitimación del Tribunal

a - En la edición de 2009, Jon Sobrino nos ofreció esta intervención:

> Para la UCA es un honor, dicho sin rutina alguna, el que se instale en esta universidad este Tribunal de Justicia Restaurativa. Y es también un compromiso a proseguir el trabajo en favor de los derechos de las víctimas. El Padre Tojeira, en la notificación a la comunidad universitaria, considera muy significativo que la instalación del Tribunal ocurra al comienzo de la celebración del XX Aniversario de la muerte martirial de nuestros ocho amigos y amigas. Y explica su significado con estas palabras:
> "Negada la justicia a tanta gente buena que fue simplemente masacrada y sepultada en el olvido por la ley de amnistía, creemos que nuestra sociedad tiene todavía la cuenta pendiente de llevar adelante el proceso de verdad, justicia, reparación de las víctimas y reconciliación en el perdón del que hemos hablado desde hace tantos años.
> Un Tribunal de Justicia Restaurativa trata precisamente de dar esa compensación moral a las víctimas, que nunca recibieron ni siquiera las gracias por despertar nuestra conciencia, nuestra legítima indignación y nuestro deseo de una paz con justicia. Y trata de señalar el camino de lo que debe ser una vía de reconciliación que no caiga en el absurdo 'perdón y olvido' al que nos abocó la ley de amnistía".

A estas palabras sólo quisiera añadir tres breves reflexiones, teniendo en cuenta que victimas son tanto los inocentes que mueren la muerte rápida de la violencia, como los que mueren la muerte lenta de la injusta pobreza.

La primera es una reflexión cuantitativa: el potencial universal de las labores de este Tribunal. En el mundo en que vivimos, las víctimas no son excepción, sino que son inmensas mayorías, y como tales hay que tratarlas. Y, sin embargo, se las ignora, se las condena a irrealidad, al imponerse alrededor de ellas el silencio y la insensibilidad. Ni siquiera se toma en serio su existencia.

Lo que priva ante las víctimas es el silencio. Instituciones hay que elaboran listas de "las crisis humanitarias más olvidadas en los medios internacionales". En el 2005 seguía estando a la cabeza la República Democrática del Congo: "millones de personas sometidas a una situación de penuria extrema y de violencia diaria, que se ha recrudecido en los últimos meses. Sin embargo, pasan totalmente desapercibidas para el resto del mundo".

Cuando el silencio ya no es posible, sobre todo en las víctimas que mueren la muerte lenta por causa de la injusta pobreza, sobreviene el encubrimiento y maquillaje. El BM, FMI, OMC, hablan de "crisis alimentaria", con lo cual se encubre que la muerte por hambre es "muerte por asesinato" y que la "crisis" es "fracaso de la humanidad". Al maquillarla, se acepta y se comunica que la muerte por hambre, siendo no deseable, es inevitable. Es "lo normal".

Si se ponen juntos silencio y encubrimiento, la aceptación de la coexistencia de epulón, el mundo de abundancia, y el pobre Lázaro, el mundo de pobreza, todo ello genera un ambiente de insensibilidad eficaz hacia las víctimas y su tragedia. J. B. Metz escribió hace años que se estaba generando y extendiendo en Europa y Norteamérica un "postmodernismo cotidiano de nuestros corazones que aparta a una lejanía sin rostro al llamado Tercer mundo". El mundo de miseria no afecta al mundo de abundancia, pues éste lo "aparta" de sí.

La conclusión es que este tribunal abordará un limitado número de casos, pero ante el silencio ambiental que se cierne sobre las víctimas se puede convertir en signo de un tribunal mayor que dé a conocer y juzgue "el caso" de millones de víctimas producidas por todo el mundo.

La segunda es una reflexión cualitativa: hacer justicia como hacer valer lo más humano de los derechos humanos.

Este tribunal impartirá justicia, pero a través de ello y más allá de ello, puede producir bienes sociales sumamente urgentes e importantes: generar conciencia colectiva de que las víctimas tienen dignidad, y que esa dignidad hay que respetarla y promoverla. Generar conciencia colectiva, también, de que hay que exigir verdad y mantenerse en ello, proclamando que el fundamento y las razones de la verdad no están en manos de políticos, ni del poder ejecutivo, ni del poder judicial. Las víctimas son el sacramento primordial de la verdad. Y son la máxima autoridad ante la que no hay apelación posible. La autoridad de las víctimas tiene prioridad sobre cualquier potestad en la sociedad civil y eclesiástica.

Hay una gran esperanza de que el tribunal ayude a combatir la impunidad, y pueda ayudar a la abolición de la injusta amnistía de 1993. Con todo, el fruto más humanizador y duradero será la superación del miedo, al permitir hablar a las víctimas con libertad, con dignidad, con creatividad. Y favorecer, incluso, que hablen con la mano tendida para conceder perdón y encaminar a la reconciliación.

La tercera reflexión la hago pensando sobre todo en la UCA: defender los derechos de las víctimas es tarea de todos. En una universidad, todos, tanto quienes tienen como instrumental la filosofía o la teología, la literatura o la historia, las ingenierías — las que llevan a ingeniárnoslas para vivir — o la economía, — ciencia del *oikos*, del hogar —, pueden y deben hacer valer lo humano, y especialmente cuando está oprimido y reprimido, violado.

Trabajar por lo humano violado, no es pues patrimonio ni obligación sólo de una profesión, sino que, usando ese lenguaje, debe ser profesión de todos, y con características específicas. Es una vocación, es decir, respuesta a la llamada que no podemos ignorar: vivamos y trabajemos para ser todos humanos. Es devoción, pues debemos aplicarnos a la tarea con fervor en el trabajo y con veneración hacia las víctimas — "los Cristos crucificados" de hoy, digamos en una capilla. Está transida de profecía, lo que garantiza la prioridad y autonomía propia de lo humano aun dentro de los cauces necesarios y legítimos de argumentación doctrinal y jurídica. Y está transida de utopía, manteniendo siempre esperanza, la de las víctimas: habrá lugar para lo bueno (eu-topía) para lo cual ahora no hay lugar (ou-topía). Ejemplo preclaro de esta tarea, profesión y vocación, con devoción, profecía y utopía, es Monseñor Romero.

Para terminar permítanme una sencilla reflexión. Ante un tribunal siempre se pretende "ganar el caso". En los casos que el tribunal va a juzgar esos días queremos que "ganen las víctimas". Con ser esto tan absolutamente importante, quizás podemos añadir otros bienes que esperan las víctimas: ganar libertad en contra del miedo, ganar audacia en contra de la arrogancia y el poder, ganar esperanza en contra de la resignación.

Todo ello será ganar en humanidad. Y a este Tribunal de Justicia Restaurativa las víctimas le estarán eternamente agradecidas.

b - En la edición de 2010, el Tribunal proclamó su compromiso:[22]

"La primera y la última razón de ser del segundo Tribunal Internacional para la Aplicación de la Justicia Restaurativa en El Salvador se encuentra en la demanda de las víctimas; este es el factor determinante para su convocatoria. Además, está la necesidad de complementar el trabajo de la Comisión de la Verdad.[23] Ello constituye

---

[22] Compromiso del Tribunal Internacional para la Aplicación de la Justicia Restaurativa en El Salvador, expresado por su Presidente en nombre de todos sus miembros.

[23] Negociada y acordada en México, D.F., el 27 de abril de 1990, por las partes beligerantes. Compuesta por tres expertos internacionales nombrados por el Secretario General de Naciones Unidas para investigar los *"graves hechos de violencia ocurridos desde 1980, cuya huella sobre la sociedad reclama con mayor urgencia el conocimiento público de la verdad"*; recomendar *"disposiciones de orden legal, político o administrativo"* fruto *"de los resultados de la investigación"*, con *medidas destinadas a prevenir la repetición de tales hechos, así como iniciativas orientadas hacia la reconciliación nacional.* Las partes ofrecieron voluntariamente facilitar *"el acceso a las fuentes de información a su alcance"* y *"cumplir con las recomendaciones de la Comisión".* Sobre acciones judiciales y legales, convinieron que lo establecido por la Comisión no impedía *"la investigación ordinaria de cualquier situación o caso, hayan sido éstos o no investigados por la Comisión, así como la aplicación de las disposiciones legales pertinentes a cualquier hecho contrario a la ley".* El Acuerdo de Chapultepec determinó *"la necesidad de*

un esfuerzo que debe hacerse con imaginación y perseverancia. De ahí la fundada decisión de acercar este Tribunal a las víctimas. El desafío asumido es el de producir un documento jurídicamente razonado, que no se aleje de la emoción de los hechos y menos de la palabra de las víctimas. Porque hay cosas que tenemos derecho a no olvidar y otras que tenemos el deber de no olvidar.

La característica esencial de la universalidad de los derechos humanos — muy bien precisada por la Conferencia de Viena de 1993 — establece para la comunidad internacional la obligación de entender, analizar y generar sugerencias para superar situaciones nacionales de graves violaciones de derechos humanos como las que ocurrieron recientemente en El Salvador y que serán expuestas ante este Tribunal. Eso respalda su carácter internacional. Y su sentido universal radica en darle el sitio protagónico a las excluidas y los excluidos, para contribuir a superar esa lacra de la historia humana que constituye el ignorar a las víctimas.

En los tres países que aportan miembros al Tribunal se está impulsando, a distintos niveles, la lucha por recuperar y preservar su memoria histórica. No es casual entonces la presencia de representantes de España, Brasil y, naturalmente, El Salvador; en estas tres naciones continúa presente la demanda por la vigencia de los derechos a la verdad y a la reparación de las víctimas de graves violaciones de derechos humanos, crímenes de guerra y delitos contra la humanidad; derechos que tienen su marco establecido en la normativa internacional.

Denunciar los hechos ocurridos en el pasado es condición necesaria para luchar contra la impunidad que aún protege a sus responsables en el presente. Así, a este Tribunal corresponde señalar el deber del Estado salvadoreño — bajo los dictados de la Convención Americana sobre Derechos Humanos — de investigar los graves atropellos contra la dignidad humana, que deriva en su obligación general de garantizar el respeto irrestricto de los derechos humanos consagrados en dicho instrumento regional. La impunidad vulnera, corrompe y contamina la democracia; la impunidad debilita las instituciones y genera más violencia. Por eso, la voz de las víctimas que reclaman justicia fortalece la democracia y constituye la legítima expresión del Estado de Derecho.

---

esclarecer y superar todo señalamiento de impunidad de oficiales de la Fuerza Armada, especialmente en casos donde esté comprometido el respeto a los derechos humanos [...] hechos de esa naturaleza, independientemente del sector al que pertenecieren sus autores deben ser objeto de la actuación ejemplarizante de los tribunales de justicia, a fin de que se aplique a quienes resulten responsables las sanciones contempladas por la ley".

Convocado por segunda vez por quienes sufrieron y sufren en carne propia la arbitraria ignorancia de sus lícitas demandas, adquiere una relevancia mayor el impulso de este esfuerzo en Suchitoto. En esta hermosa ciudad y sus alrededores se produjeron parte de aquellas violaciones gravísimas que en estas sesiones serán conocidas. En tal escenario, reafirmamos el compromiso de este Tribunal con el cumplimiento de sus decisiones y recomendaciones emitidas durante las sesiones desarrolladas en marzo del 2009; también con la realización de las que se incluyan en la presente Sentencia. Por tanto, antes de iniciar el desarrollo sustantivo de este evento, pedimos que todas y todos colaboremos para que nuestras decisiones y recomendaciones tengan una respuesta satisfactoria para ustedes y la sociedad en general.

También reafirmamos el compromiso que desde el 2009 nos marcamos, como Tribunal moral, como grupo de expertos y como personas, ante Ustedes — víctimas de graves violaciones de derechos humanos — y también ante las instituciones del Estado salvadoreño, de seguir colaborando en el proceso de búsqueda y reconocimiento de la verdad y la reparación integral para cada una de las personas y los grupos sociales que aún esperan lo que merecen. Queremos servirles de micrófonos de la verdad en los espacios y países que visitemos.

Dicho lo anterior, queda instalado formalmente el segundo Tribunal Internacional para la Aplicación de la Justicia Restaurativa en El Salvador. Nos permitirán que otorguemos la presidencia de este Tribunal a las víctimas".

Por otra parte, al iniciar las sesiones, demandamos una palabra esclarecedora sobre el necesario respeto de la dignidad de las víctimas y su importancia para el rescate de la memoria histórica del pueblo salvadoreño, en función de avanzar hacia la instauración de una sociedad en paz basada en la verdad y la justicia. Para ello compareció el Señor Rector de la Universidad Centroamericana "José Simeón Cañas" (UCA), José María Tojeira Pelayo, s.j., quien expresó lo siguiente:

"Hay que rescatar los valores de las víctimas; el valor de monseñor Óscar Arnulfo Romero, el valor de las y los mártires de la UCA, el valor de la gente masacrada en diversos lugares del país. La deuda con ellos es enorme. Esas víctimas — Romero, los jesuitas, las religiosas estadounidenses — llegaron a ser personas que nos siguen dando vida precisamente por el compromiso que asumieron con las víctimas de su tiempo; víctimas que nos han legado una serie de valores que son todavía potenciales y que aún están en génesis; que están engendrándose y que este Tribunal nos ayuda a recuperar. Valores indispensables para la convivencia ciudadana.

Perdimos la capacidad de indignación. Acabamos viendo el mal, la violencia y el asesinato como parte del panorama normal del país. Las víctimas nos recuerdan el derecho a la indignación: un enorme valor desde el punto de vista ciudadano, desde el punto de vista de la convivencia social, de la capacidad de tener cohesión social en un país. Las víctimas nos despiertan esa hambre y esa sed de justicia que pueden dar sentido a nuestra existencia. Las víctimas despiertan en nosotros un sentido profundo de la misericordia y de la solidaridad. Sin solidaridad, creo que ninguna sociedad humana puede perpetuarse ni existir. Las víctimas generan capacidad de reconciliación. Reconciliación que es, sobre todo, devolver la verdad a la propia sociedad, diciendo no sólo cómo son las cosas, sino diciendo quién es el generador de valores dentro de la sociedad: la víctima; y quién es el generador de antivalores, quién es el generador de lo que destruye humanidad: el victimario.

Devolver esa verdad profunda reconcilia a la sociedad consigo misma. Los valores de la memoria. La memoria es, especialmente, lo que está recuperando ese significado. Pero la memoria se consideraba en la antigüedad, decían, una de las potencias del alma. La memoria es el signo fundamental de la identidad de las personas; no hay identidad sin memoria, no hay identidad social sin memoria. Celebramos hoy a monseñor Romero. Lo que ayer llorábamos con lágrimas, hoy lo celebramos con alegría porque vemos que la fuerza de las víctimas supera con mucho al poder de los victimarios. Todos estos valores son indispensables para la vida democrática, para la vida social, para la cohesión de la ciudadanía.

El Tribunal Internacional para la Aplicación de la Justicia Restaurativa en El Salvador no sólo viene a hacer justicia, sino, también, viene de alguna manera a pagar una deuda; una deuda con las víctimas que nos han legado valores, que nos han legado capacidades profundas, capacidades para mejorar y para ser mejores personas. Si queremos un país de personas dignas, hay que saber agradecer todo este tipo de valores que las víctimas nos han legado. Y el agradecimiento debe convertirse siempre en compromiso de construir un país sin impunidad. La impunidad sigue siendo una de las plagas más terribles en El Salvador.

Acercar la justicia y la dignidad a la realidad, pasa por el reconocimiento de los valores de las víctimas. Señores del Tribunal, muchas gracias por su presencia solidaria entre nosotros. Amigos y amigas, que estos acontecimientos y estos momentos que vamos a vivir con intensidad — el recuerdo de las víctimas que nos llenan hoy de agradecimiento por su testimonio, que nos llenan también de su valor y de su capacidad humana para enfrentar el mal —, nos ayuden a continuar en esta lucha generosa y pacífica por construir un mejor El Salvador".

Había que informar sobre la suerte corrida por las decisiones y las recomendaciones dictadas en marzo del 2009; también acerca de las condiciones del país en las que se desarrolló el segundo Tribunal. En virtud de eso, se escuchó al director del Instituto de Derechos Humanos de la Universidad Centroamericana "José Simeón Cañas" (IDHUCA), Don José Benjamín Cuéllar Martínez. Su participación se ofrece a continuación.

> Cuando el primer Tribunal para la Aplicación de la Justicia Restaurativa en El Salvador emitió su Sentencia el año pasado, en el país habían ocurrido cambios en los órganos Ejecutivo, Legislativo y Judicial; estaba pendiente, además, la elección del nuevo Fiscal General de la República. Esas "renovaciones" han sido un factor que ha impedido lograr el cumplimiento completo de dicho fallo, pero asumimos el desafío planteado por el Señor Presidente del Tribunal para que se acaten todas las decisiones y recomendaciones del anterior Tribunal y las del que ahora se inicia.

Hay tres cosas importantes que se impulsaron ya de la Sentencia anterior:

La primera, es la elaboración del informe que se presentó en el Consejo de Derechos Humanos de Naciones Unidas — en febrero de este año — sobre la situación de la justicia transicional en El Salvador, en el marco del mecanismo conocido como Examen Periódico Universal. Dicho organismo le hizo ciento dieciocho recomendaciones al Estado salvadoreño, en aras de mejorar la situación de los derechos humanos. En la audiencia realizada, el Estado se comprometió a cumplir ochenta y examinar posteriormente el resto; una de las cuales es la derogatoria de la amnistía.

Por eso, también en cumplimiento de la Sentencia emitida el año pasado, con un grupo de víctimas junto a las y los integrantes del Tribunal, ayer intentamos introducir una pieza de correspondencia en la Asamblea Legislativa de El Salvador, pidiendo la derogatoria o la anulación de la llamada "Ley de amnistía general para la consolidación de la paz" y la aprobación — en la misma sesión — de la Ley para la dignificación de las víctimas y la sociedad salvadoreña. Ningún diputado nos apoyó, pero eso no quiere decir que no vayamos a continuar con esta lucha. Mejor, porque así se puede sumar gente e instituciones a la iniciativa.

En tercer lugar, de lo destacado que se ha cumplido es la judicialización de algunos casos presentados al Tribunal el año pasado, sobre los cuales emitió Sentencia. Nos comprometemos desde la UCA y el IDHUCA, a hacerle un llamado a la sociedad salvadoreña para que se dignifique; porque mientras existan víctimas sin justicia la sociedad salvadoreña no es democrática, no es respetuosa de los derechos humanos, no está reconciliada y no vive en paz.

La verdad, pienso, fue la primera víctima de la posguerra. La asesinaron el 20 de marzo de 1993, cuando se aprobó en la Asamblea Legislativa la amnistía. Esto pasó también en 1932, después de que fueron ejecutadas alrededor de treinta mil personas, sobre todo indígenas. La "solución" que el Estado salvadoreño le dio al "problema" fue la de amnistiar a los responsables de los crímenes ocurridos y despreciar a las víctimas. Por eso, la matanza comenzó cuarenta años antes.

Tras la guerra finalizada a principios de 1992, se repitió la historia y ahora estamos ante el riesgo de padecer otra tragedia dentro de cuatro o quién sabe cuántas décadas después. Debemos impedir que eso vuelva a suceder. Y no volverá a pasar en la medida que nos unamos en la demanda de verdad, justicia y reparación integral para las víctimas; sólo así se lograrán cumplir los compromisos pendientes que adquirieron las partes beligerantes — gobierno salvadoreño y guerrilla — cuando firmaron el Acuerdo de Ginebra el 4 de abril de 1990: "el respeto irrestricto de los derechos humanos, la democratización del país y la reunificación social".

c - La edición de 2011 fue precedida de un nuevo pronunciamiento del Presidente en nombre de todo el Tribunal:

"Nos encontramos ante la tercera edición del Tribunal Internacional para la aplicación de la Justicia Restaurativa que se va a celebrar en esta Parroquia del municipio de Arcatao, ciudad mártir, del departamento de Chalatenango. Es ésta una ciudad especialmente agredida y a su vez queremos rendir homenaje a quien la vivió como escenario de trabajo, el padre Jon Cortina, admirado jesuita que recibió el IV Premio de la Fundación por la Justicia, comprometido vitalmente con la infancia robada o desaparecida, que nos vuelve a unir a Brasil y a España con esta ciudad.

Es por ello que el primer objetivo que este Tribunal pretende es el de la cercanía a todos Vds., que quisiéramos que la sintieran y se mantuviera para siempre.

El Tribunal Internacional para la aplicación de la Justicia Restaurativa constituye una modalidad distinta de la reparación porque:

- Le otorga un protagonismo especial a las víctimas;

- Utiliza a la comunidad misma como escenario de la restauración;
- Se vale de la conciliación como propuesta del proceso;
- Y establece dos exigencias: la primera, como condición ineludible, el arrepentimiento de los actores por la perpetración de las barbaries; y la segunda, como potestad que se concede a las víctimas, para otorgar el perdón y — podemos asegurar del conocimiento directo que tenemos de ellas — que se va a producir incondicionalmente, una vez se cumpla la primera condición propuesta.

Afirmamos pues que nuestro segundo objetivo es que se cumplan unas finalidades encadenadas, que son: la restauración de relaciones, que nos va a llevar a la conciliación social y de ahí a la democratización por el respeto de los derechos humanos de todos, que acabará culminando con la paz a través de la justicia.

Somos conscientes de que aparece una dificultad esencial, constituida por el arrepentimiento que exige reconocimiento, pues no concebimos la impunidad como opción posible, ni ética, ni jurídica, ni política, ni históricamente. Sin embargo, si que aspiramos a conseguir ese arrepentimiento con:
- El mantenimiento de este Tribunal y otras alternativas de presencia y presión;
- La exigencia y ejecución de las decisiones y recomendaciones de los anteriores Tribunales;
- La difusión nacional e internacional de los Acuerdos de la Comisión de la Verdad, de las Sentencias de la Corte Interamericana de Derechos Humanos, de los Tribunales Internacionales que se han ido pronunciando sobre violaciones de derechos humanos, y de todas aquéllas que vayan en sintonía con los derechos vulnerados de personas víctimas de este país;
- Con el apoyo, el reconocimiento y el trabajo en red con las organizaciones líderes en defensa de los derechos de otros, como ocurre con el Idhuca o las Coordinadoras de víctimas, y con todas aquellas personas referentes en esta materia, en particular siguiendo el trabajo que tanto Jon Cortina como otros compañeros han venido realizando;
- Creando 'empresas de derechos' con cada una de las personas u organizaciones que estén dispuestas a vincularse con la defensa de los derechos de otros;
- Con el compromiso de tantas personas y organizaciones internacionales que no están dispuestas a silenciar, a consentir o a perpetuar la impunidad en ningún rincón del mundo".

F) Supostos examinados

En las tres ediciones del Tribunal a que se ha hecho referencia, celebrados en los meses de marzo de 2009, abril de 2010 y marzo de 2011, el Tribunal examinó diversos supuestos de masacres, desapariciones forzadas, ejecuciones sumarias, detenciones ilegales, torturas y violaciones múltiples de derechos.

Como homenaje a todas las víctimas, reseño la identidad de quienes se atrevieron a relatarnos sus escalofriantes historias.

a. Personas detenidas ilegalmente y torturadas

José Francisco Ramírez Avelar, capturado el quince de enero de mil novecientos ochenta y uno cuando contaba con cincuenta y cuatro años de edad. Periodista, trabajaba con el periódico el Independiente y con API NEWS, Agencia de Prensa Independiente.

José Arnulfo Grande Menjívar, técnico electricista, dirigente del Sindicato de la Comisión Ejecutiva Hidroeléctrica del Río Lempa (STECEL), fue detenido por la GN el veintidós de agosto de mil novecientos ochenta a sus cuarenta y tres años de edad, junto a diecisiete compañeros más.

José Blas Escamilla Navarrete, laboró para el Instituto Salvadoreño de Transformación Agraria (ISTA). Fue detenido cuando tenía aproximadamente setenta años de edad por agentes de la PN, el dieciséis de noviembre de mil novecientos ochenta y uno.

Carlos Alberto Santos Menjívar tenía quince años de edad y era estudiante de Bachillerato cuando fue capturado el 09 de noviembre de 1983 en la ciudad de San Miguel, aproximadamente a las cinco de la tarde, por el "escuadrón de la muerte" autodenominado "Maximiliano Hernández Martínez";[24] junto a él, fueron detenidos sus amigos Fabricio Edmundo Santi y Jorge Mauricio López.

Rolando Ernesto González Morales, capturado en horas de la mañana el 13 de enero de 1981, cuando aún no cumplía los veinte años de edad. Fue privado de su libertad por soldados pertenecientes al Centro de Instrucción de Transmisiones de la Fuerza Armada (CITFA).

Celso López Bonilla, Melecio Serrano Martínez, Héctor Bernabé Recinos, Óscar Edmundo Garza.

---

[24] General Maximiliano Hernández Martínez, responsable de la matanza ocurrida en enero de 1932; se afirma que entonces fueron ejecutadas al rededor de treinta mil personas, sobre todo de la población indígena y campesina. Dictador entre 1930 y 1944.

b. Personas ejecutadas sumariamente

Liliam Terezón Pérez, de veinti siete años, trabajaba en la unidad de salud materno-infantil en el Hospital Nacional de Metapán, departamento de Santa Ana, y residía como pupila en la casa de una familia de apellido Sanabria.

El catorce de enero de ese año, Liliam se dirigía hacia su empleo cuando fue interceptada por miembros uniformados de la FAES, quienes se la llevaron con rumbo desconocido. Al día siguiente, su cadáver fue encontrado con una bala en la nuca y el cráneo destrozado en la calle conocida como "Las Parejas" de Metapán.

Manuel de Jesús Franco Ramírez y otros cinco compañeros dirigentes del Frente Democrático Revolucionario. Licenciado en Relaciones Internacionales, al momento de su ejecución era el encargado de Relaciones Internacionales del Frente Democrático Revolucionario (FDR).

Mario Zamora Rivas, mayor de edad, abogado salvadoreño, fue ejecutado en su casa de habitación por un "escuadrón de la muerte" el 23 de febrero de 1980. Al momento de su muerte, fungía como Procurador General de Pobres y era uno de los dirigentes máximos del Partido Demócrata Cristiano (PDC).

María Rivera Rivera y María Francisca Rivera, ejecutadas en el marco de un operativo realizado el 5 de junio de 1980 en el caserío Los Sitios, Municipio de Arcatao, departamento de Chalatenango.

c. Personas desaparecidas

Miguel Ángel Terezón Ramos, tenía veinti trés años, estudiaba Psicología en la Universidad de El Salvador y era propietario de la imprenta Atlántida.

Dora Ramos Surio y Sandra Margarita Ramossurio: La primera víctima, Dora, tenía veinti cuatro años de edad al momento de su desaparición, estudiaba en la Universidad de El Salvador y pertenecía a la Asociación General de Estudiantes Universitarios Salvadoreños (AGEUS); tenía nueve meses de embarazo. La segunda víctima, Sandra, tenía veintidós años de edad al momento de su desaparición y ocho meses de embarazo.

Francisco Arnulfo Ventura Reyes y José Humberto Mejía, estudiantes de la carrera de Ciencias Jurídicas en la Universidad de El Salvador. Desaparecieron el 22 de enero de 1980, en la víspera del inicio de la guerra en el país, mientras participaban en una manifestación que partió desde dicha entidad de educación superior pública hacia el centro de San Salvador.

María Amparo Romero de Ábrego, Patricia Emilie Cuéllar Sandoval, Mauricio Cuéllar Cuéllar y Julia Orbelina Pérez.

d. Masacres de poblaciones

Masacre del Rio Sumpul, ocurrida en el departamento de Chalatenango, en mayo de mil novecientos ochenta, que produjo alrededor de trescientas víctimas mortales según la Comisión de la Verdad para El Salvador; según organizaciones de derechos humanos, fueron alrededor de ochocientas.

Masacre del Llano de la Raya, donde fueron ametralladas mujeres — algunas embarazadas–, hombres, niñas y niños. Sólo entre quince y veinticinco personas sobrevivieron. La masacre duró cerca de tres horas. Se identificaron como autores de la misma a efectivos militares de la Quinta Brigada de Infantería y del Centro de Transmisiones de la Fuerza Armada, integrantes de las Defensas Civiles[25] y de ORDEN.

Masacre en el Cantón Copapayo. La zona del operativo realizado por fuerzas gubernamentales combinadas,[26] se encuentra en las cercanías de la estratégica central hidroeléctrica "Cerrón Grande". Los acontecimientos tuvieron lugar entre el 04 y el 05 de noviembre de 1983. Fueron alrededor de 160 víctimas mortales, a las que se suman los daños físicos y morales a las personas supervivientes, a sus cultivos y a sus animales de crianza. Esta matanza no fue examinada por la Comisión de la Verdad.

Masacre en el Caserío San Jacinto Guancorita, hoy conocido como Comunidad Ignacio Ellacuría, ubicada en el cantón de Guarjila, municipio de Chalatenango, con ejecuciones sumarias de Isabel Estelia López Miranda, de doce años de edad; Anabell Beatriz López Miranda, de tres años de edad; José Dolores Serrano Marín, de diez años de edad; Blanca Lidia Guardado, de dos años de edad; y Cornelio Guardado, de veintiocho años de edad; así como con daños a la integridad física y psíquica de María Audilia Miranda, de treinta y cinco años de edad; Medardo López Miranda, de doce años de edad; Delmy López Miranda, de seis años de edad; Emeteria Orellana, de veintiocho años de edad, y su hijo Rutilo Orellana, de seis años de edad; José Alfredo Orellana Rivera, de cuatro años de edad; Marina Orellana Rivera de año y medio de edad; Segundo Miranda y su esposa Mélida Miranda, además de sus hijos Florinda Miranda, Deysi Miranda, Dimas Miranda, Selvin Miranda. Estos hechos criminales ocurrieron en el marco de un operativo realizado el 11 de febrero de 1990.

Masacre del Caserío el Rincón, del cantón Manaquil, municipio de Nueva Trinidad, departamento de Chalatenango, realizadas el 08

---

[25] Grupos de campesinos paramilitares.
[26] Fuerza Armada de El Salvador, cuerpos de seguridad y organismos paramilitares.

de mayo y el 14 de julio de 1980, con ejecuciones sumarias de Felicita Rivera, Paulina Ayala, Carmen Rivera, Juana Rivera, Leonor Rivera, Cándida Rivera, Bernardina Serrano, Juana Castillo, Julia Franco, Esperanza Ayala, Miguel Franco y Mariano Alfaro.

Masacre del Caserío el Bajío, cantón Carasque, municipio de Nueva Trinidad, departamento de Chalatenango, con ejecuciones sumarias de Santos Menjívar Ramos, Perfidia Menjívar, Cruz Peña y Ofelia Martínez Menjívar. Estos hechos criminales ocurrieron en el marco de un operativo realizado un domingo de octubre de 1980.

Masacre del Cantón el Sitio, municipio de Arcatao, departamento de Chalatenango con ejecución sumaria de Dolores Navarrete, de veintiséis años de edad, agricultor en pequeño. Este hecho criminal ocurrió en el marco de un operativo realizado el 08 de abril de 1986.

e. Múltiples violaciones de derechos humanos
Roxana Hernández – Por la gravedad de los acontecimientos descritos y la fiel representatividad de lo ocurrido en El Salvador, malintencionadamente ocultado por sus responsables directos e indirectos, el Tribunal decidió incluir íntegramente en su Sentencia el testimonio de Roxana Hernández. Es un relato construido desde los recuerdos de una infancia lacerada por aquella violencia inexplicable para la mente de quien — ahora hecha mujer — no dejó ni ha dejado que el sufrimiento y el paso del tiempo sepultaran en el olvido lo que, en justicia, debe ser conocido por la sociedad salvadoreña y el mundo. La narración del agravio descomunal sufrido por esta Señora cuando era niña, es para el Tribunal la descripción del horror y la prueba descarnada de una deuda aún no saldada con ella y con todas las víctimas. Nunca se había atrevido a relatar lo ocurrido, ni a su familia actual.

f. Decisiones
La consecuencia del examen directo de tales supuestos, presentada por las propias víctimas aún vivas o por aquellos familiares o personas conocedoras de lo ocurrido, pertenecientes al ámbito de la localidad, organización o grupo social determinado, permitieron concluir declarando la responsabilidad del Estado y de las Fuerzas Armadas en los supuestos que procedía, extendiéndose a las siguientes:

1. *Declarar* la responsabilidad del Estado de El Salvador por las torturas inferidas.

2. *Declarar* la responsabilidad del Estado de El Salvador por las ejecuciones sumarias llevadas a cabo.

3. *Declarar* la responsabilidad del Estado de El Salvador por las desapariciones forzosas realizadas.
4. *Declarar* la responsabilidad del Estado de El Salvador, del Ejército Nacional, la Guardia Nacional y la Organización Democrática Nacionalista (ORDEN) en las masacres de las poblaciones reveladas.
5. *Declarar* la obligación del Estado de El Salvador de proporcionar los nombres de los miembros de la Fuerza Armada y la Guardia Nacional que participaron en los hechos respectivos.
6. *Declarar* la responsabilidad del Estado de El Salvador por la violación del derecho de acceso a la justicia, en perjuicio de los familiares de todas las víctimas afectadas en los supuestos presentados a este Tribunal, de acuerdo a lo contemplado en el Pacto Internacional de Derechos Civiles y Políticos y en la Convención Americana sobre Derechos Humanos, específicamente en los arts. 14 y 25 respectivamente.
7. *Declarar* la obligación del Estado salvadoreño de establecer el paradero de todas las personas desaparecidas, investigando los hechos ocurridos y abriendo todos los archivos oficiales; asimismo, exigiendo la información y cualquier otro tipo de colaboración que sean pertinentes al gobierno de Estados Unidos de América, incluso para que facilite la nómina de todo el personal destacado en su sede diplomática donde fue detenida la víctima directa.
8. *Declarar* especialmente injustificada la inactividad de la Fiscalía General de la Republica para iniciar o proseguir las investigaciones que la ley le asigna.
9. *Declarar* la responsabilidad del Estado de El Salvador de crear una Comisión Investigadora que retome lo actuado por la Comisión de la Verdad, creada bajo los auspicios de la ONU, y que en un plazo razonable sea capaz de presentar al órgano judicial, en coordinación con las autoridades del Ministerio Público, las acciones legales necesarias para interrumpir el actual estado de impunidad que sufren todos los victimarios de El Salvador.
10. *Declarar* la responsabilidad del Estado salvadoreño por la violación del deber de garantía en virtud de no haber adoptado medidas adecuadas que impidiesen la ejecución anunciada de *Mario Zamora*, considerando la existencia de antecedentes serios sobre el peligro que corría, y por la negligencia evidente en la investigación del caso.

11. *Estimar* la existencia de indicios suficientes de la autoría intelectual del mayor Roberto D'Aubuisson Arrieta en la ejecución de *Mario Zamora Rivas*, que deben ser investigados, en función de establecer la verdad sobre su participación y la de otras personas.
12. *Exigir*, en la medida que constituye un obstáculo para la investigación de la verdad, la derogatoria de la Ley de amnistía general para la consolidación de la paz y reemplazarla por una normativa que dignifique y repare a las víctimas y a la sociedad.
13. *Declarar* a favor de las víctimas y sus familias, el derecho a una reparación integral por todos los daños sufridos. Dicha reparación deberá contemplar, al menos, lo siguiente:
a. Pensión como sobrevivientes de graves hechos de tortura causados por agentes estatales.
b. Rehabilitación que incluya atención médica y psicológica integral, así como servicios jurídicos y sociales, con especial atención en los daños psicológicos permanentes.
c. Indemnización económica por los daños físicos, psíquicos, materiales y morales derivados de la violación a su integridad personal, así como por la afectación del derecho a diseñar libremente su proyecto de vida.
d. Conocer toda la información respecto de sus familiares muertos o desaparecidos.
14. *Declarar* la obligación del Estado salvadoreño de establecer una pensión universal para todas las víctimas del conflicto afectadas por secuelas físicas y psíquicas, que no puedan obtenerla a través del sistema de seguridad social. Las víctimas deben ser prioridad en los programas estatales de asistencia social y las principales beneficiarias de las acciones oficiales que promuevan oportunidades educativas y laborales.
15. *Declarar* la responsabilidad del Estado salvadoreño por la violación de los derechos colectivos de los trabajadores, especialmente a la organización sindical y a la representación.
16. *Declarar* la responsabilidad del Estado de El Salvador en la rehabilitación integral de las comunidades y pueblos arrasados por las Masacres, dotando a las mismas de servicios básicos de educación, salud y servicios sociales; así como de viviendas dignas para todos sus habitantes.
17. *Declarar* la necesidad de que el Estado de El Salvador adquiera la propiedad de las tierras afectadas por todas las masacres sufridas en el territorio nacional durante la guerra civil, para

facilitar el acceso a las mismas de todos los ciudadanos y su declaración como campos santos o tierras sagradas.

18. *Declarar* el derecho de las víctimas a exhumar e identificar a sus familiares asesinados y a su posterior entierro en lugares que deberán establecer las autoridades competentes, contando con el conocimiento y el consentimiento de aquellas.

19. *Declarar* la obligación del Estado salvadoreño de crear la Fundación para la Verdad con participación fundamental de la sociedad civil que se encargue — entre otros asuntos — de repatriar los archivos de la Comisión de la Verdad y todos los demás que registren información sobre lo ocurrido antes y durante la guerra, para ponerlos a disposición de la población salvadoreña que sigue viendo postergado su derecho a conocer toda la verdad.

20. *Declarar* la obligación del Estado salvadoreño de dar a conocer la verdad de lo ocurrido a todas las víctimas de este país en el marco de la represión y el conflicto interno, especialmente a través de programas de educación básica, media y universitaria que describan la verdad de los hechos y fomenten prácticas de respeto de los derechos humanos, como forma de garantizar la no repetición de acontecimientos similares.

21. *Declarar* la obligación del Estado salvadoreño de difundir ampliamente el informe de la Comisión de la Verdad y convertirlo en texto oficial de los programas educativos que deberán extenderse a los centros de formación militar, policía y de otros funcionarios.

22. *Declarar* la obligación del Estado salvadoreño de crear museos y otros sitios conmemorativos, así como promover homenajes dedicados a preservar la memoria colectiva relacionada con las víctimas de la represión y la guerra.

23. *Declarar* la responsabilidad del Estado de El Salvador en la promoción de una iniciativa para que se conmemore el día de los presos políticos y en general de las víctimas, asumiendo los costos de difusión — por todos los medios — de testimonios significativos que ilustren el sufrimiento de las mismas y de sus familiares.

24. *Declarar* la responsabilidad estatal por la violación del derecho de resistencia del pueblo salvadoreño.

La sentencia de las sesiones del año 2011, incluyó las siguientes *Declaraciones Adicionales*:

1. Que, a efecto de garantizar la no repetición de tan execrables de hechos como los conocidos por este Tribunal, y fortalecer el

sistema interno de protección de derechos humanos, *declaramos* la obligación del Estado de El Salvador de integrar a la legislación nacional importantes tratados internacionales de derechos humanos que aún no han sido ratificados por el Estado salvadoreño. Entre estos se encuentran el *Protocolo Facultativo de la Convención contra la Tortura* y Otros Tratos o Penas Crueles, Inhumanos o Degradantes; el Protocolo Facultativo de la Convención sobre la eliminación de todas las formas de discriminación contra la mujer; las Convenciones universal e interamericana contra la desaparición forzada; la *Convención sobre la imprescriptibilidad de los crímenes de guerra* y de los crímenes de *lesa humanidad;* y el Estatuto de la Corte Penal Internacional. Asimismo, habrá de adecuarse la legislación interna a las obligaciones previstas por los tratados internacionales de derechos humanos.

2. Que, en cumplimiento del mismo objetivo, *declaramos* la obligación del Estado de El Salvador de fortalecer las instituciones integrantes del sistema de justicia, así como las vinculadas a la protección de los derechos de las víctimas y el control del uso de la fuerza pública, a efecto de que se encuentren en condiciones de actuar eficazmente en la consecución de sus cometidos constitucionales y garanticen la no repetición de los crímenes conocidos por este Tribunal.

3. Que para el fortalecimiento de la democracia y en cumplimiento de la normativa internacional *declaramos* la obligación estatal de impartir educación en derechos humanos, incluido el conocimiento de las graves violaciones da los mismos y las responsabilidades correspondientes, por todos los medios a su alcance y en todos los centros escolares y académicos, así como en instituciones para la formación de las Fuerzas Armadas y de Policía Nacional.

4. *Declaramos* la obligación del Estado de El Salvador de arbitrar todas las medidas necesarias para la reparación integral de las Niñas y Niños que sufrieron y sufren las consecuencias de la pérdida o incapacidad de sus padres durante la guerra, propiciando para todos ellos educación, asistencia sanitaria integral y prestaciones económicas de reparación integral.

5. *Declaramos* la obligación del Estado de El Salvador de arbitrar todas las medidas necesarias para la reparación integral de todas las personas de la tercera edad que resultaron afectadas como víctimas sobrevivientes por las consecuencias del conflicto armado en El Salvador.

6. *Declaramos* la necesidad que se elabore de manera participativa con las víctimas una propuesta de atención psicosocial grupal que permita la identificación de los impactos individuales y colectivos, los daños en el tejido social, así como las formas de afrontamiento que durante años han desarrollado las comunidades para continuar con su proyecto de vida y lograr superar en algunos casos su condición de víctima hacia la condición de sobrevivientes.

7. Asimismo, *declaramos* la obligación del Estado salvadoreño de cumplir la Sentencia de la Sala de lo Constitucional en lo relativo al monopolio de la acción penal, actualmente adjudicado a la Fiscalía General de la República, mediante las reformas pertinentes de la Constitución y la legislación secundaria.

8. Igualmente, *declaramos* la obligación del Estado salvadoreño de modificar el tipo penal de la tortura de acuerdo con los estándares internacionales de derechos humanos, adecuando las penas a la gravedad de los hechos.

9. *Declaramos* la obligación del Estado salvadoreño de anular cualquier sentencia o resolución que contraríe el debido proceso y las garantías constitucionales.

G) Recomendaciones

Sin perjuicio de las anteriores decisiones, del reconocimiento de otros derechos y de la adopción de otras medidas compatibles con la situación presentada, el Tribunal decidió efectuar, a modo de recomendaciones, las siguientes:

1. Que se presente un informe sobre el estado de la Justicia Transicional en El Salvador al Consejo de Derechos Humanos de las Naciones Unidas.

2. Que se establezcan mecanismos de reparación individual y colectiva sin necesidad de extensos y costosos procedimientos, a los que puedan acogerse todos aquellos que acrediten su condición de víctima de algún hecho contrario a la legislación y tratados nacionales e internacionales, sin descartar procedimientos de mediación que la faciliten, siempre que sean recíprocamente aceptados.

3. Que el Estado salvadoreño, a través de sus legítimos representantes, tendría que establecer los mecanismos para garantizar el derecho de acceso a toda documentación oficial, a través de la cual se permita conocer la verdad de lo ocurrido, las responsabilidades en que se hubiere incurrido y la identificación de las

personas contra quienes dirigir las reclamaciones, incluyendo la complementaria del propio Estado frente a las víctimas.

4. Reconocer el derecho de toda persona que hubiere sufrido actos contrarios a su dignidad, integridad o libertad a relatar, escribir y difundir por cualquier medio los acontecimientos que le afecten.

5. Asumir que la presente decisión y recomendaciones constituyen el primer acto de reparar a que las víctimas aquí identificadas tenían derecho, perteneciente al ámbito de la humanización de las relaciones con el Estado.

6. Instar al IDHUCA a presentar esta Decisión ante todas las representaciones diplomáticas extranjeras en El Salvador y ante todos los Organismos e Instituciones nacionales e internacionales con competencia y sensibilidad en materia de Derechos Humanos.

7. Que se dé seguimiento a la verificación del cumplimiento de los compromisos asumidos ante el Consejo de Derechos Humanos de las Naciones Unidas, la Comisión Interamericana de Derechos Humanos y otros organismos internacionales.

8. Que el IDHUCA sistematice la metodología de este Tribunal y proponga al Estado salvadoreño desarrollarla en todo el país, como política pública de justicia restaurativa.

9. Que todas las organizaciones patrocinadoras y colaboradoras actuales y las que en lo sucesivo se adhieran al trabajo de este Tribunal, publiciten esta Sentencia por todos los medios a su alcance, incluyendo su inserción en los portales y foros de internet.

10. Que se le retire el nombre de Roberto D'Aubuisson a una plaza ubicada en Antiguo Cuscatlán, departamento de La Libertad, y que el monumento dedicado a él en el mismo sitio sea desmontado; asimismo, deberán desmantelarse el resto y cerrarse todos los museos que con idéntica finalidad puedan existir en El Salvador, dedicados a dicha persona o a cualquier otro victimario.

11. Que se retire de toda instalación oficial el nombre del coronel Domingo Monterrosa Barrios y los de cualquier persona reconocida como victimario.

12. Que la comunidad salvadoreña se organice para disminuir los espacios vitales a los victimarios y comunique a otras organizaciones humanitarias de otros países el paradero de los asesinos y los torturadores, siempre que se tenga la información, para que sean procesados en los términos del principio de la jurisdicción universal.

13. Que el Estado salvadoreño declare y conmemore el día nacional de las personas detenidas ilegalmente por razones políticas y

el día nacional de las víctimas de torturas, asumiendo los costos de difusión — por todos los medios — de testimonios significativos que ilustren el sufrimiento de las mismas y de sus familiares.

14. Que el Estado salvadoreño garantice la educación y la formación académica a todas las personas afectadas por graves violaciones de sus derechos humanos.

15. Que el Estado de El Salvador realice la investigación de todos los casos presentados a este Tribunal, se identifique a los culpables y se les exija responsabilidades, especialmente al coronel Cáceres Cabrera y al teniente Gallegos, quienes comandaron muchas de las acciones de represión en el departamento de Chalatenango.

16. Que el Estado declare Villa Mártir al pueblo de Arcatao.

17. Que la Alcaldía de Arcatao declare el día 08 de abril como día de los Mártires del Desembarco.

18. Que el Estado de El Salvador gestione ante el Estado de Honduras los instrumentos necesarios para la exhumación de las víctimas nacionales que permanecen hoy enterradas en territorio de Honduras.

19. Que se declare, por parte de las autoridades locales de Arcatao y Nueva Trinidad, la parroquia San Bartolomé como sitio memorial en recuerdo de las víctimas de graves violaciones de derechos humanos.

20. Que el IDHUCA y los comités de víctimas impulsen una campaña para promover la acción penal ante los tribunales nacionales, de todos los casos que no han sido denunciados; también para activar los que se encuentren paralizados.

21. Que el Estado salvadoreño solicite al gobierno estadounidense remitir toda la documentación relacionada con violaciones de derechos humanos de salvadoreños y salvadoreñas.

Compromiso final

Los miembros del Tribunal manifestamos nuestra esperanza de que lo realizado en las sesiones del mismo contribuyan a que en El Salvador las víctimas logren ver el despertar de la justicia con su valiosa e insustituible lucha contra la impunidad; que lo hagan con la misma fuerza y valentía, hasta obtener su reparación integral y el total conocimiento de la verdad.

Por todo ello y atendiendo la petición expresa de las víctimas, convocamos en este momento el IV Tribunal para la Aplicación de la

Justicia Restaurativa en El Salvador, que se celebrará en la localidad que se determine por el IDHUCA y la Coordinadora de Víctimas, y nos comprometemos a acudir a la sesión del mismo.

g. Impulsos y apoyos

Por último, — y este fue el compromiso de los distintos integrantes del Tribunal en cada una de las sesiones —, nos compete destacar los apoyos recibidos, en tanto que con su respaldo se produce una visibilización de la extensión en la búsqueda de la justicia real para quienes siguen siendo víctimas de una situación injusta; para quienes aún carecen de la identidad necesaria para ejercitar los derechos que cualquier ciudadano tiene en cualquier país del mundo; y para seguir invitando a personas e instituciones que así lo entiendan a implicarse "efectivamente" en la búsqueda de la justicia universal, concretada en la justicia individualizada de cada una de las personas que aspira a ella.

La creación y la actividad del Tribunal ha sido impulsada por el Instituto de Derechos Humanos de la Universidad Centroamericana "José Simeón Cañas" (IDHUCA) y la Coordinadora Nacional de Comités de Víctimas de Violaciones de los Derechos Humanos en el Conflicto Armado (CONACOVIC) de El Salvador y ha estado patrocinada en sus diversas ediciones por:
- Fundación por la Justicia de la Comunidad Valenciana;
- Agencia Española de Cooperación Internacional y Desarrollo (AECID);
- Abogados del Mundo;
- Comissão de Anistia do Ministério da Justiça (Brasil);
- Intermón Oxfam;
- Asociación de Antiguos alumnos de Jesuitas de Valencia;
- Fundación de los Derechos Humanos de la Comunidad Valenciana;
- Centro UNESCO de Valencia;
- AVACU (Asociación Valenciana de Consumidores y Usuarios);
- Observatorio Giurídico Internazionalle sulla Inmigrazione (Italia);
- Comisiones Obreras del País Valencià;
- Universitat de Valencia;
- Fundación de la Solidaridad y el Voluntariado de la Comunidad Valenciana (FUNDAR);
- Conselho Estadual de Defesa dos Direitos da Pessoa Humana de São Paulo;
- Fórum dos Ex-Presos e Perseguidos Políticos de São Paulo;

- Memorial da Resistência (Brasil);
- Consejo General del Poder Judicial de España;
- Club Encuentro Manuel Broseta de Valencia.

Informação bibliográfica deste texto, conforme a NBR 6023:2002 da Associação Brasileira de Normas Técnicas (ABNT):

TOMÁS TÍO, José María. El Tribunal Internacional para la justicia restaurativa de El Salvador, como propuesta de reparación a las víctimas. In: PRONER, Carol; ABRÃO, Paulo (Coord.). *Justiça de Transição*: reparação, verdade e justiça: perspectivas comparadas Brasil-Espanha. Belo Horizonte: Fórum, 2013. p. 143-178. ISBN 978-85-7700-737-0.

TRATADOS INTERNACIONAIS DE DIREITOS HUMANOS, ANISTIA E JUSTIÇA DE TRANSIÇÃO
A INFLUÊNCIA DO PROCESSO ARGENTINO[1]

LUCIANA BOITEUX
VANESSA OLIVEIRA BATISTA

Introdução

A análise do tema da "Justiça de Transição" insere-se no processo de afirmação dos direitos humanos no plano internacional, conforme definição de Bassiouni, segundo o qual a busca pela responsabilização (*accountability*) por violações de direitos humanos e a minimização da impunidade são elementos essenciais para a construção de estados democráticos que sucederam ditaduras ou que passaram por conflitos internos ou guerras, nos quais ocorreram sistemáticas violações praticadas ou toleradas pelos detentores do poder.[2]

Em todo o mundo, desde o século passado, podem ser identificados variados esforços de realização da Justiça de Transição, tais como a criação de tribunais penais internacionais, como na ex-Iugoslávia e

---

[1] Colaborou com este artigo a bacharel em direito pela Universidade Federal do Rio de Janeiro, Roberta Maia Gomes, que foi bolsista de Iniciação Científica (FAPERJ) sobre esse tema.
[2] BASSIOUNI, M. Cherif, ROTHENBERG, Daniel. Facing *Atrocity*: the importance of guiding principles on post-conflict justice: The Chicago Principles on post-conflict justice. New York: International Human Rights Law Institute, 2007, p. 8.

em Ruanda. Outros países implementaram internamente suas próprias estratégias de julgamento de crimes ocorridos em momentos de exceção, utilizando-se da persecução interna e de uma variedade de reformas institucionais, incluindo novas constituições, reformas judiciais, criação de sistemas de monitoramento, comissões de memória e verdade e outros sistemas alternativos de reparação, como exemplo a Comissão de Verdade e Memória na África do Sul.[3]

Diante desse quadro, com o objetivo de compreender como esse processo de transição ocorreu na América do Sul, propõe-se uma reflexão específica sobre os casos do Brasil e da Argentina, importantes países da região que vivenciaram golpes de estado na segunda metade do século XX, e tiveram governos militares que praticaram graves violações de direitos humanos contra opositores políticos.

Em que pesem as semelhanças fáticas, as respostas jurídicas na transição para a democracia foram opostas: no Brasil, a anistia e o esquecimento; na Argentina, responsabilização, punição e afirmação da Justiça.

Enquanto a Argentina é um exemplo mundial de repressão penal aos violadores de direitos humanos naquela época, ao internalizar e reconhecer a aplicação de tratados internacionais de direitos humanos, o Brasil, infelizmente, tem uma posição destacada dentre os países que não promoveram efetivamente a Justiça, tendo optado pelo esquecimento do passado, e por tímidos reconhecimentos e indenizações na esfera civil.

Para compreender tais diferenças, se destaca que a tomada do poder pelos militares argentinos teria ocorrido de forma isolada e abrupta, sem a cooperação dos civis e do Congresso,[4] enquanto que, no Brasil, a ditadura tentou se legitimar de todas as formas, inclusive por meio de processos criminais instaurados perante a Justiça Militar contra os seus oponentes políticos. Em nosso país, houve a ampliação da competência da Justiça Castrense, que passou a julgar acusados de "crimes contra a segurança nacional", nomenclatura usada para designar o *nomen juris* dos delitos praticados pelos "subversivos", ou opositores políticos, os quais, em regime de exceção, eram julgados por tribunais militares, em processos relativamente abertos ao público (se comparados com o que ocorreu na Argentina).

---

[3] Cf. BUARQUE DE HOLLANDA, Cristina; BATISTA, Vanessa Oliveira; BOITEUX, Luciana. Justiça de Transição e Direitos Humanos na América Latina e na África do Sul. *Revista da OAB-RJ*, v. 25, n. 2, p. 55-75, 2010.

[4] PINHEIRO, Luiz Adolfo. *A República dos Golpes (de Jânio a Sarney)*. São Paulo: Best Seller, 1993.

Ademais, outras duas diferenças marcantes devem ser apontadas: no Brasil, o alto grau de cooperação de civis com os militares (notadamente por meio do partido de apoio ao governo militar, a ARENA[5]); e, na Argentina, o grande número de vítimas do regime. Quando aqui se menciona número de vítimas, não se pretende reduzir a importância da violação dos direitos humanos no Brasil, mas sim apontar para as diferenças de escala, tendo havido muito mais vítimas argentinas do que brasileiras.[6] Em termos normativos, outra interessante diferença é a de que o Brasil nunca assinou a Convenção da ONU sobre Imprescritibilidade dos Crimes de Guerra e contra a Humanidade, ao contrário da Argentina, que o fez logo após a redemocratização. Tampouco foram internalizadas no direito brasileiro as Convenções (internacional e interamericana) contra o desaparecimento forçado de pessoas.[7]

Para compreender melhor tais acontecimentos, iniciar-se-á a análise com alguns aspectos históricos dos regimes ditatoriais em seus respectivos países, para depois ser aprofundada a questão político-jurídica.

---

[5] O partido de apoio ao governo militar, que dava sustentação ao regime ditatorial, a ARENA (Aliança Renovadora Nacional), contava com proeminentes políticos que mantiveram seu poder após o retorno da democracia, muitos dos quais ainda estão no Congresso até hoje, como José Sarney, hoje Presidente do Senado, além de Antônio Carlos Magalhães, já falecido, dentre outros.

[6] Estima-se que, no regime brasileiro, segundo dados do Grupo "Tortura Nunca Mais", teria havido 144 assassinatos políticos, 125 desaparecimentos forçados e 1.813 casos de tortura. Em termos relativos, menciona-se a proporção de 370 mortes e desaparecimentos por cem mil habitantes no Brasil, enquanto que o cálculo argentino gira em torno de 20.000 a 30.000 por cem mil habitantes. [Projeto: *Brasil Nunca mais* (1988)]. Dados obtidos na análise de processos pela própria Justiça Militar, entre 1964 e 1979, publicados pela Arquidiocese de São Paulo, 2003. A Anistia Internacional, em relatório publicado em 1972 e atualizado em 1976, menciona 1.076 pessoas torturadas ou mortas pelos órgãos de repressão. Já no *Dossiê dos Mortos e Desaparecidos*, que computa dados até 1996, o total de mortos e desaparecidos no Brasil alcança 360 pessoas. Apud SWENSSON JUNIOR, Lauro Joppert. In: DIMOULIS, Dimitri et al (Org.). *Justiça de Transição no Brasil*: Direito, responsabilização e verdade. São Paulo: Saraiva, 2010. p. 25, nota nº 5. Em relação aos dados argentinos, a fonte é a Comissão Nacional Argentina dos Desaparecidos (1986). Apud PEREIRA, Anthony W. *Ditadura e repressão:* o autoritarismo e o Estado de Direito no Brasil, no Chile e na Argentina. São Paulo: Paz e Terra, 2010. p. 56.

[7] Em abril de 2011, o Congresso Brasileiro tenha aprovado, pelo Decreto Legislativo nº 127/2011, o texto da Convenção Interamericana sobre o Desaparecimento Forçado de Pessoas, adotada pela Assembleia Geral da Organização dos Estados Americanos, assinada em Belém do Pará, em 09.06.1994, até o momento da conclusão deste artigo, o Poder Executivo ainda não tinha efetivado tal ato, deixando de editar o decreto do Poder Executivo para internalizar tal instrumento. O mesmo ocorre com a "Convenção Internacional para a Proteção de todas as pessoas contra o Desaparecimento Forçado", assinada em Paris, em 06.02.07, cujo texto foi aprovado pelo Decreto Legislativo nº 661/2010.

Ditadura e Justiça de Transição na Argentina[8]

A ditadura argentina se iniciou com um golpe de Estado em 24 de março de 1976, quando integrantes das três forças armadas e outros tantos civis instauraram um governo de fato, dissolveram o Congresso, destituíram as autoridades do Poder Executivo e vários magistrados. Esta se prolongou até 1983, quando se reinstalou a democracia.

Dentre os crimes praticados por funcionários do Estado, pelo governo contra a população civil que resistia à ditadura instaurada, observa-se a concepção de um plano sistemático e generalizado de repressão contra seus inimigos políticos.[9] Nesse sentido, esse plano foi articulado, entre as décadas de 1970 e 1980, com outros governos ditatoriais da América do Sul, além da Argentina, o Uruguai, Chile, Bolívia, Paraguai e Brasil, no acordo que ficou conhecido como "Plano Condor", resultado da união entre as forças armadas e de segurança desses países para eliminar seus opositores políticos.

Esse plano de repressão consistia em colocar em marcha um sistema de informação e inteligência para identificar seus opositores, com a outorga aos quadros inferiores das forças armadas e policiais de um alto grau de discricionariedade para privar de liberdade todos que parecessem suspeitos, ou subversivos, cabendo a esses decidir o destino final dessas pessoas, se seriam enviadas para julgamento perante a Justiça Militar, ou mesmo sua eliminação física. O método empregado para colher provas e identificar os suspeitos era a tortura física e mental.[10]

Os "desaparecidos" foram aqueles sequestrados pelos agentes estatais, cujo paradeiro foi ocultado, sem que tenham tido formalmente qualquer processo judicial. Até hoje seus corpos não foram encontrados. Além do sequestro e da privação da liberdade, alguns casos incluíam ainda o saque nas casas das vítimas e a apropriação de menores de idade, filhos dos "subversivos", e de bebês nascidos em cativeiro, que tiveram sua identidade suprimida e alterada, que foram entregues à adoção de terceiros ou mesmo foram criados por famílias de militares, com ocultação de sua origem.

---

[8] As autoras agradecem as imprescindíveis informações e dados sobre a situação da Argentina, trazidos por Javier Augusto De Luca, professor de Direito Penal da Faculdade de Direito da Universidade de Buenos Aires, em sua conferência sobre *Delitos de lesa humanidad durante la dictadura y suen juiciamiento en democracia*, proferida na Conferência Iberoamericana de Direito Penal, realizada em Salvador, Bahia, de 16 a 18 de setembro de 2010.

[9] Cf. DE LUCA, conferência citada acima.

[10] *Ibidem*.

No final da ditadura, os governantes militares editaram normas com o intuito de destruir toda a documentação relacionada com a *"lucha contra la subversión"*,[11] e também instituíram uma autoanistia denominada de "Ley de Pacificación Nacional", dirigida tanto para militares e forças de segurança como os civis que teriam praticado atos subversivos ou terroristas.[12]

Após o período militar de extremo autoritarismo sobre a população, na década de oitenta, uma grave recessão econômica e a derrota na Guerra das Malvinas[13] acabaram por desmoralizar o governo militar. A pouca legitimidade dos ditadores no poder levou à convocação de eleições diretas, tendo sido eleito presidente, em outubro de 1983, Raúl Alfonsín, um dos mais antigos advogados de direitos humanos e atuante na defesa dos presos políticos durante a ditadura, iniciando um governo civil com o compromisso de apurar o ocorrido nos "anos de chumbo".

No final de 1983, foi instaurada na Argentina a Comissão da Verdade Ernesto Sabato,[14] que compilou milhares de relatos e testemunhos tanto de sobreviventes do regime, de familiares de desaparecidos e mortos, como de militares e policiais, produzindo o relatório *Nunca Más*. Nessa mesma época, o Congresso declarou a nulidade da anistia prevista na Lei nº 23.040, e o novo governo democrático encaminhou à Justiça o processo contra os militares que comandaram as forças armadas que coordenaram esse plano sistemático de repressão aos dissidentes políticos.

A partir desse relatório foi que se iniciaram os processos contra milhares de dirigentes do regime militar e de responsáveis pelas inúmeras violações aos direitos humanos, ao mesmo tempo em que o novo governo civil de Raúl Alfonsín promovia reparações às famílias e vítimas do regime militar. Nesse mesmo ano de 1983, o país ratificou a Convenção sobre a Imprescritibilidade dos Crimes de Guerra e contra a Humanidade da ONU.

---

[11] Decreto PEN nº 2726, de 19.10.83.
[12] Decreto-Lei nº 22.924. Cf. SANCINETTI, Marcelo A.; FERRANTE, Marcelo. *El Derecho penal en la protección de los derechos humanos*. Buenos Aires: Hammurabi, 1999. p. 456.
[13] PEREIRA, Anthony W. *Ditadura e repressão, op. cit.*, p. 244.
[14] O Poder Executivo criou, pelo Decreto nº 187/1983, "La Comisión Nacional sobre Desaparición de Personas" (CONADEP). Cf. CESANO, José Daniel. *Derechos humanos, sistema penal y cuestión militar en la República Argentina*: de una justicia retroactiva a una justicia revisionista. Disponível em: <http://robertexto.com/archivo12/derhuman_sistpenal.htm>. Acesso em: 31 out. 2011.

Os processos judiciais contra os comandantes militares argentinos resultaram na condenação à prisão, em 09.12.85, de cinco[15] dos dirigentes máximos do antigo regime militar,[16] considerados como responsáveis pelas prisões ilegais, torturas, saques, homicídios, desaparecimentos forçados, dentre outras condutas delituosas. Juridicamente, a base para a condenação desses como autores das condutas praticadas por seus subordinados dentro de um "Plano Sistemático" estava na adoção da teoria do "domínio da vontade em virtude de um aparato organizado de poder", de Claus Roxin, segundo o qual podem ser responsáveis pelos delitos aqueles que têm o controle da ação, ainda que não tenham diretamente praticado o delito, por autoria mediata.[17]

Diante dessa condenação, que revoltou militares que pressionaram o governo, e também pelo grande número de processos criminais envolvendo atores menores da hierarquia governamental que lotavam os tribunais argentinos, o próprio presidente Alfonsin editou a "Lei de Ponto Final" em 1986,[18] que estabeleceu que ações penais não propostas até certa data não poderiam mais ser exercidas no futuro, e a "Lei de Obediência Devida", de 1987,[19] que anistiava os militares de menor patente que cometeram crimes durante o período militar cumprindo ordens de seus superiores. Posteriormente, já no Governo Menem (a partir do final de 1989), os poucos condenados e os casos restantes que ainda não tinham sido julgados, ou encerrados, foram indultados, por

---

[15] Ao todo foram sete condenações, se considerarmos mais os casos dos ex-Chefes de Polícia da Província de Buenos Aires ("Policía Bonaerense").

[16] Ver a sentença na "Colección de Fallos de la Corte Suprema de Justicia de la Nación, t. 309, v. I, II". Disponível em: <http://www.csjn.gov.ar>.

[17] ROXIN, Claus. Voluntad de dominio de la acción mediante aparatos de poder organizados. *Doctrina Penal*. Buenos Aires: Depalma, Año 8, 1985. p. 399 *et seq*.

[18] A "Ley" nº 23.492 ("punto final") estabelecia, em seu art. 1º) que: "[s]e extinguirá la acción penal contra todo miembro de las fuerzas armadas, de seguridad, policiales y penitenciarias imputado por su presunta participación, en cualquier grado de autoría, en delitos que pudieran haberse cometido con motivo u ocasión de hechos acaecidos en el marco de la represión, hasta el 10 de diciembre de 1983, que no fuere citado a prestar declaración indagatoria por tribunal competente dentro de los sesenta (60) días corridos contados a partir de la fecha de promulgación de la presente ley, o que, habiéndolo sido con anterioridad, no se encuentre procesado o no lo fuere dentro de dicho plazo".

[19] A "Ley" nº 23.521 ("obediencia debida") dispunha, em seu artigo 1º que: "[s]e presume sin admitir prueba en contrario que quienes a la fecha de comisión del hecho revistaban como oficiales jefes, oficiales subalternos, suboficiales y personal de tropa de las fuerzas armadas, de seguridad, policiales y penitenciarias, no son punibles por los delitos a que se refiere el artículo 10, punto 1, de la ley 23.040 por haber obrado en virtud de obediencia debida. En tales casos se considerará de pleno derecho que las personas mencionadas obraron en estado de coerción bajo subordinación a la autoridad superior y en cumplimiento de órdenes, sin facultad o posibilidad de inspección, oposición o resistencia a ellas en cuanto a su oportunidad y legitimidad".

meio de decretos presidenciais.[20] Ao mesmo tempo, optou-se pelo foco à reparação civil das vítimas, desaparecidos, mortos e injustamente detidos.[21]

Nessa mesma época, mais especificamente em julho de 1988, a Corte Interamericana de Direitos Humanos decidiu, no emblemático caso "Velásquez Rodríguez vs. Honduras"[22] a obrigação dos Estados de prevenir, investigar e punir violações aos direitos humanos, e especificamente de identificar os responsáveis, impor-lhes sanções e assegurar a devida reparação às suas famílias.

Especificamente, em relação à situação da Argentina, o Comitê contra a Tortura se manifestou em repúdio às medidas de impunidade da Argentina,[23] assim como a Comissão Interamericana de Direitos Humanos, em seu Informe nº 28/92, de 02.10.92, se pronunciou especificamente sobre a incompatibilidade das Leis de Ponto Final e Obediência Devida e dos Indultos com a Convenção Interamericana de Direitos Humanos (Pacto de San Jose), recomendando à Argentina a adoção das medidas necessárias para apurar os fatos e responsabilizar os autores de tais violações ocorridas na ditadura militar.

Em 1995, tem-se um marco importante na história dos direitos humanos na Argentina, com ratificação da Convenção da ONU pela Imprescritibilidade dos Crimes de Guerra e de Lesa Humanidade, que posteriormente recebeu hierarquia constitucional.[24]

É importante registrar que, durante a ditadura, a Argentina não ratificou nenhum tratado de direitos humanos, mas, com o retorno à

---

[20] O indulto beneficiou uma centena de militares que respondiam a processos e também civis acusados de terem praticados atos subversivos, conforme os Decretos "del Poder Ejecutivo Nacional" nºs 1.002/89, 1.003/89, 1.004/89 y 1.005/89. Disponível em: <http://www.infoleg.gov.ar>.

[21] SANCINETTI, Marcelo A.; FERRANTE, Marcelo. El Derecho penal en la protección de los derechos humanos. Buenos Aires: Hamurabi, 1999. p. 459.

[22] Em seu primeiro julgamento de mérito, a Corte considerou que o fenômeno do desaparecimento é uma forma complexa de violação de direitos humanos que fere de maneira múltipla e contínua diversos direitos reconhecidos na Convenção, e declarou que o sequestro desrespeita o artigo 7º da CADH, ao privar arbitrariamente a liberdade de alguém, impedir seu acesso a um juiz e a recursos capazes de controlar a legalidade da sua prisão. Além disso, o artigo 5º da Convenção seria violado em virtude das torturas aplicadas e do isolamento prolongado da vítima, que representariam um tratamento cruel e desumano lesivo à sua liberdade psíquica, moral e dignidade humana. As frequentes execuções dos detidos e ocultação de seus corpos constituiriam a inobservância do direito à vida, tutelado pelo artigo 4º do tratado. CIDH. Caso Velásquez Rodríguez vs. Honduras. Sentença de 29 de julho de 1988. Serie C, nº 4. §150, 154.

[23] Comunicações nº 1/1988, nº 2/1988, nº 3/1988.

[24] A Convenção sobre Imprescritibilidade de Crimes de Guerra e Crimes contra a Humanidade foi finalizada em 26.08.68, teve seu texto aprovado pela Argentina em 1995 (Lei nº 24.584), e teve conferido status constitucional naquele país em 2003, pela Lei nº 25.778.

democracia, vários foram os documentos internacionais firmados e internalizados. Somente alguns anos depois, em 1994, a Argentina incorporou ao texto constitucional os tratados internacionais de direitos humanos, com a Reforma Constitucional,[25] na forma de um bloco de constitucionalidade, com hierarquia constitucional, no art. 75, inciso XXII da Constituição Argentina.[26]

Os reflexos dessa Reforma Constitucional de 1994 e, notadamente, da constitucionalização dos tratados internacionais de direitos humanos, foram importantes, especialmente com a revogação, em 1998, pelo Congresso argentino[27] de ambas as leis de anistia, sendo dada continuidade aos processos judiciais contra os militares, em que pese a existência de questionamentos por parte de alguns juízes que se negaram a reabrir os casos sob o argumento da lei penal mais favorável ao réu, considerando que o Congresso não poderia declarar inexistente uma lei que tinha gerado efeitos.

Ao avaliar a evolução no direito argentino, Zaffaroni considera positiva e necessária a incorporação dos tratados de direitos humanos na Constituição, e reconhece vantagens práticas em tal inclusão.[28]

Porém, o passo final para a concretização do avanço da responsabilização dos autores de crimes contra a humanidade na Argentina ocorreu quando a Corte Suprema Argentina, a partir de 2000, decidiu, em diversos casos,[29] pela inconstitucionalidade das leis de anistia, harmonizando a jurisprudência argentina com base nos tratados internacionais de direitos humanos que, à época, já tinham caráter constitucional no ordenamento jurídico argentino.[30] Entre militares, policiais, membros dos órgãos de inteligência e civis, foram condenadas 196 pessoas pelos

---

[25] MALARINO, Ezequiel. Informe Nacional Argentina. In: AMBOS, Kai; MALARINO, Ezequiel (Coord.). *Persecução penal internacional na América Latina e Espanha*. São Paulo: IBCCRIM, 2003. p. 40.

[26] Nesse sentido, foi proposto que o Brasil seguisse a mesma estratégia, vide BATISTA, V. O.; BOITEUX, L.; PIRES, Thula Rafaela. A Emenda Constitucional nº 45/2004 e a constitucionalização dos Tratados Internacionais de Direitos Humanos no Brasil. *Revista Jurídica Virtual*. Presidência da República, v. 10, p. 3, 2008. Trata-se de Relatório de Pesquisa produzido pelo Grupo de Pesquisas em Direitos Humanos da FND/UFRJ, financiado pelo Ministério da Justiça, no Projeto "Pensando o Direito".

[27] Por meio da Lei nº 24.952.

[28] ZAFFARONI, Eugenio Raúl. Palestra proferida na Comissão de Direitos Humanos e Minorias na Câmara dos Deputados, publicada no *Diário da Câmara*, Brasília, 15 ago. 2008. p. 38204.

[29] Vide os casos "Arancibia Clavel" (Fallos 327: 3312); "Símon" (Fallos 328: 2056) e "Mazzeo" (Fallos: 330: 3248). Disponível em: <http://www.csjn.gov.ar/jurisprudencia.html>.

[30] ZURUETA, Federico. Juzgamiento de los ilícitos penales cometidos por membros de las Fuerzas de seguridad durante la vigência de regímenes dictatoriales en Argentina. *Revista Brasileira de Ciências Criminais*, São Paulo, v. 17, n. 76, p. 193, jan./fev. 2009.

crimes cometidos durante a ditadura militar argentina,[31] sendo este um exemplo importante para a América Latina e para o mundo.

Em termos jurídicos, a base para a punição dos responsáveis pelos crimes contra os opositores políticos na Argentina estava em decisões da Suprema Corte, conforme o exemplo do caso Arancibia Clavel. Nesse processo, ele foi acusado, entre março de 1974 e novembro de 1978, por associação ilícita (quadrilha) instalada dentro de um órgão de inteligência chileno — DINA — com pelo menos dez membros e cuja atividade seria a perseguição de opositores do regime de Pinochet que se encontravam exilados na Argentina. O condenado teria cometido sequestros, torturas, subtração de identidades e sua reutilização sob prévia falsificação, além de outras violações aos direitos humanos.[32] Diante disso, a Suprema Corte Argentina entendeu que os crimes dos quais o réu era acusado, homicídios, desaparecimentos forçados e outros, como a associação ilícita (quadrilha), seriam crime de lesa humanidade, conforme reconhecido pela Constituição Argentina em seu artigo 118, exigindo assim a devida persecução penal.[33]

Em relação à prescrição, foi identificada pela Corte uma exceção a essa regra no caso de crimes contra a humanidade, por sua magnitude, significação histórica e maior possibilidade de ser reprovável, pois afetam até a comunidade internacional.[34] Foi citada, inclusive, a assinatura da Convenção sobre a Imprescritibilidade dos Crimes de Guerra e contra a Humanidade pela Argentina, e sua posterior ascensão à hierarquia constitucional, o que ocorreu após o cometimento dos crimes pelo acusado na causa em questão. Apresentou-se assim, na Corte, a problemática da retroatividade da lei confrontada com o princípio *nulla poena sine lege*.

A esse respeito, a Suprema Corte Argentina considerou, em seu julgado, que o principal fundamento da imprescritibilidade dos crimes de lesa humanidade estaria no fato destes serem cometidos geralmente pelas agências do Estado, ou seja, por aqueles que possuem o controle do poder punitivo e que, através dessas agências, atuam fora do controle do direito penal. Sendo assim, afirmou, não é correto se fazer

---

[31] Dados do Ministério Público Federal da República Argentina. Disponível em: <http://www.mpf.gov.aar/index.asp?page=Acessos/DDHH/ddhh1.html>.
[32] ARGENTINA. Corte Suprema de Justicia de La Nación. A. 533. XXXVIII. Recurso de Hecho. Arancibia Clavel, Enrique Lautaro s/ homicídio calificado y asociación ilícita y otros – causa nº 259 - 2004. p. 1.
[33] *Idem*, p. 10.
[34] ARGENTINA. Corte Suprema... *op. cit.*, p. 11.

um julgamento pretendendo legitimar o poder genocida do Estado, utilizando-se o mesmo poder punitivo desse Estado, só que agora limitado, com um suposto efeito preventivo. Segue-se afirmando que não é razoável garantir a prescrição de tais crimes, ou seja, a extinção das ações penais em relação a delitos que afetam a humanidade.[35] Consta, ainda, dos autos do Caso Arancibia Clavel que o condenado praticava os supracitados crimes de lesa humanidade como agente direto do Estado chileno, dentro de sua nação e fora desta também, atuando de forma ilimitada encoberto pelo poder punitivo estatal.

Ao analisar a questão da retroatividade, tendo em vista que a ação incriminada teria sido praticada antes da ratificação da referida convenção, a Suprema Corte Argentina concluiu que a imprescritibilidade representava, na verdade, uma evolução do direito internacional dos direitos humanos como meio de cristalização dos princípios e costumes internacionais, já vigentes desde a década de 1960, e afirmou que, no período do cometimento de tais graves crimes, o Estado argentino já reconhecia o costume internacional acerca da imprescritibilidade dos crimes de lesa humanidade e buscava fortalecer o princípio na comunidade internacional.[36] Em consequência, os crimes pelos quais Arancibia Clavel fora condenado já eram imprescritíveis na Argentina, que reconhecia o costume internacional, não havendo que se falar em aplicação retroativa da referida convenção, mas sim na aplicação de um costume internacional, vigente nos anos sessenta, aderido pelo Estado argentino.[37]

Assim, a Suprema Corte entendeu que aplicar, neste caso, as disposições de direito interno sobre prescrição violaria o dever do Estado de perseguir e sancionar as afrontas aos direitos humanos e, consequentemente, as garantias assumidas frente ao direito internacional.[38] Nesse sentido, prevaleceu o entendimento na Argentina de que os crimes contra a humanidade são imprescritíveis, com base no costume internacional e na Convenção, bem como foram consideradas inconstitucionais as leis de anistia naquele país. Na opinião de Raúl Zaffaroni, é a ratificação do tratado que sustenta a imprescritibilidade das ações penais nos crimes contra a humanidade, ratificando ou confirmando o que já era *jus cogens*. Com essa base jurídica, afirma Zaffaroni que:

---

[35] ARGENTINA. Corte Suprema... *op. cit.*, p. 1-12.
[36] *Idem*, p. 13-14.
[37] ARGENTINA. Corte Suprema..., *op. cit.*, p. 15.
[38] *Idem*, p. 18.

La imprescriptibilidad que hoy consagran las leyes e las costumbres internacionales y que otrora no establecían, pero que también deben considerarse imprescriptibles, es fruto de la carencia de legitimidad del derecho penal para contener el poder punitivo en estos casos. No hay argumento jurídico (ni ético) que le permita invocar la prescripción. En los crimenes recientes, está consagrada en la ley internacional y en los más lejanos, en la costumbre internacional; en los crimenes de lesa humanidad remotos, tampoco puede el derecho penal invocar la prescripción porque estaría consagrada la autoimpunidad (legitimarían las consecuencias de un crimen los propios autores, para ellos mismos y para sus desciendentes).[39]

A partir daí, apesar dos avanços, não estava ainda resolvida a situação da nulidade das Leis de Ponto Final e de Obediência Devida, o que foi definido no caso Simon, em 2006, bem como, em 2007, foi decidida a questão dos indultos, sendo finalmente reabertos os processos contra os criminosos da ditadura militar.

A partir dessa experiência histórica da Justiça de Transição na Argentina, se questiona qual teria sido a importância da busca pela verdade mediante a apuração desses crimes para a reconstrução democrática naquele país. Segundo Zaffaroni, na Argentina a experiência foi positiva, porque o julgamento dos "Comandantes" levou à consciência pública a dimensão do crime cometido. Para ele, esta não é uma questão puramente política ou ideológica, mas uma questão criminal, explicando que, diferentemente do Chile, onde Pinochet teve sempre um certo apoio político, na Argentina nenhum político se propôs a defender a ditadura para ganhar votos numa eleição nacional. Nesse sentido, ele considera que "os processos contribuíram na criação dessa consciência" e chamaram a atenção para o grande número de mortos e desaparecidos, com um grau de primitivismo, de maldade, comparando o governo militar argentino a uma máquina organizada para matar e torturar gente. Nesse contexto, Zaffaroni aponta para a diferença entre a criminalidade de Estado e a criminalidade individual: "Uma coisa é que alguém seja torturado numa Delegacia de Polícia, com a negligência daquele que tem que controlar; outra coisa é que isso seja um aparelho perfeitamente organizado".[40]

---

[39] ZAFFARONI, Eugenio Raúl. Notas sobre el fundamento de la imprescritibilidad de los crímenes de lesa humanidad. *En torno da cuestion penal.* Montevideo, Buenos Aires: B de F Editorial, 2005. p. 253-266.

[40] ZAFFARONI, Eugenio Raúl. Palestra proferida na Comissão de Direitos Humanos e Minorias na Câmara dos Deputados, *op. cit.,* p. 38213.

Por outro lado, autores como Daniel Pastor criticam a posição da Argentina, ao reconhecerem essa postura das Cortes na repressão "retroativa" aos crimes da ditadura como uma forma de "neopunitivismo", por partir da premissa de que existiria um suposto "direito constitucional ao castigo", o que não é aceito pelo autor.[41]

Diante da experiência argentina, se constata que a rejeição da anistia e a opção política pela efetivação de uma Justiça de Transição que envolveu o resgate da memória, indenizações e repressão penal individual na Argentina estava aliada a uma compreensão atual do direito internacional dos direitos humanos, pela prevalência de convenções e tratados às leis da ditadura.

O expurgo dos militares da vida política com a ascensão ao poder de um presidente civil conhecido por sua militância pelos direitos humanos e a reconstrução democrática realizada mediante o rompimento radical com o regime anterior são características peculiares da política argentina na transição para a democracia, após a ditadura militar.

Por outro lado, no Brasil, como se verá a seguir, a situação é radicalmente diferente em relação à resposta democrática às violações de direitos humanos, pois nunca sequer se abriu um processo criminal para apurar o que ocorreu naquele período.

As causas para essa atitude são várias, podendo ser destacadas tanto a falta de vontade política de falar do passado, como se observa na postura do governo e do Congresso, que poderiam ter proposto a revogação da Lei de Anistia, mas não o fizeram, quanto jurídica, eis que o Brasil nunca assinou nem ratificou a Convenção sobre a Imprescritibilidade e, apesar de ter assinado as convenções interamericana e internacional sobre desaparecimento forçado, até hoje não internalizou tais instrumentos. A decisão do Supremo Tribunal Federal (STF), como se verá a seguir, é mais um reflexo dessa falta de vontade política, somada a uma visão conservadora do direito internacional em nosso país, que ainda precisa avançar muito.

Destaque-se que o Brasil só começou a ratificar tratados de direitos humanos a partir da década de noventa, ou seja, depois da Argentina, o que demonstra a tardia inserção do país no sistema internacional de direitos humanos e talvez possa explicar as diferenças em relação aos dois países quanto à apuração das violações de direitos humanos ocorridas no regime de exceção.

---

[41] PASTOR, Daniel R. La deriva neopunitivista de organismos y activistas como causa del desprestigio actual de los Derechos Humanos. *Nueva doctrina penal*. Buenos Aires: Ediciones del Puerto, 2005/A.

Ditadura e transição democrática no Brasil

O golpe de Estado brasileiro da década de sessenta, que levou os militares ao poder, utilizou como estratégia *um novo tipo de intervenção penal*, com formas específicas de repressão política. Sob a égide da ideologia da segurança nacional[42] foram criados tribunais de exceção, instaurados inquéritos militares destinados a prender e conter "subversivos": os oponentes da ditadura militar. Instaurou-se, então, um sistema penal autoritário, que ressuscitou penas cruéis já abolidas de nosso ordenamento jurídico há muito tempo, que se instrumentalizava por meio de arbitrárias prisões políticas e desaparecimentos forçados, tortura e violência policial, além da censura e outras tantas violações de direitos humanos e garantias individuais, tal como o *habeas corpus*.

Ao contrário do golpe argentino, o golpe militar brasileiro teve certo apoio popular, devido à falta de conhecimento acerca dos rumos do governo de João Goulart, identificado à época como comunista. Em 1964, não havia uma esquerda armada forte e as Forças Armadas tomaram o poder para "salvar" a nação de um governo supostamente tendente ao socialismo, como redigido no AI-1.[43] Contudo, não se pode afirmar que o Congresso deu pleno apoio e espaço para a tomada de poder pelos militares, pois, na verdade, este acabou subjugado e mantido em posição de refém do governo que se autointitulava legítimo.

A manutenção do Congresso, aberto por praticamente todo o período militar, e a atuação dos tribunais militares nos processos criminais contra os opositores políticos, marcaram o período militar brasileiro com uma "legalidade autoritária" mais presente que no regime argentino. Como já visto, o regime brasileiro foi menos letal que o argentino, consequência da conjuntura no momento da tomada do poder.

No início da ditadura, em virtude da atuação do Supremo Tribunal Federal, que continuava a aplicar as leis democráticas ainda vigentes e zelava pelo seu cumprimento, foi editado pelo governo militar o Ato

---

[42] A ideologia da segurança nacional foi trazida para a América Latina após a Guerra da Argélia, por autores franceses, e preconizava a existência de uma guerra entre o comunismo e o resto do mundo, e propunha a instrumentalização para o aniquilamento do "perigo vermelho" através de uma militarização da sociedade, com a preponderância do bem jurídico "segurança nacional" sobre os demais bens jurídicos e sobre os direitos do homem. O ordenamento jurídico serve de instrumento para essa "guerra interna". O sacrifício da liberdade e dos direitos humanos era o instrumento da garantia da "ordem", contra o inimigo comum a ser combatido nessa guerra interna: o dissidente político (ZAFFARONI, Eugenio Raúl; PIERANGELI, José Henrique. *Direito penal brasileiro*. São Paulo: Revista dos Tribunais, 1997. p. 363).

[43] PINHEIRO, Luiz Adolfo. *A República dos Golpes (de Jânio a Sarney)*. São Paulo: Best Seller, 1993. p. 198.

Institucional nº 2, de 1965, que aumentou o número de ministros do Supremo Tribunal Federal e estendeu a competência da Justiça Militar para julgar todos os crimes políticos (ditos contra a segurança nacional). O marco da radicalização do regime militar foi a promulgação do Ato Institucional nº 5, em 13 de dezembro de 1968, pelo novo presidente, General Costa e Silva,[44] que institucionalizou o regime ditatorial, fechando o Congresso e suspendendo direitos e garantias individuais ao suprimir o *habeas corpus*, o que acarretou uma "virtual autorização para o constrangimento ilegal",[45] além de cassar mandatos de congressistas, e aposentar três ministros do Supremo.[46] Destaque-se que a justificativa dada pelo governo militar para a edição do AI-5 e o fechamento do Congresso teria sido a negação da licença para "processar o deputado federal Márcio Moreira Alves, do MDB, que havia discursado da tribuna da Câmara denunciando a violência policial e militar exercida contra as passeatas estudantis".[47]

A intensificação da repressão desencadeou a radicalização da criminalidade política, com a prática de sequestros de autoridades, assaltos a bancos e outros crimes, o que serviu de justificativa para a edição de medidas de exceção, tal como a emenda à Lei de Segurança Nacional, que aumentou as penas e incluiu certos delitos, tal como assalto a banco, no rol dos crimes contra a segurança nacional, de competência da Justiça Militar.

Em 1969, com o afastamento do presidente Costa e Silva, uma Junta Militar preparou novo texto constitucional, por meio de emendas, e instituiu a pena de morte e prisão perpétua, além da deportação e confisco de propriedades, no caso de "guerra psicológica, subversiva ou revolucionária".[48] No mesmo ano, o Decreto nº 510 agravou as penas e qualificou como crimes políticos fatos que até então eram considerados crimes comuns, enquanto o Decreto nº 898 reintroduziu em nosso país a pena de morte e a de prisão perpétua para infrações políticas.[49]

---

[44] É interessante notar que, no Brasil, ainda há diversas ruas com nomes de militares ditadores, como é o caso da Ponte Rio-Niterói, batizada de "Ponte Presidente Costa e Silva", o que comprova que o Brasil ainda não superou o seu passado autoritário.

[45] Cf. FRAGOSO, Heleno. *Advocacia da liberdade*: a defesa nos processos políticos. Rio de Janeiro: Forense, 1984. p. 12.

[46] Foram cassados os Ministros Hermes Lima, Victor Nunes Leal e Evandro Lins e Silva.

[47] BRASIL. Secretaria Especial dos Direitos Humanos. Comissão Especial sobre Mortos e Desaparecidos Políticos. *Direito à verdade e à memória*. Brasília: Secretaria Especial dos Direitos Humanos, 2007. p. 26.

[48] Por meio do Ato Institucional nº 14/69, que alterou o §11 do art. 150 da Constituição de 1967.

[49] Em quinze tipos penais, dentre os quarenta previstos na Lei de Segurança Nacional, havia a previsão de pena de morte como pena única, ou com a alternativa de prisão perpétua.

Ressalte-se que, oficialmente, a pena de morte acabou não sendo aplicada, mas "na prática, ela foi aplicada de maneira 'branca'. Desde 1964, opositores vinham sendo assassinados, por 'acidente' ou 'intencionalmente',[50] pelos órgãos de segurança do governo. Mas esses fatos nunca foram apurados oficialmente pelo Estado brasileiro. Apesar de alguns 'subversivos' terem sido condenados à pena capital, todos tiveram suas penas comutadas para prisão perpétua pelo Superior Tribunal Militar".[51]

O ano de 1969 se destaca pela posse do General Emílio Médici, com a repressão em crescimento vertiginoso, sendo seu governo considerado o mais brutal e violento, com a disseminação do uso da tortura. Nos porões da ditadura, "a tortura se institucionalizou e passou a ser rotina da investigação criminal, levada a cabo por serviços especiais das três armas".[52] Como se observa, como todo regime de exceção, o governo militar buscou, por meio de intensa repressão penal, neutralizar a oposição ou qualquer outro movimento que discordasse da nova ordem, utilizando o direito penal severo para garantir e preservar a ordem ditatorial.[53]

Para isso, utilizava como justificativa ideológica a doutrina da segurança nacional, de forma a fundamentar a perseguição política, a imposição de pesadas penas, ou mesmo o encarceramento sem processo e as graves torturas com finalidades diversas impostas a qualquer suspeito de ser opositor do governo militar.

Conforme amplamente narrado pelos historiadores do período, durante o estado de exceção agentes públicos, atuando como mãos

---

[50] FREIRE, Alípio; ALMADA, Izaías; PONCE, J.A. de Granville (Org.). *Tiradentes, um presídio da ditadura*: memórias de presos políticos. São Paulo: Scipione Cultural, 1997. p. 26.

[51] Apesar de inserido no contexto do Governo Militar, que ampliou sua competência para julgar crimes considerados contra a segurança nacional, o Superior Tribunal Militar, nessa época sombria, atuou no cumprimento da lei: "alguns grandes magistrados, militares e togados, recusaram-se ao papel de guardiões da violência punitiva revolucionária, proferindo decisões memoráveis, no estrito cumprimento da lei". Cf. FRAGOSO, Heleno. *Advocacia da liberdade...*, op. cit., p. 6-7. Nesse sentido, o STM transformou todas as condenações à morte anunciadas pelas instâncias inferiores em prisão perpétua.

[52] FRAGOSO, Heleno. *Advocacia da liberdade...*, op. cit., p. 12.

[53] Neste sentido anota Heleno Fragoso que "é o direito penal um dos mais rapidamente afetados pelos movimentos revolucionários [...] através da formulação de um conjunto de normas penais, invariavelmente de grande severidade, para a tutela de bens e interesses de particular relevância para a nova ordem política que se estabelece, entre as quais normas penais tendentes a garantir e preservar a própria revolução, incriminando-se toda atividade direta ou indiretamente contra-revolucionária". Cf. FRAGOSO, Heleno. *Advocacia da liberdade...*, op. cit, p. 2.

armadas de uma política estatal de extermínio e neutralização de opositores políticos, praticaram crimes e abusos contra os que consideravam "subversivos", tendo sido práticas comuns prisões ilegais, maus tratos, torturas, sequestros, cárcere privado, abusos sexuais e desaparecimentos forçados.

Para Fábio Konder Comparato, "os torturadores e matadores" não atuaram clandestinamente, mas eram agentes oficiais do Estado brasileiro, tendo sido muitos deles, inclusive, premiados e promovidos por esses atos de "terrorismo estatal",[54] ou seja, as violações de direitos humanos eram ações organizadas de criminalidade de Estado, e os crimes perpetrados não eram atos isolados de determinados indivíduos, mas faziam parte dos planos do regime. Nesse sentido, há semelhança com o que aconteceu na Argentina.

Em 1974 o General Ernesto Geisel assumiu a presidência, dando início a um processo de gradual abertura política rumo à redemocratização, na forma de um programa de "abertura lenta, gradual e segura". No segundo semestre de 1975, foi suspensa parcialmente a censura à imprensa, mas um acontecimento grave fez voltar à tona a situação da repressão política e a violência praticada nos porões dos órgãos de segurança: o assassinato do jornalista Vladimir Herzog, preso político, em um cárcere paulista.[55] Destaque-se, portanto, que nem os "bons ventos" do início do processo de abertura política fizeram com que as violências praticadas nos porões da ditadura cessassem.

O sistema penal brasileiro somente começou a voltar à normalidade em 1978,[56] mesmo ano no qual o Congresso Nacional aprovou a nova Lei de Segurança Nacional (nº 6.620/78), abolindo a pena de morte instituída pelos militares e a prisão perpétua para os crimes nela previstos, e reduzindo as demais sanções, permitindo a libertação de presos políticos que puderam obter o livramento condicional. Em 1979, se inicia, de fato, a abertura política, com a revogação do AI-5. No aspecto político, tal estratégia, iniciada por Geisel, de forma bastante gradativa, foi concluída pelo seu sucessor, General João Figueiredo, na

---

[54] COMPARATO, Fábio Konder. Uma questão de honra. *Folha de S. Paulo*, 18 jun.1996.

[55] O Comandante do II Exército atribuiu a morte de Herzog a "suicídio", tendo ocorrido logo em seguida outro assassinato, do operário Manoel Fiel Filho, nas mesmas circunstâncias, inclusive com a informação oficial de que a vítima teria se suicidado. Diante dessas ocorrências atribuídas aos setores "linha dura" das Forças Armadas, o presidente Geisel se viu obrigado a demitir o referido comandante. Por tal crime de que foi vítima o jornalista, sua família moveu um inédito processo judicial, a fim de responsabilizar o Estado pela sua morte. Tal ação foi julgada procedente.

[56] Com a Emenda Constitucional nº 11, que aboliu formalmente as penas de morte, perpétua e de banimento, vigentes no período mais intenso da repressão.

presidência do qual foi aprovada pelo Congresso a Lei de Anistia (Lei nº 6.683, de 28.08.79).[57]

O Brasil e a Lei de Anistia

Diferentemente do que foi visto no regime autoritário argentino, no Brasil havia uma proximidade entre os militares e o Judiciário, promovendo atos institucionais que mantiveram o Congresso controlado pelas Forças Armadas de maneira mais estável que o regime argentino. Devido à sua autolegitimação mantida fortemente durante os anos de regime, no final da ditadura militar no Brasil não se vislumbraram sinais de justiça transicional efetiva, e se intencionava o esquecimento. Com a Lei de Anistia, a força e o prestígio remanescentes dos militares, ainda no final de governo, foram utilizados para garantir a segurança dos membros das Forças Armadas envolvidos nas violações dos direitos humanos.

Nesse sentido, ao comentar a situação política da época, Renato Lemos afirma que:

> "[...] a anistia de 1979 resultou de uma grande transação entre setores moderados do regime militar e da oposição, por iniciativa e sob o controle dos primeiros", e destaca a resistência da oposição militar de direita, que não queria a abertura e se opunha à anistia, contrariamente à linha seguida por Geisel e Figueiredo. Por outro lado "a oposição à esquerda exigia uma 'anistia ampla, geral e irrestrita' [...], acompanhada da apuração dos crimes praticados por funcionários do Estado contra opositores políticos e punição dos culpados. Na guerra pela memória da anistia, surgem indícios, no entanto, de que setores oposicionistas tinham uma proposta mais limitada".[58]

É interessante notar, por outro lado, que a anistia é defendida oficialmente, até hoje, como um passo importante para a redemocratização

---

[57] Art. 1º É concedida anistia a todos quantos, no período compreendido entre 02 de setembro de 1961 e 15 de agosto de 1979, cometeram crimes políticos ou conexo (*sic*) com estes, crimes eleitorais, aos que tiveram seus direitos políticos suspensos e aos servidores da Administração Direta e Indireta, de fundações vinculadas ao poder público, aos Servidores dos Poderes Legislativo e Judiciário, aos Militares e aos dirigentes e representantes sindicais, punidos com fundamento em Atos Institucionais e Complementares (vetado). §1º Consideram-se conexos, para efeito deste artigo, os crimes de qualquer natureza relacionados com crimes políticos ou praticados por motivação política. §2º Excetuam-se dos benefícios da anistia os que foram condenados pela prática de crimes de terrorismo, assalto, seqüestro e atentado pessoal.

[58] LEMOS, Renato. Anistia e crise política no Brasil pós-1964. *Topoi*, Rio de Janeiro, p. 293, dez. 2002.

do país, pois "permitiu o retorno de lideranças políticas que estavam exiladas, o que trouxe novo impulso ao processo de redemocratização".[59]

Em termos legais, cabe ressaltar que a anistia foi posteriormente reafirmada e estendida pela Emenda nº 26, de 1986, que pretendeu alcançar e garantir imunidade a todos que, no período de 02 de setembro de 1961 e 15 de agosto de 1979,[60] mesmo espaço de tempo determinado no texto da Lei de Anistia, praticaram atos de exceção, institucionais ou complementares, inclusive militares. No texto fica clara a intenção de reforçar a promulgação da nova Constituição, apesar de ser um tanto dúbio em relação ao seu alcance.

Contrastando com a retomada democrática argentina, o primeiro presidente civil, José Sarney, que tomou posse em 1985, substituindo o General Figueiredo, após eleição indireta, apesar do movimento popular pelas "Diretas Já", não era como Raul Alfonsín, um crítico ao regime militar, mas era sim membro do partido de apoio ao regime militar, a ARENA. Dessa forma, no Brasil, se pretendeu lidar com a transição democrática usando a estratégia intencional do esquecimento, tendo em vista que somente dez anos depois da posse do primeiro presidente civil pós-ditadura é que o país deu os primeiros passos tímidos em direção a uma "Justiça de Transição".

Foi somente na presidência de Fernando Henrique Cardoso, em 1995, ou seja, mais de dez anos depois do fim da ditadura militar que se criou a primeira comissão oficial para analisar os relatos e acusações de mortos e desaparecidos durante o período militar em terras brasileiras, tendo sido aprovadas indenizações para ex-presos políticos e familiares.[61] Pela Lei nº 9.140/1995, oficializou-se a morte de pessoas "desaparecidas" por motivos políticos,[62] além de se prever a indenização a seus parentes.

---

[59] BRASIL. Secretaria Especial dos Direitos Humanos. Comissão Especial sobre Mortos e Desaparecidos Políticos, *op. cit.*, p. 28.

[60] Art. 4º É concedida anistia a todos os servidores públicos civis da Administração direta e indireta e militares, punidos por atos de exceção, institucionais ou complementares. §1º É concedida, igualmente, anistia aos autores de crimes políticos ou conexos, e aos dirigentes e representantes de organizações sindicais e estudantis, bem como aos servidores civis ou empregados que hajam sido demitidos ou dispensados por motivação exclusivamente política, com base em outros diplomas legais. §2º A anistia abrange os que foram punidos ou processados pelos atos imputáveis previstos no *caput* deste artigo, praticados no período compreendido entre 02 de setembro de 1961 e 15 de agosto de 1979. A anistia está ainda prevista no art. 8º do Ato das Disposições Transitórias da Constituição Federal de 1988, o qual é regulamentado pela Lei nº 10.559, de 13 de novembro de 2002.

[61] PEREIRA, Anthony W. *Ditadura e repressão*: o autoritarismo e o Estado de Direito no Brasil, no Chile e na Argentina. São Paulo: Paz e Terra, 2010.

[62] A redação original do art. 1º da Lei nº 9.140 mencionava os desaparecidos entre setembro de 1961 e agosto de 1979, mas a Lei nº 10.526/2002 ampliou esse limite temporal, com

Por meio dessa estratégia política, o Brasil optou por indenizar os perseguidos pela ditadura militar, por meio de valores pecuniários (compensações e reparações), mas sem qualquer reflexo na área penal, nem tampouco fazendo referência à investigação do passado, a não ser para reconhecer ou qualificar a pessoa como "vítima" digna de reparação e envidar esforços para a localização dos corpos de pessoas desaparecidas "no caso de existência de indícios quanto ao local em que possam estar depositados", bem como para emitir parecer sobre os requerimentos relativos à indenização (art. 4º).

A Comissão Especial sobre Mortos e Desaparecidos Políticos, instalada no Ministério da Justiça e ligada à Secretaria Especial de Direitos Humanos,[63] já julgou um grande número de processos e determinou o pagamento de indenizações a presos políticos, mortos e desaparecidos por agentes do Estado,[64] porém muito há ainda para se investigar e apurar sobre o paradeiro de diversas vítimas do regime, ainda sem paradeiro conhecido e não contabilizadas nos números oficiais.

Até o presente momento, portanto, em que pese o reconhecimento oficial da necessidade de reparação dos danos causados às vítimas da repressão, prevalece o entendimento de que a anistia instituída por lei impede a abertura de processos criminais contra os agentes estatais que praticaram torturas, mortes e desaparecimentos, o que vem sendo questionado pela sociedade civil. As tentativas de responsabilização do Estado por tais atos, até bem recentemente, ocorreram nas esferas civil e administrativa.[65]

---

o seguinte teor: "Art. 1º São reconhecidos como mortas, para todos os efeitos legais, as pessoas que tenham participado, ou tenham sido acusadas de participação, em atividades políticas, no período de 02 de setembro de 1961 a 5 de outubro de 1988, e que, por este motivo, tenham sido detidas por agentes públicos, achando-se, desde então, desaparecidas, sem que delas haja notícias".

[63] A Comissão Especial sobre Mortos e Desaparecidos Políticos foi instituída pela Lei nº 9.140/95 e instalada no Ministério da Justiça (Decreto nº 18, de dezembro de 1995, Seção I, p. 21426). Cf. BRASIL. Secretaria Especial dos Direitos Humanos. *Direito à verdade e à memória.* Comissão Especial sobre Mortos e Desaparecidos Políticos. Brasília: Secretaria Especial dos Direitos Humanos, 2007.

[64] BRASIL. Secretaria Especial dos Direitos Humanos. *Direito à verdade e à memória.* Comissão Especial sobre Mortos e Desaparecidos Políticos. Brasília: Secretaria Especial dos Direitos Humanos, 2007.

[65] Deve ser destacado o reconhecimento da responsabilidade civil da União pela morte de Vladimir Herzog, como vítima de um assassinato e não de suicídio, além da sentença da 23ª Vara Civil de São Paulo que reconheceu como torturador o Comandante do DOI-CODI naquela cidade, Coronel Carlos Alberto Brilhante Ustra, que se tornou o primeiro oficial condenado na Justiça brasileira em uma ação declaratória por sequestro e tortura durante o regime militar (Disponível em: <http://www.jusbrasil.com.br/noticias/121203/juiz-condena-coronel-ustra-por-sequestro-e-tortura>. Acesso em: 11 fev. 11).

Nos caminhos da justiça transicional brasileira, deve ainda ser citada a importante atuação do Ministério Público Federal de São Paulo, que já ajuizou seis Ações Civis Públicas[66] visando a responsabilização de pessoas físicas (militares e civis) e de pessoas jurídicas pelas mortes, desaparecimentos forçados e ocultações de cadáveres no período da ditadura militar. No âmbito criminal, algumas representações[67] foram feitas para iniciar processos por violações cometidas no período militar, pelos crimes de homicídios, lesões corporais e sequestros, contudo, a posição predominante na Justiça Federal é de arquivar tais pedidos com base justamente na Lei de Anistia. Assim, passados quase trinta anos do fim da ditadura, nenhum militar foi julgado criminalmente pelas violações aos direitos humanos, em que pese ainda haverem pessoas desaparecidas cujos corpos jamais foram encontrados.

Mais recentemente, o promotor da Justiça Militar, Otávio Bravo, do Rio de Janeiro, determinou a instauração de inquérito para apurar os crimes de sequestro praticados contra dissidentes políticos, por considerar a não ocorrência da prescrição, por se tratar de crimes permanentes, questão esta que ainda está sendo debatida na Justiça, e que deverá ser julgada pelo Supremo como se verá mais adiante.[68]

Nesse sentido, para que se efetive uma Justiça de Transição, é necessário que se apure o que ocorreu, para que se instaure uma plena democracia. Antonio Cassese afirma que, após períodos de conturbação social, como um conflito armado ou revolução, acredita-se que a melhor maneira de sarar as feridas seria apagar as infrações criminais cometidas por ambos os lados. Essa postura deveria facilitar a reconciliação nacional, mas os governantes muitas das vezes aproveitam para isentarem a si próprios de futuras persecuções penais.[69]

---

[66] Processo nº 2008.61.00.011414-5 – 8ª Vara Federal de São Paulo (Caso DOI/CODI/SP); nº 2009.61.00.005503-0 – 11ª Vara Federal de São Paulo (Caso Manoel Fiel Filho); nº 2009.61.00.025169-4 – 6ª Vara Federal de São Paulo (Caso Ossadas de Perus); nº 2009.61.00.025168-2 – 4ª Vara Federal de São Paulo (Caso Desaparecidos Políticos – IML – DOPS – Prefeitura SP); nº 0018372-59.2010.4.03.6100 – 7ª Vara Federal de São Paulo (Caso Policiais Civis no DOI-CODI/SP); nº 0021967-66.2010.4.03.6100 – 4ª Vara Federal de São Paulo (Caso OBAN). Disponível em: <http://www.prr3.mpf.gov.br/index.php?option=com_content&task=view&id=143&Itemid=184>.

[67] "Caso Vladimir Herzog"; "Caso Operação Condor RS"; "Caso Operação Condor RJ"; "Caso Manoel Fiel Filho"; "Caso Luís José da Cunha"; "Caso Flávio de Carvalho Molina". Disponível em: <http://www.prr3.mpf.gov.br/index.php?option=com_content&task=view&id=143&Itemid=184>.

[68] PERES, João. Ministério Público Militar investiga centros de tortura e morte da ditadura. Rede Brasil Atual, 26. abr. 2011. Disponível em: <http://www.redebrasilatual.com.br/temas/cidadania/2011/04/ministerio-publico-militar-investiga-centros-de-tortura-e-morte-da-ditadura>. Acesso em: 20 nov. 11.

[69] CASSESE, Antonio. International Criminal Law. Nova Iorque: Oxford University Press, 2003. p. 312-313.

Diante do exposto, fica claro que, por algum tempo, o tema da violação de direitos humanos pela ditadura militar estava esquecido, ou melhor, se encontrava fora das prioridades políticas no Brasil, até que, em 1995, quando foi criada a Comissão Especial sobre Mortos e Desaparecidos, que é compreendida como uma forma de dar alguma resposta aos anseios dos parentes dos desaparecidos e dos movimentos sociais que pressionavam por respostas do Estado, sem, no entanto, abrir caminhos para a responsabilização penal dos autores de violações aos direitos humanos, agradando também aos militares.

No campo da busca pela responsabilização pelos crimes, em que pesem os esforços isolados, a sociedade brasileira demorou a se mobilizar, sendo a Justiça de Transição um tema ausente da esfera pública até abril de 2010, quando a OAB lançou a campanha pela memória e pela verdade, levando ao público a necessidade de discussão sobre o tema. Nesse ínterim, a Comissão governamental continuava seu trabalho, mas exclusivamente no campo da reparação financeira, sendo dado pouco (ou nenhum) destaque à apuração da verdade e à busca pelos desaparecidos.

Os debates judiciais sobre a anistia

Diante desse impedimento da anistia — causa de extinção da punibilidade — usada pelo Judiciário para obstar as investigações criminais a respeito dos crimes praticados durante a ditadura, a Ordem dos Advogados do Brasil (OAB) protocolou no Supremo Tribunal Federal uma ADPF (Arguição de Descumprimento de Preceito Fundamental), autuada sob o nº 153, que objetivava a declaração de não recebimento, pela Constituição, do disposto no §1º do artigo 1º da Lei nº 6.683/79.

A base da argumentação dos subscritores da ação é a de que a interpretação que vinha sendo dada pelos tribunais acerca da conexão criminal entre crimes políticos e crimes comuns seria totalmente inválida, pois a Lei de Anistia estaria estendendo seus efeitos àqueles que cometeram homicídios, sequestros, estupros, lesões corporais e outros, em uma clara violação aos direitos humanos.

Ao contrário do que pretendiam os subscritores da ação, a decisão do STF, de abril de 2010, por sete votos a dois, foi no sentido de julgar improcedente a ação proposta declarando a vigência da Lei de Anistia sob a égide da nova Constituição. A base da argumentação do relator, Ministro Eros Grau, foi a seguinte: (i) que o Brasil não subscreveu a Convenção sobre Imprescritibilidade dos Crimes de Guerra e dos Crimes de Lesa-Humanidade de 1968, ou tampouco cláusula similar em outra Convenção; (ii) que o costume internacional não pode, por força do princípio da legalidade, ser fonte de direito penal; e (iii) que a obrigação de julgar, explicitamente assumida pelo Brasil no âmbito interamericano só seria invocável em juízo, no âmbito da Corte Interamericana de Direitos Humanos (CIDH) no que concerne a "fatos posteriores a 10 de dezembro de 1998".

Os dois votos discordantes da improcedência da ADPF foram proferidos pelos Ministros Ricardo Lewandowski e Carlos Ayres Britto os quais, em termos gerais, votaram pela procedência parcial da ADPF, pois consideraram que o Brasil é signatário de diversos acordos internacionais, o que o obrigaria a punir tamanhas violações aos direitos humanos. Relembraram ainda que os crimes comuns cometidos foram verdadeiros crimes hediondos, não sendo abrangidos pela Lei de Anistia.

Todos os outros seis que votaram contra a arguição proposta (excluindo o Min. Aurélio Mello que sequer conheceu a ação) enalteceram o voto do relator, Min. Eros Grau que, entre outros fundamentos, alegou a ampla negociação entre militares e a sociedade civil, na construção da Lei de Anistia, cujo caráter, ele afirma, foi bilateral.

É interessante notar os argumentos positivistas usados pelo relator, que defende o argumento da legalidade formal da ordem jurídica acima da sua legitimidade, quando ele afirma que a promulgação da referida Lei de Anistia precede a Convenção da ONU contra a Tortura e outros Tratamentos ou Penas Cruéis, Desumanos ou Degradantes, que passou a vigorar no país em outubro de 1989, e ainda é anterior à Lei nº 9.455, de abril de 1997, que define o crime de tortura.

Ao final de seu voto, o ministro relator da ADPF nº 153 se empenha em reafirmar que "a decisão pela improcedência da presente ação não exclui o repúdio a todas as modalidades de tortura, de ontem e de hoje, civis e militares, policiais ou delinquentes",[70] e apresenta, ainda, a necessidade de permitir o acesso aos documentos e às informações sobre os acontecidos e suas vítimas, mas transparece em sua argumentação que o acesso à verdade, na sua opinião, não deveria se transformar em uma busca pelos autores das violações dos direitos humanos.

Em resumo, pode-se dizer que o Ministro Eros Grau decidiu com o mesmo "espírito" com que foi redigida a anistia no final da ditadura militar, ou seja, considerando ser esta a única opção rumo à democratização, quando ele próprio afirma que não haveria como se dar uma interpretação *a posteriori* de um texto, fora de sua época.[71]

---

[70] Ibidem, p. 72.
[71] Em suas próprias palavras, Grau afirma que: "Há de ser interpretada a partir da realidade no momento em que foi conquistada. Para quem não viveu as jornadas que a antecederam

Diferentemente da Argentina, a decisão da maioria dos ministros do Supremo não surpreende se levarmos em consideração o histórico da transição democrática no Brasil, e o aspecto político da anistia como um pacto do esquecimento, devendo ser reconhecida, também, a força discreta, mas presente, dos militares na política brasileira. Aliás, logo na primeira semana da nova presidente do Brasil, Dilma Rousseff, ex-presa política e torturada pela ditadura, o país teve uma amostra da forma como pensam os militares, quando um general, atual Chefe da Segurança Institucional da presidência, afirmou, em entrevista, "que não é motivo de vergonha para o país o desaparecimento de presos políticos durante a ditadura militar", no que foi obrigado a se retratar pela presidente.[72]

A decisão do Supremo ainda ecoou fora do Brasil. Pouco tempo depois, justamente com base nos tratados internacionais de direitos humanos, o Brasil foi condenado pela Corte Interamericana de Direitos Humanos, no caso da Guerrilha do Araguaia, em novembro de 2010, o que foi considerado um marco. Na decisão, a CIDH estabelece que "são inadmissíveis as disposições de anistias, as disposições de prescrição e o estabelecimento de excludentes de responsabilidade, que pretendam impedir a investigação e punição dos responsáveis por graves violações dos direitos humanos, como tortura, as execuções sumárias, extrajudiciárias ou arbitrárias e os desaparecimentos forçados".[73]

A reação das autoridades brasileiras à condenação do Brasil foi imediata, tendo o então presidente do STF, Cezar Peluso,[74] negado que houvesse possibilidade de ser revista a decisão do Supremo, admitindo mesmo que, nesse caso, o país poderia ficar mesmo sujeito a sanções previstas na Convenção Americana de Direitos Humanos, condição de admissibilidade do Brasil na Organização dos Estados Americanos (OEA). Nesse mesmo sentido, se pronunciou, pela imprensa, o Ministro Marco Aurélio de Mello, que disse entender que o direito interno, subordinado à Constituição Federal, é hierarquicamente superior ao

---

ou, não as tendo vivido, não conhece a História, para quem é assim a Lei nº 6.683 é como se não fosse, como se não houvesse sido". (*Ibidem*, p. 53)

[72] O General José Elito Siqueira, ministro-chefe do Gabinete de Segurança Institucional, se posicionou contra a decisão da presidenta de explicar os desaparecimentos do período da ditadura militar, tendo Dilma Rousseff reagido e obrigado o militar a se retratar. Disponível em: <http://noticias.r7.com/brasil/noticias/dilma-repreende-general-do-gsi-por-fala-sobre-ditadura-20110105.html>.

[73] CORTE INTERAMERICANA DE DIREITOS HUMANOS. Caso Gomes Lund e outros ("Guerrilha do Araguaia") *vs*. Brasil. Sentença de 24 de novembro de 2010, p. 65.

[74] O presidente do Supremo Tribunal Federal, Cezar Peluso, à época, afirmou, em 15 de dezembro de 2010, que a punição do Brasil na Corte Interamericana de Direitos Humanos (CIDH) "não revoga, não anula, não caça a decisão do Supremo" em sentido contrário.

direito internacional: "Nosso compromisso é observar a convenção, mas sem menosprezo à Carta da República, que é a Constituição Federal". O ministro defendeu que a decisão da CIDH tem eficácia apenas política e que "não tem concretude como título judicial. Na prática, o efeito será nenhum, é apenas uma sinalização".[75]

De fato, percebe-se uma clara intenção de parte dos juristas e autoridades no sentido de classificar, curiosamente, a decisão da Corte Internacional como "política". Nesse diapasão, o então Ministro da Defesa, e ex-ministro do Supremo Tribunal Federal, Nelson Jobim, se apressou em afirmar que a referida sentença "não produz efeitos jurídicos no Brasil", sendo impossível que haja punição para os militares que praticaram tortura no país. Seu entendimento é no sentido de que a validade da Lei da Anistia não deve voltar a ser discutida no STF.[76]

O pronunciamento do Itamaraty sobre o tema destaca o reconhecimento pelo Estado brasileiro de sua responsabilidade pela morte e pelo desaparecimento de pessoas durante o regime militar, apresentando informações sobre medidas implementadas, nos planos legal e político, em sua defesa junto à CIDH. Cita como exemplos o pagamento de indenizações aos familiares das vítimas e o julgamento, pelo Supremo Tribunal Federal, da constitucionalidade da Lei da Anistia. Em outro tom, o então ministro da Secretaria de Direitos Humanos da Presidência da República, Paulo Vannuchi, afirmou que o STF poderia voltar a discutir a Lei de Anistia, alegando que "existe possibilidade jurídica" de revisão, ao reconhecer que já esperava a condenação.

Tem razão o Ministro Vannuchi, pois, efetivamente, cumpre ao Brasil acatar a determinação da CIDH, como membro da OEA e signatário das convenções internacionais, notadamente o Pacto de San Jose da Costa Rica, que assegura o respeito aos direitos políticos, civis e humanos, todos violados pelo Exército Brasileiro no combate à guerrilha.

Diante desse debate atual, em que há mesmo um claro confronto entre os tratados internacionais de direitos humanos e a Lei de Anistia brasileira, se percebe que o passado da ditadura ainda não foi esquecido, ou superado, apesar da Lei de Anistia ter tido como meta esse esquecimento.

---

[75] Disponível em: <http://noticias.uol.com.br/politica/2010/12/15/presidente-do-stf-afirma-que-punicao-da-oea-nao-anula-decisao-da-corte-sobre-a-lei-da-anistia.jhtm>. Acesso em: 17 dez. 2010.

[76] Em suas próprias palavras, disse o Ministro Jobim que "O assunto não pode voltar ao Supremo, pois a Corte está sujeita às suas próprias decisões. As decisões de constitucionalidade têm efeito contra todos, inclusive eles [os ministros]". *Idem.*

A partir da sentença da CIDH, e da decisão do Supremo, muitos outros debates ainda virão, podendo se constatar que, diferentemente da Argentina, o Poder Legislativo no Brasil foi deixado de fora nesse debate. Nesse sentido, em março de 2011, a OAB interpôs Embargos de Declaração ao acórdão da ADPF, sustentando ausência de enfrentamento da "premissa de que os criminosos políticos anistiados agiram contra o Estado e a ordem política vigente, ao passo que os outros atuaram em nome do Estado e pela manutenção da ordem política em vigor".

Além disso, apontaram a omissão da questão de que os crimes de desaparecimento forçado e de sequestro, em regra, só admitem a contagem de prescrição a partir da cessação do ato criminoso, o que ainda não ocorreu, eis que os corpos não foram encontrados, na linha do que defende o Promotor Militar Otávio Bravo, como visto acima. Tal recurso, até o momento de elaboração deste artigo ainda não havia sido julgado pelo Supremo.

Enquanto em solo argentino o Congresso revogou as leis de anistia, em consonância com o importante papel da Suprema Corte na declaração de inconstitucionalidade e do Poder Executivo, na assinatura e ratificação da Convenção sobre Imprescritibilidade, no Brasil observa-se que o governo, ainda que de forma pouco incisiva, apoiou a criação da Comissão da Verdade, embora o Brasil nunca tenha assinado a Convenção de Imprescritibilidade, nem ratificado as convenções interamericana e internacional contra o desaparecimento forçado até os dias atuais. E não se deve perder de vista que a política externa é atribuição do Executivo. Por sua vez, o Poder Judiciário adotou uma visão conservadora, não só em relação à questão político-jurídica da anistia, mas também em sua visão destoante na interpretação dos tratados internacionais de direitos humanos em relação ao direito interno.

Nesse sentido, deve ser observado que a vertente que predominava no Supremo Tribunal Federal na questão da integração de tratados internacionais pelo direito brasileiro[77] era a mais conservadora (mantida

---

[77] Pode-se verificar, no direito brasileiro, a existência de quatro correntes de interpretação quanto à hierarquia dos tratados internacionais de direitos humanos no ordenamento jurídico interno. A primeira delas trabalha com o conceito de natureza *supraconstitucional* dos tratados e convenções em matéria de direitos humanos. Entre seus defensores, estava Celso Duvivier de Albuquerque Mello que reivindicava uma antiga posição do Supremo Tribunal Federal (cf. STF, Apelações Cíveis nº 9.587, de 1951, Rel. Min. Orosimbo Nonato, e nº 7.872, de 1943, Rel. Min. Philadelpho Azevedo), adotada até a década de 1970, postulando a tese do primado do direito internacional sobre o direito interno infraconstitucional. Cf. MELLO, Celso Duvivier de Albuquerque. O §2º do art. 5º da Constituição Federal. *In*: TORRES, Ricardo Lobo (Org.). *Teoria dos direitos fundamentais*. Rio de Janeiro: Renovar, 1999. p. 25-26.

desde o julgamento do Recurso Extraordinário nº 80.004/SE),[78] reconhecendo o *status* de *lei ordinária* a tratados internacionais em geral, sem distinguir os que tratam especificamente de direitos humanos, adotando a tese de equiparação dos tratados internacionais a leis ordinárias, ou seja, situando-os hierarquicamente abaixo da Constituição. Tal questão se mostra de extrema importância na discussão do tema, pois reflete a lógica do raciocínio dos atuais ministros do STF, inclusive na questão do confronto entre a Lei de Anistia e os tratados de direitos humanos.

De outra parte, deve-se destacar a existência de outra corrente doutrinária que considera os tratados internacionais de direitos humanos como tendo hierarquia constitucional, conforme prevê o parágrafo 2º do artigo 5º.[79] Destaca-se, nesse sentido, a doutrina de Cançado Trindade, Flávia Piovesan, Clèmenson Merlin Clève e Ingo Sarlet, dentre outros,[80] e que servem de base para a compreensão da prevalência dos tratados internacionais de direitos humanos sobre a ordem jurídica interna.

De fato, a divergência doutrinária é relevante, e a posição do STF atual ainda não está definida. A Emenda Constitucional nº 45/04, que acrescentou ao art. 5º, §3º, da Constituição a possibilidade de incorporação dos tratados internacionais de direitos humanos como norma constitucional, desde que aprovados com *quorum* qualificado, levaram a uma reavaliação da posição do Supremo sobre o tema.

No final de 2008, no julgamento do REXT nº 466.343, a maioria apertada dos membros do Tribunal (cinco a quatro votos) decidiu pela supralegalidade dos tratados internacionais de direitos humanos, na linha do voto de Gilmar Mendes, considerando os tratados e convenções sobre direitos humanos dotados de caráter *supralegal* e *infraconstitucional*.[81] Nesse julgamento, a maior surpresa foi o voto do Ministro Celso de Mello, que mudou sua posição original e destacou a importância da "análise do processo de crescente internacionalização dos direitos humanos e das relações entre o direito nacional e o direito internacional dos direitos humanos, sobretudo diante do disposto no §3º do art. 5º da CF, introduzido pela EC 45/2004".[82]

---

[78] Rel. Min. Xavier de Albuquerque (publicado no *DJ*, 29 dez. 77).
[79] Art. 5º, parágrafo 2º: "Os direitos e garantias expressos nesta Constituição não excluem outros decorrentes do regime e dos princípios por ela adotados, ou dos tratados internacionais em que a República Federativa do Brasil seja parte".
[80] TRINDADE, Antônio Augusto Cançado. Memorial em prol de uma nova mentalidade quanto à proteção dos direitos humanos nos planos internacional e nacional. *Boletim da Sociedade Brasileira de Direito Internacional*, Brasília, n. 113-118, 1998. p. 88-89; PIOVESAN, Flávia. *Direitos humanos e o direito constitucional internacional*. São Paulo: Max Limonad, 1996. p. 83.
[81] Voto vogal no HC nº 90.172, STF.
[82] Cf. *Informativo STF*, n. 498.

Assim, como se vê, a discussão a respeito da relação entre os tratados internacionais de direitos humanos e o ordenamento jurídico interno ainda irá prosseguir no Supremo Tribunal Federal, especialmente depois da sentença da CIDH no caso Araguaia, esperando-se que ainda possa ser confirmada a revisão da posição doutrinária para uma maior proteção aos direitos humanos.

Considerações finais

O Brasil é signatário de vários tratados de direitos humanos e ainda há outros a serem assinados e ratificados. O desafio de hoje, para além da positivação de direitos humanos, é sua garantia efetiva, especialmente dos direitos sociais. Não há Justiça de Transição sem o reconhecimento de direitos. Como olhar para o futuro sem acertar as contas com o passado?

Diante do voto do Ministro Eros Grau fica uma perplexidade. Há uma nova geração que não viveu o período da negociação da anistia, mas que tem notícias das torturas, assassinatos e mortes que ocorreram na ditadura, e que não compreende a decisão do Supremo. Essa geração está sendo formada na cultura da primazia dos direitos humanos e da atuação da Corte Interamericana de Direitos Humanos, e vê a Argentina como um exemplo de Justiça de Transição.

A comparação com a Argentina mostra que há uma outra forma de ver o passado, sendo essencial que o Brasil, a partir da sentença do caso Araguaia, possa continuar sua reflexão sobre a anistia, uma vez que não se teve, de fato, uma Justiça de Transição aqui, mas apenas reparações parciais.

De outra parte, os militares parecem ainda não ter compreendido que os atos que alguns deles praticaram eram errados e reprováveis, ainda que sob a égide da legislação de exceção que eles impuseram ao país. Ainda não se conseguiu no Brasil, ao contrário da Argentina, expurgar os funcionários do Estado envolvidos com tortura e morte, eis que estes nunca foram investigados, o que não é uma prática saudável à democracia.

Enquanto ainda houver pessoas desaparecidas, não pode haver esquecimento, são crimes permanentes. Mas não se trata apenas de punição. Os pais e mães dos sequestrados pela ditadura, aos quais não foi dado o direito de enterrar os filhos, não esquecem, tal como na tragédia grega de Antígona. Tal direito não é substituído por uma mera declaração oficial de morte.

Enquanto persistir a ideia de que anistia é puro esquecimento, sem se exigir qualquer contrapartida dos militares, seja na apuração dos fatos e localização dos corpos, seja no reconhecimento de erros do passado ou por meio de um pedido público de perdão pelas atrocidades praticadas, não haverá Justiça de Transição no Brasil, mas apenas um simulacro de justiça reparativa apenas no seu sentido financeiro.

Constata-se que os militares negociaram a anistia pela transição democrática e pelo retorno dos exilados, e que parte da sociedade civil até hoje ainda entende que precisa honrar esse acordo, como se o retorno à normalidade política no Brasil não fosse um direito inalienável do povo brasileiro.

Resta, portanto, esperar que os Poderes do Estado, cada um na sua alçada, possa realizar, de fato, uma Justiça de Transição no Brasil. O acompanhamento da atuação da recém criada Comissão Nacional da Verdade[83] é de extrema importância. Do Poder Executivo se pode exigir a ratificação de todos os tratados internacionais de direitos humanos, inclusive a Convenção da ONU sobre a Imprescritibilidade dos Crimes de Guerra e de Lesa Humanidade, e que promulgue as convenções (internacional e interamericana) sobre desaparecimento forçado, já aprovadas no Congresso. Do ponto de vista interno deve ser tipificado o delito autônomo de desaparecimento forçado, e localizados os corpos dos desaparecidos, após a devida investigação, sem a qual não será possível fazê-lo.

Com relação ao Judiciário, seria importante o reconhecimento da constitucionalização dos tratados internacionais de direitos humanos e a compreensão do papel das Cortes de Direitos Humanos na fiscalização do cumprimento destes.

Não se trata de revanchismo, mas de respeitar a História do próprio país e daqueles que lutaram contra a ditadura brasileira na segunda metade do século XX, resgatando valores e realizando, finalmente, nossa transição política e jurídica para uma democracia qualitativa.

Informação bibliográfica deste texto, conforme a NBR 6023:2002 da Associação Brasileira de Normas Técnicas (ABNT):

BOITEUX, Luciana; BATISTA, Vanessa Oliveira. Tratados Internacionais de Direitos Humanos, Anistia e Justiça de Transição: a influência do processo argentino. In: PRONER, Carol; ABRÃO, Paulo (Coord.). *Justiça de Transição*: reparação, verdade e justiça: perspectivas comparadas Brasil-Espanha. Belo Horizonte: Fórum, 2013. p. 179-206. ISBN 978-85-7700-737-0.

---

[83] Por meio da Lei nº 12.528, de 18.11.11, que tem como objetivo investigar, no prazo de dois anos, as violações de direitos humanos ocorridas entre 1946 e 1988.

PARTE III

REPARAÇÃO, MEMÓRIA E VERDADE: O CASO ESPANHOL

JUSTICIA DE TRANSICIÓN, REPARACIÓN Y VERDAD
UNA PERSPECTIVA CRÍTICA DE LA ACTUALIDAD JUDICIAL DEL CASO ESPAÑOL

DIEGO JAVIER NARANJO BARROSO
LUIS OCAÑA ESCOLAR

Apuntes introductorios sobre la justicia transicional

Podemos definir la justicia transicional de acuerdo con el Centro Internacional para la Justicia Transicional (ICTJ) como "una respuesta generalizada o sistemática de violaciones de los derechos humanos" que "busca el reconocimiento de las víctimas y la promoción de posibilidades para la paz, la reconciliación y la democracia". Con el fin de no confundir este concepto, el ICTJ aclara que "la justicia transicional no es una forma especial de la justicia, sino una justicia adaptada a las sociedades que se están transformando después de un período de abusos sistemáticos de derechos humanos".[1] Por otra parte, y continuando con la delimitación de el concepto, la profesora Anja Mihr afirma que "la reconciliación no es el perdón o una excusa para olvidar, tampoco es una alternativa a la verdad o la justicia".[2] Otro punto de vista,

---
[1] ICIJ. International Center for International Justice (ICIJ), Factsheet. *What is Transitional Justice?*. Disponible en: <http://www.ictj.org/static/TJApproaches/WhatisTJ/ICTJ_Whatis-TJ_pa2008_.pdf>. Acceso el: 07 dic. 2010, p. 1.
[2] MIHR, A, *From Reconciliation to the Rule of Law and Democracy*, Web Journal of Current Legal Issues, 2009, Disponible en: <http://webjcli.ncl.ac.uk/2009/issue1/mihr1.html>. Acceso el: 03 dic. 2010, p. 1.

propuesto por la organización IDEA, es que la reconciliación es un proceso mediante el cual una sociedad se mueve de un pasado dividido a un futuro compartido".[3] Por último, el Dr. Migai Akech[4] establece que "la justicia transicional no sólo se refiere a la retribución por los errores del pasado o la prestación de la justicia a aquellos que han sufrido bajo regímenes represivos, sino que también trata de *curar* a la sociedad, facilitar la salida del autoritarismo, y establecer una sociedad justa basada en el imperio de la ley".[5]

La justicia transicional se da generalmente después de conflictos internacionales, guerras civiles o dictaduras genocidas. Ante estas situaciones de numerosas y graves violaciones de los derechos humanos todos tienden a pasar mientras que la justicia transicional tiene la intención de llenar el vacío existente hasta que el Estado de Derecho y las instituciones democráticas nacionales se asientan. Sin duda este es el caso del proceso que en la actualidad está ocurriendo en el Estado español tras un proceso histórico jalonado por los siguientes hitos: sublevación militar y guerra civil (1936-1939), dictadura militar (1936/39-1975), y transición (1975-1978) del régimen franquista a la democracia.

Con el fin de analizar este proceso, podríamos clasificar las siguientes fases en los procesos de justicia transicional de acuerdo con el esquema dado por la profesora Mihr:

1. La primera es la fase del conflicto armado, dictadura o cualquier otra situación análoga. Es durante esta fase cuando las organizaciones de derechos humanos y otros actores documentan la gran mayoría de las violaciones de los derechos humanos, ya que el Estado de Derecho se aplica ineficazmente (si es que se aplica) debido a la falta de arraigo y fortaleza de las instituciones democráticas. El caso español está marcado por la sublevación militar ocurrida en 1936, que derrocó la legalidad constitucional de la II República, instaurada en 1931. Es especialmente significativo a estos efectos destacar el decisivo apoyo militar y político recibido por el bando de los alzados de parte de la Italia de Mussolini y la Alemania de Hitler;

---

[3] IDEA. *Reconciliation after a violent conflict*. A Handbook, 2003, Disponible en: <http://www.idea.int/publications/>. p. 12. Acceso el: 08 dic. 2010, p. 8.
[4] AKECH, Migai., *Institutional Reform in the New Constitution of Kenya*, International Center for International Justice, Oct. 2010. Disponible en: <http://www.ictj.org/static/Publications/ICTJ_KE_Institutional_Reform_pb2010.pdf>. Acceso el: 08 dic. 2010. p. 14.
[5] AKECH, 2010, p. 14.

2. La segunda fase se puede producir aproximadamente hasta 5 años después de acabados los conflictos y es la llamada fase de post-conflicto. Hay muchos factores a analizar aquí. Por ejemplo, el papel de las élites y la sociedad civil han sido estudiados por numerosos autores con resultados diferentes. Andrew Arato afirma que la existencia de una sociedad civil fuerte en la transición post-comunista "fue la condición histórica de la vuelta con éxito a la sociedad política y para la consecución de un cambio de régimen radical a través de negociaciones políticas" y que es necesario investigar cómo la sociedad civil se organizó con el fin de entender también el papel jugado por las élites en dicho proceso. John Higley va aún más lejos y para él después de la mayoría de los procedimientos de transición la élite no se transforma ya que bajo las supuestas instituciones democráticas "las élites, atrincheradas, han continuado participando en interminables luchas de poder".[6] Esta fase se caracteriza en el caso español por la cruenta represión de vencedores a vencidos y el exterminio de cualquier forma de resistencia interior, cual fue el caso del maquis;
3. La siguiente fase que podría llamarse la etapa a medio plazo y puede durar desde los primeros 5 a los siguientes 20 años desde el inicio del proceso de justicia transicional. Las instituciones democráticas están aún en desarrollo aunque, en función de las realidades existentes en los diferentes países, esto podría desarrollarse de manera diferente. En algunos países pueden existir todavía el miedo al uso de la fuerza de las antiguas potencias militares y, posteriormente, algunos de los cambios necesarios (como las comisiones de la verdad o la reparación de las víctimas) podrían no estar en vigor o no ser lo suficientemente fuertes. Centrándonos en el objeto de nuestro análisis, es quizás aquí encontremos una de sus más significativas singularidades, pues la superación de la dictadura militar se dirigió desde el interior de sus propias instituciones y conforme a las instrucciones del General Franco, que dejó nombrado al Rey Juan Carlos I como sucesor.[7]

---

[6] BRAUN A.; BARANY, Z., *Dillemmas of transition*: The Hungarian Experience, Lanham: Rowman and Littlefield, 1999. p. 6-9.

[7] De hecho, la ley de sucesión en la Jefatura de Estado (1947) era una de las ocho leyes fundamentales del régimen y en virtud de su artículo 2, la Jefatura del Estado correspondía

De hecho, éste asumió la Jefatura de Estado en dos ocasiones (julio-septiembre de 1974 y octubre-noviembre de 1975) y a la muerte de aquél fue proclamado Rey de España;

4. La última fase es aquella que se inicia después de 20 años y es la fase a largo plazo. El objetivo final de la justicia transicional, entendida como un proceso de conciliación, se centrará en "la reparación de las injusticias del pasado, la construcción o reconstrucción de las relaciones no violentas entre los individuos y comunidades, y la aceptación por parte de la antigua partes en un conflicto de una visión común y la comprensión del pasado", así como favorecer que las víctimas y los autores de las violaciones de derechos humanos reanuden sus actividad normal y que dentro de la sociedad se establezca un "diálogo político civilizado y un reparto adecuado del poder".[8]

Curiosamente también en esta fase encontramos algunas singularidades, pues la Ley nº 46/77, de 15 de octubre (la conocida como "Ley de Amnistía"), paradójicamente amnistiaba a las víctimas de la dictadura y no a sus verdugos. De hecho, el artículo primero es clarificador al respecto y define el ámbito de la norma que alcanza a:

> a. Todos los actos de intencionalidad política, cualquiera que fuese su resultado, tipificados como delitos y faltas realizados con anterioridad al día 15 de diciembre de 1976.
> b. Todos los actos de la misma naturaleza realizados entre el 15 de diciembre de 1976 y el 15 de junio de 1977, cuando en la intencionalidad política se aprecie además un móvil de restablecimiento de las libertades públicas o de reivindicación de autonomías de los pueblos de España.
> c. Todos los actos de idéntica naturaleza e intencionalidad a los contemplados en el párrafo anterior realizados hasta el 6 de octubre de 1977, siempre que no hayan supuesto violencia grave contra la vida o la integridad de las personas.

Mecanismos de justicia transicional

Los principales mecanismos para aplicar la justicia transicional son los procesos judiciales, las comisiones de la verdad, las reparaciones

---

al "*Caudillo de España y de la Cruzada, Generalísimo de los Ejércitos*, don Francisco Franco Bahamonde", quien de acuerdo al artículo 6 en cualquier momento podía proponer a las Cortes la persona que debía ser llamada en su día a sucederle, a título de Rey o de Regente, lo que ocurrió el 21 de julio de 1969 con el nombramiento de Juan Carlos de Borbón como "Príncipe de España".

[8] Ver nota 3, p. 19.

y disculpas públicas. Los procedimientos judiciales se iniciaron después de la II Guerra Mundial con los Tribunales Militares de Núremberg para actuar contra el régimen nazi. A partir de entonces ha habido una evolución y no sólo se han establecido tribunales ad hoc en Ruanda (1994) y Yugoslavia (1993), sino que también se creó la Corte Penal Internacional (1998). Podemos decir que con ésta última institución se aprecian cada vez más los esfuerzos de la comunidad internacional (entre ellos, la Unión Europea) para llegar a un consenso para un sistema internacional de justicia que se ocupe los crímenes de mayor gravedad, tales como el genocidio y la tortura. El procedimiento judicial puede ser complementado por las comisiones de la verdad (como en Argentina, Perú, Timor-Este y Sierra Leona) o incluso reemplazarlo. El objetivo de estas comisiones es promover la reparación de las víctimas, promover la reconciliación social y establecer la verdad sobre el pasado.[9]

Las reparaciones se realizan con el fin de corregir violaciones pasado o los abusos de los derechos humanos cometidas contra las víctimas. Pueden tener diferentes formas: Restitución, entendida como el establecimiento de la situación que existía antes de la comisión del hecho ilícito, la indemnización o pago efectivo a las víctimas, que se puede hacer simbólicamente, atendiendo a los daños materiales, morales o como forma de castigo, y por último se puede realizar el procedimiento de disculpas públicas o "expresiones de pesar por un jefe de Estado o funcionarios de alto rango".[10] Un ejemplo reciente de esto último es el caso de la reciente aprobación por el parlamento serbio de la declaración de reconocimiento como genocidio de la matanza de Srebrenica, que puede tener un poder simbólico importante para el proceso de reconciliación en la antigua Yugoslavia.

Nada de esto ha ocurrido en el caso español. Antes al contrario, las víctimas del bando republicano no han obtenido ningún reconocimiento oficial, no se les ha reparado en modo alguno, no se ha establecido ninguna comisión de la verdad ni organismo similar, ni se han anulado las sentencias y actos administrativos y judiciales que motivaron muchos de los comportamientos ocurridos pese a existir tales vicios jurídicos que deberían inexorablemente suponer su nulidad por infracción de derechos fundamentales.

Otra cuestión que podría provocar resultados muy diferentes en contextos diferentes es la concesión de amnistías. Éstas se pueden dar

---

[9] HAYNER, Priscilla B., Unspeakable Truths. *Facing the Challenge of Truth Commissions.* New York: Routledge, 2002. p. 207-233.
[10] Ver nota 13, p. 24.

de dos formas: otorgando la amnistía sólo a los antiguos violadores de los derechos humanos (como la famosa "Ley del Punto Final" en la Argentina) o tanto a víctimas y autores de dichas violaciones de derechos humanos (como la antes citada Ley de Amnistía en España de 1977). Como ha indicado Laura Olson, "el término amnistía general se refiere a un acto oficial, por lo general a través del Derecho, de forma prospectiva con la excepción de ciertos procesos penales contra un grupo de personas de un determinado conjunto de acciones o eventos. La amnistía es a menudo compaginada con los indultos, que por lo general se refieren a la exención de los delincuentes al servicio de todos o parte de sus condenas, pero no a eliminar la condena". Añade que "las amnistías pueden ser totales o parciales" y o bien oficiales "mediante la aprobación de una ley, o de facto, mediante el hecho de que un Estadono persiga (a los culpables)".[11] Como Olson recuerda, las amnistías generales son sistemáticamente declaradas ilegales según el Derecho Internacional por los órganos de control competentes. Por último, y sirva como comentario final, lo que parece cierto es que "las amnistías y los castigos no son sino dos caras de una misma moneda: los ritos legales que de forma visible demuestran la fuerza del cambio en la soberanía que hace falta para la transición política".[12] Sin duda esta reflexión tiene mucho que ver con el caso español, donde la amnistía parece más configurada con caracteres políticos que de justicia material o de técnica jurídica. Ninguna otra explicación puede tener el contenido y oportunidad de tal norma analizada en su contexto histórico-jurídico.

Contribución a fortalecer los procesos democráticos en los países en proceso de transición y las ventajas de los procedimientos de la justicia transicional

> Los procesos judiciales también adelantan la consolidación democrática a largo plazo. La justicia retributiva, como una especie de sacrificio ritual y el proceso de purificación, allana el camino para un renacimiento ético y político. También consolida los valores de la democracia, infunde confianza del público en la capacidad del nuevo régimen para aplicar estos valores, y alienta a la población a creer en ellos. El fallo a la hora de realizar estos procesos, por el contrario, puede generar en el público

---

[11] OLSON, 2006, p. 283.
[12] TEITEL, R.G. *Transitional Justice*. Oxford: Oxford University Press, 2000. p. 59.

sentimientos de cinismo y desconfianza hacia el sistema político y sus valores. Esto es precisamente lo que sucedió en muchos de los países recientemente democratizados de América Latina.[13]

No hay duda de que uno de los logros de los procesos que han tenido éxito dentro de la justicia transicional es el ayudar a fortalecer la democracia en los países que participan en dicha transición. En resumen, podríamos describir los efectos de la democratización siguiente del proceso de justicia transicional:[14]

1. Evitar la venganza arbitraria. Esto no siempre es así como pudimos descubrir en el genocidio de Srebrenica, cometido tan sólo dos años después de que el Tribunal Penal Internacional para la antigua Yugoslavia comenzara a funcionar;[15]
2. Poner fin a la interpretación estereotipada de la Historia. Muy a menudo, conceptos históricos erróneos o la falta de un análisis crítico de los mismos son fuente de conflictos entre países o comunidades. Por ejemplo, la tensión entre Turquía y Armenia, debido a los puntos de vista opuestos sobre el genocidio armenio es analizada por Anja Mihr. Según ella, en la visión del genocidio armenio por el gobierno armenio se tratan los derechos humanos desde una sola perspectiva (la armenia) y se desconfía de todo aquello que sea "turco". Por otra parte, la simplificación de la Historia y la incapacidad para superar los incidentes que se produjeron en 1915 mantienen a la población armenia "paralizada por el pasado y la victimización";[16]
3. Deslegitimación de las injusticias del pasado y la conexión de violaciones de derechos humanos pasadas con el presente;[17]
4. El establecimiento de mecanismos como los procesos penales, las comisiones de la verdad, los programas de reparación, así como las reformas de los sistemas de seguridad. Parece evidente que "sin esos actos de reconciliación el sistema democrático podría debilitarse porque los abusos de derechos

---

[13] Ver nota 3, p. 98.
[14] Ver nota 1, p. 1.
[15] HAZAN, P.: 'Measuring the impact of punishment and forgiveness: a framework for evaluating transitional justice', p. 34. En: International Review of the Red Cross, n. 861, Disponible en: <http://www.icrc.org/web/eng/siteeng0.nsf/html/review-861-p 19>. Acceso el: 06 dic. 2010. 2006, p. 34.
[16] Ver nota 2, p. 6-8.
[17] SPINNER-HALEY, Jeff, *From Historical To Enduring Injustice*, p. 574-597. En: Political Theory, v. 35, n. 5, 2007. p. 574-597.

humanos del pasado no se tratarán, los autores no serán llevados ante la justicia, las víctimas no serán reconocidas y por lo tanto la injusticia y violaciones de los derechos humanos será legalizado y formará parte del futuro del sistema de justicia".[18] En cuanto al asunto de los problemas de la independencia dentro de la comisiones de la verdad criticado por algunos académicos y algunos segmentos de la población, entendemos que no es conveniente que la oficina del fiscal asuma el trabajo de una comisión de la verdad, ya que podría darse un conflicto de intereses;[19]

5. La recuperación de la memoria histórica, entendida como la creación de museos o monumentos que ayuden a la población afectada de no olvidar las situaciones pasadas;
6. El último factor, y probablemente el más importante en términos de creación y aplicación de nuevas políticas, es el fortalecimiento del Estado de Derecho, incluyendo la celebración de referéndums y elecciones. Estos procesos pueden tardar mucho tiempo ya que la falta de democracia después de una larga dictadura o un conflicto puede haber dañado los valores y prácticas democráticas que existían antes. Las Naciones Unidas han señalado la importancia de seguir una estrategia planeada cuidadosamente antes de actuar en una misión donde las fuerzas de la ONU han estado interviniendo ya que, si no se realiza correctamente, un proceso de transición débil podría llevar a "socavar, en lugar de facilitar, el proceso de construcción del Estado de Derecho".[20] En esencia, se debe realizar un programa integral con el fin de proteger y reparar a las víctimas, castigar a los culpables de violaciones de derechos humanos y establecer una democracia sólida en aquellas sociedades que han pasado por un conflicto violento reciente.

Desafíos y realidades judiciales

Hay múltiples desafíos en el proceso de justicia transicional. Sin hacer una lista exhaustiva, vamos a establecer entre ellos las principales obstáculos que se pueden encontrar en estos procesos:

---

[18] Ver nota 2, p. 7.
[19] Ver nota 7, p. 211.
[20] Ver nota 27, p. 8.

En primer lugar, la integración de nuevas y viejas élites políticas en una sociedad. Este puede ser el primer obstáculo y probablemente uno de los más difíciles. Hacer frente a los crímenes cometidos en el pasado por las viejas elites, a la vez que se acepta la inclusión de aquellos que no participaron directamente en las violaciones y abusos de derechos humanos cometidas es una tarea muy difícil. La necesidad de la inclusión de todas las partes de la sociedad en Procesos de Justicia Transicional es necesaria de cara a los beneficios para la sociedad en su conjunto. Así, "la reconciliación no es exclusivamente para los países, grupos sociales o las élites que perdieron el poder sobre una guerra como conflicto, sino para todas las partes involucradas en un conflicto, los ganadores y perdedores por igual. Por lo tanto, incluye actos que combinan la participación inclusiva de las diferentes partes de la sociedad: antiguos enemigos, criminales, sus víctimas, las nuevas y viejas élites, los grupos de interés, ONGs y la sociedad civil".[21]

A este respecto es sintomático que sea la Audiencia Nacional el órgano judicial competente para dar hacer realidad la tutela judicial efectiva de víctimas y familiares. Este órgano, sin parangón en ningún otro sistema judicial europeo, resulta ser una creación preconstitucional mediante un decreto-ley promulgado el mismo día (05 de enero de 1977) en que se suprime el Tribunal de Orden Público. De hecho parte de la doctrina puso esta cuestión de manifiesto y mientras Lorca Navarrete afirmaba que la Audiencia Nacional fue "creada al amparo de una normativa de dudosa legalidad democrática", el profesor Andrés de la Oliva sostenía que "la Audiencia Nacional es antidemocrática de nacimiento". Además de hacer saltar por los aires el derecho al juez ordinario predeterminado por la ley, la Audiencia Nacional se configuró como tribunal especial y excepcional. Y pese al pretendido carácter especializado del mismo, nos encontramos con una tozuda estadística que anualmente se repite para demostrar que resultan casadas y revocadas por el Tribunal Supremo mayor proporción de sentencias de la Audiencia Nacional que de las Audiencias Nacionales. Y así mismo el porcentaje de sentencias confirmadas es menor en el caso de la Audiencia Nacional que en el de las Audiencias Provinciales.

En segundo lugar, superar la desconfianza y la venganza es otro desafío que se presenta a menudo durante los procesos de transición. Para que esto suceda es importante que el proceso no es percibido por la población como una venganza por los "ganadores" del conflicto. A este

---

[21] Ver nota 2, p. 2.

respecto destacamos la críticas de los juristas Jacques Verges y Pierre Marie Gallois cuando declaran que "el Tribunal Penal Internacional para la ex Yugoslavia es un arma de guerra al igual que un bombardeo o un bloqueo económico" y que las fases de "desinformación destinada a demonizar al enemigo" y el "juicio a los 'vencidos' son parte de las guerras contemporáneas". Por último, afirman que "(e)l derecho de intervención en el plano humanitario y militar se complementa ahora con el derecho a intervenir en el campo del derecho penal".[22]

Priscilla Hayner B. comenta las dificultades que surgieron en Bosnia, Croacia y Serbia para las distintas comunidades confiaran en el TPIY. Esta posición es apoyada por Hazan cuando explica que el TPIY fue visto por "la mayoría de los serbios" y croatas como un "brazo legal de la Alianza Atlántica" y "considerado por los bosnios como una coartada para la no-intervención".[23] Al igual que otros críticos como Noam Chomsky han sostenido,[24] Hazan se pregunta sobre el doble rasero en las políticas occidentales y, en concreto la siguiente pregunta: "¿por qué el ex yugoslavos someterse a la justicia internacional cuando los estadounidenses estaban tratando de liberarse de ella?".[25]

Rosemary Naggins también apunta en esta posición sobre el doble rasero en la justicia transicional cuando afirma que "la Corte Penal Internacional no se aplica a los estados no partes, excepto en la instancia de consulta del Consejo de Seguridad, lo que inevitablemente se verá limitado por la política de veto". Por otro lado recuerda la presión ejercida por EEUU contra la CPI en la que "más de 100 países, algunos de los cuales tienen un pobre historial de derechos humanos y han mostrado poca capacidad o el interés nacional en los procedimientos penales, han sido inducidos por los EE.UU. para firmar acuerdos bilaterales para denegar la extradición a la Corte Penal Internacional".[26]

En nuestro caso, observamos que pese a que el Derecho es una ciencia social, no se han articulado medidas políticas ni técnicas para superar la natural desconfianza respecto del proceso. De un lado, las resoluciones judiciales del Sumario 53/08 han sido habitualmente

---

[22] HAZAN, P.: "Measuring the impact of punishment and forgiveness: a framework for evaluating transitional justice", p. 34. En: International Review of the Red Cross, n. 861, Disponible en: <http://www.icrc.org/web/eng/siteeng0.nsf/html/review-861-p19>. Acceso el: 06 dic. 2010, 2006. Verges and Gallois, quoted by Hazan, P., ver nota 13.

[23] Ver nota 7, p. 207-210.

[24] CHOMSKY, Noam. *Estados Fallidos*. El Abuso de poder y el ataque a la demoracia. Barcelona. Ediciones B, 2006.

[25] Ver nota 13, p. 34.

[26] NAGY, Rosemary. *"Transitional Justice as Global Project*: critical reflections", En: Third World Quarterly, v. 29, n. 2, 2008. p. 275-289.

conocidas antes por los medios de comunicación que por las propias partes del proceso, el papel de la Fiscalía se ha limitado a pretender por todos los medios la finalización de la investigación judicial y los medios empleados han resultado cuando menos deficientes.

Sin embargo, en el lado positivo de la justicia transicional encontramos algunas interesantes experiencias para superar un conflicto violento en el caso de Irlanda del Norte. El programa Live organizado por IDEA ha hecho posible, después de un largo proceso, que un ex-combatiente del IRA y las víctimas de dicho grupo armado celebraran una reunión conjunta donde ambas partes del conflicto pudieron establecer una conversación sincera (no ausente de dolor y desconfianza) con el fin de superar las consecuencias del conflicto armado.[27] Sin duda, un referente para los próximos pasos del proceso de paz en el País Vasco.

El tercer desafío en un proceso de transición es el de incluir a las minorías, disidentes y a la antigua oposición en el proceso. De esta manera, la sociedad civil se fortalecerá y el proceso transicional será más completo y democrático. Un ejemplo bien conocido es el caso del movimiento Solidaridad en Polonia, que evolucionó de ser un sindicato que actuaba como reacción a los recortes de libertades realizados por el Estado a convertirse en un partido político y llegar al gobierno en Polonia.[28] Por otra parte, el Secretario General de las Naciones Unidas insiste en tomar en consideración en los procesos de transición a la inclusión de "las élites, los ex-combatientes y elementos (no criminales) de los regímenes anteriores, todos los cuales deben estar seguros de que van a ser protegidos de represalias ilegales o injustas y de que se les ofrece una oportunidad real de reinserción en la sociedad".[29] Tampoco nada de esto ha tenido lugar en el caso español.

Conclusiones

La justicia transicional ha experimentado un largo proceso desde el final de la II Guerra Mundial hasta nuestros días. Aunque el establecimiento de un sistema justo, efectivo, y universal está todavía por hacer, no hay duda de que se han tomado pasos muy importantes

---

[27] Ver nota 3, p. 92-96.
[28] GRODSKY, Brian. *Weighing the Costs of Accountability*: The Role of Institutional Incentives in Pursuing Transitional Justice. En: Journal of Human Rights, v. 6, n. 1, 2008. p. 353-375.
[29] UNITED NATIONS, *The rule of law and transitional justice in conflict and post-conflict societies*, Report of the Secretary-General, United Nations, Security Council S\2004\616, 3 Aug. 2004, Disponible en: <http://www.un.org/Docs/sc/sgrep04.html>. Acceso el: 01 dic. 2010. p. 7.

en las últimas décadas. Los Tribunales Militares de Núremberg fueron el primer paso en la Justicia Universal y, junto con años de fortalecimiento de las Naciones Unidas y el final de la Guerra Fría, el TPIY y el TPIR fueron capaces de funcionar y aún hoy siguen siendo referencias importantes para ser tomados en consideración en el futuro.

De todas estas experiencias analizadas hemos sido capaces de descubrir los defectos y ventajas de los procesos de justicia transicional, aprender de ellos y evolucionar. Una consecuencia de esta evolución fue la creación de la Corte Penal Internacional, que ha adquirido tal importancia que existe un deseo creciente de que esta institución se convierta en el referente a la hora de abordar los procesos de transición en lugar de tribunales "*ad hoc*".

Según lo visto en los procesos analizados en este artículo, con el fin de lograr el éxito es necesario preparar una estrategia cuidadosamente antes de iniciar el proceso de justicia transicional. Esta planificación es un largo y complejo proceso que ayudará en una forma muy significativa para establecer un nuevo Estado social y democrático de Derecho en el que los principales instrumentos internacionales de Derecho se reconozcan y se respeten. En caso de que el proceso no sea transparente o no se tenga en cuenta a todos los sectores de la sociedad (incluyendo las antiguas elites que no estén implicados en procesos criminales y los movimientos de la oposición) el proceso puede ser percibido por la población como una imposición de aquellas facciones que han surgido como resultado la victoria después del conflicto y, por lo tanto, antiguos demonios pueden ser resucitados y el sistema puede ser desestabilizado. En el peor de los escenarios posibles el nacionalismo, el extremismo religioso y la violencia podría surgir de nuevo, como podemos observar en la situación actual de Serbia.[30] En palabras del Secretario General de las Naciones Unidas, "la paz y la estabilidad sólo pueden prevalecer si la población percibe que las cuestiones con carga política, tales como la discriminación étnica, la distribución desigual de la riqueza y los servicios sociales, el abuso de poder, la negación del derecho a la propiedad o a la ciudadanía y las disputas territoriales entre los Estados, pueden abordarse en una forma justa y legítima. Visto de esta manera, la prevención es el primer imperativo de la justicia".[31] Quizá esta sea una de las mayores carencias del caso español, pues el factor tiempo opera a favor de la impunidad

---

[30] PESEK, Sanha; NIKOLAJEVIC, Dragana. *Nations in Transit Report*: *Serbia*, Disponible en: <http://www.freedomhouse.org/uploads/nit/2009/Serbia-final.pdf>. Acceso el: 11 dic. 2010. 2009, p. 455.

[31] UN, 2004, p. 4.

y falta de respuesta de manera inversamente proporcional a como lo hace la necesidad de justicia y respuesta por parte de los Tribunales. Por último, la importancia de la justicia transicional para la democratización de los países en transición se ha estudiado en este artículo. Como Anja Mihr ha señalado, los "actos de reconciliación, la conciencia de los derechos humanos, el Estado de Derecho y la democracia están vinculados entre sí en la medida en que una conciliación incluyente y adecuada puede conducir a la creación de nuevas normas y sistemas de control que permitan a los ciudadanos a recuperar la confianza en las instituciones y así fortalecer el sistema democrático".[32] Por otra parte, es indudable que la democracia se ha visto fortalecida en muchos aspectos (nuevas instituciones dotadas de mayor estabilidad, la educación en las nuevas perspectivas de la Historia, recuperación de la memoria histórica) después de haber establecido una estrategia planeada con anterioridad. Una transición exitosa incluiría, entre otros factores, una investigación previa de la situación actual, la planificación cuidadosa de la intervención, la aplicación de una conciliación justa ausente de las actitudes de "venganza", así como la implicación de todos los sectores de la sociedad en todas las etapas del proceso. Si bien, la transición española ha sido sistemática ensalzada desde determinadas perspectivas políticas, no podemos decir lo mismo desde un punto de vista técnico-jurídico. Ni los órganos, ni los métodos, ni su actuación ni su finalidad pueden considerarse suficientes para operar un programa de justicia transicional que cumpla los objetivos de la misma. Que las sentencias franquistas sigan resultando jurídicamente válidas y no se haya siquiera prácticamente iniciado el proceso de obtención de la verdad judicial —no digamos ya completado— son los indicadores que concluyen el fracaso del proceso español. La justicia, la reparación y la verdad jurídica siguen siendo una asignatura pendiente en nuestro caso. A tal efecto, España, con su transición, "nos engaña".

Informação bibliográfica deste texto, conforme a NBR 6023:2002 da Associação Brasileira de Normas Técnicas (ABNT):

NARANJO BARROSO, Diego Javier; OCAÑA ESCOLAR, Luis. Justicia de Transición, reparación y verdad: una perspectiva crítica de la actualidad judicial del caso Español. In: PRONER, Carol; ABRÃO, Paulo (Coord.). Justiça de Transição: reparação, verdade e justiça: perspectivas comparadas Brasil-Espanha. Belo Horizonte: Fórum, 2013. p. 209-221. ISBN 978-85-7700-737-0.

---

[32] Ver nota 2, p. 11.

EL MOVIMIENTO MEMORIALISTA
DE LA FOSA A LA JUSTICIA UNIVERSAL

PAQUI MAQUEDA

Quienes somos

Como dice Pura Sánchez, "la sociedad civil ha tenido la necesidad de buscar la voz silenciada que el Franquismo impuso a las víctimas del golpe de estado fascista del 36. Esto tiene su explicación en que es esa misma sociedad la que resultó afectada dramáticamente a través de una feroz represión que llenó de miedo, muerte y miseria durante 40 años la vida de muchas familias españolas". Muchos de nosotros recordamos historias contadas por nuestros familiares al calor de la mesa de camilla, en las tardes largas de invierno, que versaban sobre aquel tío, hermano de nuestra abuela que fue miliciano en la guerra y que terminó en construyendo como preso político, un canal de riego que atraviesa las tierras del bajo Guadalquivir; otros hemos visitado durante años de la mano de nuestro padre un túmulo de tierra en una finca privada, donde se nos decía que se encontraban los cuerpos de nuestro abuelo Antonio y nuestra abuela Ana, asesinados una noche por el delito de haber criado a 5 hijos anarquistas. Con el paso del tiempo, hemos sabido que aquella vieja foto en la casa del pueblo que en nuestra memoria siempre tenía una vela roja encendida y que iluminaba un rostro de hombre joven y serio, corresponde al nuestro tío-abuelo Juan, teniente alcalde de Izquierda Republicana que fue ajusticiado por un pelotón de pistoleros en agosto del 36, cuando el pueblo fue tomado por los fascista y después de que este señor defendiera con uñas y dientes el régimen democrático de la II República al que juró lealtad. Muchos de nosotros, criados ya en democracia hemos levantado la voz y hemos tomado la palabra y nos hemos atrevido a preguntar cuál es la razón por la que cientos de miles de personas continúan en fosas comunes en caminos, cementerios cunetas, pozos, fincas privadas, carreteras construidas con dinero público, etc. Cuál es la razón por la estas personas, que defendieron el régimen establecido, figuren como delincuentes y rebeldes, y sus sentencias y juicios no hayan sido anulados de pleno derecho, sus nombres no hayan sido dignificados y sus historias contadas a las generaciones venideras como modelo de entrega en la lucha antifascista y democrática. Hemos preguntado que porqué mientras la memoria de los nuestros ha sido utilizada como moneda de cambio en la transición en aras de una paz necesaria, la memoria de los vencedores continúa en plazas públicas en forma de estatuas del dictador, en calles con los nombres de personas pertenecientes al gobierno criminal de Franco, en placas de iglesias y cementerios donde se continúa alabando al fascismo y denigrando a la República y a sus defensores como una banda de rojos marxistas asesinos sin piedad alguna en las entrañas.

Queriendo cambiar el devenir de la historia y en un esfuerzo sincero y valiente de rescribir de nuevo la historia de los vencidos y de equiparar su memoria a la de tantos y tantos luchadores por la libertad en aquellos convulsos años 30 y 40, hemos preguntado y no hemos obtenido respuestas. O mejor dicho, hemos obtenido respuestas educadas, que en un ejercicio de política engañosa, nos han dado miles de vueltas para llevarnos a un lugar común tristemente famoso en el panorama español actual: la mentira. Ante esta desoladora perspectiva, no hemos tenido más remedio que, como dice Luise Michell, "buscar la verdad en los tugurios, porque desde las alturas no caen más que mentiras". Y nos hemos organizado, formando un movimiento memorialista sobre la base ciudadana, cívico y asociativo, que forma un rico mosaico de grupos, colectivos de familiares, foros por la memoria, asociaciones de MH, un movimiento heterogéneo, con distintas maneras de andar el mismo camino pero que tiene algunas características en común que se podían agrupar bajo mi punto de vista en dos esenciales y a esta alturas irrenunciables:

1. El reconocimiento y visualización de la memoria de las víctimas del fascismo español, la reivindicación y restitución de lo perdido en términos de justicia real y la construcción de puentes desde el pasado al futuro, acercándonos a las nuevas generaciones para ofrecerles una visión distinta de la historia contemporánea de España.

2. La lucha por la aplicación a la realidad de las víctimas y sus familiares de la Justicia Universal con sus tres pilares fundamentales: VERDAD, JUSTICIA Y REPARACIÓN.

Como vuelve a decir Pura Sánchez, es uno de nuestros objetivos gestionar, revisar y analizar el pasado a la luz del presente y en función del modelo y proyecto de sociedad a la que nos queremos encaminar. Y a estas alturas, a nadie se nos puede olvidar ni nadie puede confundir quienes son los verdaderos protagonistas de esta historia. Porque no lo son las asociaciones memorialistas, ni tampoco el juez Garzón al que van a juzgar sencillamente por hacer su trabajo. Tampoco lo son los aquellos partidos políticos que en la transición consintieron olvidar la memoria de los nuestros y que ahora, piruetas de la vida, enarbolan la bandera republicana sobre las fosas comunes. Tampoco los sindicatos que a última hora se apuntan al trabajo emprendido por las asociaciones y colectivos memorialistas. Los protagonistas fueron y siguen siendo (y les aseguro que lo serán siempre) las víctimas. A ellos dedicamos nuestro trabajo de cada día, ya sin cámaras y sin micrófonos, nuestro esfuerzo y nuestra esperanza para que un día, más tempranos que tarde y como decía nuestro compañero Allende, sea la memoria democrática y social por la que ellos lucharon, la que se abra paso recorriendo las grandes alamedas.

Arco reivindicativo del movimiento memorialista

Así pues, los colectivos que agrupan al Movimiento memorialistas surgieron como una respuesta de la sociedad civil ante la escandalosa política de desmemoria democrática llevada a cabo por todos los gobiernos españoles desde la muerte del dictador hasta el día de hoy. En el marco del Derecho Internacional de derechos humanos, nuestro objetivo es la dignificación de la memoria de los cientos de miles ejecutados extrajudicialmente, muchos de ellos desaparecidos, asesinados por los fascistas que se sublevaron contra el gobierno Republicano el 17 de julio del 36. Es nuestro objetivo también que se haga justicia, que si uno solo de los responsables o ejecutores del plan de exterminio del enemigo político, llevado a cabo por el aparato represor franquista continúa con vida, sea llevado ante los tribunales y condenado por delitos de lesa humanidad. Desde el movimiento memorialista entendemos que las víctimas del fascismo español de los años treinta, cuarenta, cincuenta, sesenta y setenta se han venido encontrando con un muro de silencio que nació del pacto entre élites de la Transición, como dique de contención a la exigencia de responsabilidades a los culpables del genocidio y del expolio económico que supuso el triunfo de franco y sus compinches. La ley de punto final que en la práctica y para que nos entendamos es la Ley de Amnistía del 77, perdonaba a los asesinos, bendecía la jurisdicción represiva de la Dictadura, dejaba intacto el aparato represor y santificaba la estructura de poder político y económico levantada por una banda armada sobre la destrucción de los valores republicanos y sobre el exterminio de sus mejores hombres y mujeres. A pesar de todo, esta Ley continúa siendo esgrimida por la derecha rancia y esquizofrénica de nuestro país y por sectores conservadores de la judicatura española para archivar las denuncias interpuestas por las asociaciones y para juzgar al único juez que ha dado respuesta a las víctimas de desapariciones forzadas y a sus familia, en aras de una supuesta reconciliación nacional que a esta alturas todos sabemos que sencillamente no existió.

A estos pilares fundamentales antes descritos, tendríamos que sumar el trabajo desarrollado durante más de una década, que podríamos resumir en:

1. Localización de fosas, exhumación de los restos cadavéricos que en ellas se encuentran, identificación mediante técnicas de ADN y entrega de estos restos a los familiares biológicos o ideológicos, para que estos los entierren como consideren oportuno;
2. Creación de un banco público de datos de ADN de familiares que buscan a personas desaparecidas;
3. Elaboración de mapas de fosas en el estado español;
4. Anulación de las sentencias devenidas de los juicios de los tribunales fascistas;
5. Elaboración de un censo de víctimas en el estado español, creando una base de datos de consulta pública y gratuita;
6. Homenaje públicos e institucionales a las víctimas, preferiblemente en los pueblos donde vivieron y murieron y donde se el recuerdo de su historia debe perdurar;
7. Acceso libre y gratuito a los archivos donde se encuentran expedientes de aquellas personas que fueron enjuiciadas por los tribunales fascistas;
8. La localización y protección de los lugares de Memoria, tapias de cementerios, fosas que no se puedan técnicamente abrir, campos de concentración del que aún perviven restos que no han sido eliminados, cárceles por las que pasaron las víctimas, etc.;
9. Eliminación de nuestras calles y plazas públicas de símbolos fascistas y eliminación del callejero de nuestras ciudades de nombres de personas que formaron parte de la dictadura fascista;

10. Oficinas de atención a las víctimas y sus familiares donde se les oriente sobre los trámites a seguir para localizar a un familiar, pruebas de ADN, acceso a archivos, etc.;
11. La inscripción en los Registros Civiles de las personas desaparecidas, a las que el estado fascista dificultó la inscripción de su muerte, con los problemas técnicos, familiares y emocionales que esto supone;
12. Interposición de denuncias por crímenes de Lesa Humanidad.

Según Amnistía Internacional, España es el país con mayor número de desparecidos denunciados ante la justicia. Según la misma fuente, España es el único país del mundo que subcontrata a los familiares de estas personas desaparecidas y supuestamente enterradas en fosas comunes para que, mediante subvenciones públicas que las asociaciones gestionan, localicen el lugar de enterramiento y exhumen sus cuerpos, para al fin y después de la friolera de 70 años, estos sean enterrados. Por eso nuestras reivindicaciones se llevan a cabo en el marco de señalar a los distintos gobiernos y a las administraciones públicas para que sean estas quienes elaboren una política pública de Memoria Histórica, asumiendo la responsabilidad política e histórica de cerrar las heridas que aun sangran, pasar la página que aún entre todos debemos leer y cerrar el ciclo de dolor familiar y social que aún está pendiente. Las personas que formamos las asociaciones sabemos que es imprescindible que el estado asuma su responsabilidad, y así se ha hecho evidente tras las diversas denuncias que en el año 2007 las asociaciones memorialistas comenzamos a interponer en la Audiencia Nacional, de cuyo recorrido ustedes sepan bastante, debido al bum mediático que la admisión a trámite por parte del Juez Garzón supuso y de las triste e indignantes consecuencias que esto ha traído, tanto para los familiares como para dicho Juez.

De la fosa a la Justicia Universal

A algunos de los presentes nos ha tocado, porque así lo hemos querido, claro está, asomarnos al borde de una fosa común. No es fácil, ustedes lo tienen que comprender, enfrentar una visión en la que aparecen los cadáveres de personas que tirados como perros aún permanecen en un agujero hecho en el suelo. Los restos de hombres y mujeres, mezclados en posiciones difícilmente imaginables, con las manos atadas con alambres detrás de la espalda, con restos de tortura y con un balazo en la cabeza, en la España del 2011, es difícil de explicar y entender, así como de creer. Pero estas fosas comunes existen, y las personas asesinadas en ella, también. Y es extraño el pueblo de nuestra Andalucía donde no haya una fosa de estas, concretamente de los 105 pueblos de Sevilla, hemos encontrado fosas en 83 de ellos; esto que no quiere decir que en los 22 pueblos restantes no haya o no haya habido, sino que no se han detectado porque han sido destruidas o bien porque la memoria oral no la ha conservado. En todo caso, en la provincia de Sevilla las cifras de víctimas de la represión se acercan a los 12.000 desparecidos.

En el marco de la matanza fundacional con que el fascismo español, valga la redundancia, se fundó, las fosas comunes eran según palabras de Francisco Ferrándiz, "los puntales básicos de una maquinaria destinada al sembrado de incertidumbre sobre el paradero y la identidad de las personas secuestradas o encarceladas y luego fusiladas y cuya eficacia se plasma todavía hoy en la dificultad que hay para efectuar identificaciones de los cadáveres exhumados. En ese sentido, el movimiento para la recuperación de la MH que empezó en el año 2000 con la exhumación de la fosa de la derrota en Priaranza del Bierzo, León, se está transformando en un movimiento social contra la impunidad del fascismo español de mayor alcance y con reivindicaciones más amplias, en la que la aplicación de la Justicia Universal al caso español se considera imprescindible. Digamos que estamos recorriendo un camino que va desde las fosas comunes a las reclamaciones de los derechos". Las asociaciones y colectivos de MH hemos comprendido que ya no basta con abrir fosas y enterrar a nuestros muertos. En este sentido, dimos un paso fundamental en diciembre del 2007, cuando aún se estaba calentando en el Parlamento español el hoy ineficaz Ley de MH: fuimos a la AN a interponer denuncias por una serie de delitos que con nuestros propios ojos habíamos visto al asomarnos a esas fosas.

Entendimos que las víctimas que hayamos en las fosas eran fruto de la violencia de retaguardia ejercida por el ejército sublevado durante la GC y posteriormente por la violencia represiva franquista. Las diversas asociaciones, unas 10 aproximadamente que durante los años 2006 y 2007 acudimos a la AN presentamos una serie de denuncias que giraban alrededor de tres ejes fundamentales:
1. Detenciones ilegales de personas y su posterior desaparición sin que sus familiares sepan aun hoy las circunstancias de tal desaparición ni las autoridades les hayan ofrecido dato alguno sobre la suerte de estas personas o su paradero actual;
2. Derecho de los familiares de los desaparecidos como víctimas también por el sufrimiento acarreado y la indefension sufrida

por ello. La inactividad del estado, generado por un modelo de impunidad absoluta, es causa de una serie de responsabilidades a nivel civil, penal, administrativo y disciplinario. Para ello ya se cuenta con jurisprudencia (caso Pinochet) y con normativa Internacional. Los familiares tenemos derecho a un recurso accesible, rápido y eficaz, derecho ejercido para que se nos garantice una reparación a nivel de restitución, indemnización, rehabilitación (garantías de no repetición de los abusos) y satisfacción;

3. Solicitar la intervención judicial para localizar el destino de las víctimas ante la inexistencia de mecanismos judiciales o administrativos. Es una tarea que corresponde al estado por sus compromisos a nivel internacional y por su responsabilidad en los hechos.

Estos delitos denunciados, considerados de lesa humanidad, no son amnistiables ni prescriptibles según el Derecho Penal Internacional desde los principios de Núremberg. No les voy a cansar citándoles la cantidad de normativa, tratados, convenios, etc., que en la actualidad protegen la comisión de estos delitos denunciados, como por ejemplo la Convención de 2006 sobre Protección de todas las personas contra las Desapariciones Forzadas, pero si les diré con palabras de nuestro querido José Saramago "que España, que se congratulaba de ser uno de los pioneros en la aplicación del principio de justicia universal, ignora a sus propias víctimas, somete a tormento a sus familiares y desoye las obligaciones contractuales internacionales dimanantes de tratados y convenios suscritos e incorporados a su ordenamiento jurídico".

El resultado de estas denuncias ya lo conocen ustedes: casi un años después, el 16 de octubre de 2008 el juez Baltasar Garzón las admite a trámite, declarándose competente para investigar lo que el denomina crímenes de lesa humanidad, llevados a cabo por el régimen franquista. Apenas un mes después, el 18 de noviembre y ante la estupefacción de las asociaciones y familiares, el juez proclama su inhibición en la causa, a favor de los juzgados territoriales (lugar de donde veníamos los familiares), en un auto que al menos mantiene la calificación de detenciones ilegales en el contexto de crímenes de lesa humanidad de estos delitos. A día de hoy, Baltasar Garzón está acusado de prevaricación por haber investigado algo que no le correspondía hacer, apartado de su trabajo y a espera de ser enjuiciado. Y todo ello por la gracia de un sindicato de ultra derecha, que menos mal que se llama "Manos limpias" y por un partido político al que la Ley de Partido parece no tocarle a pesar de su sangriento y cruel historial, "Falange Española".

Y que más le voy a contar. La situación hoy por hoy en relación a este asunto que nos ocupa es complicada, estamos enmarañados en juzgados territoriales que archivan de nuevo nuestras denuncias, o en conflictos de competencias sin fecha cercana de resolución. Esperando varias resoluciones en tribunales europeos, pendientes de que las denuncias presentadas por descendientes de españoles desparecidos que en la actualidad viven en Argentina, saque los colores a nuestro gobierno e investigue por el principio de reciprocidad el genocidio de un pueblo que supuso la instauración de la cruel dictadura de Franco.

Mientras, nosotros resistimos. Seguimos abriendo las fosas de nuestros pueblos y enterrando a nuestros muertos, convencidos de que solo abriendo fosas cerramos heridas. Seguimos denunciando la existencia de símbolos fascistas en nuestras calles y las manifestaciones continuas de apología al fascismo que se hacen en nuestras ciudades ante la impasibilidad de los gobiernos civiles y demás estamentos. Continuamos reivindicando la anulación de las sentencias derivadas de los tribunales fascistas y seguimos denunciando la ausencia total de responsabilidad del estado y de los distintos gobiernos que continúan mirando para otro lado y elaborando leyes que son papel mojado. Nuestras concentraciones mensuales frente a la Consejería de Justicia son todo un ritual para ahuyentar el desánimo y conjurar la lucha.

Pero a pesar de todo y después de haber pasado por malos momentos, de desaliento y flaqueza, estamos orgullosos del trabajo desarrollado. Hemos llegado lejos, muy lejos, recorriendo el camino de la memoria de este olvidadizo país. De la memoria que los vencidos tergiversaron, ocultaron y manipularon. De la memoria de los vencidos, de su dignidad y su lucha. Y sabemos que hemos tocado ciertos asuntos intocables, que han generado miedo, escándalo, rechazo y rabia:

1. Hemos derivado el discurso desde la existencia de una fosa perdida en un pueblo, a las existencia de miles en todo el estado español, pasando del discurso familiar e individual, al colectivo y plural;
2. Hemos puesto sobre la mesa una realidad insultante que debe avergonzar a cualquier gobierno: la existencia de 114.000 desparecidos, la de más de 30.000 niños y niñas secuestrados, la de más de 300.000 personas ejecutadas, la detención y tortura de miles de republicanos, el desplazamiento y el exilio de más de medio millón de personas a otros países después de finalizada la contienda;

3. Hemos señalado la impunidad con el que este país se dotó para que esos crímenes fascistas no se revisaran nunca más y formaran parte del pasado;
4. Hemos denunciado el fenómeno revisionista y sus consecuencias;
5. Hemos denunciado el franquismo sociológico en el que vivimos, esa actitud de tantos y tantos representada en frases como esta de que "pero es que los dos bandos hicieron las mismas barbaridades" o esa de "ahora vienen a darse con los huesos de los muertos". Esa actitud del que entiende que hay que mirar al futuro negando el pasado, que ya está eso, pasado;
6. Hemos puesto sobre la mesa la situación de indefensión de las víctimas, que a pesar de estar amparadas por el Derecho Internacional, siguen siéndolo;
7. Hemos cuestionado la Transición, porque al margen de sus luces, que sin duda las tuvo, también tuvo sombras, y el olvido de la memoria de los luchadores y luchadoras antifascistas nunca jamás debió de ser una moneda de cambio en aras de ninguna reconciliación por muy necesaria que esta fuera;
8. Hemos denunciado la ley de Amnistía del 77 como una aberración jurídica y moral, como una Ley de punto final que lo dejaba todo atado y bien atado y que hoy por hoy es esgrimida por aquellos que no quieren enfrentar esos terribles hechos y hacer justicia;
10. Hemos denunciado que la Ley de MH es una ley vacía que nació con un importante rechazo del movimiento memorialista y que reconociendo que ha cubierto una serie de reivindicaciones, ha dejado sin cubrir lo más elemental para nosotros, como son las exhumaciones de los nuestros y la anulación de los juicios fascistas.

Y en este camino, nos hemos sentido hermanados en la lucha de todos esos pueblos que tienen historias parecidas a las nuestras, las madres y abuelas de la Plaza de Mayo, los luchadores por la memoria y contra la impunidad del pueblo chileno, la persistencia de los uruguayos en que se eliminen las leyes de punto final y se enjuicien a los responsables de los asesinatos de la dictadura, los familiares que en Guatemala buscan con el apoyo de su gobierno en las fosas comunes a los desaparecidos, etc., etc.

Y nos sentimos cercanos y agradecidos a toda aquella institución, asociación, grupo o colectivo, que interesados por nuestra causa, nos invita a que contemos nuestra historia. Por ello, doy las gracias de corazón a la UPO y a la UNIA por la celebración de este seminario y por ofrecernos la oportunidad de participar en él así como a todas aquellas personas que con paciencia me habéis escuchado, espero haber correspondido a vuestro interés.

Informação bibliográfica deste texto, conforme a NBR 6023:2002 da Associação Brasileira de Normas Técnicas (ABNT):

MAQUEDA, Paqui. El movimiento memorialista: de la fosa a la justicia universal. *In*: PRONER, Carol; ABRÃO, Paulo (Coord.). *Justiça de Transição*: reparação, verdade e justiça: perspectivas comparadas Brasil-Espanha. Belo Horizonte: Fórum, 2013. p. 223-232. ISBN 978-85-7700-737-0.

PARTE IV

REPARAÇÃO, MEMÓRIA E VERDADE: O CASO BRASILEIRO

AS DIMENSÕES DA JUSTIÇA DE TRANSIÇÃO NO BRASIL, A EFICÁCIA DA LEI DE ANISTIA E AS ALTERNATIVAS PARA A VERDADE E A JUSTIÇA

PAULO ABRÃO
MARCELO D. TORELLY

A Justiça de Transição no Brasil: panorama geral e características fundamentais

O processo de Justiça de Transição após experiências autoritárias compõe-se de pelo menos quatro dimensões fundamentais: (i) a reparação; (ii) o fornecimento da verdade e construção da memória; (iii) a regularização da justiça e restabelecimento da igualdade perante a lei; e (iv) a reforma das instituições perpetradoras de violações contra os direitos humanos.[1]

O Brasil possui estágios diferenciados na implementação de cada uma dessas dimensões e muitas medidas têm sido tardias em relação a outros países da América Latina. Passa-se abaixo um panorama geral do estado das artes da Justiça de Transição brasileira, ao qual se seguirá uma avaliação contextual.

---

[1] Cf.: TEITEL, Ruti G. *Transitional Justice*. Oxford, Nova Iorque: Oxford University Press, 2000; ZALAQUETT, José. La reconstrucción de la unidad nacional y el legado de violaciones de los derechos humanos. *Revista Perspectivas*, v. 2, Número especial; GENRO, Tarso. *Teoria da Democracia e Justiça de Transição*. Belo Horizonte: Ed. UFMG, 2009.

a. Reparação

Com implantação gradativa, a gênese do processo de reparação brasileiro ocorre ainda durante a ditadura militar brasileira (1964-1985). A reparação aos perseguidos políticos é uma conquista jurídica presente desde a promulgação da Lei de Anistia brasileira (Lei nº 6.683, de 1979) — marco legal fundante da transição política brasileira — que previu, para além do perdão aos crimes políticos e conexos, medidas de reparação como, por exemplo, a restituição de direitos políticos aos perseguidos (o direito de se inscrever em partidos políticos e ser votado nas convenções partidárias), e o direito de reintegração ao trabalho para servidores públicos civis e militares que haviam sido afastados arbitrariamente.

É preciso ressaltar que a Lei de Anistia no Brasil é fruto de uma reivindicação popular.[2] Exemplificando: enquanto na Argentina a anistia foi uma imposição do regime contra a sociedade, ou seja, uma explícita autoanistia do regime visando o perdão aos crimes perpetrados pelo Estado; no Brasil a anistia foi amplamente reivindicada por meio de manifestações sociais significativas e históricas, pois se referia originalmente ao perdão dos crimes de resistência cometidos pelos perseguidos políticos, que foram banidos, exilados e presos. A luta pela anistia foi tamanha que, mesmo sem a aprovação no Parlamento do projeto de lei de anistia demandado pela sociedade civil que propunha uma anistia "ampla, geral e irrestrita" para os perseguidos políticos e diante da aprovação do projeto de anistia restrito originário do Poder Executivo militar, a cidadania brasileira reivindica-o legitimamente como conquista sua e para si e, até a atualidade, reverbera a memória de seu vitorioso processo de conquista nas ruas em torno dos trabalhos realizados pelos Comitês Brasileiros pela Anistia e também por meio de pressões internacionais.[3]

Após a Lei de 1979, editou-se uma emenda à "Constituição" outorgada de 1969 (EC nº 26/1985) onde se agregou a previsão da restituição dos direitos políticos aos líderes estudantis e ampliaram-se direitos àqueles reparados pela Lei nº 6.683/79. Já com a edição da nova Constituição em 1988 o direito à reparação revestiu-se enquanto

---

[2] Neste sentido confira Heloisa Amélia Greco [Dimensões fundacionais da luta pela Anistia. Tese (Doutorado em História)–Universidade Federal de Minas Gerais, Belo Horizonte, 2003. 2 v.].

[3] Ver James N. Green (*Apesar de vocês*: oposição à ditadura brasileira nos Estados Unidos, 1964-1985. São Paulo: Companhia das Letras, 2009) sobre a mobilização internacional nos EUA.

garantia constitucional,[4] sendo assegurado a amplos setores atingidos pela repressão, não mais somente no setor público, mas também no setor privado. Coube ao governo Fernando Henrique Cardoso implantar as comissões de reparação. A primeira, a Comissão Especial de Mortos e Desaparecidos Políticos, limitada ao reconhecimento da responsabilidade do Estado por mortes e desaparecimentos (Lei nº 9.140/1995). A segunda, a Comissão de Anistia, direcionada a reparar os atos de exceção, incluindo as torturas, prisões arbitrárias, demissões e transferências por razões políticas, sequestros, compelimento à clandestinidade e ao exílio, banimentos, expurgos estudantis e monitoramentos ilícitos (Lei nº 10.559/02).

O programa de reparação não se limita à dimensão econômica. As leis preveem também direitos como a declaração de anistiado político, a contagem de tempo para fins de aposentadoria, a garantia de retorno a curso em escola pública, o registro de diplomas universitários obtidos no exterior, à localização dos restos mortais dos desaparecidos políticos e outros.

A Lei nº 10.559/2002 prevê, portanto, duas fases procedimentais para o cumprimento do mandato constitucional de reparação: a primeira, a declaração da condição de anistiado político pela verificação dos fatos e previstos nas situações persecutórias discriminadas no diploma legal. A declaração de anistiado político é ato de reconhecimento[5] ao direito de resistência[6] dos perseguidos políticos e também de reconhecimento

---

[4] O direito à reparação no Brasil, portanto, é um direito constitucional previsto no 8º do Ato das Disposições Constitucionais Transitórias (ADCT): "É concedida anistia aos que, no período de 18 de setembro de 1946 até a data da promulgação da Constituição, foram atingidos, em decorrência de motivação exclusivamente política, por atos de exceção, institucionais ou complementares [...]". Portanto, a anistia constitucional é dirigida aos perseguidos e não aos perseguidores.

[5] O conceito de reconhecimento aqui trabalhado remete ao livro de Axel Honneth (*Luta por reconhecimento*: a gramática moral dos conflitos sociais. São Paulo: Ed. 34, 2003). Para um aprofundamento teórico da ideia de anistia enquanto reconhecimento, confira-se: BAGGIO, Roberta. Justiça de Transição como reconhecimento: limites e possibilidades do processo brasileiro. *In*: SANTOS, Boaventura et al. (Org.). *Repressão e memória política no contexto iberobrasileiro*. Brasília: Ministério da Justiça; Coimbra: Centro de Estudos Sociais da Universidade de Coimbra, 2010.

[6] A tradição do "direito à resistência" remonta aos primeiros estudos contratualistas e acompanha-nos até a atualidade. Bobbio refere à existência de duas grandes linhas de sustentação da questão, uma que se vincula à obediência irrestrita ao soberano, outra que defende o direito de resistência a este em nome de uma causa maior — como a república ou a democracia — filiando-se a segunda: "O primeiro ponto de vista é o de quem se posiciona como conselheiro do príncipe, presume ou finge ser o porta voz dos interesses nacionais, fala em nome do Estado presente; o segundo ponto de vista é o de quem fala em nome do anti-Estado ou do Estado que será. Toda a história do pensamento político pode

dos erros cometidos pelo Estado contra seus concidadãos. A segunda fase é a concessão da reparação econômica.[7] É possível que alguém seja declarado anistiado político, mas não receba nenhuma reparação econômica, seja porque já fora materialmente indenizado por legislações anteriores, seja por perecimento de direito personalíssimo com o falecimento da vítima, uma vez que tais direitos não se transferem aos sucessores maiores — excetuando-se as viúvas e os dependentes —, seja porque se enquadram em categorias específicas, como o caso dos vereadores municipais que por força de atos institucionais tenham exercido mandatos gratuitos, cabendo somente o direito de cômputo

---

ser distinguida conforme se tenha posto o acento, como os primeiros, no dever da obediência, ou, como os segundos, no direito à resistência (ou a revolução). Essa premissa serve apenas para situar nosso discurso: o ponto de vista no qual colocamos, quando abordamos o tema da resistência à opressão, não é o primeiro, mas o segundo" (BOBBIO, Norberto. *A era dos direitos*. Rio de Janeiro: Campus Elsevier, 2004. p. 151).

[7] A Lei nº 10.559/02 prevê como critério geral de indenização, a fixação de uma prestação mensal, permanente e continuada em valor correspondente ou ao padrão remuneratório que a pessoa ocuparia, se na ativa estivesse caso não houvesse sido afastada do seu vínculo laboral, ou a outro valor arbitrado com base em pesquisa de mercado. O outro critério fixado, para quem foi perseguido, mas não teve perda de vínculo laboral, é o da indenização em prestação única em até 30 salários mínimos por ano de perseguição política reconhecida com um teto legal de R$100.000. A Lei nº 9.140/95 prevê também uma prestação única que atingiu um máximo de R$152.000 para os familiares de mortos e desaparecidos. A crítica que se faz ao modelo é a de que resultou daí que pessoas submetidas à tortura ou desaparecimento ou morte, e que não tenham em sua história de repressão a perda de vínculos laborais, podem acabar sendo indenizadas com valores menores que as pessoas que tenham em seu histórico a perda de emprego. Uma conclusão ligeira daria a entender que o direito ao projeto de vida interrompido foi mais valorizado que o direito a integridade física, o direito à liberdade ou o direito à vida. Esta conclusão deve ser relativizada pelo dado objetivo de que a legislação prevê que os familiares dos mortos e desaparecidos podem pleitear uma dupla indenização (na Comissão de Anistia e na Comissão de Mortos e Desaparecidos) no que se refere à perda de vínculos laborais ocorridos previamente às suas mortes e desaparecimentos (no caso da prestação mensal) ou a anos de perseguições em vida (no caso da prestação única). Além disso, a maioria dos presos e torturados que sobreviveram concomitantemente também perderam seus empregos ou foram compelidos ao afastamento de suas atividades profissionais formais (de forma imediata ou não) em virtude das prisões ou de terem que se entregar ao exílio ou à clandestinidade. Esses casos de duplicidade de situações persecutórias são a maioria na Comissão de Anistia e, para eles, não cabe sustentar a tese de subvalorização dos direitos da pessoa humana frente aos direitos trabalhistas em termos de efetivos. Em outro campo, a situação é flagrantemente injusta para um rol específico de perseguidos políticos: aqueles que não chegaram a sequer inserir-se no mercado de trabalho em razão das perseguições, como é o caso clássico de estudantes expulsos que tiveram que se exilar ou entrar na clandestinidade e o das crianças que foram presas e torturadas com os pais ou familiares. Para reflexões específicas sobre as assimetrias das reparações econômicas no Brasil e o critério indenizatório especial, destacado da clássica divisão entre dano material e dano moral do Código Civil brasileiro, confira-se: Paulo Abrão et al. (Justiça de Transição no Brasil: o papel da Comissão de Anistia do Ministério da Justiça. *Revista Anistia Política e Justiça de Transição*, Brasília, n. 1, p. 12-21, jan./jun. 2009).

do período de mandato para fins de aposentadoria no serviço público e previdência social.

Estas constatações legais evidenciam a diferença substancial entre ser "declarado anistiado político" e em "perceber reparação econômica".

Para a fixação das reparações econômicas, a Constituição utilizou-se de critérios compatíveis com a prática persecutória mais recorrente: a imposição de perdas de vínculos laborais, ainda mais impulsionadas quando a luta contra a ditadura uniu-se aos movimentos grevistas, gerando a derrocada final do autoritarismo.[8] Desse modo, o modelo de reparação privilegiou a restituição do trabalho perdido, como devolução do *status quo* anterior e, no impedimento desta, criou compensações econômicas.

O que se pode depreender da legislação vigente no Brasil, tomando-se em conta o universo de possíveis medidas de reparação sistematizadas por Pablo De Greiff[9] (quais sejam: medidas de restituição, compensação, reabilitação e satisfação e garantias de não repetição), é o seguinte:

---

[8] Isto porque é certo que o papel da organização dos trabalhadores nas reivindicações corporativas, em plena vigência da Lei Antigreve, imprimiu nuances significativas à resistência ao regime militar. Na campanha pela anistia, os setores dos movimentos de resistência tradicionais uniram-se ao movimento dos operários que passaram a incorporar em sua pauta reivindicatória bandeiras de enfrentamento ao regime político militar. Ainda antes de 1979 e, mais especialmente após a aprovação da Lei de Anistia, as greves dos trabalhadores intensificaram-se, inclusive dentro dos domínios de áreas consideradas como "áreas de segurança nacional". Essas greves foram reprimidas com a truculência das polícias civis, militares e até mesmo com a participação das Forças Armadas, criando-se um ambiente de perseguições aos líderes sindicais (alguns foram presos e enquadrados na Lei de Segurança Nacional) e de demissões em massa aos trabalhadores grevistas pertencentes aos quadros de empresas estatais e privadas. Foram milhares as demissões arbitrárias de trabalhadores em diferentes regiões do Brasil e em diferentes categorias e setores, os quais podem-se citar algumas: comunicações (Correios), siderurgia (Belgo-mineira, CSN – Companhia Siderúrgica Nacional, Usiminas, Cosipa, Açominas), metalurgia (região de Osasco e ABC Paulista, GM, Volkswagen), energia (Eletrobras, Petrobras, Petromisa, Polo Petroquímico de Camaçari/BA), trabalhadores do mar (Lloyd, estaleiros), setores militares (Arsenal de Marinha), bancários (Banco do Brasil, Banespa), aéreo (aeronautas e aeroviários da VARIG, VASP e trabalhadores da Embraer) e professores (escolas e universidades). Mesmo antes das greves do movimento operário, os afastamentos laborais arbitrários sempre foram uma prática persecutória estruturante do perfil da repressão brasileira, seja no âmbito das próprias Forças Armadas (em relação aos soldados, marinheiros e aeronautas considerados insurgentes) seja no meio educacional e civil em geral.

[9] DE GREIFF, Pablo. Justice and reparations. *In*: DE GREIFF, Pablo. *The Handbook of Reparations*. New York, Oxford: Oxford University Press, 2006.

QUADRO 1
Medidas legais de reparação no Brasil

(Continua)

Medidas de exceção e repressão	Principais direitos fundamentais lesados	Modalidade de reparação	Direitos previstos	Dispositivo legal
Perseguidos políticos e atingidos por atos de exceção *lato sensu*	Direitos e liberdades fundamentais gerais	Satisfação pública e garantia de não repetição	Declaração da condição de anistiado político*	Art. 1º, I da Lei nº 10.559/02
Desaparecidos políticos	Direito à vida ou direito ao projeto de vida	Compensação	Reparação econômica em prestação única, pelo desaparecimento	Art. 11 da Lei nº 9.140/95**
	Liberdades públicas e direitos políticos	e Compensação	e Reparação econômica em prestação única ou mensal, pelas perseguições políticas em vida***	Art. 1º, II c/c art. 9º, parágrafo único da Lei nº 10.559/02****
	Direitos civis, culturais e religiosos	e Satisfação pública e garantia de não repetição	e Direito à localização, identificação e entrega dos restos mortais	Art. 4º, II da Lei nº 9.140/95
Mortos	Direito à vida	Compensação	Reparação econômica em prestação única, pela morte	Art. 11 da Lei nº 9.140/95**
	Liberdades públicas e direitos políticos	e Compensação	e Reparação econômica em prestação única ou mensal**, pelas perseguições políticas em vida	Art. 1º, II c/c art. 9º, parágrafo único da Lei nº 10.559/02
Torturados	Direito à integridade física e psicológica	Compensação	Reparação em prestação única	Art. 1º, II c/c art. 2º, I da Lei nº 10.559/02
Presos arbitrariamente	Direito à liberdade, direito ao devido processo legal	Compensação	Reparação em prestação mensal ou única	Art. 1º, II c/c art. 2º, I da Lei nº 10.559/02
		e Restituição	e Contagem de tempo para efeitos previdenciários	Art. 1º, III da Lei nº 10.559/02

QUADRO 1
Medidas legais de reparação no Brasil

(Continua)

Medidas de exceção e repressão	Principais direitos fundamentais lesados	Modalidade de reparação	Direitos previstos	Dispositivo legal
Afastados arbitrariamente ou compelidos ao afastamento de vínculo laboral, no setor público, com ou sem impedimentos de também exercer, na vida civil, atividade profissional específica	Direito ao projeto de vida, direito à liberdade de trabalho, direito à liberdade de pensamento, direito de associação sindical	Restituição ou Compensação	Reintegração/readmissão assegurada promoções na inatividade ou reparação econômica em prestação mensal	Art. 1º, II, V c/c art. 2º, IV, V, IX, XI
		e Restituição	Contagem de tempo para efeitos previdenciários	Art. 1º, III da Lei nº 10.559/02
		e Reabilitação	Benefícios indiretos mantidos pela Administração Pública aos servidores (planos de seguro, assistência médica, odontológica e hospitalar e financiamentos habitacionais)	Art. 14 da Lei nº 10.559/02
Afastados arbitrariamente ou compelidos ao afastamento de vínculo laboral, no setor privado	Direito ao projeto de vida, direito à liberdade de trabalho, direito à liberdade de pensamento, direito de associação sindical	Compensação e Restituição	Reparação econômica em prestação mensal	Art. 1º, II c/c art. 2º, VI, XI
			e Contagem de tempo para efeitos previdenciários	Art. 1º, III da Lei nº 10.559/02
Punidos com transferência para localidade diversa daquela onde exercia sua atividade profissional, impondo-se mudança de local de residência	Direito à estabilidade e liberdade laboral, direito à isonomia	Compensação	Reparação econômica em prestação mensal ou única	Art. 1º, II, e art. 2º, II

QUADRO 1
Medidas legais de reparação no Brasil

(Continua)

Medidas de exceção e repressão	Principais direitos fundamentais lesados	Modalidade de reparação	Direitos previstos	Dispositivo legal
Punidos com perda de proventos ou de parte de remunerações já incorporadas ao contrato de trabalho inerentes a carreira administrativa	Direito à remuneração pelo trabalho e direito à isonomia	Compensação e Restituição	Reparação econômica em prestação mensal e Contagem de tempo para efeitos previdenciários	Art. 1º, II e art. 2º, III, XII Art. 1º, III da Lei nº 10.559/02
Impedidos de tomar posse em cargo após concurso público válido	Direitos políticos	Compensação e Restituição	Reparação econômica em prestação mensal e Contagem de tempo para efeitos previdenciários	Art. 1º, II e art. 2º, XVII Art. 1º, III da Lei nº 10.559/02
Punidos com cassação de aposentadorias ou já na condição de inativos, com a perda de remuneração	Direito à isonomia, garantias constitucionais ao trabalho	Compensação	Reparação econômica em prestação mensal	Art. 1º, II, art. 2º, X, XII da Lei nº 10.559/02
Aposentados compulsoriamente no setor público	Direito à isonomia	Compensação	Reparação econômica em prestação mensal	Art. 1º, II e art. 2º, I, XII
Compelidos à clandestinidade	Direito à liberdade, direito à identidade, direito ao projeto de vida	Compensação e Restituição	Reparação econômica em prestação mensal ou única e Contagem de tempo para efeitos previdenciários	Art. 1º, II e art. 2º, I, IV, VII
Banidos	Direito à nacionalidade, Direito à liberdade, direito ao projeto de vida, direito ao convívio familiar	Compensação e Restituição e Restituição	Reparação econômica em prestação mensal ou única e Contagem de tempo para efeitos previdenciários e Reconhecimento de diplomas adquiridos no exterior	Art. 1º, II e art. 2º, I, VII Art. 1º, III da Lei nº 10.559/02 Art. 1º, IV da Lei nº 10.559/02

QUADRO 1
Medidas legais de reparação no Brasil

(Continua)

Medidas de exceção e repressão	Principais direitos fundamentais lesados	Modalidade de reparação	Direitos previstos	Dispositivo legal
Exilados	Direito à liberdade, direito ao projeto de vida, direito ao convívio familiar	Compensação e Restituição e Restituição	Reparação econômica em prestação mensal ou única e Contagem de tempo para efeitos previdenciários e Reconhecimento de diplomas adquiridos no exterior	Art. 1°, II e art. 2°, I, VII Art. 1°, III da Lei n° 10.559/02 Art. 1°, IV da Lei n° 10.559/02
Políticos com mandatos eleitorais cassados	Direitos políticos	Compensação e Restituição	Reparação econômica em prestação única e Contagem de tempo para efeitos previdenciários	Art. 1°, II e art. 2°, VII, XIV Art. 1°, IV da Lei n° 10.559/02
Políticos com cassação de remuneração pelo exercício do mandato eletivo	Direito à isonomia e direito à remuneração pelo trabalho	Restituição	Contagem de tempo para efeitos previdenciários	Art. 2°, XIII
Processados por inquéritos judiciais e/ou administrativos persecutórios, com ou sem punição disciplinar	Direito à liberdade, direito ao devido processo legal ao contraditório	Compensação	Reparação em prestação única	Art. 1°, II e art. 2°, I, VII
Filhos e netos exilados, clandestinos, presos, torturados ou atingidos por quaisquer atos de exceção	Direito ao projeto de vida, direito à liberdade, direito à convivência familiar, direito à integridade física e psicológica	Compensação e Restituição	Reparação econômica em prestação única Contagem de tempo para efeitos previdenciários, em alguns casos	Art. 1°, II c/c art. 2°, I da Lei n° 10.559/02 Art. 1°, IV da Lei n° 10.559/02
Monitorados ilegalmente*****	Direito à intimidade	Compensação	Reparação econômica em prestação única	Art. 1°, II c/c art. 2°, I

QUADRO 1
Medidas legais de reparação no Brasil

(Conclusão)

Medidas de exceção e repressão	Principais direitos fundamentais lesados	Modalidade de reparação	Direitos previstos	Dispositivo legal
Outras medidas de exceção, na plena abrangência do termo	Direitos fundamentais e políticos gerais	Compensação	Reparação econômica em prestação única	Art. 1º, I e II c/c art. 2º, I

* A declaração de anistiado político é ato de reconhecimento das vítimas e do direito de resistência. É uma condição para todas as demais reparações da Lei nº 10.559/02. Cabe à própria vítima requerê-la ou aos seus sucessores ou dependentes (art. 2º, §2º da Lei nº 10.559/02).
** A indenização prevista nesta Lei é deferida às seguintes pessoas, na seguinte ordem: ao cônjuge; ao companheiro ou companheira; aos descendentes; aos ascendentes; aos colaterais, até o quarto grau (art. 10 da Lei nº 9.140/95).
*** No caso de falecimento do anistiado político, o direito à reparação econômica transfere-se aos seus dependentes. Cabe reparação em prestação mensal aos casos de comprovada perda de vínculo laboral em razão de perseguição, aos demais casos cabe prestação em prestação única. As compensações (reparações econômicas em prestação única ou mensal) da Lei nº 10.559/02 não podem se cumular. As compensações podem cumular-se com as restituições e reabilitações, exceto a reparação em prestação mensal que não pode cumular com as reintegrações ao trabalho. As compensações da Lei nº 10.559/02 podem se cumular com as compensações da Lei nº 9.140/95.
**** Todas as reparações econômicas de cunho indenizatório da Lei nº 10.559/02, ensejam o direito à isenção do pagamento de imposto de renda.
***** O entendimento da Comissão de Anistia tem sido o de que o direito à reparação cabe somente àqueles em que o monitoramento tenha dado concretude a alguma outra medida repressiva.

O governo Lula (2003-2010) inovou na política de reparação agregando uma gama de mecanismos de reparação simbólica: implantou o projeto Direito à Memória e à Verdade, com o registro oficial das mortes e desaparecimentos, e as Caravanas da Anistia, com julgamentos públicos da história e pedidos oficiais de desculpas às vítimas.[10] Criou ainda o projeto Memórias Reveladas, com a disponibilização dos arquivos do período e propôs um projeto de lei para criar uma Comissão Nacional da Verdade (PL nº 7.376/2010) e outro para o direito de acesso à informação pública (PLC nº 41/2010), da nova lei de

---

[10] Para um panorama mais amplo desse processo, confira-se: Paulo Abrão et al. (As Caravanas da Anistia: um instrumento privilegiado da Justiça de Transição brasileira. In: SANTOS, Boaventura de Sousa et al. *Repressão e memória política no contexto ibero-brasileiro*: Estudos sobre o Brasil, Guatemala, Moçambique, Peru e Portugal. Brasília: Ministério da Justiça; Coimbra: Coimbra Ed., 2010. p. 185-227).

acesso à informação, além de preparar o Memorial da Anistia,[11] para que reparação e memória sigam integradas.

A partir de 2007, a Comissão de Anistia passou a formalmente "pedir desculpas oficiais" pelos erros cometidos pelo Estado consubstanciado no ato declaratório de anistia política. Corrigiu-se, dentro das balizas legais existentes, o desvirtuamento interpretativo que dava ao texto legal uma leitura economicista, uma vez que a anistia não poderia ser vista como a imposição da amnésia ou como ato de esquecimento, ou de suposto e ilógico perdão do Estado a quem ele mesmo perseguiu e estigmatizou como subversivo ou criminoso.

O quadro abaixo relaciona as recentes medidas reparatórias empreendidas pelo Estado brasileiro, no governo Lula:

QUADRO 2
Medidas e políticas públicas de reparação individual
e coletiva do governo Lula (2003-2010)

(Continua)

Medidas	Ações governamentais e estatais
Pedidos de desculpas	Caravanas da Anistia
Reconhecimento das vítimas	Exposições fotográficas Livro relatório "Direito à memória e à verdade" Publicações oficiais Projeto "Marcas da Memória" Projeto "Memórias Reveladas"
Homenagens públicas	Sessões de Memória das Caravanas da Anistia Ato de homenagens aos 30 anos da greve de fome dos ex-presos políticos Ato Público sobre os 30 anos da Lei de Anistia
Escutas públicas	Audiências públicas do movimento operário Depoimentos nas Caravanas da Anistia Fórum das entidades representativas dos anistiados políticos Comissão Especial de Anistia da Câmara dos Deputados Audiência Pública sobre o alcance da Lei de Anistia de 1979 Audiência pública sobre o regime jurídico dos militares perseguidos políticos

---

[11] Para um maior aprofundamento sobre o Memorial da Anistia, sugerimos a leitura da seção "Especial" do primeiro volume da revista: SILVA FILHO, José Carlos Moreira; PISTORI, Edson. Memorial da Anistia Política do Brasil. *Revista Anistia Política e Justiça de Transição*, Brasília, n. 1, p. 113-133, jan./dez. 2009.

QUADRO 2
Medidas e políticas públicas de reparação individual
e coletiva do governo Lula (2003-2010)

(Conclusão)

Medidas	Ações governamentais e estatais
Monumentos e placas	Projeto Memorial da Anistia Projeto "Pessoas Imprescindíveis"
Projetos de lei	Projeto de lei de acesso às informações públicas Projeto de lei para uma Comissão Nacional da Verdade
Educação e difusão	Seminários e eventos sobre Justiça de Transição Anistias Culturais Publicação de materiais didáticos Publicação da Revista Anistia Política e Justiça de Transição

Assim, podem-se extrair algumas conclusões sobre o processo reparatório no bojo da efetivação da Justiça de Transição brasileira. A primeira conclusão importante sobre as reparações no Brasil extrai-se do art. 8º do ADCT, cujo texto explicitamente se traduz em genuíno ato de reconhecimento da anistia aos perseguidos políticos e de seu direito de resistir à opressão. A segunda é a de que, no Brasil, desde a sua origem, a anistia é ato político que se vincula à ideia de reparação. A terceira conclusão é a de que a anistia é concedida pela Constituição àqueles que foram perseguidos, e não aos perseguidores. Por fim, pode-se ainda afirmar que existe no Brasil a implantação de uma rica variedade de medidas de reparação, individuais e coletivas, materiais e simbólicas, porém, é perceptível a quase inexistência de medidas de reabilitação das vítimas.

A reforma das instituições

No Brasil, tem sido uma tarefa constante o aperfeiçoamento das instituições, levado a cabo por um conjunto de reformas que são implantadas em mais de 25 anos de governos democráticos: a extinção do SNI (Serviço Nacional de Informações); a criação do Ministério da Defesa submetendo os comandos militares ao poder civil; a criação do Ministério Público com missão constitucional que envolve a proteção do regime democrático, da ordem jurídica e dos interesses sociais e individuais indisponíveis; a criação da Defensoria Pública da União; a criação de programas de educação em direitos humanos para as corporações de polícia promovidos pelo Ministério da Educação; a extinção dos DOI-CODI e DOPS; a revogação da lei de imprensa criada na ditadura; a extinção dos DSI's (divisões de segurança institucional) ligados aos órgãos da Administração Pública direta e indireta; a criação da Secretaria Especial de Direitos Humanos; as mais variadas e amplas reformas no arcabouço legislativo advindo do regime ditatorial; a criação dos tribunais eleitorais independentes com autonomia funcional e administrativa. Enfim, nesta seara, verifica-se um processo ininterrupto de adequação das instituições do Estado de Direito visando a não repetição, embora este seja um processo permanente e constante.

O fato é que existe inegável institucionalização da participação política e da competência política com efetiva alternância no poder de grupos políticos diferenciados, crescentes mecanismos de controle da Administração Pública e transparência além de reformas significativas no sistema de justiça. Restam reformas a serem cumpridas nas Forças Armadas e nos sistemas de segurança pública.

Verdade e memória

A dimensão do fornecimento da verdade e construção da memória também encontrou avanços. Além do livro *Direito à memória e à verdade* e, a Secretaria Especial de Direitos Humanos mantém uma exposição fotográfica denominada "Direito à memória e à verdade — a ditadura no Brasil 1964-1985" e recentemente lançou mais duas publicações *História de meninas e meninos marcados pela ditadura* e *Memórias do feminino*.

O Centro de Referência das Lutas Políticas no Brasil (1964-1985) – Memórias Reveladas[12] – foi criado em 13 de maio de 2009 e é coordenado pelo Arquivo Nacional da Casa Civil da Presidência da República. Tem por objetivo tornar-se um espaço de convergência, difusão de documentos e produção de estudos e pesquisas sobre o regime político que vigorou entre 1º de abril de 1964 e 15 de março de 1985. Congrega instituições públicas e privadas, e pessoas físicas que possuam documentos relativos à história política do Brasil durante os governos militares. O Centro é um pólo catalisador de informações existentes nos acervos documentais dessas instituições e pessoas. Parte

---

[12] No Banco de Dados "Memórias Reveladas" encontra-se a descrição do acervo documental custodiado pelas instituições participantes. Em alguns casos, é possível visualizar documentos textuais, cartográficos e iconográficos, entre outros. No portal do Centro (<http://www.memoriasreveladas.gov.br>) também podem ser consultadas publicações em meio eletrônico, exposições virtuais, vídeos e entrevistas.

da "verdade da repressão" — que permite o acesso a uma determinada versão da "verdade" — está registrada em documentos oficiais do regime militar já disponíveis no Memórias Reveladas, documentos estes eivados de uma linguagem ideológica e, por evidência, de registros que desconstroem os fatos e simulam versões justificadoras dos atos de violações generalizadas aos direitos humanos.

Vale destacar também que, atualmente, alguns dos mais ricos acervos de arquivos da repressão encontram-se sob posse das comissões de reparação, que tem colaborado para a construção da verdade histórica pelo ponto de vista dos perseguidos políticos. A propósito, não fosse o trabalho das Comissões de Reparação criadas no governo Fernando Henrique Cardoso, não se teriam muitas das informações já disponíveis sobre a história da repressão. Não pode restar dúvidas de que a iniciativa do governo Luiz Inácio Lula da Silva em enviar ao Congresso um projeto de lei para a criação de uma Comissão Nacional da Verdade[13] constitui-se em uma nova e imprescindível etapa do processo de revelação e conhecimento da história recente do país em favor de uma efetiva memória que colabore para a construção da nossa identidade coletiva. Talvez, através da Comissão da Verdade seja possível a efetivação do direito pleno à verdade, com a investigação, localização e abertura dos arquivos específicos dos centros de investigação e repressão ligados diretamente aos centros da estrutura dos comandos militares: o CISA (Centro de Informações de Segurança da Aeronáutica); o CIE (Centro de Informações do Exército); e o CENIMAR (Centro de Informações da Marinha). Para que assim sejam identificadas e tornadas públicas as estruturas utilizadas para a prática de violações aos direitos humanos, suas ramificações nos diversos aparelhos de Estado e em outras instâncias da sociedade, e sejam discriminadas as práticas de tortura, morte e desaparecimento, para encaminhamento das informações aos órgãos competentes. Restam fortemente pendentes a efetiva localização e abertura dos arquivos das Forças Armadas e a localização dos restos mortais dos desaparecidos políticos.

---

[13] Cf.: BRASIL. Programa Nacional de Direitos Humanos (PNDH-III). Brasília: Secretaria Especial de Direitos Humanos da Presidência da República, 2009. Decreto nº 7.037, de 21 de dezembro de 2009 alterado pelo decreto de 13 de janeiro de 2010 que cria o Grupo de Trabalho para elaborar projeto de lei da Comissão Nacional da Verdade. O Grupo de Trabalho foi nomeado pela Portaria da Casa Civil nº 54, de 26 de janeiro de 2010. O projeto de lei para a criação da Comissão Nacional da Verdade foi enviado ao Congresso Nacional em 12 de maio de 2010. *Dita Comissão* foi *criada pela Lei* nº 12.528/2011 para examinar e esclarecer as graves violações aos direitos humanos praticadas no período de 18 de setembro de 1946 até a data da promulgação da Constituição, 05 de outubro de 1988, e com isso garantir o direito à memória e à verdade histórica nacional.

Justiça e Estado de Direito

Quanto à dimensão da regularização da justiça e restabelecimento da igualdade perante a lei, que se constitui na obrigação de investigar, processar e punir os crimes do regime têm-se atualmente os maiores obstáculos.

Não existem no Brasil julgamentos relativos aos agentes perpetradores de violações aos direitos humanos durante a ditadura militar e há uma situação de não reconhecimento do direito de proteção judicial às vítimas da ditadura. Diante dessa constatação e diante das obrigações assumidas pelo Brasil em compromissos internacionais, a Comissão de Anistia do Ministério da Justiça promoveu a Audiência Pública "Limites e Possibilidades para a Responsabilização Jurídica dos Agentes Violadores de Direitos Humanos durante o Estado de Exceção no Brasil" ocorrida em 31 de julho de 2008. Foi a primeira vez que o Estado brasileiro tratou oficialmente do tema após quase trinta anos da Lei de Anistia. A audiência pública promovida pelo Poder Executivo teve o condão de unir forças que se manifestavam de modo disperso, articulando as iniciativas da Ordem dos Advogados do Brasil, do Ministério Público Federal de São Paulo, das diversas entidades civis, como a Associação dos Juízes pela Democracia, o Centro Internacional para a Justiça e o Direito Internacional (CEJIL), a Associação Brasileira de Anistiados Políticos (ABAP), a ADNAM (Associação nacional Democrática Nacionalista de Militares),[14] e, ainda, fomentando a rearticulação de iniciativas nacionais pró-anistia.

A audiência pública resultou em um questionamento junto ao Supremo Tribunal Federal, por meio de uma Arguição de Descumprimento de Preceito Fundamental (ADPF nº 153). Ressalte-se que a controvérsia jurídica debatida pelo Ministério da Justiça e levada ao STF pela Ordem dos Advogados do Brasil advinha, inclusive, do trabalho do Ministério Público Federal de São Paulo ao ajuizar ações civis públicas em favor da responsabilização jurídica dos agentes torturadores do DOI-CODI, além das iniciativas judiciais interpostas por familiares de mortos e desaparecidos, a exemplo do pioneirismo da família do jornalista Vladimir Herzog que, ainda em 1978, saiu vitoriosa de uma ação judicial que declarou a responsabilidade do Estado por

---

[14] A Associação dos Juízes para a Democracia (AJD), a Associação Brasileira de Anistiados Políticos (ABAP), a ADNAM (Associação Nacional Democrática Nacionalista de Militares) e o CEJIL ingressaram com *Amicus Curiae* na ADPF nº 153, junto ao Supremo Tribunal Federal.

sua morte.[15] A propósito, é certo que a Audiência Pública e a ADPF nº 153 não "reabriram" o debate jurídico sobre o alcance da Lei de Anistia aos agentes torturadores ou aos crimes de qualquer natureza, pois ele sempre esteve presente, embora sonegado da opinião pública.[16] Em recente decisão sobre a ADPF, o Supremo Tribunal Federal, por 7 votos a 2, deliberou pela eficácia da Lei de Anistia aos agentes perpetradores de direitos humanos durante o regime militar. O STF declarou válida a interpretação de que há uma anistia bilateral na Lei de 1979, reeditada na EC nº 26/1985, denominada convocatória da constituinte brasileira. Afirmou que se trata de um acordo político fundante da Constituição Democrática de 1988 e que somente o Poder Legislativo pode revê-lo. O efeito prático é o de que o Supremo negou o direito à proteção judicial para as vítimas da ditadura, como será abordado adiante.

Uma avaliação das características fundamentais

Após esse panorama sobre as quatro dimensões da Justiça de Transição brasileira, em resumo, a conclusão mais relevante é a de que no Brasil o processo de reparação tem sido, positivamente, o eixo estruturante da agenda da transição política. Verifica-se também que, no Brasil, em função da baixa amplitude das demandas por justiça transicional[17] por muitos anos, boa parte das iniciativas transicionais partiu

---

[15] Para maiores informações sobre o caso, confira Eugênia Augusta Gonzaga Fávero (Crimes da Ditadura: iniciativas do Ministério Público Federal em São Paulo. *In*: SOARES, Inês Virgínia Prado; KISHI, Sandra Akemi Shimada. *Memória e Verdade*: a Justiça de Transição no Estado Democrático brasileiro. Belo Horizonte: Fórum, 2009. p. 213-234) e, também, Marlon Alberto Weichert (Responsabilidade internacional do Estado brasileiro na promoção da Justiça Transicional. *In*: SOARES, Inês Virgínia Prado; KISHI, Sandra Akemi Shimada. *Memória e Verdade*: a Justiça de Transição no Estado Democrático brasileiro. Belo Horizonte: Fórum, 2009. p. 153-168).

[16] A esse respeito, confira-se: DALLARI, Dalmo de Abreu. Crimes sem Anistia. *Folha de S. Paulo*, 18 dez. 1992. p. 3; BICUDO, Helio. Lei de Anistia e crimes conexos. *Folha de S. Paulo*, 6 dez. 1995. p. 3; JARDIM, Tarciso Dal Maso. O crime do desaparecimento forçado de pessoas. Brasília: Brasília Jurídica, 1999.

[17] Deve-se destacar outra peculiaridade nacional: o número relativamente menor de vítimas fatais em comparação aos regimes vizinhos. A amplitude menor da repressão fez com que a luta pelos direitos das vítimas e pela memória se reduzisse a círculos restritos, não obstante sua atuação intensa. Esse número mais reduzido pode ter inviabilizado a formação de novos grandes movimentos sociais entorno da temática, diferentemente do que ocorreu em outros países, como Argentina e Chile, e, ainda, permitiu a criação de classificações infelizes, como a "dictablanda" de Guilhermo O'Donnell e Philippe Schmitter, originalmente cunhada para definir "autocracias liberais" e, posteriormente, apropriada de forma equívoca e maldosa e utilizada em veículos de comunicação, como a *Folha de S.Paulo* que para minimizar o horror de uma ditadura como a brasileira e posicionar contrariamente ao debate acerca da abrangência da Lei de Anistia, denominou-a "ditabranda" em editorial no dia 17.02.2009. Sobre as diferenças entre os regimes, consulte-se: PEREIRA, Anthony.

do Poder Executivo, sendo a participação do Legislativo, geralmente, "a reboque" deste poder, e a do Judiciário historicamente quase nula (são parcas as iniciativas judiciais das vítimas) não fosse a protagonista atuação do Ministério Público Federal — instituição independente do Poder Judiciário, com autonomia funcional e administrativa.

Outras características atuais que podem ser apontadas são a de que: (i) a sociedade civil brasileira mais ampla desarticulou-se do tema da anistia, que passou a ser desenvolvido por setores isolados uns dos outros, com grande sobreposição de esforços e desperdício de energias, devendo o eixo prioritário de ação ser a promoção de atividades de rearticulação de uma causa esparsa; (ii) entre os poderes de Estado, o Executivo é, desde sempre, o principal artífice das medidas transicionais no Brasil, sendo ou seu executor direto, ou o promotor do debate público que pressiona aos demais poderes, (iii) o processo de reparação é o eixo estruturante da dinâmica da justiça transicional brasileira mas não se esgota nesse processo.

De fato, as experiências internacionais têm demonstrado que não é possível formular um "escalonamento de benefícios" estabelecendo uma ordem sobre quais ações justransicionais devem ser adotadas primeiramente, ou sobre que modelos devem ajustar-se a realidade de cada país, existindo variadas experiências de combinações exitosas.[18] Assim que, em processos de justiça transicional, não podemos adotar conceitos abstratos que definam, *a priori*, a metodologia dos trabalhos a serem tidos e das ações a serem implementadas.

Daí que o diagnóstico de que o processo justransicional brasileiro privilegiou em sua gênese a dimensão reparatória não é um demérito, mas sim apenas um elemento característico fundante do modelo justransicional brasileiro.

É um dado que as medidas transicionais no Brasil são tardias em relação às adotadas em outros países, como os vizinhos Argentina e Chile, ou mesmo países distantes, como a Grécia e a Alemanha do pósguerra, mas isso não depõe contra a relevância de adotar tais medidas, como nos ilustra o exemplo da Espanha, que em 2007 editou lei para

---

Political (In)Justice: authoritarianism and the rule of law in Brazil, Chile, and Argentina. Pittsburgh: Pittsburgh University Press, 2005. Sobre os primeiros usos de "ditabranda", confira-se o fluxograma da página 13 de: Guilhermo O'Donnell e Philippe Schmitter. (*Transitions from authoritarian rule*: tentative conclusions about uncertain democracies. Baltimore & Londres: John Hopkins, 1986).

[18] Cf.: CIURLIZZA, Javier. Para um panorama global sobre a Justiça de Transição. Javier Ciurlizza responde Marcelo Torelly. *Revista Anistia Política e Justiça de Transição*, Brasília, n. 1, p. 22-29, jan./jun. 2009.

lidar com os crimes da Guerra Civil e do regime franquista.[19] De todo modo, em um processo com as peculiaridades do brasileiro, longo, delicado, vagaroso e truncado, não é realista a crítica de que o processo de reparação seria causador de "alienação" social, nos termos de um "cala boca",[20] pois, como visto, a sociedade seguiu renovando-se e adotando novas medidas de aprimoramento democrático. O que é efetivamente irreal é esperar que em um país onde foram necessários quase dez anos para completar um primeiro ciclo de abertura política (1979-1988) se pudesse, a passos cerrados, promover medidas da mesma dimensão que as implementadas em países como a Argentina, onde o regime viveu um colapso completo na sequência de uma rotunda derrota militar em guerra externa, ou como em Portugal, na Revolução dos Cravos de 1975, que derrubou o salazarismo onde os militares foram a vanguarda da extinção do regime porque não eram a vanguarda do regime — sendo esta percepção, inclusive, amplamente descrita na literatura da ciência política sobre as transições em perspectiva comparada.[21]

Podem-se identificar pelo menos três vantagens no processo transicional brasileiro, a partir da pedra angular da reparação: (i) temos como uma primeira vantagem o fato de que o trabalho das Comissões de Reparação tem impactado positivamente a busca pela verdade, revelando histórias e aprofundando a consciência da necessidade de que todas as violações sejam conhecidas, promovendo e colaborando, portanto, com o direito à verdade; (ii) ainda, os próprios atos oficiais de reconhecimento por parte do Estado de lesões graves aos direitos humanos produzidos por essas Comissões, somados à instrução probatória

---

[19] Vide a "Lei da Memória Histórica".

[20] Reduzir o valor moral da declaração de anistiado político à mera dimensão econômica é, atualmente, a estratégia mais comumente utilizada por aqueles setores irresignados com a própria existência de uma assunção de culpa do Estado brasileiro pelos erros cometidos no passado, que pretendem com esse discurso justificar, valendo-se das assimetrias características do processo de reparação econômica brasileira, que a Lei de Anistia não teria promovido nada além de um "cala a boca" a determinados setores sociais. O historiador Marco Antônio Villa defendeu, em entrevista à revista *Época*, que "Distribuir dinheiro foi um belo "cala-boca". Muita gente que poderia ajudar a exigir a abertura dos arquivos acabou ficando com esse "cala-boca". Corroborando a tese aqui defendida, esse mesmo autor também afirma, em artigo na *Folha de S. Paulo*, que "O regime militar brasileiro não foi uma ditadura de 21 anos. Não é possível chamar de ditadura o período 1964-1968 (até o AI-5), com toda a movimentação político-cultural. Muito menos os anos 1979-1985, com a aprovação da Lei de Anistia e as eleições para os governos estaduais em 1982". Não é difícil, portanto, identificar a existência de uma posição ideológica clara na assunção dessas posições. Cf.: *Época* entrevista Marco Antônio Villa. *Época*, 26 maio 2008, bem como, Marco Antônio Villa (Ditadura à brasileira. *Folha de S. Paulo*, 05 mar. 2009).

[21] LINZ, Juan; STEPAN, Alfred. *A transição e consolidação da democracia*: a experiência do sul da Europa e da América do Sul. Tradução de Patrícia de Queiroz Carvalho Zimbra, São Paulo: Paz e Terra, 1999.

que os sustentam, tem servido de fundamento fático para as iniciativas judiciais no plano interno do Ministério Público Federal, incentivando, portanto, o direito à justiça num contexto onde as evidências da enorme maioria dos crimes já foram destruídas; (iii) finalmente, temos que o processo de reparação está dando uma contribuição significativa na direção de um avanço sustentado nas políticas de memória num país que tem por tradição esquecer, seja pela edição de obras basilares, como o livro-relatório *Direito à memória e à verdade*, que consolida oficialmente a assunção dos crimes de Estado, seja por ações como as Caravanas da Anistia e o Memorial da Anistia, que além de funcionarem como políticas de reparação individual e coletiva, possuem uma bem definida dimensão de formação de memória. O processo de reparação tem possibilitado a revelação da verdade histórica, o acesso aos documentos, o registro dos testemunhos dos perseguidos políticos e a realização dos debates públicos sobre o tema.

Se, como foi demonstrado acima, a Justiça de Transição brasileira mostra-se dinâmica e é capaz de produzir avanços substanciais, constituindo-se inclusive como uma referência relevante para políticas de reparação, torna-se necessários perquirir pelas causas do não avanço em outras searas. A mais notória dimensão de não desenvolvimento da justiça transicional brasileira é, sem dúvida, a dimensão da justiça, entendida como restabelecimento substancial do Estado de Direito, com a devida proteção judicial às vítimas e a consecução da obrigação do Estado em investigar e punir crimes, mais notadamente as violações graves aos direitos humanos, acompanhada da formulação de uma narrativa oficial dos fatos coerente com os acontecimentos para a desfeita de falsificações ou revisionismos históricos.

A eficácia da Lei de Anistia no Brasil: uma análise das razões da não responsabilização judicial dos perpetradores de graves violações aos direitos humanos durante a ditadura militar (1964-1985)

Quais poderiam ser as razões que levam à Lei de Anistia no Brasil a ser eficaz ao longo do tempo e impedir os processamentos judiciais dos crimes cometidos pelo Estado?

Para fazer essa análise, importam sobremaneira dois conjuntos de fatores: os de natureza jurídica e os de natureza política, sabendo que, como bem assevera Teitel, "sempre houve um contexto político para a tomada de decisões sobre justiça de transição".[22] Por isso, cabe verificar como determinadas pretensões políticas e culturas jurídicas operam fora do marco constitucional que estabelece a relação entre Direito e Política,[23] criando espaços de "vazios de legalidades", onde a impunidade do autoritarismo se mantém enfeza ao novo Estado de Direito.

Fazer a análise do desenvolvimento da justiça transicional em um contexto concreto nada mais é do que verificar as estratégias de mobilização pró-justiça empregadas por um conjunto de atores e o êxito que estas estratégias tiveram para vencer obstáculos postos, tanto na esfera política quanto na jurídica, por outros atores ligados ao antigo regime, que pretendem conservar, em alguma medida, sua base de legitimidade social e, para tanto, obstaculizam as medidas de justiça. É nesse sentido que Filipinni e Margarrell afirmam que "[...] el éxito de una adecuada transición depende de la correcta planificación de las acciones, observando todos los componentes del proceso".[24]

O restabelecimento do Estado de Direito dá-se de forma combinada: (i) pelo estabelecimento de garantias jurídicas mínimas para o futuro; e, ainda, (ii) pela reparação e justiça em relação às violações passadas. Zalaquett destaca que "Los objetivos éticos y medidas [...] deben cumplirse enfrentando las realidades políticas de distintas transiciones. Estas imponen diferentes grados de restricción a laacción de lasnuevas autoridades",[25] no caso brasileiro, como se pode verificar, as medidas de abrangência temporal retroativa, como a investigação de crimes passados, enfrentaram de forma mais marcada as restrições políticas do antigo regime por atingirem diretamente a seus membros, enquanto as medidas de reparação às vítimas e garantia de direitos futuros se mostraram mais eficientes em romper o cerco político, na medida em que não afetavam de forma direta os membros do antigo *status quo* e as limitações que estes impuseram à transição quando ainda estavam no poder.

---

[22] TEITEL, Ruti. Ruti Teitel responde. Entrevista a Marcelo D. Torelly. *Revista Anistia Política e Justiça de Transição.* Brasília, n. 3, p. 28, jan./jun. 2010.

[23] A este respeito, confira-se o conceito de "constituição como acoplamento estrutural entre direito e política" (NEVES, Marcelo. *Entre Têmis e Leviatã.* São Paulo: Martins Fontes, 2006).

[24] FILIPPINI, Leonardo; MAGARRELL, Lisa. Instituciones de la Justicia de Transición y contexto político. *In:* RETTBERG, Angelika (Org.). *Entre el perdón y el paredón.* Bogotá: Universidade de los Andes, 2005. p. 151.

[25] ZALAQUETT, José. La reconstrucción de la unidad nacional y el legado de violaciones de los Derechos Humanos. *Revista Perspectivas,* v. 2, número especial, p. 10.

Razões de ordem política

Podemos identificar pelo menos três causas estruturantes de natureza política para a eficácia no tempo da Lei de Anistia brasileira no que toca aos crimes contra a humanidade:

O contexto histórico da transição: o controle do regime e a luta pela anistia

O processo transicional brasileiro caracteriza-se, primeiramente, por um forte controle do regime, a tal ponto de Samuel Huntington classificar a transição brasileira, conjuntamente com a espanhola, como uma "transição por transformação"[26] e afirmar que "[...] the genius of the Brazilian transformation is that it is virtually impossible to say at what point Brazil stop being a dictatorship and became a democracy".[27] Esse forte controle do regime sobre a democracia insurgente nasce juntamente com o próprio movimento de abertura, simbolicamente aludido com a aprovação da Lei de Anistia em 1979, e se estende pelo menos até 1985, quando as forças políticas que sustentaram a ditadura, mesmo sob forte pressão popular, impedem a aprovação da emenda constitucional em favor da realização de eleições diretas para presidente. Com as eleições indiretas de 1985, o candidato das oposições democráticas, Tancredo Neves (MDB), alia-se a um quadro histórico do antigo partido de sustentação da ditadura como seu vice-presidente, José Sarney (ex-ARENA, deixa o PDS para se filiar ao PMDB), o que resultou em uma chapa vitoriosa na eleição indireta e representou um espaço de conciliação entre oposição institucionalizada com antigos setores de sustentação do regime.

No Brasil, ocorreu uma "transição sob controle",[28] onde os militares apenas aceitaram a "transição lenta, gradual e segura" a partir de uma posição de retaguarda no regime, delegando aos políticos

---

[26] Numa transição por transformação "[...] those in power in the authoritarian regime take the lead and play the decisive role in ending that regime and changing into a democratic system. [...] it occurred in well-established military regimes where governments clearly controlled the ultimate means of coercion vis-à-vis authoritarian systems that had been successful economically, such as Spain, Brazil, Taiwan, Mexico, and, compared to other communist states, Hungary". [...] "In Brazil, [...], President Geisel determined that political change was to be 'gradual, slow, and sure'. [...] In effect, Presidents Geisel and Figueiredo followed a two-step forward, one-step backward policy. The result was a creeping democratization in which the control of the government over the process was never seriously challenged" (HUNTINGTON, Samuel. *The third wave*. Oklahoma: Oklahoma University Press, 1993. p. 124-126).

[27] HUNTINGTON, Samuel. *The third wave*. Oklahoma: Oklahoma University Press, 1993. p. 126.

[28] Sobre este raciocínio ver Tarso Genro (*Teoria da democracia e Justiça de Transição*. Belo Horizonte: Ed. UFMG, 2009. p. 30-31).

que os defendiam a legitimação da transição em aliança com a elite burocrática e política que emergiu do regime e orientou a conciliação com a maior parte da oposição legal. A partir daí procurou-se impor burocraticamente um conceito de perdão através do qual os ofensores perdoariam os ofendidos, o que limitou a adesão subjetiva à reconciliação, tentando-se transformar a anistia em processo de esquecimento, como se isso fosse possível.

A ditadura brasileira valeu-se de dois mecanismos-chave para garantir um nível de legitimidade suficiente para manter esse controle sobre a transição: (i) os dividendos políticos da realização de um projeto de nação desenvolvimentista que, por um longo período (o chamado "milagre econômico"), alçou o país a níveis de desenvolvimento relevantes;[29] e, ainda, (ii) a construção semântica de um discurso do medo, qualificando como "terroristas" aos membros da resistência armada, e de "colaboradores do terror" e "comunistas" aos opositores em geral. Será graças à adesão social a esse discurso fundado no medo do caos e na necessidade de progresso econômico que se desenvolverá o argumento dos opositores como inimigos e, posteriormente, da anistia como necessário pacto político de reconciliação recíproca, sob a cultura do medo e ameaça de uma nova instabilidade institucional ou retorno autoritário.

Durante a luta pela anistia a sociedade mobilizou-se fortemente pela aprovação de uma lei de anistia "ampla, geral e irrestrita", ou seja: para todos os presos políticos, inclusive os envolvidos na luta armada e crimes de sangue.[30] O movimento pela anistia passa a significar a volta à cena pública das manifestações, passeatas e reivindicação de direitos, funcionando como meio de induzir o despertar de uma sociedade oprimida, que volta lentamente a naturalizar a participação cívica.

---

[29] O projeto econômico desenvolvimentista da ditadura foi, certamente, um de seus maiores aliados na conquista de legitimação social e garantiu ampla adesão civil ao regime. Ainda em 1978, antes da anistia, Celso Lafer, fazia a seguinte avaliação: "A que título, portanto, os que governam hoje o Brasil exercem o poder? Consoante se verifica pelas exposições dos Atos Institucionais que fundamentam o uso da moeda da coerção organizada, uma legitimidade de negação ao caos, ao comunismo e à corrupção, vistos como características principais da República Populista dos anos 60. Esse fundamento negativo deseja ver-se assegurado, num processo de legitimação positiva face aos governados, pela racionalidade da administração econômica, na presidência Castello Branco (gestão econômica dos Ministros Roberto Campos e Octavio Gouveia de Bulhões), e pela eficácia econômica, isto é, pelo desenvolvimento, nas presidências Costa e Silva e Médici (gestão econômica do Ministro Delfim Netto)" (LAFER, Celso. *O Sistema político brasileiro*. São Paulo: Perspectiva, 1978. p. 74).

[30] Cf.: VIANA, Gilney; CIPRIANO, Perly. *Fome de liberdade*: a luta dos presos políticos pela Anistia. São Paulo: Fundação Perseu Abramo, 2009. Bem como: BRASIL. *30 Anos da Luta pela Anistia no Brasil*. Brasília, 2009.

Inobstante essa luta, a proposta da sociedade foi derrotada no Congresso Nacional restando aprovado o projeto de lei de anistia "restrita" oriundo do governo militar.[31] O elemento do controle do regime volta a se fazer presente nesse momento, uma vez que um terço do Congresso Nacional era composto pelos chamados "senadores biônicos", que eram parlamentares indicados pelo próprio Poder Executivo. É neste período de abertura que se passa a construir, por meio de um Judiciário tutelado pelo controle do Poder Executivo, a tese da "anistia bilateral".

Com a crescente evidenciação de que muitos desaparecimentos e mortes eram produto da ação estatal, cresceu a pressão social por investigações dos delitos, o que levou o Judiciário — ressalte-se: controlado pelo regime — a sistematicamente ampliar interpretativamente o espectro de abrangência da lei, passando a considerar "conexos aos políticos" os crimes dos agentes de Estado e, ainda, a aplicar a lei até para crimes ocorridos pós-1979, fora da validade temporal da lei (como para os responsáveis pelo Caso Rio Centro em 1980) sob o manto do princípio da "pacificação nacional".

Com o passar dos anos, o lema da anistia "ampla, geral e irrestrita" para os perseguidos políticos, clamada pela sociedade organizada e negada pelo regime, passou a ser lido como uma anistia "ampla, geral e irrestrita" para "os dois lados", demonstrando a força de controle do regime, capaz de apropriar-se do bordão social para o converter em fiador público de um suposto "acordo político" entre subversivos e regime para iniciar a abertura democrática. É insurgindo-se contra o falseamento histórico de afirmar que a anistia defendida pela sociedade abarcaria aos crimes de agentes de Estado que Greco assevera que:

> Na luta pela Anistia ampla, geral e irrestrita, a iniciativa política está com a sociedade civil organizada, não com o Estado ou com a institucionalidade — os sujeitos ou atores principais são os militantes das entidades de anistia, os exilados e os presos políticos. O lócus dessa iniciativa, o lugar de ação e do discurso ou, melhor ainda, o lugar da história, é a esfera instituinte do marco de recuperação da Cidade enquanto espaço político — é esse o ponto de fuga a partir do qual essa história deve ser lida, em contraposição ao espaço instituído ou à esfera do institucional.[32]

---

[31] Para uma mais ampla descrição deste processo, confira-se: Danyelle Nilin Gonçalves (Os múltiplos sentidos da Anistia. *Revista Anistia Política e Justiça de Transição*, Brasília, n. 1, p. 272-295, jan./jun. 2009).

[32] GRECO, Heloísa Amélia. Memória vs. esquecimento, instituinte vs. instituído: a luta pela Anistia ampla, geral e irrestrita. *In*: SILVA, Haike (Org.). *A luta pela Anistia*. São Paulo: UNESP, Arquivo Público, Imprensa Oficial, 2009. p. 203.

A tese da anistia recíproca, construída pelo regime militar e fiada por sua legitimidade e poder ao longo da lenta distensão do regime, viria a ser convalidada, ainda, de forma expressa pelo Judiciário democrático e de forma tática pela própria militância política, que acabou, ao longo dos anos que seguiram a democratização, deixando de acionar o Judiciário para que este tomasse providências em relação aos crimes do passado.[33]

A atuação do Poder Judiciário: a ditadura "legalizada"

Como visto, é o Judiciário que aceita a tese de que todos os crimes do regime seriam conexos aos crimes da resistência (como se esta precedesse àqueles), e consagra formalmente a tese jamais expressa no texto legal de que um entendimento entre "os dois lados" haveria gerado o consenso necessário para a transição política brasileira. Essa constatação permite vislumbrar outra característica político-institucional importante da ditadura e da transição brasileira: o Judiciário aderiu ao regime.

A tabela comparativa produzida por Anthony Pereira para seu estudo comparado entre Brasil, Argentina e Chile é ilustrativa de como cada um dos três regimes procurou "legalizar" sua ditadura através de atos ilegítimos de Estado:

(Continua)

Características da legalidade autoritária no Brasil, Chile e Argentina			
Características	**Brasil (1964-1985)**	**Chile (1973-1990)**	**Argentina (1976-1983)**
Declaração de Estado de sítio à época do golpe	Não	Sim	Sim
Suspensão de partes da antiga constituição	Sim	Sim	Sim
Promulgação de nova constituição	Sim	Sim	Não
Tribunais militares usados para processar civis	Sim	Sim	Não

---

[33] Ressalta-se que algumas famílias de perseguidos tiveram, sim, importantes iniciativas, mas constituem-se como casos isolados dentro do amplo conjunto de perseguidos que poderiam ter acionado a justiça e não o fizeram.

(Conclusão)

Características da legalidade autoritária no Brasil, Chile e Argentina

Características	Brasil (1964-1985)	Chile (1973-1990)	Argentina (1976-1983)
Tribunais militares totalmente segregados dos civis	Não	Sim	Sim
Habeas Corpus para casos políticos	1964-1968 1979-1985	Não	Não
Expurgos da Suprema Corte	Algumas remoções e aumento do número de juízes	Não	Sim
Expurgos no restante do Judiciário	Limitado	Limitado	Sim
Revogação da inamovibilidade dos juízes	Sim	Não	Sim

Fonte: PEREIRA, Anthony. *Repressão e Ditadura*: o autoritarismo e o Estado de Direito no Brasil Chile e Argentina. São Paulo: Paz e Terra, 2010, p.58.

Da visualização da tabela percebe-se que, embora as medidas de exceção sejam muito próximas nos três países comparados, é no Brasil que existe a maior participação de civis no processo, verificando-se a presença destes nas cortes militares, bem como a adesão dos juízes à legalidade do regime, coisa que fica expressa no número de expurgos do Judiciário brasileiro, infinitamente inferior ao do Judiciário argentino.

Comparando especificamente Brasil e Chile, Pereira verifica outra importante questão: enquanto no Chile os promotores eram membros das forças armadas, no Brasil eram civis nomeados pelo regime.[34] A adesão dos civis ao regime militar brasileiro, sobremaneira em função do projeto econômico por eles apresentado, mas também pela ideologia defendida, tem uma faceta especial no Judiciário e nas carreiras jurídicas, haja vista que este espaço institucional, por suas características singulares, poderia ser um último anteparo de resistência da sociedade

---

[34] PEREIRA, Anthony. *Repressão e ditadura:* o autoritarismo e o Estado de Direito no Brasil, Chile e Argentina. São Paulo: Paz e Terra, 2010. p. 59.

à opressão e de defesa da legalidade, porém, na prática, verificou-se serem raros os magistrados que enfrentaram o regime.[35] A ausência de um processo de depuração do Poder Judiciário pós-ditadura permitiu que ali se mantivesse viva uma mentalidade elitista e autoritária, uma vez que as alterações culturais passaram a ocorrer de modo muito lento, com o acesso de novos membros à carreira por via de concursos públicos, como previsto na Constituição democrática. Apenas ilustrativamente, insta referir que o último ministro da Suprema Corte indicado pela ditadura militar afastou-se do cargo apenas em 2003, passados quinze anos da saída do poder do último ditador militar, em função não de um afastamento, mas sim de sua aposentadoria. Isso permitiu que, nas carreiras jurídicas brasileiras, sobrevivesse uma mentalidade conservadora que, parcialmente, se mantém transgeracionalmente.

Como se verá adiante nas razões jurídicas para a não apuração dos crimes e Estado, a percepção do Judiciário sobre o que foi a ditadura, a anistia e como estas se relacionam com o Estado de Direito será fundamental para a tomada de uma decisão política pela não implementação da justiça por meio dos tribunais, sendo suficiente para este momento apenas a alusão a esta característica política relevante da formação do Judiciário brasileiro pré-1988.

Os movimentos sociais pós-1988 e o efeito do tempo na justiça transicional

Um último fator relevante para o entendimento das raízes políticas do estado de impunidade no Brasil diz respeito à própria atuação da sociedade civil quanto ao tema ao longo dos anos pós-democratização. Como visto, foi a sociedade civil quem mobilizou as forças necessárias para impor ao governo a concessão de anistia aos perseguidos políticos (mesmo não tendo sido a anistia por eles desejada). Ocorre que, especialmente após a aprovação da Constituição, as pautas tradicionais dos movimentos de direitos humanos, relacionados à luta por liberdade política, são substituídas pelos "movimentos sociais de novo tipo", caracterizados mais por criticar déficits estruturais dos arranjos institucionais e menos por propor alternativas de natureza política global.[36]

---

[35] Foram cassados os seguintes ministros do STF: Victor Nunes Leal, Hermes Lima e Evandro Lins e Silva.
[36] RUCHT, Dieter. Sociedade como projeto: projetos na sociedade: sobre o papel dos movimentos sociais. *Civitas – Revista de Ciências Sociais*, Porto Alegre, ano 2, n. 1, jun. 2002, p. 19.

A arena política pós-1988, com a entrada em vigor da nova constituição democrática caracterizou-se fortemente pelo surgimento de novos movimentos sociais atuantes em pautas antes não priorizadas ou sufocadas, como a reforma agrária, os direitos de gênero, o direito a não discriminação em função de etnia, os direitos das crianças e dos adolescentes, o movimento ambiental, os direitos dos aposentados e idosos, deficientes físicos e assim por diante. Desta feita, a pauta da sociedade civil fragmentou-se amplamente, considerando tanto o "atraso reivindicatório" produzido pelos anos de repressão, quanto por um realinhamento destes movimentos com os atores internacionais em suas temáticas.

A luta por Justiça de Transição no Brasil não consta da pauta desses novos movimentos sociais, ficando adstrita ao movimento dos familiares de mortos e desaparecidos políticos, sempre atuante e relevante, porém restrito a um pequeno número de famílias, e ao movimento por reparação, capitaneado sobremaneira pelo movimento dos trabalhadores demitidos ou impedidos de trabalhar durante a ditadura em função do exercício de seu direito de associação. Da luta do primeiro movimento surge a Lei nº 9.140/1995 que reconhece as mortes e desaparecimentos de opositores do regime, reparando as famílias, e da luta do segundo grupo, a Lei nº 10.559/2002, que estabelece as medidas reparatórias para os demais atos de exceção.

Sem dúvida nenhuma, a pressão social é o pilar central para a implementação de medidas transicionais, especialmente em um contexto como o brasileiro, onde uma transição por transformação ocorre dentro de uma agenda que tende a focar-se na reconquista das eleições livres. Avaliando essa questão, Teitel afirma que "A sociedade civil joga um grande papel em manter esse debate [da Justiça de Transição] vivo, em seguir dizendo que é necessário mais do que simplesmente eleições para que uma transição seja completa".[37]

No Brasil, em função do controle da agenda da transição pelo regime, articulada com a insurgência de novas pautas sociais e pouco êxito do movimento de vítimas em agregar apoios mais amplos na sociedade, a questão da responsabilização acabou secundarizando-se em relação a outras reivindicações sociais que passaram a ser assumidas institucionalmente por órgãos como o Ministério Público.

Agrega-se ainda a este fato outra variante, destacada por Zalaquett: *"luego de un proceso gradual de apertura política, las peores violaciones han*

---

[37] TEITEL, *op. cit.*, p. 36.

llegado a ser parte de lpasado relativamente lejano y existe cierta medida de perdón popular".[38] A soma do fator tempo com a baixa articulação social se tornam um obstáculo político de grande relevância para o não avançar da dimensão da justiça no Brasil.

É similar o diagnóstico de Catalina Smulovitz, que comparando o caso brasileiro ao caso argentino destaca pelo menos três distinções-chave que importam em diferentes conformações políticas para a realização de julgamentos por violações aos direitos humanos durante os regimes de exceção. Iniciando pelo já referido fato do (i) regime brasileiro ter controle sobre a agenda política da transição, diferentemente do que ocorreu na Argentina, com a derrota militar dos ditadores na Guerra das Malvinas/Falkland; somando-se a questão (ii) da maior densidade de reivindicação social sobre o tema na Argentina que no Brasil; e, por fim, (iii) do maior lapso de tempo transcorrido entre as violações mais graves e o restabelecimento democrático no Brasil.[39] Os ditadores brasileiros conseguiram construir uma "estratégia de saída" que lhes garantisse a impunidade por vias políticas, diferentemente do que ocorreu na Argentina:

> [...] la intensificación de los conflictos intramilitares, que se produjo como consecuencia de la derrota de Malvinas, les impuso a las Fuerzas Armadas grandes dificultades para acordar internamente un plan de salida global. Sin embargo, las trabas que el Poder Ejecutivo encontró para imponer su autoridad ante la sociedad y en las propias Fuerzas Armadas no impidió que el mismo intentara administrar políticamente la retirada del poder.[40]

De toda forma, vale registrar que mesmo diante da baixa intensidade dos níveis de mobilização, comparativamente aos similares casos

---

[38] ZALAQUETT, *op. cit.*, p. 11. A única pesquisa de opinião realizada no país sobre os crimes da ditadura foi realizada após a decisão do STF contrariamente a responsabilização dos agentes de Estado perpetradores de violações aos direitos humanos na ditadura militar. O Instituto Datafolha, mantido pelo jornal *Folha de S. Paulo*, revela que 40% dos brasileiros defendem a punição, enquanto 45% se declaram contrários. Outros 4% são indiferentes, e 11% não sabem opinar. O Datafolha também ouviu os brasileiros sobre o tratamento a pessoas que praticaram atos "terroristas" (*sic*) contra o governo militar no período. Neste caso, o apoio ao perdão é maior: 49% se dizem contra qualquer tipo de punição, e 37%, a favor. Outros 3% são indiferentes, e 11% não sabem opinar. O levantamento foi feito em 20 e 21 de maio de 2010, com 2.660 eleitores e a margem de erro de dois pontos percentuais para mais ou para menos.

[39] SMULOVITZ, Catalina. *Represión y política de derechos humanos en Argentina*. Apresentação de *Power Point*. Centro de Derechos Humanos. Universidade do Chile, mar. 2010.

[40] ACUÑA, Carlos; SMULOVITZ, Catalina. Militares en la transición argentina: del gobierno a la subordinación constitucional. *In*: PÉROTIN-DUMON, Anne (Org.). *Historizar el pasado vivo en América Latina*. Buenos Aires, p. 83.

argentino ou chileno, deve-se ao movimento social dos familiares dos mortos e desaparecidos e aos movimentos dos demitidos por perseguição política os existentes avanços no rumo à responsabilização por meio das próprias comissões de reparação, mesmo que de forma difusa. Essa mobilização alcançou o nível de obrigar as Forças Armadas a saírem da posição que Cohen define como de "negação literal", onde o perpetrador da violação defende-se da imputação de responsabilidade desde uma "desmentida lacônica de que 'nada ha sucedido'".[41]

O estágio atual da mobilização social

O cenário da baixa amplitude de demandas por justiça transicional começa a se alterar em 2001, com a aprovação da Lei nº 10.559/02 prevendo a responsabilidade do Estado por todos os demais atos de exceção que não "morte ou desaparecimento". A partir desse momento, para além da atuação intensa e histórica do movimento de familiares dos mortos e desaparecidos e dos Grupos "Tortura Nunca Mais", especialmente do Rio de Janeiro e de São Paulo, e o Movimento de Justiça e Direitos Humanos do Rio Grande do Sul (em especial nas perseguições no Cone Sul e operação Condor), emergem novas frentes de mobilização segundo pautas amplas da Justiça de Transição. Entre estes grupos, estão aqueles vocacionados para a militância pelo direito à reparação, como a Associação 64/68 do Estado do Ceará, a Associação dos Anistiados do Estado de Goiás, o Fórum dos Ex-presos Políticos do Estado de São Paulo, a ABAP (Associação Brasileira de Anistiados Políticos), a ADNAM (Associação Democrática Nacionalista de Militares), a CONAP (Coordenação Nacional de Anistiados Políticos) e dezenas de outras entidades vinculadas aos sindicatos de trabalhadores perseguidos políticos durante as grandes greves das décadas de 1980. Em momento mais recente, o que se constitui em novidade é a incorporação das pautas mais amplas nos marcos do conceito de "Justiça de Transição" — a defesa da responsabilização dos agentes torturadores, a defesa da instituição de uma Comissão da Verdade, a defesa da preservação do direito à memória e do direito à reparação integral — inclusive, por diferentes organizações como os Grupos "Tortura Nunca Mais" da Bahia, Paraná e Goiás e de novas organizações e grupos sociais, tais como os "Amigos de 68", os "Inquietos", o "Comitê Contra a Anistia dos Torturadores" ou a "Associação dos Torturados na Guerrilha do Araguaia". Um destaque especial deve ser concedido à perspectiva ampliada e sistematizada

---

[41] COHEN, Stanley. *Estado de negación*: ensayo sobre atrocidades y sufrimientos. Buenos Aires: Faculdade de Direito da Universidade de Buenos Aires, British Council Argentina, p. 124.

do trabalho do Núcleo de Memória Política do Fórum dos Ex-Presos Políticos de São Paulo que vem desenvolvendo muitas iniciativas não oficiais de preservação da memória e de busca da verdade (seminários, exposições, publicações, homenagens públicas, atividades culturais e reuniões de mobilização em torno da Justiça de Transição).[42]

É esse novo cenário que leva ao ressurgimento da pauta transicional na agenda política brasileira, apresentada agora como um assunto de interesse coletivo da democracia, e não como um interesse visto apenas como privado daqueles lesados diretamente pelo aparelho da repressão. Com o reaquecimento desta pauta, as limitações jurídicas voltam a ser objeto de amplo questionamento social, como se demonstrará a seguir.

Razões de ordem jurídica: a cultura jurídica prevalecente e a decisão do Supremo Tribunal Federal sobre o alcance da Lei de Anistia

Atualmente, o principal obstáculo jurídico é a interpretação dada à Lei de Anistia pelo Judiciário da ditadura, recentemente reiterada pelo Supremo Tribunal Federal democrático por meio do julgamento da Ação de Descumprimento de Preceito Fundamental nº 153 (ADPF nº 153), num fato que corrobora a tese da sucessão intergeracional de leituras não democráticas sobre o Estado de Direito no Brasil.

Como levantado anteriormente, o Poder Judiciário sucessivamente ampliou o espectro de aplicação da Lei de Anistia, primeiro quanto ao objeto, usando-se da tese de que a lei fora bilateral para anistiar membros do regime, depois no tempo, estendendo-a para fatos posteriores a 1979.

No caso da ADPF nº 153, a decisão do STF, em apertada síntese, reconheceu como legítima a interpretação dada à lei, fundamentando-se na ideia de que a anistia surgiu de um pacto bilateral e, ainda, constituiu-se em pilar da democratização e do Estado de Direito no Brasil. Desta feita, a Suprema Corte (i) reconheceu no regime iniciado após o golpe de Estado em 1964 os elementos essenciais de um Estado de Direito

---

[42] Com a atuação desses novos grupos somada a dos grupos históricos, a temática da Justiça de Transição passou a fazer parte da agenda de associações mais amplas de defesa de direitos humanos, como a Associação Nacional de Direitos Humanos, Pesquisa e Pós-Graduação (ANDHEP), a Associação Brasileira de Imprensa (ABI), a Associação Juízes pela Democracia (AJD), a Ordem dos Advogados do Brasil (OAB), a Confederação Nacional dos Bispos do Brasil (CNBB) e mesmo de movimentos com pautas absolutamente setorizadas, como o Movimento dos Trabalhadores Rurais sem Terra (MST) e o tema da verdade e da memória ganharam um capítulo próprio no Plano Nacional de Direitos Humanos do Estado brasileiro.

e (ii) considerou legítimo o suposto pacto político contido na Lei de Anistia, que mesmo sendo medida política teria o condão de subtrair um conjunto de atividades delitivas da esfera de atuação do Poder Judiciário, cujo efeito prático é a negação do direito à proteção judicial aos cidadãos violados em seus direitos fundamentais pelo regime militar.

É neste sentido que se manifestou o ministro relator do caso na Corte, Eros Roberto Grau, ao afirmar que "toda a gente que conhece a nossa história sabe que o acordo político existiu, resultando no texto da Lei nº 6.683/1979", aclamando a tese da pacificação nacional por meio do esquecimento e reiterando a semântica autoritária de equiparar resistência e terrorismo e ao considerar as supostas "partes" em conflito como simétricas e dotadas de igual legitimidade. Ainda, seguiu: "O que se deseja agora em uma tentativa, mais do que de rescrever, de reconstruir a história? Que a transição tivesse sido feita, um dia, posteriormente ao momento daquele acordo, com sangue e lágrimas? Com violência?".[43]

Um conjunto de ministros entenderam que a lei positiva, mesmo que abominável por encobertar a tortura, teria sido útil à reconciliação nacional e, ainda, teria esgotado seus efeitos, sendo ato jurídico agora perfeito. Apenas dois ministros da Corte, Ricardo Lewandowski e Carlos Ayres Britto, votaram pela procedência da ação da Ordem dos Advogados, por entenderem que a anistia à tortura e aos crimes de lesa-humanidade seria não apenas inconstitucional como também contrária ao direito internacional, e que a tese da anistia bilateral seria falha, haja vista que anistias aos "dois lados", num mesmo ato, não anularia o fato de no ato o regime estar anistiando a si próprio.

Inobstante, o grande fato é que a decisão do STF torna a Lei de 1979 formalmente válida no ordenamento jurídico brasileiro, estabelecendo uma continuidade direta e objetiva entre o sistema jurídico da ditadura e o da democracia, vedando de forma peremptória a investigação de ilícitos penais que tenham ocorrido e se esgotado entre 1961 e 1979. Se até a decisão da Corte podia-se tratar a Lei de Anistia como um obstáculo jurídico a se superar para a obtenção de responsabilização penal de determinados delitos, da decisão em diante tal possibilidade restou muito restrita, de modo que hoje a decisão da Suprema Corte é que é, sem dúvida, o maior obstáculo jurídico para o avanço da Justiça de Transição no país.

---

[43] STF. ADPF 153, Voto do Ministro Relator Eros Roberto Grau. Brasília, abr. 2010.

Alternativas para a verdade e a justiça no Brasil

Por todo o exposto, ao buscar conclusões sobre a Justiça de Transição no Brasil partimos da convicção de que a reparação é o eixo estruturante das estratégias sociais para obtenção de avanços, e desde onde se construíram importantes processos de elucidação histórica. É o processo de reparação que tem possibilitado a revelação da verdade histórica, o acesso aos documentos, o registro dos testemunhos dos perseguidos políticos e a realização dos debates públicos sobre o tema.

Não obstante, é flagrante que os dois grandes desafios por enfrentar na transição brasileira são a verdade e a justiça. Do ponto de vista ético, a revelação do passado e o processamento dos crimes mostram-se como uma sinalização ao futuro de não repetição, enquanto do ponto de vista estratégico, entende-se que a combinação entre anistias a um determinado conjunto de condutas, cumulada com julgamento seletivo para determinadas outras (os crimes de lesa-humanidade) permite um maior avanço democrático e dos direitos humanos, aplicando-se prescritivamente aquilo que Olsen, Payne e Reiter, identificaram empiricamente e descreveram como o modelo do "equilíbrio da justiça".[44]

No sentido de promover a verdade, a maior possibilidade atualmente concentra-se na instituição de uma Comissão da Verdade. Após recente debate público, em processo de conferência nacional com delegados de todo o país, a proposta de criação de uma Comissão da Verdade foi incluída no Plano Nacional de Direitos Humanos e um grupo de trabalho, especialmente designado para esta feita pelo Presidente da República, formulou o projeto encaminhado pelo Governo ao Congresso Nacional. Se aprovado conforme enviado pelo governo, o projeto criará uma Comissão com as seguintes características:

(Continua)

Comissão da Verdade (PL nº 7.376/2010)	
Objetivos da Comissão	• Examinar e esclarecer as graves violações de direitos humanos praticadas entre 1946 e 1988; • Produzir relatório final.
Número de membros	07, designados pelo Presidente da República
Duração do mandato dos membros	Para todo o processo, que termina com a publicação do relatório.

---

[44] Cf.: OLSEN, Tricia; PAYNE, Leigh; REITER, Andre G. *Transitional Justice in balance*. Washington: United States Peace Institute, 2010.

(Conclusão)

Comissão da Verdade (PL nº 7.376/2010)	
Mandato da Comissão	• Esclarecer os fatos e as circunstâncias dos casos de graves violações de direitos humanos ocorridas no Brasil entre 1946 e 1988; • Promover o esclarecimento circunstanciado dos casos de torturas, mortes, desaparecimentos forçados, ocultação de cadáveres e sua autoria, ainda que ocorridos no exterior; • Identificar e tornar público as estruturas, os locais, as instituições e as circunstâncias relacionadas à prática de violações de direitos humanos, suas eventuais ramificações nos diversos aparelhos estatais e na sociedade; • Encaminhar aos órgãos públicos competentes toda e qualquer informação obtida que possa auxiliar na localização e identificação de corpos e restos mortais de desaparecidos políticos; • Colaborar com todas as instâncias do Poder Público para apuração de violação de direitos humanos; • Recomendar a adoção de medidas e políticas públicas para prevenir violação de direitos humanos, assegurar sua não repetição e promover a efetiva reconciliação nacional; e • Promover, com base nos informes obtidos, a reconstrução da história dos casos de grave violação de direitos humanos, bem como colaborar para que seja prestada assistência às vítimas de tais violações.
Poderes e Faculdades da Comissão	• Receber testemunhos, informações, dados e documentos que lhe forem encaminhados voluntariamente, assegurada a não identificação do detentor ou depoente, quando solicitado; • Requisitar informações, dados e documentos de órgãos e entidades do Poder Público, ainda que classificados em qualquer grau de sigilo; • Convocar, para entrevistas ou testemunho, pessoas que guardem qualquer relação com os fatos e circunstância examinados; • Determinar a realização de perícias e diligências para coleta ou recuperação de informações, documentos e dados; • Promover audiências públicas; • Requisitar proteção aos órgãos públicos para qualquer pessoa que se encontre em situação de ameaça, em razão de sua colaboração com a Comissão Nacional da Verdade; • Promover parcerias com órgãos e entidades, públicos ou privados, nacionais ou internacionais, para o intercâmbio de informações, dados e documentos; e • Requisitar o auxílio de entidades e órgãos públicos.
Duração da Comissão	02 anos

As alternativas de justiça hoje concentram-se em duas possibilidades: (i) o acionamento dos tribunais internacionais e (ii) a utilização da justiça nacional para aquilo que foge à decisão do STF. No cenário internacional, a Corte Interamericana de Direitos Humanos é, certamente, o lócus a ser acionado como forma de "driblar" a Lei de Anistia de 1979, inobstante, importa pontuar que a CIDH não possui meios para promover punições efetivas, apenas recomendando ao Estado condenado que investigue, puna e repare a violação, coisa que poderá novamente esbarrar na justiça brasileira, inserindo a decisão internacional no círculo vicioso da cultura de nosso Judiciário. De toda sorte, a condenação em cortes internacionais, como no caso Gomes Lund vs. Brasil ("Caso Guerrilha do Araguaia") junto à CIDH, cumpre o papel de mobilizar a sociedade e, ainda, de pressionar o Judiciário para que corrija seus próprios erros, notoriamente no que diz respeito à concessão de anistia a violações graves contra os direitos humanos.

No plano nacional, resta a possibilidade de buscar justiça para além das bordas da decisão do STF. A priori, seguem abertas as seguintes possibilidades após a decisão da Corte: (i) a apuração de delitos cometidos após agosto de 1979, haja vista terem sido praticadas torturas, mortes e desaparecimentos mesmo após esta data; (ii) o acionamento na esfera civil dos responsáveis por graves violações aos direitos humanos, especialmente em ações declaratórias; (iii) a implementação de ações similares aos "juízos da verdade", com o acionamento do Judiciário para o esclarecimento de fatos históricos obscuros; (iv) na interpelação ao STF relativa aos crimes de desaparecimento forçado sobremaneira em razão de jurisprudência anterior da própria Corte que os consideraram como crimes continuados.

O que há de se destacar é que, em todos os casos, o fundamental é a articulação social em torno da questão. É a pressão social que alimenta a agenda da justiça transicional, especialmente em contextos de transição por transformação, onde o regime segue com parcelas substanciais de poder. Qualquer das estratégias acima descritas, tanto no que toca à Comissão da Verdade, quanto no que toca ao acionamento da justiça nacional e internacional dependem, sobremaneira, da capacidade dos movimentos pró-direitos humanos e pró-democracia de ativarem instituições de Estado, como o Ministério Público, ou mesmo de acionarem individualmente a justiça, como forma de gerar novas decisões que, gradualmente, revertam o quadro de impunidade que se tenta impor.

Informação bibliográfica deste texto, conforme a NBR 6023:2002 da Associação Brasileira de Normas Técnicas (ABNT):

ABRÃO, Paulo; TORELLY, Marcelo D. As dimensões da Justiça de Transição no Brasil, a eficácia da Lei de Anistia e as alternativas para a verdade e a justiça. In: PRONER, Carol; ABRÃO, Paulo (Coord.). *Justiça de Transição*: reparação, verdade e justiça: perspectivas comparadas Brasil-Espanha. Belo Horizonte: Fórum, 2013. p. 235-269. ISBN 978-85-7700-737-0.

LA DEMANDA SOCIAL POR LA RECUPERACIÓN DE LA MEMORIA HISTÓRICA. EL CASO BRASILEÑO

CARLOS FICO

Buenas tardes,
Agradezco a los impulsores de este *Seminario Justicia de Transición, Reparación y Verdad* la invitación para estar hoy aquí con ustedes.

Como el tiempo de que dispongo es escaso, he creído conveniente hacer una lectura del texto a fin de evitar divagaciones y facilitar su comprensión.

Dicha lectura me ocupará, aproximadamente, unos veinte minutos.

No es de ninguna manera cortés iniciar una exposición haciendo alguna que otra objeción al tema propuesto, pero, para ser honestos, deberíamos advertir que la expresión "memoria histórica" suscita diversos interrogantes. Me refiero no solo al hecho de que existe una distinción teórico-conceptual entre "memoria" e "historia", sino, sobre todo, de que existe la evidencia de que nunca hay únicamente una sola memoria. Más bien al contrario: muy a menudo hay una disputa entre memorias en conflicto, especialmente cuando se trata de recordar episodios traumáticos, como es el caso de las dictaduras militares que asolaron Latinoamérica durante la segunda mitad del siglo veinte.

Evidentemente este no es el espacio para retomar el debate teórico sobre "memoria" e "historia", pero conviene señalar que, en países como Argentina o Brasil, la memoria de la izquierda que participó en la lucha armada ha prevalecido sobre las otras versiones. Está claro que esta versión no es la única. Incluso entre la izquierda hay divergencias, como en el caso de las diversas lecturas de los que participaron en la lucha armada y los que no se adhirieron a ella aunque sí participaron en la resistencia democrática.

Sin embargo, más allá del conflicto entre memorias — así, en plural, dado lo dicho anteriormente — hay un componente todavía más complejo. Se trata del hecho de que los gobiernos, al entronizar una sola memoria como la "verdad histórica", dan vía libre a la creación de mitos y estereotipos que, de alguna forma, son algo natural en las memorias, pero que suscitan dificultades tremendas al historiador del presente, que debe lidiar con episodios traumáticos. ¿Cómo garantizar, por lo tanto, la necesaria objetividad del conocimiento histórico cuando tratamos de sucesos cuya dimensión ética y moral es tan poderosa?

Permítanme ilustrar estas reflexiones con dos anécdotas personales y reveladoras.

Cierto día, entrevistando a un general moderado que ocupó un importante cargo durante la dictadura, le pregunté por qué razón había apoyado, en el año 1968, el decreto del Acto Institucional nº 5 — una suerte de *decretum terribile* que convirtió el régimen, que hasta entonces todavía velaba por ciertos derechos básicos, en definitivamente autoritario. Él me respondió que, a pesar de estar en contra de la tortura, apoyó el decreto cuando se convenció, aquel mismo año, del poder de los comunistas, cuya fuerza le parecía evidente en función de las marchas de protesta y manifestaciones que lideraban, sin hablar de las acciones armadas que llevaban a cabo, como asaltos a entidades bancarias o secuestros de diplomáticos: "¡Incluso habían secuestrado al embajador de los Estados Unidos!" — concluyó exaltado. Yo le miré fijamente y, al poco rato, le corregí: "Pero general, usted sabe perfectamente que el secuestro del embajador ocurrió después del AI-5". El militar me miró extrañado, sorprendido consigo mismo, balanceó la cabeza como si espantara el *lapsus* y la entrevista continuó tan tranquilamente... Prisionero de su memoria, estoy seguro que él no estaba mintiendo en absoluto.

La segunda anécdota tuvo lugar durante una conferencia que di en motivo de las celebraciones de los 40 años del mayo de 1968. Yo intentaba desmitificar — ante la numerosa concurrencia — la visión romantizada de la lucha armada: los que habían participado en la guerrilla han sido vistos como jóvenes "pirados", héroes románticos los cuales no les quedaba otro camino que el de la lucha armada, precisamente porque la dictadura se había endurecido con el AI-5. A pesar de ello, esta lectura oculta el contenido revolucionario de aquella "opción por las armas", que no fue sólo una reacción a la represión del régimen o una resistencia democrática. La interpretación que yo sostenía provocaba cierto embarazo, ya que parecía deshonrar la memoria de aquellos militantes. Ello es debido a que prevalece en el país, incluso a nivel gubernamental, una lectura enaltecedora de estas personas. El debate provocó irritación en la audiencia y la verdad es que yo también me exalté un poquito, a la vez que intentaba ofrecer evidencias empíricas que ayudasen a mi interpretación, sustentando los mejores argumentos que, como historiador pretendidamente objetivo, tenía en mis manos. En ese momento, una señora se levanto y dijo: "¡Yo fui bárbaramente torturada!". Todo el mundo se quedó sin habla. ¿Qué podía añadirse después de esa frase terrible?

Como se ve, el "falseamiento" pillado en flagrante durante la entrevista con el general nos acabó acercando a una posible verdad, en la medida en que ambos experimentamos un distanciamiento histórico que hasta entonces no habíamos vivenciado. El testimonio auténtico e irrefutable del segundo episodio, en cambio, solo sirvió para impedir el debate que se entablaba, comprometiendo, a su vez, con su sacralidad, la búsqueda de objetividad.

Nada es sencillo cuando se habla de "memoria" e "historia". Y es por ello que me preocupa constatar que, por regla general, los procedimientos inherentes a la justicia de transición se amparan en una versión oficial, unívoca, del pasado.

Así, en términos provocativos, tal vez podamos debatir si la idea de justicia de transición, de reparación y de "verdad" implica necesariamente la adhesión a una determinada memoria en singular, tenida como memoria oficial. Una "verdad" que no solo excluye otras versiones, sino que, y sobre todo, reafirma lecturas simplistas, heroicizantes, etc.

Pasando, ahora, a tratar el tema específico de este módulo, el de "La demanda social por la recuperación de la memoria histórica", vemos que, en lo que se refiere a Brasil, el interés por los temas de la dictadura, después de la transición democrática, ha sido muy pequeño durante bastante tiempo. No cabe duda de que ello se ha debido al modelo de transición brasileño, que fue pactado, negociado entre las élites políticas, sin el carácter abrupto que, por ejemplo, marcó la experiencia argentina, cuyo régimen militar se vino abajo con el fiasco de la Guerra de las Malvinas. En el caso brasileño, los militares tomaron todas las precauciones para no ser juzgados y castigados, algo que en aquel momento era mencionado con estas palabras: "evitar el revanchismo". No hace falta decir que lo consiguieron con éxito.

De hecho, durante la dictadura militar (concretamente en el año 1979) se promulgó una ley de amnistía que perdonó no solo a los militares en la oposición, sino también a los agentes de la represión, del mismo modo que la Ley de Amnistía española de octubre de 1977. Esta fue la principal cláusula de la transición brasileña: los militares hubieran aceptado cualquier otra cosa excepto que fueran sentados en el banco de los acusados.

Dicha ley nunca fue seriamente cuestionada hasta el 2008, cuando fue impugnada en la Corte Suprema, la cual, no obstante, la ratificó en el año 2010. Este es tan solo un ejemplo de los varios que podría traer a colación para recordar que la transición brasileña fue pactada. Así pues, no se juzgó a ningún militar, ni se creó ninguna comisión para esclarecer la verdad. Una vez terminada la dictadura, en el año 1985, tuvieron que pasar muchos años para que hubiera algún tipo de demanda de "memoria histórica" (para utilizar la expresión aquí propuesta) por parte de la sociedad. Durante diez años solamente unos pocos politólogos, historiadores y periodistas se interesaron por el tema.

Todo ello únicamente empezó a mudar durante el gobierno de Fernando Henrique Cardoso, cuando se decretó, en 1995, una ley que reconocía como fallecidas a personas que habían desaparecido durante la dictadura. La muerte de más de 100 "desaparecidos" fue inmediatamente reconocida, y se creó una comisión para examinar otras denuncias.

A partir de entonces, ciertos temas pasaron a tener una mayor repercusión en los medios de comunicación. Algunos en clave negativa, ya que el pago de indemnizaciones fue cuestionado por una parte de la opinión pública, especialmente la fórmula adoptada para calcularla, la cual llevó al pago de cantidades excesivas.

Otras cuestiones, por su carácter estremecedor, llamaron la atención hacia la violencia de la represión, que muchos desconocían durante la dictadura en función de la censura. Me refiero a las búsquedas de los restos mortales de los militantes que fueron asesinados durante la llamada "Guerrilla del Araguaia", un intento de levantamiento popular en la región central de Brasil durante la primera mitad de la década de los 70. El ejército brasileño, que reprimió la guerrilla, hasta hoy no ha suministrado ninguna información sobre la localización de los cuerpos de las víctimas, a pesar de que algunos familiares abrigan la esperanza de que documentos secretos puedan aportar dicha información. Por lo tanto, la lucha por la apertura de los archivos de la dictadura — lucha que en un primer momento movilizaba solo algunos pocos historiadores — pasó a ser asumida por otros sectores de la sociedad y a tener repercusión en la prensa. De este modo, fue aumentando paulatinamente el interés por los temas de la dictadura. Yo diría que el debate sobre las reparaciones, la cuestión de la apertura de archivos, la impugnación a la Ley de Amnistía de 1979 y la reciente propuesta de instalación de una Comisión de la Verdad son los factores fundamentales que han hecho disminuir la anterior apatía.

En lo que se refiere a la cuestión de la apertura de los archivos, hay una particularidad curiosa: la dictadura militar brasileña es una de las que, en el conjunto de Latinoamérica, cuenta con un mejor fondo de documentos desclasificados y, por lo tanto, ya disponibles para su consulta a través de los diversos archivos públicos del país. A diferencia de otros países, la dictadura brasileña dejó muchos documentos que se encuentran a disposición de los estudiosos. Pese a ello, la expectativa de los familiares de las víctimas de la guerrilla difícilmente será atendida: de hecho, es bastante improbable que existan documentos que indiquen la localización exacta de los restos mortales de los que fueron asesinados en el Araguaia, así como es difícil de que existan papeles que relaten prácticas de tortura. En ambos casos, la razón para la improbabilidad es la misma: la gente no suele dejar ese tipo de registros.

Sea como sea, la apertura de diversos archivos secretos en los últimos años ha despertado mucho interés en la opinión pública. Tanto es así que hace poco se ha creado un gran debate sobre la cuestión de la privacidad, en la medida en que el Archivo Nacional y algunos archivos estatales impiden el acceso a documentos que, según el punto de vista de estas instituciones, revelen aspectos de la intimidad de las víctimas. De este modo, a pesar de que los fondos documentales estén disponibles para su consulta, muchas veces el acceso a ellos es restringido. El mes pasado, el actual ministro de Justicia corrigió en parte esta distorsión, estableciendo el sistema de ocultación de los fragmentos que permitan la identificación.

La discusión sobre la apertura de archivos de carácter "sensible", que contienen documentos desclasificados y que registran hechos traumáticos tiene mucho que ver con el tema de la justicia de transición. Un ejemplo curioso es el siguiente: todos los documentos comprobatorios, reunidos por víctimas que pleitearon en busca de una indemnización apelando a la Comisión de Amnistía, constituyen un patrimonio cultural peculiar, en la medida en que cada proceso actual es una especie de "antidosier", el reverso de los antiguos dosieres del espionaje o de la policía política. Para muchas de esas víctimas, la necesidad de reunir documentos para solicitar la debida reparación a la Comisión de Amnistía fue un proceso harto doloroso. Sin embargo, más allá de las reparaciones materiales, la creación de esos "antidosieres" permitirá otra forma de justicia, en la medida en que ahora tendremos la versión de los que fueron espiados, encarcelados y torturados, y no solo la de los que espiaron, encarcelaron y torturaron.

No es por casualidad que esta cuestión del conocimiento histórico fuera recordada por los jueces de la Corte Suprema brasileña cuando, el año pasado, juzgaron la acción que impugnaba la Ley de Amnistía de 1979. Uno de los argumentos presentados por los que decretaron la acción era la reclamación del derecho a saber la verdad. Por ello, a pesar de confirmada la interpretación según la cual la ley ha perdonado a los torturadores, la mayoría de los jueces se pronunciaron como la ministra Cármen Lúcia, que dijo: "El derecho a la verdad, el derecho a la historia, el deber del Estado brasileño a investigar, encontrar respuestas, divulgar y adoptar las medidas pertinentes sobre los abusos cometidos durante la dictadura no se cuestionan en absoluto".

La sociedad brasileña va abriendo lentamente los ojos hacia la realidad histórica de la violencia que se cometió durante la dictadura militar. Quizás algo tarde, pero no debemos olvidar que, en aquel momento, el régimen se valió de una rigurosa censura política y de una propaganda idílica, ocultando cuidadosamente las barbaridades que perpetraba.

Es indudable que el conocimiento histórico tiene un papel importantísimo en lo referente a dicha demanda de conocimiento y de memoria. Pero el alcance de la investigación histórica es limitado: esta no tiene capacidad de movilización política. Ahora bien: la justicia de transición y reparación, como es sabido por todos, no se lleva a cabo solo a través de indemnizaciones o de acciones judiciales. También es fundamental que la propia sociedad discuta su pasado, confrontando testimonios y reconstituyendo su memoria. Este amplio debate político todavía no ha producido en Brasil. Y, a decir verdad, esa todavía es la lucha de unos pocos. Por este motivo es muy importante que apoyemos la propuesta gubernamental de constitución de una Comisión de la Verdad, que en estos momentos está tramitando el parlamento brasileño. No es una iniciativa desprovista de riegos, ya que un sinfín de voces conservadoras han propuesto que, ya que existe la susodicha comisión, se debatan lo que ellos identifican como "los dos lados", como si las víctimas no hubieran sido aún suficientemente investigada.

Pero debemos correr ese riesgo, porque esa especie de "catarsis" es indispensable. En realidad, teniendo en cuenta el modelo brasileño de transición pactada, la Comisión de la Verdad no es tan solo una opción, una alternativa más. Es, a fin de cuentas, el único camino que nos queda. Muchas gracias por su atención.

Informação bibliográfica deste texto, conforme a NBR 6023:2002 da Associação Brasileira de Normas Técnicas (ABNT):

FICO, Carlos. La demanda social por la recuperación de la memoria histórica: el caso brasileño. In: PRONER, Carol; ABRÃO, Paulo (Coord.). *Justiça de Transição*: reparação, verdade e justiça: perspectivas comparadas Brasil-Espanha. Belo Horizonte: Fórum, 2013. p. 271-277. ISBN 978-85-7700-737-0.

PAPEL DAS ENTIDADES SOCIAIS NA RESISTÊNCIA E NA LUTA PELA DEMOCRATIZAÇÃO DO BRASIL

PRUDENTE JOSÉ SILVEIRA MELLO

Introdução

O Brasil, assim como outros países da América do Sul, teve sua história recente marcada por ditaduras militares — foi o caso da Bolívia em 1964; da Argentina, em 1966 e posteriormente em 1976; do Chile em 1973 e do Uruguai em 1973. Para que se entendam as condições e a conjuntura política que levaram ao golpe de Estado ocorrido em nosso país em 1964, é preciso voltar alguns anos e analisar as forças políticas que interagiam naquele momento histórico na sociedade brasileira.

Iniciamos resgatando a trajetória de Getúlio Vargas, que assumiu a presidência em 1930, foi reeleito em 1934 e a partir de 1937 governou fazendo uso de poderes ditatoriais. Derrubado em 1945, retornou ao poder uma vez mais, desta feita pelo voto popular.

O governo de Vargas entre 1951 e 1954 foi marcado pelo desenvolvimento da indústria e de certa autonomia frente às grandes potências, inclusive os Estados Unidos. As mudanças realizadas aceleraram o processo de desenvolvimento, alteraram o perfil das grandes cidades e exigiram sua reurbanização. Mas, sendo acusado de corrupção e duramente criticado pela oposição, Vargas suicidou-se em 24 de agosto de 1954. Seu suicídio permitiu a eleição de Juscelino Kubitschek, contando com as mesmas forças políticas que tinham apoiado o presidente anterior. Porém, o período era de turbulência, marcado por tentativas de golpes da Marinha e da Aeronáutica.

O governo de Kubitschek tinha como *slogan* "cinquenta anos em cinco", implantando uma ideologia desenvolvimentista, para acelerar o crescimento. Entre suas ações está a transferência da capital federal para o centro do país, criando Brasília.

As eleições posteriores foram vencidas pelo candidato da oposição Jânio Quadros, em 1961. Na ocasião o vice-presidente eleito, João Goulart (popularmente conhecido como Jango), era de outra chapa, pois vigorava no país o direito de votar em candidatos distintos para presidente e vice. Desta forma, Kubitschek não conseguiu a eleição de seu sucessor. Jânio Quadros exerceu o poder por apenas oito meses e renunciou, na expectativa de retornar ao poder, fortalecido, fato que não ocorreu.

O vice-presidente João Goulart tinha o direito de assumir o cargo (nos termos da Constituição Federal), mas não era bem visto pelas elites econômicas, que o consideravam de esquerda. Quando Ministro do Trabalho do governo Vargas, ele havia concedido 100% (cem por cento) de reajuste ao salário mínimo. Uma manobra foi patrocinada para impedir que exercesse o cargo em sua plenitude, sendo aprovada uma Emenda Constitucional que alterou o sistema de governo para Parlamentarismo. Somente em janeiro de 1963, através de plebiscito popular, houve o retorno ao presidencialismo e a restituição de seus poderes.

No contexto internacional estava em curso a *Guerra Fria* — a polaridade que acontecia entre EUA e União Soviética, cada qual lutando para garantir sua visão ideológica. Os EUA, ancorados no discurso de tentar impedir o avanço do socialismo ou comunismo na América do Sul, patrocinaram e apoiaram golpes militares no Continente, em especial após a vitória da Revolução Socialista em Cuba (1959).

Processo histórico pré-golpe

O ano de 1963, que antecedeu ao golpe, foi marcado por mobilizações populares, greves e manifestações contra e pró-governo, somado ao agravamento da conjuntura econômica, herdada do governo anterior — finanças desestruturadas, inflação em alta, diminuição do crescimento, perda do poder de compra dos salários. A situação era agravada ainda em face do endividamento externo, pois já existiam vínculos entre o capital nacional e o capital internacional. Conforme destaca Jacob Gorender, o país já sofria a pressão do FMI:

Entre estas questões, as mais imediatas eram as da inflação e do endividamento externo. Questões interligadas e que colocavam o País debaixo da pressão do FMI no sentido a aplicação da receita recessiva de estabilização financeira. Acontece que a receita recessiva requer governos fortes, capazes de negar concessões às massas trabalhadoras e forçá-las a engolir o purgante de medidas compressoras do nível de vida. Para o Governo de Washington, o novo presidente brasileiro não se adequava ao figurino. Tinha suspeito currículo populista e estava à frente de duvidoso regime parlamentarista experimental.[1]

A Lei nº 4.313/64, que tratava da remessa de capital estrangeiro, também contribuiu para desagradar os interesses internacionais, como registra Boris Fausto:

> O ponto nevrálgico não era a taxa máxima de 10% sobre o capital para as remessas anuais, porém o princípio de que os lucros reinvestidos e capitalizados dentro do País não deviam contar para efeito de cálculo das remessas permitidas. Só contava o capital efetivamente chegado do exterior.[2]

Entre os vários aspectos que provocaram a iniciativa golpista constavam as "Reformas de Base", defendidas pelos setores progressistas. Essas reformas consistiam em um conjunto de propostas, englobando as reformas agrária, urbana, educacional, de saúde e bancária, tendo como meta o prosseguimento do desenvolvimento econômico, abrangendo o mercado interno, numa perspectiva social. Para os conservadores (banqueiros, latifundiários, empresários e representantes do capital internacional), essas reformas eram tidas como um processo de implantação do comunismo, ideia que passou a influenciar e contaminar a classe média e outros setores de vital importância, como a igreja, fragilizando o governo de Jango. Assim, nos subterrâneos, setores militares e civis conspiravam contra o presidente.[3]

---

[1] GORENDER, Jacob. *Combate nas trevas*: a Esquerda brasileira: das ilusões perdidas à luta armada. São Paulo: Ática, 1987. p. 42.

[2] FAUSTO, Boris. *História do Brasil*. 13. ed. São Paulo: Ed. USP, 2009. p. 43.

[3] Segundo Napolitano, os conspiradores eram compostos basicamente por três grupos, o primeiro "ligado à UDN e demais setores civis antivarguistas: esse núcleo tinha à frente líderes civis como Carlos Lacerda (no Rio de Janeiro), Magalhães Pinto (em Minas Gerais), Ademar de Barros (em São Paulo), entre outros", lutando contra os herdeiros políticos de Vargas; o segundo, os Militares, que pregavam um anticomunismo radical e se preocupavam com "a crescente politização dos quartéis" em razão de "reivindicações de participação política e o direito ao voto"; e o terceiro que partiu de setores da inteligência militar: "Instituto de Pesquisas e Estudos Sociais (IPES) criado em 1962, pelo general Golbery do

Jango era pressionado por um lado pelos setores mobilizados da sociedade — os movimentos sociais e sindicais[4] —, exigindo reformas e melhorias sociais e de outra parte os setores econômicos contrários às mesmas reivindicações, ficando assim refém: se concedesse a um dos segmentos, perdia o apoio do outro que se opunha.

O presidente resolveu reagir e decidiu adotar políticas de reformas. A comunicação aconteceu a céu aberto, no comício realizado no dia 13 de março de 1964, na Estação Central do Brasil, no Rio de Janeiro. Em seu discurso Jango ressaltou que pretendia a desapropriação de terras ociosas ou subutilizadas[5] e encampar refinarias privadas.[6] Em tom contundente alertou para a possibilidade de eventual golpe e suas consequências.[7]

Couto e Silva [...] que articulou a conspiração com setores militares ligados à Escola Superior de Guerra (ESG) [...] baseado nos princípios da Doutrina da Segurança Nacional [...] criada pelos estrategistas norte-americanos após a Segunda Guerra Mundial e apresentada aos Militares da América Latina". (NAPOLITANO, Marcos. *O regime militar brasileiro*: 1964-1985. 4. ed. São Paulo: Atual, 2007. p. 8-9)

[4] Fausto destaca que no ano de 1958 podem ser contabilizados 31 movimentos paredistas, já em 1963 a marca chega a 172. Estes números também sofrem especial alteração, ao verificar-se que as greves, ao contrário do ano de 1958, quando têm sua concentração no segmento privado (80%), no ano 1963, concentram-se na área pública (58%). (*Op. cit.*, p. 43)

[5] Segundo Gorender, "Jango [...] preferiu impressionar pelos dois grandes trunfos que tinha na mão: o decreto de encampação das refinarias particulares e o decreto da SUPRA, que declarava sujeitas a desapropriação as propriedades rurais superiores a quinhentos hectares, marginais de vias federais numa faixa de dez quilômetros, e superiores a trinta hectares, marginais de açudes e obras de irrigação financiados pelo governo" (*op. cit.*, p. 61).

[6] O discurso de Jango no Comício da Central do Brasil: "A partir de hoje, trabalhadores brasileiros, a partir deste instante, as refinarias de Capuava, Ipiranga, Manguinhos, Amazonas, e Destilaria Rio Grandense passam a pertencer ao povo, passam a pertencer ao patrimônio nacional. Procurei, trabalhadores, depois de estudos cuidadosos elaborados por órgãos técnicos, depois de estudos profundos, procurei ser fiel ao espírito da Lei nº 2.004, lei que foi inspirada nos ideais patrióticos e imortais de um brasileiro que também continua imortal em nossa alma e nosso espírito. Ao anunciar, à frente do povo reunido em praça pública, o decreto de encampação de todas as refinarias de petróleo particulares, desejo prestar homenagem de respeito àquele que sempre esteve presente nos sentimentos do nosso povo, o grande e imortal Presidente Getúlio Vargas" (Disponível em: <http://www.cartamaior.com.br/templates/materiaMostrar.cfm?materia_id=17648>. Acesso em: 14 abr. 2011).

[7] Ainda do discurso no famoso Comício, extrai-se: "Aqui estão os meus amigos trabalhadores, vencendo uma campanha de terror ideológico e sabotagem, cuidadosamente organizada para impedir ou perturbar a realização deste memorável encontro entre o povo e o seu presidente, na presença das mais significativas organizações operárias e lideranças populares deste país. Chegou-se a proclamar, até, que esta concentração seria um ato atentatório ao regime democrático, como se no Brasil a reação ainda fosse a dona da democracia, e a proprietária das praças e das ruas. Desgraçada a democracia se tiver que ser defendida por tais democratas. Democracia para esses democratas não é o regime da liberdade de reunião para o povo: o que eles querem é uma democracia de povo emudecido, amordaçado nos seus anseios e sufocado nas suas reivindicações. A democracia que eles desejam impingir-nos é a democracia antipovo, do anti-sindicato, da anti-reforma, ou seja, aquela que melhor atende aos interesses dos grupos a que eles servem ou representam. A

A reação dos setores conservadores não tardou, contando com o apoio da classe média e da igreja, em 19 de março foi realizada a *Marcha da Família com Deus pela Liberdade*, que percorreu as ruas de São Paulo, onde foi estimada a participação de mais de 100 mil pessoas.[8] As condições para a derrubada de Jango já vinham sendo arquitetadas por setores militares e com colaboração externa, como registra Jacob Gorender:

> Algumas agências articuladoras do golpe como a Escola Superior de Guerra e o IPES, tiveram papel primordial. Em ambas, estabeleceram-se vínculos entre o grande empresariado e a alta oficialidade das Forças Armadas, que permitiram a unificação de ideias e ações na montagem da operação de derrubada do Governo Goulart. O golpe não veio de Washington. Veio mesmo do Brasil. Mas o imperialismo norte-americano incentivou e ajudou de muitas maneiras. Contou para isto com a competência do embaixador Gordon, provavelmente o diplomata dos Estados Unidos de maior destaque na história do Brasil.[9]

A imprensa tomou partido na derrubada de Jango, defendida pelos grandes jornais, como resta evidenciado pelos títulos lançados em primeira página pelo maior jornal de São Paulo à época, OESP de 02.04.64 — "*Vitorioso o movimento democrático*" e ainda "*Empolgou São Paulo a vitória das armas libertadoras*"[10] sob o argumento de defesa da ordem e da democracia. Entre os grandes jornais, a exceção era a *Última Hora*, que estava ao lado de Jango.

Os conservadores, através das forças armadas, realizaram um golpe militar e implantaram uma ditadura, sob o fundamento de "defesa

---

democracia que eles querem é a democracia para liquidar com a Petrobras; é a democracia dos monopólios privados, nacionais e internacionais, é a democracia que luta contra os governos populares e que levou Getúlio Vargas ao supremo sacrifício" (Disponível em: <http://www.cartamaior.com.br/templates/materiaMostrar.cfm?materia_id=17648>. Acesso em: 14 abr. 2011).

[8] Muitas outras marchas foram realizadas em outras cidades do país.
[9] GORENDER. *Combate nas trevas...*, p. 52.
[10] "Na tarde de ontem, a população paulista, embora acompanhando atentamente a evolução dos acontecimentos, entregava-se, na mais perfeita ordem, as suas atividades normais. Súbito, uma faísca galvanizou a Capital: às 16 e 30, espalharam-se, como rastilhos de pólvora, as notícias de que o Rio de Janeiro caíra às mãos do Exército libertador e de que o sr. João Goulart deixara, deposto, a antiga Capital Federal, rumando para Brasília. Foi indescritível o júbilo que se apossou da população: um clamor imenso subiu das ruas, praças e avenidas, enquanto toneladas de papel picado desciam sobre a cidade [...] Em seus lares, porém continuou a população a acompanhar pelas emissoras de rádio e televisão, as notícias que davam conta da marcha avassaladora do Exército de Libertação..." (EMPOLGOU São Paulo a vitória das armas libertadoras. *O Estado de S. Paulo*, 02 abr. 1964).

da democracia", realizando assim uma notável inversão ideológica. Em nome dos valores democráticos e da liberdade, violaram os direitos de cidadania, os direitos fundamentais, a Constituição, o Estado democrático de direito e consequentemente os direitos humanos.[11]

O pós-golpe

O golpe militar não enfrentou grandes resistências e a saída de Jango de Brasília, em 1º de abril, deu margem para que fosse declarada vaga a Presidência, contando com a participação do presidente da Câmara Federal, Ranieri Mazzilli, que foi empossado como presidente no dia 2 de abril.

Houve disputa entre as alas militares que haviam patrocinado o golpe para a nomeação do presidente, sagrando-se vitorioso o Marechal Humberto de Alencar Castelo Branco. No mesmo dia foi editado o primeiro dos Atos Institucionais, concedendo poderes para reprimir, com a possibilidade de decretação de Estado de sítio, de cassação de direitos políticos, e de controle do Congresso Nacional, entre outras medidas.

O discurso de posse do Marechal Castelo Branco dá prosseguimento à campanha lançada antes do golpe, repetindo os mesmos bordões e dando continuidade a inversão ideológica. Em seu discurso assegurou que iria realizar eleições diretas para o ano de 1966. Assim, neste jogo de espelhos, invertendo os símbolos e as posições, implantou-se o arbítrio em nome da defesa da democracia.

O ataque às organizações operárias e segmentos organizados

Consumado o golpe, o aparelho repressivo teve início, negando toda a face de legalidade e dando mostras de ser incompatível com um regime de constitucionalidade. No curso do ano de 1964, o movimento dos trabalhadores foi duramente atingido, com intervenção nas entidades sindicais, destituição de suas diretorias sob a acusação de serem "comunistas", prisão de lideranças sindicais que foram processadas, demissão de trabalhadores em setores operários e de empresas governamentais. O governo realizou intervenção em mais de 400 entidades sindicais, tendo expurgado em torno de dez mil dirigentes.

---

[11] Borges de Mendonça, aborda esta inversão, relembrando ensinamentos de Frans J. Hinkelammert, em: BORGES DE MENDONÇA, Audrey. *O Direito à memória*: uma análise de seu conteúdo e efetividade no contexto brasileiro. (Dissertação)–Master em Derechos Humanos y Desarrollo na Universidad Pablo de Olavide, 2009.

No mês de junho foi aprovada uma lei com o objetivo de restringir o direito dos trabalhadores de organizarem greves (Lei nº 4.330), sendo mais um dos instrumentos de opressão criado pelo novo regime.[12]

Em seu livro *A Ditadura Envergonhada*, Elio Gaspari ressalta que é difícil precisar o número de prisões que ocorreram nas semanas que se sucederam após o golpe, porém, segundo documentos, oscilam entre 5000 ou 7000 pessoas, e a tortura passou a ser utilizada indiscriminadamente como meio para facilitar o processo de investigação. Os Inquéritos Policiais Militares (IPMs) chegaram próximo de 200.[13]

Segundo o *Projeto Brasil Nunca Mais (BNM)*, na primeira fase repressiva do regime (relativa aos dois primeiros anos de governo) 2127 pessoas foram transformadas em réus. Na segunda fase, durante o mandato de Garrastazu Médici, registraram-se 4460 denunciados (resultado do Ato Institucional nº 5). E de acordo com levantamentos efetuados junto aos processos que tramitaram na Justiça Militar, excluídos os que focavam as organizações clandestinas, identificou-se que os setores mais atingidos puderam ser assim classificados: militares, sindicalistas, estudantes, políticos, jornalistas e religiosos.[14]

O número de perseguidos políticos que tiveram que solicitar asilo político entre os anos de 1964-1966 superou aos 500, sem contar os perseguidos que saíram fugidos pelas fronteiras da Argentina e Uruguai, que foram aos milhares. Neste mesmo período, aproximadamente 2000 servidores públicos foram demitidos e 386 pessoas perderam seus direitos políticos, tendo seus mandatos cassados ou a suspensão por dez anos. Entre os oficiais das Forças Armadas, contabiliza-se 421 punidos, obrigados a ir para a reserva, e outros 200 forçados a solicitar pedido para não sofrer igual constrangimento. Entre os expurgados 24 generais.[15]

No campo a perseguição ocorreu por parte dos donos das terras, os "coronéis", que não mediram meios para impedir a organização do setor rural, promovendo torturas e mortes contra as lideranças e trabalhadores que se destacavam na luta camponesa.

Assim, os primeiros a sentirem a violência e a truculência da ditadura militar que se instalou no país foram os segmentos operários, que representavam os trabalhadores do campo e da cidade, os segmentos

---

[12] A Lei nº 4.330, editada em 1964, somente foi revogada com a Constituição Federal de 1988.
[13] GASPARI, Elio. *Ditadura envergonhada*. 5. ed. São Paulo: Companhia das Letras, 2007. p. 130, 134.
[14] BRASIL: nunca mais. Prefácio de D. Paulo Evaristo Arns. Petrópolis: Vozes, 1985. p. 85, 117.
[15] GASPARI. *Ditadura envergonhada*, p. 130-131.

políticos de esquerda (comunistas, socialistas, militantes históricos) e aqueles que ocupavam espaços de poder e estavam comprometidos com as propostas políticas progressistas.

A resistência do movimento estudantil

Os jovens e os estudantes exerceram papel de extrema importância nos anos sessenta, realizando manifestações nos principais países do mundo, marcando presença nas lutas pelas liberdades democráticas e pela transformação da sociedade e dos costumes de sua época.[16]

No Brasil as lutas estudantis eram capitaneadas pela entidade de representação máxima, a União Nacional dos Estudantes (UNE), e contavam com a participação das representações estaduais, diretórios, centros acadêmicos e grêmios, com efetiva participação no espectro político e vinculados a correntes políticas. Esta participação precede o golpe de 64, pois a UNE defendeu as *Reformas de Base* e a posse de Jango (após a renúncia de Jânio Quadros, quando setores da sociedade pretendiam impedi-la), se somando às forças que defendiam a legalidade constitucional.

A UNE passou a ter presença marcante na realidade cultural e política, através da criação do Centro Popular de Cultura (CPC),[17] celeiro criativo, que contava com a colaboração de artistas divulgando, ensinando e apresentando músicas e peças de teatro e fazendo intervenções culturais nas universidades e junto a segmentos da sociedade brasileira. Ênio Silveira ressalta que *"o CPC foi mesmo, de início, um*

---

[16] Relembra Marcelo Ridenti que "Em 1968, Movimentos de protesto e mobilização política agitaram o mundo todo, em eventos como o maio dos estudantes e trabalhadores franceses, a Primavera de Praga contra o socialismo burocrático, o massacre de estudantes no México, as manifestações nos Estados Unidos contra a guerra do Vietnã, a alternativa dos *hippies* e da contracultura, os grupos revolucionários pegando em armas" (RIDENTI, Marcelo. Breve recapitulação de 1968 no Brasil. *In*: GARCIA, Marco Aurélio; VIEIRA, Maria Alice (Org.). *Rebeldes e contestadores*: 1968: Brasil, França e Alemanha. São Paulo: Fundação Perseu Abramo, 1999. p. 55).

[17] O CPC passou a ganhar importância com o primeiro espetáculo escrito e organizado por Oduvaldo Viana Filho (Vianinha), cujo título era *"A mais valia vai acabar, seu Edgar"*, e expandiu-se com o curso de História da Filosofia ministrado na sede da UNE. Artistas e personalidades que buscavam novas experiências culturais engrossaram o caldo no fortalecimento do CPC, entre eles, Alex Viany, Anísio Teixeira, Barbosa Lima Sobrinho, Cacá Diegues, Carlos Estevam Martins, Carlos Lyra, Cavalcanti Proença, Cláudio Santoro, Darcy Ribeiro, Dias Gomes, Edison Carneiro, Ferreira Gular, Leon Hirszman, Jacques Danon, Maria Yedda Linhares, Mario Schemberg, Moacir Félix de Oliveira, Oscar Niemeyer, Osny Duarte Pereira, Sérgio Ricardo, entre tantos outros (SILVEIRA, Ênio. Prefácio. *In*: BARCELLOS, Jalusa. *CPC da UNE*: uma história de paixão e consciência. Petrópolis: Nova Fronteira, 1994. p. 7-11).

departamento de agitação e propaganda" até a eleição de Aldo Arantes[18] para a presidência da UNE. Aldo Arantes se empenhou para ampliar a representação estudantil no território nacional e para debater a reforma universitária diretamente com as bases. Foi criada então a UNE Volante, e a ela foram incorporados vinte integrantes do CPC,[19] que após as reuniões e discussões sobre a reforma universitária faziam apresentações de peças teatrais, filmes ou *shows* de música, com o intuito de despertar seu público para os problemas que afetavam o país.

No início da nova década, a UNE dava o tom através das atividades artísticas do *CPC* e em sua sede construía o teatro a ser inaugurado ainda no primeiro semestre de 64. Porém um incêndio criminoso, organizado pelo Comando de Caça aos Comunista (CCC), em 1º de abril de 1964, destruiu totalmente aquela sede, sepultando as aspirações e criações de um trabalho cultural engajado, conduzido por novos artistas. Compreende-se assim porque a UNE foi identificada pelos conservadores e artífices do golpe como um dos tentáculos a serem atacados. Foi declarada, na mesma época, a ilegalidade da UNE.

O movimento estudantil conseguiu patrocinar algumas lutas nos anos seguintes, como um plebiscito no Rio de Janeiro, em 1965, para protestar contra o Decreto que pretendia a extinção da UNE, do então Ministro da Educação Flávio Suplicy de Lacerda. Nos anos de 1966 e 1967, os estudantes, de forma clandestina, realizaram os Congressos Nacionais da UNE, respectivamente o 28º e 29º, nas cidades de Belo Horizonte (MG) e Vinhedos (SP).[20]

---

[18] Quando da eleição da UNE militava na Juventude Universitária Católica (JUC), participou da fundação da Ação Popular (AP) e, posteriormente, integrou os quadros do PCdoB (Partido Comunista do Brasil).

[19] Arantes destaca como se deu a confluência entre o projeto do CPC e a ideia de uma UNE Volante, tendo como preocupação de a "UNE se voltar para o Brasil inteiro e utilizar métodos de mobilização [...] É claro que esse fortalecimento da UNE e do movimento estudantil está, a meu ver, relacionado também com o crescimento geral do movimento popular [...] e por outro lado, os intelectuais que, naquele momento discutiam algo que está sempre presente na luta, na reflexão dos artistas e intelectuais, que é a questão da arte pela arte, ou da arte como instrumento de expressão dos problemas sociais [...] Dentro dessa perspectiva, eles também percebiam o seguinte: para a arte cumprir uma função social e política, era necessário que ela estivesse combinada com uma entidade que quisesse transformar a manifestação artística num evento de grandes dimensões. E aí, então houve a combinação, vamos dizer assim, dos interesses do movimento estudantil com essa visão que o segmento intelectual passou a ter. É claro que isso começou em São Paulo, com Vianinha, Guarnieri, no Teatro Paulista de Estudantes [...] Em seguida, o Vianinha vai para o Rio, e acontece exatamente que a UNE está nesse processo de crescimento, e se inicia então o processo de organização do CPC" (ARANTES, Aldo. Depoimento. *In*: BARCELLOS, Jalusa. *CPC da UNE*: uma história de paixão e consciência. Petrópolis: Nova Fronteira, 1994. p. 26-27).

[20] BRASIL: nunca mais, p. 133.

O ano de 1966 foi marcado também por passeatas e choques com as forças da repressão, uma prévia do que se passaria em 1968. Foram realizadas manifestações estudantis nas cidades de São Paulo, Belo Horizonte, Porto Alegre, Rio, Brasília e em outras cidades, durante o mês de setembro, atingindo o ápice no dia 22, marcado como o Dia Nacional de Protesto. Como registra o *Projeto BNM*:

> Esse episódio, registrado então como "setembrada", trazia à tona uma mistura de reivindicações específicas da área do ensino, como a defesa da UNE, do ensino gratuito, da autonomia universitária, da não vinculação da Universidade a órgãos norte-americanos, com as denúncias políticas de ordem geral, reunidas no slogan — Abaixo a Ditadura.[21]

Os estudantes brasileiros encontram o apogeu de suas lutas durante o ano 1968 — "*o ano que não terminou*", como indica uma das obras de Zuenir Ventura. A agitação teve início após a morte do estudante secundarista Edson Luís de Lima Souto (17 anos), no restaurante universitário "*Calabouço*", no Rio de Janeiro, onde acontecia uma manifestação pacífica contra as péssimas condições oferecidas aos estudantes.

O rastilho de pólvora foi aceso. No dia seguinte mais de 50 mil pessoas acompanharam o enterro do estudante e a revolta se alastrou entre os estudantes do país. No dia 1º de abril ocorrem passeatas no Rio, em São Paulo, Florianópolis, Belo Horizonte, Fortaleza, Goiânia e várias outras cidades, com um saldo de 2 mortos e vários feridos; em Brasília os estudantes ocuparam a Universidade. No dia 04, após a missa de 7º dia de Edson Luís, houve novos conflitos no centro do Rio, a polícia militar e membros do DOPS buscaram reprimir as manifestações e prender lideranças, os padres tentaram proteger os estudantes e o público, porém muitos foram presos e levados, encapuzados, para a Vila Militar, onde foram torturados. Durante as manifestações aviões militares faziam voos rasantes para amedrontar a população.

O mês de maio iniciou com a ocupação ao prédio da Faculdade, por parte dos estudantes de medicina, no dia 03, sendo que dois dias após, 117 foram presos.

Do outro lado do continente, na França, o mês de maio também foi intenso: houve greve geral, milhões de estudantes e trabalhadores tomaram as ruas, os ideais estavam em ebulição e as lutas pelos direitos sociais e políticos moviam as massas.

No Brasil os meses passaram e as manifestações estudantis tiveram continuidade, o espírito reinante era: "*é proibido proibir*", o que em

---

[21] *Ibidem*, p. 133.

nada combinava com a ditadura instalada. A repressão foi aumentando e produzindo vítimas. No dia 21 de junho o Rio foi palco de uma verdadeira "*praça de guerra*", e ao final do dia o saldo foi de 4 mortos, 35 soldados feridos, 23 pessoas baleadas e quase mil presos, ficando para a história como a "*Sexta-feira Sangrenta*".[22]

No dia 26 aconteceu a "*Passeata dos 100 mil*", com a participação de artistas, intelectuais e principalmente dos estudantes. Desta feita a polícia manteve-se a distância, assistindo os acontecimentos, não houve registro de feridos, e a passeata foi considerada o auge do movimento.[23]

Em julho e agosto novas passeatas acontecem, mobilizando milhares de pessoas no Rio e em São Paulo. O destaque foi a detenção, no dia 28 de agosto, de 500 pessoas, entre jornalistas e estudantes, em São Paulo.

Os primeiros dias de outubro deste intenso 1968 registraram os conflitos entre estudantes da Faculdade de Filosofia da USP e os da Universidade Mackenzie (sendo que esta congregava estudantes de direita, reduto do Comando de Caça aos Comunistas – CCC) na rua Maria Antônia. No episódio morreu o estudante José Guimarães, com um tiro disparado dos telhados do Mackenzie. Ao final do dia 03, as instituições de ensino eram ocupadas pela polícia, que efetuou 34 prisões. A cidade lamentou a morte e uma multidão de 10 mil pessoas levava um caixão vazio, simbolizando o estudante falecido, quando a polícia, usando cassetetes, bombas e violência, dispersou a manifestação. No Rio de Janeiro, em passeata realizada no dia 09, ocorreram outras 100 prisões.

O Congresso da UNE realizado no Sítio Murundu, na pequena Ibiúna, interior de São Paulo, encerra o capítulo das grandes mobilizações estudantis contra a ditadura militar. No dia 12 de outubro, aproximadamente 720 congressistas foram presos — inclusive suas principais

---

[22] VIDIGAL PONTES, José Alfredo; CARNEIRO, Maria Lúcia. 1968, do sonho ao pesadelo. *O Estado de S.Paulo*, São Paulo, 1985. p. 24-25.
[23] Gorender ressalta que a "Passeata [...] se concentrou na Cinelândia carioca e percorreu a avenida Rio Branco, até a Praça Quinze. Atrás dos organizadores de fachada desse ato de protesto, estavam o PCBR, a Dissidência Universitária da Guanabara e a AP. Das escadarias do Teatro Municipal, discursaram Elinor Brito, ativista do PCBR, e Vladimir Palmeira, presidente da União Metropolitana de Estudantes e ativista da Dissidência. Presentes vedetes da música popular, da televisão e do teatro, escritores, jornalistas e políticos, professores e líderes sindicais. Tal a repercussão que o Presidente Costa e Silva se dispôs a receber em Brasília a comissão representativa dos organizadores da passeata. Nada resultou do diálogo, mas esta foi a única e última vez que um general-presidente concedeu audiência a uma comissão popular" (GORENDER. *Combate nas trevas...*, p. 148).

lideranças, como José Dirceu, Vladimir Palmeira e Luiz Travassos,[24] entre outros — e encaminhados de ônibus ao Presídio Tiradentes. Parte dos militantes passaria a ingressar nas fileiras das organizações clandestinas, que passaram a pregar e organizar a luta armada.

O Ato Institucional nº 5 e a repressão generalizada

Os ditadores resolveram lançar mais um Ato Institucional, editando o AI-5,[25] no dia 13 de dezembro de 1968, sob a justificativa de manter a Revolução. Era um golpe dentro do golpe, tal a força e a violência institucional e as consequências nele engendradas. A justificativa esta contida na própria peça, em sua introdução: "[...] o Poder Revolucionário, afirmou que 'não se disse que a Revolução foi, mas que é e continuará' e, portanto, o processo revolucionário em desenvolvimento não pode ser detido".

Instalava-se o "terrorismo de Estado", com a possibilidade de cassação de parlamentares e cidadãos, a suspensão de *habeas corpus* para presos políticos, a decretação de Estado de sítio (sem a necessária autorização do Congresso Nacional), censura às obras de teatro e filmes que seriam exibidos e ao que fosse escrito na imprensa ou veiculados no rádio e na televisão. O AI-5 permitiu a intensificação das torturas dos presos políticos, rompeu com a autonomia do Judiciário, promoveu a impunidade dos casos de corrupção, anulou a autonomia universitária

---

[24] Os três dirigentes estudantis, acabaram saindo do país em setembro do ano seguinte, trocados pelo embaixador americano, que havia sido sequestrado de forma espetacular, no primeiro dos 4 sequestros que aconteceram, pelas organizações de esquerda.

[25] Napolitano sugere que os motivos justificadores que explica a edição do AI-5, com o endurecimento do regime e a radicalização da repressão, seriam decorrentes da possível "[...] ameaça da guerrilha e dos movimentos de protesto, a luta pelo poder no próprio meio militar" e o fato episódico que se passou no Congresso Nacional no dia 12 de dezembro, quando houve a negativa de que fosse processado o Deputado Márcio Moreira Alves, em razão de discurso que teria realizado e ofendido as forças armadas (*O regime militar brasileiro*: 1964-1985, p. 33). Segundo Gorender, "[...] A degringolada do Congresso [de Ibiúna] decepou a representatividade da UNE e a deixou num beco sem saída. O Governo dominou a situação e os meses finais de 1968 tinham a aparência de calmaria. O único motivo de perturbação política vinha... para processamento judicial do deputado Márcio Moreira Alves. Na noite seguinte, após o discurso do ministro da Justiça Gama e Silva, um locutor leu pelo rádio o Ato Institucional nº 5, que colocou em recesso o Congresso Nacional e as Assembleias Legislativas dos Estados, reabriu as cassações de direitos políticos, desta vez por tempo indeterminado, e aboliu o habeas-corpus para detidos por infração da Lei de Segurança Nacional. A ditadura militar alcançou o ápice do fechamento, o que trouxe consequências imediatas. A censura inflexível impôs o controle total da imprensa. Deixaram de circular publicações de oposição, artistas foram presos e forçados a sair do País e se asfixiou a vida cultural. Professores universitários sofreram a punição da aposentadoria compulsória e emigraram para ensinar no exterior" (GORENDER. *Combate nas trevas...*, p. 211).

e perseguiu os professores: esses e outros tantos pontos estabeleceram a violação do direito de liberdade dos cidadãos, decorrente de sua implantação. Para os estudantes, como tiro de misericórdia, complementar ao AI-5, foi aprovado o Decreto nº 477, que permitia excluir das universidades os estudantes que participassem de atividades políticas.[26]

As vanguardas culturais e o processo de resistência

O período do golpe de 1964 até 1968 marcou uma época de muita criatividade dos artistas brasileiros, em áreas que permitiam um contato mais direto com os espectadores, como teatro, música e cinema.

A Música Popular despontava através dos festivais realizados pelas redes de TVs, que obtinham enorme sucesso e repercussão, em especial entre os estudantes. A cada festival surgiam artistas que cativavam o público como: Chico Buarque, Edu Lobo, Milton Nascimento, Nara Leão, Marília Medalha, Geraldo Vandré, Sergio Ricardo, Caetano Veloso, Gilberto Gil, entre tanto outros.

Um movimento de ruptura lançou novos conceitos musicais, através do surgimento do *Tropicalismo*, por obra e graça de Caetano, Gil, Gal Costa, Tom Zé, Torquato Neto, Rogério Duprat, Capinan e Nara Leão,[27] e assim novos horizontes eram desvelados para a emergente MPB.[28]

A censura era utilizada pela ditadura para tentar impedir a veiculação de criações artísticas que contestassem o regime ou representassem um atentado a moral da época. A criatividade e a qualidade foram a resposta para a truculência do regime e à ignorância dos censores.

Mas, após o AI-5, iniciou a perseguição direta, sem disfarces. Caetano e Gil ficaram presos por quase dois meses, depois do Natal de

---

[26] CONTREIRAS, Hélio. *AI-5: a opressão no Brasil*. Rio de Janeiro: Record, 2005. p. 15, 204-207.
[27] O disco *Tropicália ou Panis et Circensis* representou a concretização do Tropicalismo. SADER, Emir; JINKINGS, Ivana; NOVILE, Rodrigo. MARTINS, Carlos Eduardo. (Org.) *Latinoamericana*: Enciclopédia Contemporânea da América Latina e do Caribe. Rio de Janeiro: Boitempo, 2006. p. 1248.
[28] Em 1966, no II Festival de Música Popular Brasileira, realizado pela TV Record, foram vencedoras as músicas: *Disparada*, de Geraldo Vandré; e *A Banda*, de Chico Buarque, fazendo que ele começasse a despontar no horizonte musical. Em 1967: III Festival da MPB da TV Record o ganhador foi Edu Lobo com a música *Ponteio*. Em 1968 no III Festival Internacional da Canção, o primeiro lugar foi dividido entre duas músicas uma apresentada por Chico Buarque de Holanda e Antonio Carlos Jobim — *Sabiá* e a outra criada por Geraldo Vandré — *Para não dizer que não falei das flores (Caminhando)*, este acabou se tornando o hino da juventude e das passeatas de 1968. IV Festival de MPB realizado pela TV Record, São Paulo, também teve duas vencedoras, uma eleita pelo júri popular — *Benvinda*, de Chico Buarque — e a outra pelo júri especial — *São Paulo meu amor*, de Tom Zé. *Alta Fidelidade – Núcleo de Pesquisas Históricas sobre MPB Pesquisa, Cultura e Diversão* (Disponível em: <http://geociti.es/CollegePark/Lounge/6124/cronologia.htm>. Acesso em: 07 nov. 2010).

1968, e quando liberados seguiram para Londres. Chico Buarque sofreu constantes ameaças, foi conduzido ao Exército (alguns dias antes da prisão da dupla tropicalista) e interrogado sobre o espetáculo teatral *Roda Viva*; em janeiro de 1969, recebeu autorização para ir ao Festival de Música em Cannes, na França, e de lá seguiu para a Itália, onde permaneceu por mais de um ano, em um autoexílio, em razão dos perigos que corria. Geraldo Vandré foi duramente perseguido pelos militares, pois sua música foi considerada símbolo da juventude de 1968, e teve de se esconder para não ser preso, partindo também para o autoexílio. O mesmo ocorreu com Taiguara.

O Cinema Nacional despontou com Nelson Pereira dos Santos, com o filme *Rio, 40º graus*, constituindo-se em um marco, uma inspiração para o movimento que seria reconhecido anos mais tarde como o *Cinema Novo*.

Glauber Rocha — que depois foi reconhecido internacionalmente —, ainda como estudante, em 1961, rodou *"Barravento"*. O Centro Popular de Cultura da UNE, através do núcleo de cinema, em 1962, produziu o filme *"Cinco vezes favela"*, cujos diretores — Joaquim Pedro de Andrade, Leon Hirszman, Carlos Diegues, Miguel Borges e Marcos Farias — viriam a ser grandes referências do movimento *Cinema Novo*. O cinema brasileiro estava em franca produção nos anos que antecedem o golpe, com produções como *O assalto ao trem pagador* de Roberto Farias; *Os cafajestes*, de Ruy Guerra; e *Boca de ouro*, de Nelson Pereira dos Santos. Em 1963, Glauber Rocha rodou *Deus e o diabo na terra do Sol* e Ruy Guerra *Os fuzis*. Em 1965, Leon Hirszman, rodou *A falecida*. Glauber Rocha inovou uma vez mais, para uma estética tropicalista, em 1967, com o filme *Terra em Transe*. Mas os filmes passaram a sofrer restrições e tiveram sua exportação impedida, sob o argumento dos censores de não ter boa qualidade, além de sofrerem cortes e limitações para exibição.[29]

O Teatro Brasileiro também estava no auge de sua renovação no período em que ocorreu o golpe. As peças discutiam os problemas nacionais, as transformações vividas pela sociedade e as lutas por melhores condições de vida, buscando sua identidade nacional, o que acontecia por meio de grupos que revolucionavam nosso teatro.

Esses ideais eram a energia vital, alimento para a alma, base de criação para o surgimento do *Teatro de Arena* de São Paulo, em 1953. Mas

---

[29] PINTO, Leonor E. Souza. *O cinema brasileiro face à censura imposta pelo regime militar no Brasil, 1964/1988*. Disponível em: <http://www.memoriacinebr.com.br/>. Acesso em: 07 nov. 2010. p. 2.

a qualificação e a profissionalização ocorrem com maior intensidade a partir da adesão de Augusto Boal, que traz na bagagem conceitos e técnicas apreendidas nos Estados Unidos. Essa linha passou a ser difundida pelo grupo, contando com novos autores nacionais, pertencentes ao *Arena*, como Oduvaldo Vianna Filho, Edy Lima, Roberto Freire, Benedito Ruy Barbosa, Flávio Migliaccio e Francisco de Assis. Em outros rincões do país, tendo a mesma compreensão política e percepção da realidade nacional, surgiam textos como o *Pagador de Promessas* de Dias Gomes, o *Auto da Compadecida* de Ariano Suassuna e *A moratória* de Jorge de Andrade.

Em 1958, o *Arena* montou o espetáculo *Eles não usam black-tie*, de Gianfrancesco Guarnieri, levando ao palco pela primeira vez as dificuldades dos operários pobres e seus conflitos sociais e políticos, a realidade nua e crua. A peça alcançou grande sucesso e nos anos seguintes foram dezenas de espetáculos, comprometidos com a realidade e a visão ideológica do grupo. O *Teatro de Arena* manteve-se por quase 20 anos, construindo espetáculos marcados pela temática social e política, provocando a reflexão dos espectadores e sofrendo, por consequência, a perseguição dos militares de plantão.[30] Porém, em março de 1971 foi preso Augusto Boal,[31] sendo conduzido para o presídio Tiradentes, em São Paulo. Lá foi torturado e acusado de subversão, o que pôs fim ao *Arena*. Após sua liberação, Boal partiu para o exílio, fechando um ciclo de criatividade e luta.[32]

O *Teatro Oficina* foi criado em 1958 por um grupo de estudantes da Escola de Direito do Largo de São Francisco, em São Paulo, tendo a frente José Celso Martinez Correa. Com o passar dos anos, o *Teatro Oficina* se transformou em um dos grupos de contestação e resistência

---

[30] "As teses do grupo difundem-se pelo país enquanto se deslocam os espetáculos da companhia, associando-se, desse modo, o formato do palco em arena e a impregnação ideológica que lhe conferiu o Teatro de Arena de São Paulo [...] quando é dissolvido pela repressão da ditadura, a associação entre a morfologia peculiar da arena e a atuação política permanece nas equipes que, fora do circuito profissional, continuam a fazer uma arte de *resistência*" (GUINSBURG, J. FARIA, João Roberto; LIMA, Mariângela Alves de. *Dicionário do Teatro Brasileiro*: temas, formas e conceitos. São Paulo. Perspectiva: SESC, 2006. p. 38).

[31] Augusto Boal, além participar intensamente do Teatro de Arena, foi criador do Teatro do Oprimido, repensou a arte cênica investigando possibilidades e práticas de transformar a atividade teatral a serviço da conscientização do espectador, entre as suas contribuições destacam-se as obras *Teatro do Oprimido e outras poéticas políticas, 200 exercícios e jogos para o ator e não-ator com vontade de dizer algo através do teatro, Técnicas Latino-Americanas de Teatro Popular, O Teatro como Arte Marcial*, foi anistiado pela *Comissão de Anistia do MJ – Processo nº 2002.01.12897*.

[32] MICHALSKI, Yan. *O teatro sob pressão*: uma frente de resistência. Rio de Janeiro: Jorge Zahar Editor, 1985. p. 10-13.

no período, se tornando referência no cenário do teatro brasileiro, principalmente a partir do ano de 1966.[33]

Em 1967, o *Oficina* alcançou sua consagração artística com um audacioso espetáculo, revolucionário na estética então existente e marcado pela rebeldia, criatividade anárquica e frenética, fruto da inspiração contemplada no *Rei da Vela*.[34]

O espetáculo gerou polêmica e um público voraz para admirá-lo, afinal, era uma crítica frontal ao capitalismo tupiniquim, por meio de uma linguagem forte, corrosiva, sem precedentes, usada de maneira debochada. O espetáculo surpreendeu a todos e provocou a ira dos setores identificados com o regime, como ressaltou o crítico Fernando Peixoto, em seu livro sobre o *Teatro Oficina*, onde lembrou que as sessões realizadas em São Paulo foram tumultuadas, com ameaças dirigidas aos atores quase todos os dias. O público era revistado na entrada do teatro, foi organizado um sistema de segurança próprio, com pessoas armadas nos bastidores, e pairava no ar, a cada sessão, a ameaça de invasão e destruição do teatro.

Em 1968, o *Oficina* resolve montar a peça *Roda Viva* de Chico Buarque. Os organismos de repressão resolveram empreender uma campanha de difamação do teatro, contando com a ofensiva de órgãos paramilitares, através de ameaças, e criando uma atmosfera de insegurança para atores e público que participavam ou assistiam as apresentações. No mês de julho, membros do Comando de Caça aos Comunistas (CCC) invadiram o teatro onde estava sendo apresentado o espetáculo, destruíram os cenários e o equipamento técnico, agrediram e espancaram atores que nele trabalhavam.[35] O fato se repetiu com o elenco de *Roda Viva* que se apresentava em Porto Alegre, e por último a censura acabou por proibir as apresentações da peça.

---

[33] COSTA, Cristina. *Censura em cena*: teatro e censura no Brasil. São Paulo: Ed. USP, 2006. p. 171.
[34] Texto de Osvaldo de Andrade (de 1937), que até então não tinha sido montado.
[35] "A peça *Roda Viva* [...] foi uma das mais visadas, sofrendo duas invasões, uma em São Paulo, e outra em Porto Alegre, onde atores e público foram violentamente espancados e o espaço teatral foi destruído por cerca de 200 homens. A atriz Elizabeth Gasper e seu marido foram sequestrados na mesma ocasião, o que também ocorreu com Norma Benguel, no Teatro de Arena, em São Paulo, quando encenava *Cordélia Brasil*. Marília Pêra e Rodrigo Santiago, atores de *Roda Viva* na montagem de São Paulo, foram obrigados a ir para a rua despidos após passarem pelo "corredor polonês", num gesto de suprema humilhação dos extremistas de direita. Teatros paulistas e cariocas sofreram ataques de bombas. No João Caetano, em São Paulo, a bomba não explodiu. No Rio, os ataques aconteceram nos teatros Opinião, Gláucio e Maison de France, onde nem mesmo os clássicos Molière e Tennesse Williams escaparam das "caça às bruxas" (MOSTRA 68/Utópicos e Rebeldes. Brasília: Ministério da Cultura, 2008. p. 16).

Em 1971, Zé Celso[36] foi preso no quartel do 24º Batalhão de Caçadores, em São Luis (MA), juntamente com os demais integrantes do *Grupo Oficina*. Em 1972, o espetáculo *Gracias Señor* acabou sendo proibido por decisão da Divisão de Censura e Diversões Públicas do Departamento de Polícia Federal. Novamente preso no DOPS/SP, em 29 de maio de 1974, Zé Celso foi torturado em companhia do cineasta Celso Lucas. Foi indiciado para que fossem apuradas suas ligações com a Ação Libertadora Nacional (ALN) e, quando posto em liberdade, seguiu para o exílio, onde permaneceu por quatro anos.

O histórico de arbitrariedades e violências do regime contra os grupos teatrais teve início antes mesmo do AI-5, ainda no ano de 1966, como relata Yan Michalski,[37] destacando entre os desatinos registrados:

[...] invasão do Teatro Jovem, no Rio, para impedir a realização de um debate sobre Brecht, que seria autorizado alguns dias depois; corte em "Terror e Miséria do III Reich"; detenção em Maceió, de um elenco carioca que apresentava "Joana em flor", de Reinaldo Jardim, seguida de queima de exemplares do livro em praça pública; eliminação do texto de "O homem do princípio ao fim", após vários meses em cartaz, da carta-testamento de Vargas e uma oração de Santa Tereza d'Avila.

Em 1968, a paciência para com os atores e espetáculos teatrais parecia que tinha chegado ao limite, sendo travada uma verdadeira guerra contra o processo de criação em curso:[38]

[...] o general Juvêncio Façanha (que no ano anterior já havia mandado aos homens de teatro e cinema o ameaçador recado: "Ou vocês mudam, ou acabam") dá em público uma estarrecedora declaração, que define com clareza a atitude do regime em relação à atividade cênica: "A classe teatral só tem intelectuais, pés sujos, desvairados e vagabundos, que entendem de tudo, menos de teatro".

Porém a partir de 1971, como relata Yan Michalski, o regime cerrou as portas para as atividades teatrais que contestassem o regime:[39]

Este fim de linha para todos estes brilhantes porta-vozes da resistência teatral, responsáveis pelas realizações mais marcantes dos últimos anos,

---

[36] José Celso Martinez Corrêa, um dos mais criativos diretores de teatro do Brasil, além de ator e cineasta. Foi anistiado pela *Comissão de Anistia do MJ, requerimento de nº 2006.01.54531*.
[37] MICHALSKI. *O Teatro sob pressão...*, p. 28.
[38] MICHALSKI. *O Teatro sob pressão...*, p. 33-34.
[39] MICHALSKI. *O Teatro sob pressão...*, p. 47.

é facilmente explicável pelo endurecimento das pressões que pesavam sobre eles. A ação da censura chega, em 1971, a um nível tão delirante que qualquer tomada de posição diante da realidade nacional, por mais metafórica que seja, torna-se virtualmente impossível. Com todas as suas alternativas temáticas e formais praticamente riscadas do mapa, os grupos são reduzidos a um estado de impotência que os sufoca.

A imprensa e suas restrições

Com a aprovação da Lei de Imprensa, em 1967, o regime passou a cercear a liberdade de expressão, tolhendo os jornalistas e os veículos de comunicação no seu dever de informar. Mas não contava somente com este instrumento autoritário para reprimir, já vigia também a Lei de Segurança Nacional, pelo qual os profissionais eram impedidos de criticar, divulgar ou discordar. O Projeto BNM[40] apurou que 15 jornalistas foram indiciados em Inquéritos Policiais Militares (IPM), respondendo assim junto a Justiça Militar, e apenas um deles em período anterior a decretação do AI-5.

Houve assim a institucionalização da censura: o AI-5 tornou difícil a vida dos jornalistas, intelectuais, artistas, professores e tantos outros que exerciam um papel de defesa das liberdades e mudanças.

Os grandes jornais, mesmo aqueles que defenderam o golpe, como *O Estado de S. Paulo (OESP)*,[41] passaram a sofrer censura, inclusive com a presença de censor na própria redação. Alguns jornais deixavam o espaço censurado em branco, outros preenchiam com receitas de bolo e, no caso do *OESP*, as partes censuradas eram substituídas por versos de *Os Lusíadas*, do poeta português Luís de Camões.

Mas a situação favoreceu a criação do que se denominou de *Imprensa Alternativa*,[42] que adotou um comportamento de enfrentamento ao Governo, na luta pelos direitos humanos. Entre estes o que obteve maior repercussão foi *O Pasquim*, lançado em 1969 por Jaguar, Ziraldo,

---

[40] BRASIL: nunca mais, p. 143-146.

[41] "A fidelidade aos mesmos ideais levou meu pai a apoiar a conspiração política militar, chegando até a dela participar, para enfrentar a ofensiva do governo João Goulart contra as instituições democráticas" (MESQUITA, Ruy. A liberdade, antes de tudo; VIDIGAL PONTES, José Alfredo. CARNEIRO, Maria Lúcia. *1968, do sonho ao pesadelo*. São Paulo: Ed. O Estado de S. Paulo, 1985. p. 9-10).

[42] *Imprensa Alternativa* é definida por Sonia Moreira, como "[...] os jornais e revistas que nasceram nos últimos vinte anos (década de 1970 e 1980), e não estavam ligados, via cordão umbilical, à chamada grande imprensa ou imprensa oficial" (MOREIRA, Sonia Virginia. *Retratos brasileiros*: 20 anos de imprensa alternativa. Antologia Prêmio Torquato Neto. Rio de Janeiro: Centro de Imprensa Alternativa e Cultura Popular do Rio Arte, 1984. p. 17).

Millôr Fernandes[43] e Tarso de Castro. O *Pasquim* tinha como marca a irreverência, a ironia e o sarcasmo. Usava o humor como forma de combater o regime militar que referenciava os valores morais, o civismo e o patriotismo em suas campanhas institucionais.[44] O *Pasquim* ridicularizava o autoritarismo reinante, recheando suas páginas de charges, tiras e cartuns, criticando os costumes e as desigualdades sociais vigentes.

Foram criados também jornais alternativos, com viés político e cultural, entre os quais destacaram-se: *Opinião* (1973) e *Movimento* (1975) editados por Raimundo Pereira; *Versus* e *Brasil Mulher* (1975), *Em Tempo* (1977) e *Resistência* (1978), entre tantas publicações. Podem ser citadas ainda: *Hora do Povo, Companheiro, Voz da Unidade, O Trabalho, Tribuna da Luta Operária, Correio Sindical, Coojornal* e *O Repórter*,[45] que tinham a finalidade de fazer o enfrentamento mais direto, levando posições de correntes ideológicas e reivindicando os direitos dos perseguidos políticos, a liberdade de expressão, o fim da ditadura e o retorno à democracia.

A censura e seus efeitos

Os censores realizaram o serviço de vetar, proibir, restringir e censurar tudo que pudesse ser apresentado ao público e à sociedade, principalmente depois do AI-5.

Esse serviço era realizado pela Divisão de Censura e Diversões Públicas, sendo obrigatório que todas as obras lhe fossem encaminhadas antes de sua exibição/publicação. Os artistas, para burlar a censura, passaram a construir letras com duplo sentido, jogo de palavras ou linguístico. No cinema as metáforas e alegorias substituíram a linguagem direta, recurso também utilizado no teatro e compreendido pelo público

---

[43] Millôr foi o primeiro a criar um jornal de humor após o advento da ditadura, ainda em 1964, denominado *Pif-Paf*, que deixou de ser editado, após ser apreendida a sua oitava edição pela polícia (ZIRALDO. *Ziraldo n'O Pasquim*: só dói quando eu rio. São Paulo: Globo, 2010. p. 8).

[44] "Este é um país que vai pra frente", "Brasil ame-o ou deixe-o" entre outros.

[45] No final dos anos 70, após o fim do AI-5, estas publicações passaram a ser alvo de ataques de paramilitares, que incendiavam e armavam objetos de detonação contra as bancas que vendessem periódicos de esquerda. Na *Divisão de Informações – Secretária de Segurança Pública do Paraná*, entre os documentos encontram-se cartas encaminhadas aos proprietários de bancas, contendo a seguinte ameaça: "*Senhor Jornaleiro: O senhor, talvez sem saber, vem colaborando para o aumento da propaganda comunista em nossa pátria, ao vender [...] jornais, divulgam idéias comunistas contrárias a moral e aos desejos do povo brasileiro. Exigimos, portanto, que o senhor pare imediatamente de vender estes jornais em sua banca, para que não sejamos obrigados a tomar medidas drásticas [...]*".

mais atento, mas que às vezes passava despercebido pelos órgãos de censura e, se tardiamente entendido, já era de domínio público. Mas destaca Leonor Pinto: "*a censura é organizada, com vistas a servir aos interesses políticos dos militares no poder, não foi apenas repressão localizada, mas mecanismo essencial para a estruturação do regime militar*".[46]

Durante os dez anos de vigência do AI-5 (revogado em 31 de dezembro de 1978) calcula-se que pelos menos 450 textos teatrais, 500 filmes, 200 livros e 500 letras de músicas tenham sofrido mutilações, entre cortes, proibições, censuras parciais ou totais.[47]

O ressurgimento de atividades sindicais combativas

Em 1967 assumiu como Presidente da República o General Artur da Costa e Silva. Vivia-se um momento de certa liberdade, o que possibilitou o ressurgimento de oposições sindicais e a vitória da oposição no Sindicato dos Metalúrgicos de Osasco, em São Paulo.

Essas novas lideranças se diferenciavam por não difundir tão somente a luta dentro dos limites tolerados pelo Ministério do Trabalho. Elas propagavam a necessidade de criar uma central sindical e retomar a resistência contra a ditadura. Sob a liderança de José Ibrahim,[48] defendiam uma nova visão de prática sindical, com a organização de comissões de fábrica, permitindo maior participação dos operários nos locais de trabalho, rompendo com a visão de cúpula até então vigente e lutando pela criação de uma central sindical.

---

[46] "No mercado interno, usou de todos os artifícios para garantir a maior e a mais eficiente difusão da ideologia vigente, investindo na reorganização do departamento de censura, subordinando-o à Polícia Federal, regulamentando a carreira de censor federal, para a qual passa a ser exigido nível superior, e investindo na formação dos censores com a promoção de cursos internos. A tão propagada limitação intelectual dos censores, seus atos pitorescos — motivo de chacota até hoje, os erros gramaticais que cometiam ou seus argumentos que podem parecer ridículos, lamentavelmente, nunca impediram a Censura de ser um dos mais competentes órgãos de repressão da ditadura e, seguramente, um dos pilares de sustentação do regime. Durante todo o regime militar, a censura, hierarquicamente bem organizada, foi sagaz, implacável, poderosa e suas decisões frustraram sonhos, impediram caminhos, abortaram promessas e calaram gerações" (PINTO, Leonor E. Souza. *O cinema brasileiro face à censura imposta pelo regime militar no Brasil, 1964/1988*. Disponível em: <http://www.memoriacinebr.com.br/>. p. 3. Acesso em: 07 nov. 2010).

[47] VIDIGAL PONTES; CARNEIRO. 1968, do sonho ao pesadelo. *O Estado de S. Paulo*, p. 58, 1985.

[48] José Ibrahim foi fundador e presidente da Comissão de Fábrica da Cobrasma, de 1965 a 1967. Presidente do Sindicato dos Metalúrgicos, foi cassado e banido em 1968, em decorrência da greve de Osasco, regressou ao Brasil em 1979, com a Anistia (IBRAHIM, José. *Comissões de Fábrica*. São Paulo: Global, 1986).

No ano de 1968 o Brasil viu surgir a primeira greve pós-ditadura, na cidade de Osasco. Seu início foi no dia 16 de julho, quando os empregados ocuparam a empresa COBRASMA e, posteriormente, a Barreto Keller, Braseisos, Granada, Lonaflex e Brown Boveri,[49] mas o governo agiu duramente, com intervenção no sindicato pelo Ministério do Trabalho e uma dura repressão aos operários por parte do efetivo militar, dando mostras que não toleraria qualquer contestação operária e impondo assim uma derrota ao movimento, como indicado por Gorender:[50]

> Sob o comando do Governador Sodré e do Ministro Passarinho, já no dia 16 deslocado para São Paulo, os agentes policiais fizeram cerca de quinhentas prisões. A Força Pública invadiu a COBRASMA, libertou os administradores e expulsou os grevistas. O Sindicato dos Metalúrgicos sofreu intervenção e Osasco, durante uma semana, se converteu em praça de guerra. A greve não resistiu ao quinto dia. José Ibrahim caiu na clandestinidade, mas Zequinha, líder dos operários da COBRASMA, não escapou de três meses no DEOPS, castigado pelo cárcere e pela tortura.

Após alguns meses, em outubro de 1968, ocorreu a greve dos metalúrgicos de Contagem, Minas Gerais, quando o governo determinou que militares ocupassem a fábrica. A repressão foi violenta e mais uma vez os trabalhadores foram derrotados. Mas estavam lançadas as bases para o *"novo sindicalismo"*.

A resistência armada

Os movimentos de resistência concebidos dentro dos marcos institucionais foram sendo sufocados um a um: a ditadura não permitia quaisquer contestações. A música que inspirava os opositores ao regime — "quem sabe faz a hora não espera acontecer" — traduzia a necessidade de engajamento a um processo de luta radical, e foi assim que a *luta armada* se apresentou como alternativa para alguns segmentos da oposição que, frente à ausência de liberdades, resolveram enfrentar o regime militar pegando em armas, numa luta urbana e rural.

Em 1969, organizações como a Aliança Libertadora Nacional (ALN) e a Vanguarda Popular Revolucionária (VPR) concluíram inexistir mais espaço para as lutas de massas e redirecionam o papel de suas

---
[49] ANTUNES, Ricardo. *O que é sindicalismo*. São Paulo: Brasiliense, 2003. p. 23.
[50] GORENDER. *Combate nas trevas...* p. 144.

organizações para a realização da luta armada. As ações patrocinadas por estas organizações rendiam *"publicidade"*, o que fez com que os militantes de organizações radicais pressionassem pelo engajamento em igual processo de luta. Como registra Gorender, *"a exceção, e por motivos diferentes, o PCB, o POR (T), o PCdoB e a AP, deu-se a imersão geral na luta armada"*.[51]

O Partido Comunista Brasileiro (PCB), tendo à frente o lendário líder comunista Luís Carlos Prestes, era contrário à luta armada e pregava que fosse constituída uma grande frente, atuando de maneira pacífica, pela derrubada do regime. Militantes como Carlos Marighella[52] saíram da organização fundando a ALN, e praticando ações nas grandes cidades, desenvolvendo assim um processo de *"guerrilha urbana"*.

O Partido Comunista do Brasil (PCdoB) optou pela *"guerrilha rural"* e elegeu a região do Araguaia, encravada no centro do país, para onde enviou 60 guerrilheiros, entre estudantes, operários e quadros militantes de longa trajetória. Este foco guerrilheiro foi descoberto em 1972 e o governo realizou operações para dizimar os militantes, o que ocorreu no ano de 1975.

As organizações surpreenderam a ditadura com suas ações, algumas consideradas espetaculares, como o assalto do cofre do ex-governador de São Paulo, Adhemar de Barros, um dos conspiradores do golpe. Aproximadamente US$2,5 milhões de dólares foram roubados pela organização Vanguarda Revolucionária Palmares (VAR-Palmares).[53]

Mas as ações mais audaciosas e de maior repercussão foram os sequestros de diplomatas, em um total de quatro. O objetivo das organizações era obrigar a ditadura a divulgar seus manifestos nas rádios e televisões, denunciando a violência e a tortura contra os presos políticos que estava sendo praticada nos cárceres, assim como a troca de prisioneiros políticos.

A resposta do governo militar foi a edição de dois novos Atos Institucionais, permitindo a pena de morte e banimento do país daqueles que atentassem contra a *"segurança nacional"*.[54]

Mas a perseguição implacável do regime às organizações — com a prisão de seus militantes, torturas com requintes de crueldade ou

---

[51] *Ibidem*, p. 155.
[52] Conforme Napolitano "A proposta básica da ALN era iniciar um processo de guerrilha urbana a fim de conseguir recursos para a formação de uma guerrilha rural, base de um futuro 'Exército de Libertação Nacional', que deveria derrubar o regime" (*O regime militar brasileiro*: 1964-1985, p. 28).
[53] PILAGALLO, Oscar. *O Brasil em sobressalto*: 80 anos de história contados pela Folha. São Paulo: Publifolha, 2002. p. 124.
[54] *Ibidem*, p. 125.

execuções após as mesmas —, acrescida da perda de grandes lideranças como Carlos Marighella, Carlos Lamarca e de tantos outros, desarticularam completamente as organizações, sufocando os focos guerrilheiros e encerrando esse capítulo de resistência.

Reinício das lutas que levaram a democratização do país

O governo militar continuava no seu propósito de fazer uma abertura "*lenta, gradual e segura*", para assim garantir a impunidade daqueles que promoveram barbáries e violações de direitos humanos (como sequestros, torturas, assassinatos, ocultamento de cadáveres) e que não encontravam guarida sequer em leis aprovadas pelo próprio regime. Setores da sociedade que outrora haviam apoiado o golpe passaram a contestar duramente o governo militar, como os grandes jornais, a igreja (em especial segmentos mais comprometidos, como os progressistas da Teologia da Libertação), e outros que se rearticularam, como o movimento estudantil (a partir de 1974), tendo realizado manifestações nos anos seguintes, destacando-se as mobilizações por quase todo o país no ano de 1977.

O surgimento de novos atores sociais

Novos movimentos sociais surgiram a partir de pautas decorrentes das necessidades de serviços básicos (saúde, educação e transporte), articulados pelas Comunidades Eclesiais de Base (CEBs). O Movimento do Custo de Vida (MCV) se constituiu em um novo espaço de resistência civil, e em 1978 reuniu 20 mil pessoas na Praça da Sé, em São Paulo, depois de ter constituído um abaixo-assinado de 1,2 milhão de assinaturas.[55] A busca pela posse da terra urbana mobilizou pessoas em cidades de todo o país, que passaram a organizar associações de moradores neste intuito.

A negativa da sociedade civil contra a violência

A morte de Wladimir Herzog, em 27 de outubro de 1975, jornalista da TV Cultura reconhecido nos meios jornalísticos, moveu a opinião pública e pôs o governo militar em situação crítica. Após ir depor junto

---

[55] NAPOLITANO. *O regime militar brasileiro*: 1964-1985, p. 50.

ao DOI-CODI de forma voluntária, Herzog acabou morto, mas os meios oficiais tentaram fazer crer que ele cometera suicídio.

Segmentos da sociedade como a Ordem dos Advogados do Brasil (OAB), a Conferência Nacional dos Bispos do Brasil (CNBB), a Associação Brasileira de Imprensa e muitos outros protestaram e exigiram apuração. O culto ecumênico celebrado por arcebispo dom Paulo Evaristo Arns, rabino Henry Sobel e pastor James Wright na Catedral da Sé reuniu 8 mil pessoas, e os meios de comunicação deram ampla divulgação.

E a morte do sindicalista Manoel Fiel Filho, também no DOI-CODI, depois de ter sido interrogado, foi a gota d'água. O Presidente Ernesto Geisel resolveu substituir o comandante do II Exército, Ednardo D'Avila Melo, por outro de sua confiança, e a linha dura dos militares perdeu um ponto de referência.

O movimento pela anistia

A partir de 1975 foi possível estruturar um movimento de luta pela anistia ampla dos perseguidos e presos políticos. Os primeiros passos percorridos na conquista da anistia após 1964 tiveram à frente Therezinha de Godoy Zerbini e outras mulheres, que criaram o Movimento Feminino pela Anistia (MFPA), *"lutando pelo fim das arbitrariedades do regime, dos atos de exceção contra presos políticos e exilados"*.[56]

No curso de 1978, o governo acabou com o AI-5, restituindo o direito ao *"habeas corpus"* dos presos políticos,[57] revogou as penas de morte e a prisão perpétua. O regime caminhava no sentido de abrandar a censura.

Ainda, em 1978, foram constituídos os Comitês Brasileiros pela Anistia em vários estados, contando com a participação de familiares dos presos, movimento estudantil, entidades sindicais, OAB, CNBB, ABI e segmentos vinculados aos direitos humanos, em defesa de uma anistia ampla, geral e irrestrita a todos os brasileiros.

Foram organizadas atividades em todo o país, com ampla repercussão, exigindo uma resposta do Congresso Nacional. O projeto de

---

[56] SOUZA, Sergio. *A ditadura militar no Brasil*. São Paulo: Ed. Caros Amigos, 2010. p. 280. [Fascículo 9, Governo Geisel (1974-1978): Fim do Milagre].

[57] O Senador Teotônio Vilela "Uma certa vez perguntado por um militar se levaria aqueles terroristas para ir a sua casa respondeu: que ao visitar os presídios não viu terroristas, mas sim jovens idealistas, pessoas com sensibilidade que buscavam a transformação da sociedade e ao contrário ele não convidaria aqueles que patrocinaram tais prisões".

lei do partido Movimento Democrático Brasileiro (MDB), de oposição, defendia a anistia ampla, geral e irrestrita, dos que resistiram a ditadura militar.[58] Levado ao plenário foi rejeitado, com 209 votos contrários e 194 a favor.

Em junho de 1979 o governo encaminhou ao Congresso um projeto, imperfeito, ambíguo, que não contemplava a anistia ampla pleiteada pela sociedade e dava cobertura aos torturadores e agentes criminosos que praticaram o *"terrorismo de Estado"*.

Neste contexto, os presos políticos espalhados nos presídios do país decidiram deflagrar uma greve de fome, entre o período de 22 de julho e 22 de agosto daquele ano, forçando o parlamento a tomar uma decisão.

Por fim foi aprovado o projeto do presidente Figueiredo, propondo uma anistia que permitiu o retorno dos exilados e ex-presos políticos, mas não assegurou a libertação dos que cometeram *"crimes de sangue"* — entendidos pela lei como os de assalto, terrorismo, sequestro e atentado pessoal —, mantendo-os presos. Somente com a alteração da Lei de Segurança Nacional, que atenuou as penas, foi permitido que estes fossem liberados, porém mantidos em liberdade condicional.[59]

E os que sonhavam *"com a volta do irmão do Henfil, com tanta gente que partiu num rabo de foguete"*[60] tiveram os sonhos parcialmente realizados, com o regresso, a partir de 1º de novembro de 1979, dos primeiros brasileiros beneficiados por uma anistia parcial, imperfeita e incompleta.

A classe operária vai à luta

Após o breve ensaio ocorrido em 1968, finalmente surgiu o *"novo sindicalismo"*, agora a partir da greve deflagrada em 12 de maio de 1978. O movimento teve início na montadora Scania e em alguns dias espalhou-se por outras empresas metalúrgicas do ABC paulista, onde milhares de trabalhadores cruzam os braços. As reivindicações partiram do interior das empresas, exigindo a liberdade de organização

---

[58] ALMEIDA, Criméia Schmidt, TELLES, Janaína de Almeida; TELLES, Maria Amélia de Almeida; LISBOA, Suzana Keniger (Org.). *Dossiê ditadura*: mortos e desaparecidos políticos no Brasil (1964-1985)/Comissão de Familiares de Mortos e Desaparecidos Políticos. 2. ed. São Paulo: Imprensa Oficial do Estado de São Paulo, 2009. p. 23.
[59] *Ibidem*, p. 23.
[60] Composição de João Bosco e Aldir Blanc. *"O bêbado e o equilibrista"* acabou se tornando o hino pela anistia, imortalizado, na voz de Elis Regina.

e o direito às comissões de fábrica, e se uniam a outras lutas sociais contra o regime.[61]

As novas lideranças vieram do seio do movimento operário, autênticos, diferentemente do que ocorreu em 1964, quando a supremacia aconteceu através dos grupos políticos de esquerda ou do sindicalismo oficial.[62]

O Sindicato dos Metalúrgicos de São Bernardo e Diadema era então presidido pelo operário Luís Inácio Lula da Silva.[63] As lutas asseguraram um excelente resultado, com 166 acordos coletivos assinados e mais de 280 mil trabalhadores beneficiados.

Em 13 de março de 1979 foi iniciada outra greve, com mais força do que a anterior,[64] porém esta encontrou os empresários mais preparados e o governo pronto para enfrentar o movimento,[65] com o entendimento de que além de se constituir em uma luta contra a política econômica, era também contra o regime.

A polícia militar agiu com violência, o Tribunal Regional do Trabalho julgou a greve ilegal e o Ministério do Trabalho determinou a intervenção do sindicato e nomeou uma junta governativa. Mas o feitiço voltava-se contra o regime: aconteceram mobilizações pelo país, exigindo o fim da intervenção e a realização das negociações. A greve terminou, mas as lutas operárias recém tinham começado.

O 1º de maio de 1979 foi marcado por grande articulação, mais de 30 mil pessoas se reuniram no Paço Municipal em São Bernardo, numa manifestação que contou com a presença de artistas, estudantes, políticos, líderes comunitários e operários protestando contra o regime.

A chama foi acesa e, em outubro de 1979, os metalúrgicos de Guarulhos e São Paulo cruzam os braços. Mas a repressão fez mais uma vítima: nos confrontos com a polícia foi morto o líder operário *Santos Dias*, em um piquete no bairro de Santo Amaro. As greves tomaram o país, estabelecendo um caráter de confronto com o governo, que era pressionado a realizar mudanças na política de Segurança Nacional. O governo não estava disposto a isso e tentava manter o ritmo do processo de abertura concebido por ele.[66]

---

[61] NAPOLITANO. *O regime militar brasileiro*: 1964-1985, p. 70.
[62] *Ibidem*, p. 71.
[63] Líder sindical e posteriormente Presidente da República por 2 mandatos (2002 à 2010), pelo Partido dos Trabalhadores.
[64] Esta greve inaugura as assembleias no Estádio Municipal de Vila Euclides, em São Bernardo, onde chegaram a reunir mais de 100 mil operários.
[65] Inclusive com a aprovação no ano anterior, de lei que limitava o exercício do direito à greve.
[66] NAPOLITANO. *O regime militar brasileiro*: 1964-1985, p. 78.

A crise econômica, com uma inflação descontrolada que reduzia o poder de compra dos salários, era um ingrediente que destruía o trunfo do milagre econômico, produzido anteriormente pelo regime. Os metalúrgicos de São Bernardo,[67] em março de 1980, iniciaram outra greve, que durou 41 dias, com adesão de aproximadamente 130 mil trabalhadores. O governo utilizou de todos os mecanismos para reprimi-la: o TRT de São Paulo julgou a paralisação ilegal, nova intervenção foi realizada no sindicato, 15 dirigentes foram presos (incluído Lula), todos foram enquadrados na Lei de Segurança Nacional e mantidos incomunicáveis por muitos dias. Desenhava-se no horizonte a multiplicação de greves e a possibilidade de uma greve geral.

O governo estava cada vez mais distante e isolado da sociedade civil, a crise era evidente, o processo inflacionário crescente, aumentava o desemprego e os problemas nas grandes cidades, em razão da concentração populacional.

O povo vai às ruas

O regime dava mostras de esgotamento, mas mantendo a transição dentro dos marcos concebidos (*lento, gradual e seguro para os militares e as elites dominantes*), em novembro de 1979 foi aprovada a Lei Orgânica dos Partidos, com o fim do bipartidarismo. Nasceram: o Partido dos Trabalhadores (PT) e o Partido Democrático Trabalhista (PDT); ressurgiu o Partido Trabalhista Brasileiro (PTB); a ARENA, base de sustentação da ditadura, se transformou em Partido Democrático Social (PDS) e o MDB passou a denominar-se Partido do Movimento Democrático Nacional (PMDB).

Nas eleições de 1982, o PMDB elegeu 9 governadores e o PDT o governo do Rio de Janeiro, com Leonel Brizola, que havia retornado do exílio. A oposição ao governo crescia.

Ao final de 1983[68] e durante os primeiros meses de 1984 ocorreram as maiores mobilizações na história do país, pleiteando eleições diretas para presidente, numa campanha denominada *"Diretas Já"*.

---

[67] Conforme Napolitano: São Bernardo virou palco de horrores, com a presença de efetivos do Exército, policiais militares, agentes do DEOPS e do DOI-CODI, para impedir o movimento, usaram de força espancando os operários, que reagiram, estendendo-se por muitos dias as escaramuças (*O regime militar brasileiro*: 1964-1985, p. 84-86).

[68] O marco inicial da campanha das *Diretas Já* foi o comício realizado em 27 de novembro de 1983, na Praça Charles Muller, em frente ao estádio do Pacaembu, organizado pelo PT (Partido dos Trabalhadores).

No Brasil *"todo mundo na rua de blusa amarela, minha cabeça talvez faça as pazes assim"*. Era Chico Buarque[69] de novo encantando, contribuindo com o tom e a melodia, na vontade de fazermos as pazes com a democracia.

A oposição apresentou uma emenda à Constituição (denominada Dante de Oliveira, nome do deputado que a subscreveu) para alterar o processo de eleição indireta, realizada através do colégio eleitoral.[70] A emenda não alcançou os dois terços necessários e frustrou o país.[71]

Não restou alternativa, senão a disputa via colégio eleitoral. Os candidatos eram Paulo Maluf (indicado pelo partido governista) e Tancredo Neves, este tendo como vice-presidente José Sarney (que tinha rompido com o partido do governo e ingressara no PMDB). O PT foi o único partido que se recusou a participar do processo de votação. Tancredo foi eleito, mas não chegou a assumir. Foi internado no dia que antecedeu sua posse, vindo a falecer em 21 de abril de 1985, encerrando o ciclo militar.

Herrera Flores[72] nos ensina, que:

> O curioso da evolução da humanidade, tal como se depreende dos produtos culturais que a adornam, é que, apesar de tudo, apesar de todos os desatinos e crueldades que se cometem, seguimos desejando rosas, as rosas que nos fazem crer que existe a possibilidade de mudança e de transformação real do mundo. De um modo ou de outro, avançamos na busca do nome da rosa e, para isso, rompemos com o horror da realidade com ideias, com projetos e — por que não? — com risos! Construímos e criamos sem cessar para que a vida se torne tolerável.
>
> E, se para isso há que sonhar, sonhemos [...] podemos dizer que estamos cansados de ter sonhado, mas não cansados de sonhar.

---

[69] Chico Buarque contribuiu não só com a canção de *"Pelas Tabelas"* e *"Vai Passar"*, esta em parceria com Francis Hime, mas subiu nos palanques dos *Comícios Pró-Diretas*, assim como dezenas de músicos, artistas, jogadores e locutores de futebol, políticos e personalidades importantes comprometidas com a democracia, que ocorreram nas principais capitais do país e em grandes cidades brasileiras.

[70] O Colégio Eleitoral reunia os congressistas e mais seis membros da bancada majoritária de cada Assembleia Legislativa.

[71] A emenda teve 298 votos a favor e 65 contra. Não atingindo o *quorum* de dois terços necessários para mudar a Constituição.

[72] Herrera Flores, filósofo *sevillano*, recria a partir das ideias de Henry Miller e Fernando Pessoa. HERRERA FLORES, Joaquín. *O nome do riso*: breve tratado sobre arte e dignidade. Florianópolis: Bernúncia; CESUSC. 2007.

A sociedade, ao lutar pela democratização do país, percebeu a necessidade de introduzir profundas mudanças em sua estrutura, tendo como ponto de partida a aprovação de uma Constituição livre e democrática, o que se concretizou em 05 de outubro de 1988.

Informação bibliográfica deste texto, conforme a NBR 6023:2002 da Associação Brasileira de Normas Técnicas (ABNT):

MELLO, Prudente José Silveira. Papel das entidades sociais na resistência e na luta pela democratização do Brasil. *In*: PRONER, Carol; ABRÃO, Paulo (Coord.). *Justiça de Transição*: reparação, verdade e justiça: perspectivas comparadas Brasil-Espanha. Belo Horizonte: Fórum, 2013. p. 279-307. ISBN 978-85-7700-737-0.

PARTE V

DEMANDA SOCIAL E MUDANÇA LEGAL: OS DESAFIOS DA JUSTIÇA DE TRANSIÇÃO NO BRASIL CONTEMPORÂNEO

A LEI DE ANISTIA BRASILEIRA SOB A ÓTICA DO DIREITO INTERNACIONAL E DA IMPRESCRITIBILIDADE DOS CRIMES DE LESA-HUMANIDADE*

CAROL PRONER

Introdução

A Lei de Anistia brasileira, e mais especificamente o recente julgamento Arguição de Descumprimento de Preceito Fundamental (ADPF nº 153) em que a Corte rejeitou o pedido da Ordem dos Advogados do Brasil (OAB) por uma revisão na Lei da Anistia (Lei nº 6.683/79),[1] pode ser olhada a partir de diferentes óticas, e, neste ensaio, cumpre ressaltar o aspecto sob a ótica do Direito Internacional e da Imprescritibilidade dos Crimes de Lesa-humanidade.

Nesse sentido, a primeira observação a ser feita diz respeito juntamente à falta de ótica ou indiferença do STF em relação ao Direito Internacional e aos Crimes de Lesa-humanidade. Conforme argumentos dos ministros nos respectivos votos, não apenas o Direito Internacional foi tratado com indiferença, mas simplesmente a matéria dos crimes contra a humanidade, talvez o tema de maior consenso ético internacional em matéria de direitos humanos (componentes do núcleo duro

---

* Conferência proferida por ocasião da realização do I Encontro Estadual de Advogados Trabalhistas ENEAT, havido nos dias 10 e 11 de maio, no Plenário Evandro Lins e Silva, sede da OABRJ, na cidade do Rio de Janeiro. Painel: Verdade, memória e reparação dos direitos individuais e coletivos violados pela ditadura militar.
[1] Disponível em: <http://www.stf.jus.br/arquivo/cms/noticiaNoticiaStf/anexo/ADPF153.pdf>.

de proteção — *hard core of human rigths*), sequer mereceu menção nos votos proferidos pelos ministros. José Carlos Moreira da Silva Filho, coautor desta coletânea e Conselheiro da Comissão de Anistia, ao comentar os votos dos ministros do STF no julgamento da ADPF, e ao comentar o fenômeno do descaso para com o Direito Internacional, faz a pergunta que devemos fazer, inclusive na expectativa de nova resposta proveniente do mesmo colégio de juízes por ocasião do julgamento dos embargos declaratórios à ADPF nº 153 interpostos pela mesma entidade:[2] é possível a anistia para crimes contra a humanidade? Se sim, em que circunstâncias?

Inicialmente o autor comenta, com pesar, que *"passados mais de 20 anos da promulgação da Constituição de 1988 a sociedade brasileira tinha plenas condições de enfrentar o seu passado e de dar um passo adiante na realização da justiça e no fortalecimento democrático, repudiando com veemência o terrorismo de Estado e a tradição arbitrária, violenta e antidemocrática do Estado brasileiro e de largos setores das elites, inclusive judiciais. Era o momento para as classes populares se unirem mais uma vez em torno das grandes pautas políticas que ainda seguem pendentes no país"*.[3] Mas não foi isso que se viu. E passa então a comentar os votos dos ministros a partir de três grupos de argumentos: hermenêuticos, históricos e relacionados com o (desprezo do) Direito Internacional.

Quanto aos argumentos hermenêuticos, em suma, o autor menciona a tese prevalecente da "bilateralidade da anistia", da teoria dos "dois demônios", e comenta que o STF perdeu a chance de aplicar a hermenêutica contextual, capaz de fazer compreender o contexto histórico e seus condicionantes. Quanto aos argumentos históricos, restou confirmada, pelos ministros, a tese da negociação e do acordo ou do pacto em que *"a sociedade falou altissonante"* (nas palavras da Ministra Cármen Lúcia). Como bem relembra o autor, ainda que acordo houvesse, o mesmo não poderia estar por cima dos direitos e garantias fundamentais; nenhum acordo poderia apagar os bárbaros crimes cometidos durante a ditadura.

---

[2] Os embargos questionam acórdão que julgou improcedente a ADPF, ao fundamento de que a anistia teve caráter amplo, geral e irrestrito. O Conselho sustenta ausência de enfrentamento da premissa de que os criminosos políticos anistiados agiram contra o Estado e a ordem política vigente, ao passo que os outros atuaram em nome do Estado e pela manutenção da ordem política em vigor.

[3] SILVA FILHO, José Carlos Moreira da. O julgamento da ADPF nº 153 pelo Supremo Tribunal Federal e a inacabada transição democrática brasileira. *In*: RAMOS FILHO, Wilson (Coord.). *Trabalho e regulação*: as lutas sociais e as condições materiais da democracia. Belo Horizonte: Fórum, 2012. p. 129-178.

A bilateralidade e a ideia de acordo, juntos, foram reafirmados pelo STF com o fim de eliminar o fato de que a Anistia foi, na verdade, um processo de "autoanistia", como demonstra o processo de aprovação da Lei e (há excelentes artigos sobre tema, inclusive do Prof. Cristiano Paixão, mostrando o momento constitucional e legislativo da ditadura)[4] e, se o processo de autoanistia fosse com tal reconhecido, então a consequência seria a invalidação da lei perante o Direito Internacional ou a identificação de sua incoerência com os princípios de Direito Internacional aos quais o Brasil se obrigou, conforme decisão da Corte Interamericana (Caso Gomes Lund e outros *vs.* Brasil).

Ao mesmo tempo, às teses da "bilateralidade" e do "acordo altissonante", se soma uma terceira, a tese de que não foi uma repressão e sim uma guerra, e uma guerra com dois lados no qual o "outro lado" era o inimigo, e que "a ditadura foi um mal necessário" (cf. voto Min. Marco Aurélio).

Como bem precisa Silva Filho, é preciso diferenciar crimes de guerra (que enseja a ideia de guerra justa, os limites do *jus in bellum*) e os crimes contra a humanidade que, no caso do regime militar, produziram a resistência. O direito à resistência merece uma discussão a parte, guarda o sentido da imperiosidade de se defender de uma agressão externa e traz menos complicação em sua aceitação que o conceito de guerra justa. O crime contra a humanidade pressupõe um absoluto desequilíbrio entre as partes — ausência total de reciprocidade (lembremos do Caso da Guerrilha do Araguaia no embate entre, de um lado, 3.000 a 10.000 soldados, armados, bem treinados, tanques, lanchas, aviões... e, do outro, 75 guerrilheiros do PCdoB que foram massacrados). Conforme Mireille Delmas-Marty,[5] pressupõe a vulneração total do outro, a descartabilidade das pessoas, a desumanização do outro a partir de técnicas, justificativas, razões, mitos, pressupõe a eliminação subjetiva do outro, como ser humano (rótulos do subversivo, inimigo, terrorista, criminoso, guerrilheiro, comunista) a partir da legalização de um sistema ilegítimo e desumano.

Essa é a dimensão dramática dos crimes contra a humanidade. Eis a sua gravidade extrema e a necessidade de ser combatido por toda a comunidade internacional, já que está delineado por uma *ética*

---

[4] PAIXÃO, C. *Direito, política, autoritarismo e democracia no Brasil*: da Revolução de 30 à promulgação da Constituição da República de 1988. Disponível em: <http://institucional.us.es/araucaria/nro26/monogr26_5.pdf>. Acesso em: 22 maio 2012.

[5] DELMAS-MARTY. *Libertés et sureté dan sun monde dangereux*, Paris: Seuil, 2010. Ver também *A Interpretação judicial da Lei de Anistia brasileira e o Direito Internacional*, por Deisy Ventura. Disponível em: <http://educarparaomundo.files.wordpress.com/2010/11/ventura-oxford-07-11-2010.pdf>. Acesso em: 22 maio 2012.

negativa, pois ainda que não se saiba bem como agir, todos sabem muito bem como não se deve agir. Os crimes contra a humanidade são crimes internacionais, de interesse internacional, da sociedade política, cívica e humana internacional.

O marco normativo, ético e imperativo dos chamados crimes de lesa-humanidade

Os crimes contra a humanidade têm seus contornos definidos já nos primórdios do século passado, estando presentes no preâmbulo da Convenção de Haia sobre as Leis e Costumes de Guerra (1907).[6] A doutrina reverencia a sua definição a partir de 1950 pelos chamados *princípios de Nuremberg* (como resultado do Tribunal e dos julgamentos de Nuremberg iniciados em 20 de novembro de 1945) que instituem a imperatividade do Direito Internacional para tratar dos piores crimes contra a humanidade (naquele momento definiu-se o crime de agressão, de guerra e contra a humanidade).[7]

Os princípios de Nuremberg, ao mesmo tempo em que reconheceram o direito a um juízo justo ante a lei, consolidaram o sentido da punição (castigo) contra o autor de crimes dessa magnitude, seja ele um chefe de Estado ou um oficial responsável, seja aquele que atua sob as ordens de um Governo ou de superiores hierárquicos, sempre que se demonstre que havia outras possibilidades de atuação.

O 6º princípio define como crime contra a humanidade o assassinato, o extermínio, a escravidão, a deportação e qualquer outro ato inumano contra a população civil, ou a perseguição por motivos religiosos, raciais ou políticos quando tais atos são realizados em conexão com qualquer crime contra a paz ou em qualquer crime de guerra.[8]

---

[6] Os Estados pactuantes submetem-se às garantias e ao regime dos princípios do Direito Internacional preconizados pelos costumes estabelecidos entre as nações civilizadas, pelas leis da humanidade e pelas exigências da consciência pública. Cf. Voto juiz *ad hoc* Roberto de Figueiredo Caldas por ocasião do Julgamento Gomes Lund e outros *vs*. Brasil. Disponível em: <http://www.corteidh.or.cr/docs/casos/articulos/seriec_219_por.pdf>. Acesso em: 30 abr. 12).

[7] Formulados pela Comissão de Direitos Humanos da ONU e aprovados pela Assembleia Geral da ONU.

[8] En la resolución número 177 (II), párrafo (a) de la Asamblea General de las Naciones Unidas se le solicitó a la Comisión de Derecho Internacional que *"formulase los principios del derecho internacional reconocidos en la Carta de los Juicios de Núremberg y en las determinaciones del tribunal"*. Durante el curso de sus deliberaciones sobre este tema, surgió la pregunta si la comisión debía determinar o no, y hasta qué punto los principios contenidos en la carta y el juicio constituyen derecho internacional. Se concluyó que dado que los principios de

A esses três elementos: a) atos desumanos; b) contra a população civil; c) num ambiente hostil de conflito generalizado (durante uma guerra ou outro conflito armado), ao longo do tempo acrescenta-se um quarto elemento, amplamente aceito pelos tribunais penais internacionais e pelos tratados internacionais; d) o da generalidade ou sistematicidade dos atos desumanos,[9] e, por fim, outros dois elementos são trazidos pelo Estatuto de Roma que instituiu o Tribunal Penal Internacional; e) a necessidade do conhecimento do agente; e f) que os atos sejam praticados no contexto de uma política de Estado ou de uma organização (que promova essa política).

Portanto, para o Estatuto de Roma, reconhecendo os elementos anteriores, admitem-se *como crimes contra a humanidade* os atos desumanos (assassinatos, extermínio, desaparecimento de pessoas, violações sexuais etc.), cometidos como parte de um ataque (conflito armado), no contexto de uma política de Estado ou de uma organização (que promova essa política), generalizado ou sistemático, contra uma população civil, com conhecimento do agente.

Como já mencionado, os crimes contra a humanidade inspiram uma ética negativa, pois que já se sabe como "não agir" e essa certeza advém justamente do status de *jus cogens* (direito imperativo, cogente) e dos efeitos *erga omnes* e não apenas inter-partes, admitidos e aplicado por praticamente todas as cortes internacionais em matéria de direitos humanos. Isto significa que desde 1950 todos os Estados integrantes das Nações Unidas estão obrigados a esses princípios e contam com a obrigação de investigar e punir tais crimes.[10]

Esse também é o entender da Corte Interamericana de Direitos Humanos para quem a proibição de cometer crimes de *lesa-humanidade* é uma norma cogente internacional *e* de punição obrigatória (cf. *Caso Barrios Altos, Caso Almonacid Arellano y otros vs. Chile*;[11] *Caso La Cantuta vs. Peru*[12]).

Núremberg habían sido confirmados por la Asamblea General, la tarea confiada a la comisión no era dar su apreciación sobre si los principios eran ó no Derecho internacional sino solo formularlos. El texto dado a continuación fue aprobado por la comisión en su segunda sesión. El informe de la comisión también contiene comentarios sobre los principios (*Yearbook of the International Law Commission*, 1950, v. 2, p. 374-378).

[9] Nesse sentido são os Estatutos do Tribunal Penal Internacional para a ex-Iugoslávia, para Ruanda e para Serra Leoa.

[10] Resoluciones de la Asamblea General de las Naciones Unidas 3 (I) de 13 de febrero de 1946 y 170 (II) de 31 de octubre de 1947, sobre la extradición y el castigo de los criminales de guerra; la resolución 95 (I) de 11 de diciembre de 1946, que confirma los principios de derecho internacional reconocidos por el Estatuto del Tribunal Militar Internacional de Nuremberg y por el fallo de este Tribunal.

[11] Disponível em: <http://www.corteidh.or.cr/expediente_caso.cfm?id_caso=247>.

[12] Disponível em: <http://www.corteidh.or.cr/expediente_caso.cfm?id_caso=259>.

Os crimes cometidos durante a ditadura militar brasileira, de 1964 a 1985, bem como os crimes das demais ditaduras latino-americanas, se enquadram perfeitamente na caracterização de crimes contra a humanidade, pois se consistiram em a) atos desumanos (assassinatos, extermínios, sequestro, falsidade ideológica, ocultação de cadáver, execuções extrajudiciais, tortura, desaparecimento forçado, violência sexual), b) generalizados ou sistemáticos, praticados (c) contra a população civil, d) durante conflito armado, e) correspondente a uma política de Estado levada a cabo por agentes públicos ou pessoas que promoveram essa política, f) com conhecimento desses agentes.

O Brasil está, portanto, obrigado a perseguir e punir os crimes de lesa-humanidade cometidos em seu território e/ou cometidos por seus agentes. Caso contrário, comete uma infração perante o Direito Internacional, perante a comunidade internacional e perante sua própria sociedade a uma norma imperativa de máxima densidade ética e humanitária.

Conforme interpretação da Corte Interamericana no caso *Gomes Lund e outros vs. Brasil* (Caso da Guerrilha do Araguaia) especialmente no voto fundamentado do juiz *ad hoc* Roberto de Figueiredo Caldas, os argumentos a respeito da responsabilidade do Estado brasileiro são inequívocos e contundentes, como se verá adiante.

O Brasil viola também obrigações assumidas em outros documentos internacionais, em resoluções das Nações Unidas, consensos que não permitem a sobrevivência de dúvidas a respeito da responsabilidade internacional do Brasil diante desse acordo ético humanitário.

O princípio de jurisdição universal ou princípio de extraterritorialidade e o princípio de imprescritibilidade penal

Outras Resoluções da Assembleia Geral das Nações Unidas, como a nº 2.184 (XXI de 12 de dezembro de 1966) e a nº 2.202 (XXI de 16 de dezembro de 1966), condenaram expressamente os crimes contra a humanidade e a violação dos direitos econômicos e políticos da população autóctone, por uma parte, e a política de apartheid, por outra. Também são referências que adensam o sentido de punibilidade aos graves crimes as Resoluções do Conselho Econômico e Social das Nações Unidas, nº 1.074D (XXXIX de 28 de julho de 1965) e nº 1.158 (XLI de 05 de agosto de 1966), relativas ao castigo dos criminosos de guerra e das pessoas que cometeram crimes de lesa-humanidade.

Em nenhuma declaração, instrumento ou convenção para o ajuizamento e castigo aos crimes de guerra e crimes de lesa-humanidade houve previsão de limitação temporal, condição justificada pela gravidade atípica desses crimes. Quando, além disso, esses crimes são praticados pelo Estado — crimes de Estado — a gravidade é ampliada e requintada, exigindo análise amparada, entre outros saberes, na criminologia crítica (segundo Eugenio Zaffaroni, os crimes de Estado são o grande desafio para a criminologia para o século XXI).

De acordo com Silva Filho, está claro que desde o enfoque da justiça transicional os crimes cometidos pelo Estado não cabem na lupa do direito penal, reivindicando outras áreas e contextos, as relações internacionais, a ciência política, a sociologia, a história, a filosofia política, assim como a criminologia e o Direito Internacional.[13]

O documento que evidencia a imprescritibilidade é a Convenção Sobre a Imprescritibilidade dos Crimes de Guerra e dos Crimes contra a Humanidade (1968) define no artigo 1º:

> são imprescritíveis, independentemente da data em que tenham sido cometidos, os seguintes crimes: II. Os crimes contra a humanidade, sejam cometidos em tempo de guerra ou em tempo de paz, como tal definidos no Estatuto do Tribunal Militar Internacional de Nuremberg de 8 de agosto de 1945 e confirmados pelas resoluções nº 3 (I) e 95 (i) da Assembleia Geral das Nações Unidas, de 13 de fevereiro de 1946 e 11 de dezembro de 1946; a evicção por um ataque armado; a ocupação; os atos desumanos resultantes da política de "apartheid"; e ainda o crime de genocídio, como tal definido na Convenção de 1948 para a prevenção e repressão do crime de genocídio, ainda que estes atos não constituam violação do direito interno do país onde foram cometidos.

Portanto, desde 1968 (conforme preâmbulo Convenção sobre a imprescritibilidade dos crimes de guerra e dos crimes de lesa-humanidade), havia a clareza expressa de que a repressão efetiva aos

---

[13] "Ante esa constatación, está la paradoja de que justamente estos crímenes acabaron por quedar fuera de las preocupaciones científicas de la criminología, de modo que sólo recientemente, según se señaló en la primera parte de este artículo, la criminología se viene dedicando a su estudio, pero, aún así, apenas de manera marginada y sectorizada, en algunos pocos centros y autores. Ello no significa que tales crímenes no hayan sido estudiados y que no exista una amplia producción al respecto, sólo que ésta se presenta en otras ramas científicas, como las Relaciones Internacionales, la Ciencia Política y el Derecho Internacional. Según Zaffaroni, la temática es el gran desafío de la criminología para el siglo XXI. Asevera que sería despreciable un saber criminológico que ignorara el más grave de todos los crímenes, siendo tal omisión una señal de indiferencia y aceptación (ZAFFARONI, Eugenio Raúl. *O inimigo no direito penal*. RJ: Revan, 2007. Cf. SILVA FILHO, José Carlos Moreira da. O julgamento da ADPF nº 153 pelo Supremo Tribunal Federal e a inacabada transição democrática brasileira, *op. cit.*, p. 129-178).

crimes de lesa-humanidade é um elemento importante e imprescritível para: 1) prevenir a repetição; 2) bem como aumentar a confiança e a cooperação entre os povos como o fim último de alcançar a paz e a segurança internacional.

Esta Convenção não foi ratificada pelo Brasil. Em 1968 o país vivia um dos períodos mais duros do regime militar, foi o ano do AI-5, momento em que a linha dura assume o poder. Portanto, no tempo em que o mundo estava reafirmando conceitos de direitos humanos e adensando os critérios para punir os atos mais inumanos, o Brasil seguia na contramão. Ainda sem ratificar o documento na contemporaneidade, a pergunta que não se faz mais calar é: por que o Brasil segue sem ratificar a Convenção Sobre a Imprescritibilidade dos Crimes de Guerra e dos Crimes contra a Humanidade?

Outro importante marco internacional havido na década de 70: em 1973, enquanto o Brasil prosseguia a feroz repressão política, ano em que "caiu" o dirigente do PCdoB, militante Lincoln Cordeiro Oest e outros 38 militantes de esquerda e ano em que estoura a Guerrilha do Araguaia, nesta época aprovou-se a Resolução nº 3.074 (XXVIII) da Assembleia Geral da ONU (em 03 de dezembro de 1973), que estabelece os princípios de cooperação internacional na identificação, detenção, extradição e castigo dos culpados de crimes de guerra ou crimes contra a humanidade. É com base nesses princípios que se fundamenta a jurisdição universal.

Portanto, com base dos documentos mencionados (nas convenções e consensos alcançados em razão da intrínseca gravidade decorrentes dos crimes de genocídio e de *lesa-humanidade*), e tendo em conta as gravíssimas consequências da falta de punibilidade a essas condutas criminosas, o funcionamento dos tribunais penais internacionais e a jurisprudência das Cortes, de modo geral, reconhece ao menos dois princípios aplicáveis a essa matéria:
- Princípio de jurisdição universal ou princípio de extraterritorialidade;
- Princípio de imprescritibilidade penal.

O princípio de jurisdição universal tem seu nascimento no ordenamento espanhol (artigo 23.4 da Lei Orgânica do Poder Judicial que estabelece a competência da jurisdição espanhola para julgar os delitos de genocídio, lesa-humanidade e terrorismo cometidos no exterior ainda que tenham sido cometidas por pessoas no exterior)[14] e

---

[14] Tras la reforma introducida por la Ley Orgánica nº 1/2009 en el artículo 23.4 de la Ley Orgánica del Poder Judicial se limita el alcance de este principio exigiéndose determinados puntos

tem seu primeiro e mais eloquente exemplo no caso de "persecução, pela Espanha, aos crimes de genocídio, tortura e terrorismo cometidos durante a ditadura militar no Chile (Caso Pinochet)", mas também na Argentina, Guatemala e El Salvador houve persecuções. Outros países também fizeram uso da jurisdição universal, casos importantes como as persecuções da Itália, da França e da Alemanha a propósito dos crimes de genocídio, torturas e terrorismo cometidos durante a Ditadura Militar Argentina.

Vários outros casos demonstram a importância desse princípio e a aplicabilidade conveniente e possível pelas principais cortes internacionais e constitucionais de importantes democracias, entre os quais os chamados "Autos da Audiência Nacional Espanhola" (de 05 de novembro de 1998 pelo qual se declara a competência da jurisdição espanhola para ajuizar delitos de genocídio, terrorismo e torturas cometidas no Chile, ou de 04 de novembro de 1998, pelos mesmos crimes cometidos na Argentina).

Na Espanha, outras três sentenças confirmam a competência da jurisdição espanhola para o ajuizamento de delitos de terrorismo, tortura e genocídio cometidas na Argentina, no Chile e na Guatemala. São elas, respectivamente, as Sentenças do Tribunal Supremo STS nº 1.362/2004, STS nº 319/2004 e a Sentença do Tribunal Constitucional Espanhol STC nº 237/2005.

Na Alemanha, cita-se como referência a sentença do Tribunal Constitucional da República Federal da Alemanha (12 de dezembro de 2000) que afirma que, pela extrema gravidade, o genocídio é o caso clássico para a aplicação do princípio da universalidade, que tem como função possibilitar a perseguição, sem chance para a impunidade, dos crimes contra os bens jurídicos mais importantes da Comunidade Internacional.

Na França, a sentença do Tribunal Supremo (*Cour de Cassation*) no caso Klaus Barbie estabeleceu que os crimes contra a humanidade são imprescritíveis e podem ser objeto de um procedimento judicial na França, qualquer que tenha sido a data ou o lugar onde tenha sido cometido. A sentença ainda menciona que essa incriminação pertence a uma ordem repressiva internacional da qual a França adere e na qual a noção de fronteira é inadequada.

---

de conexión con España que antes no se exigían. Esta reforma ha contado con el apoyo, en el Congreso de los Diputados, del PSOE, PP, CiU, CC, Nafarroa Bai, UPyD y UPN y la oposición de IU-ICV, BNG, PNV y ERC así como de numerosas organizaciones de defensa de los derechos humanos, que han expresado sus críticas a las limitaciones introducidas por la reforma del 2009 a través del Manifiesto sobre la Reforma Legislativa sobre el ejercicio de la Justicia Universal.

No Reino Unido, a sentença do Tribunal de Apelação da Câmara dos Lordes, de 24 de março de 1999, no caso Pinochet, recorda que o Direito Internacional estipula que os crimes de *"jus cogens"*, entre eles o genocídio, podem ser apenados por qualquer Estado, pois que os criminosos são inimigos comuns de toda humanidade e todas as nações têm o mesmo interesse em sua apreensão e persecução.

Outra sentença de interesse, a do Supremo Tribunal da Bélgica (*Cour de Cassation de Belgique*) sobre o caso Sharon e outros, proferida em 12 de fevereiro de 2003, ratifica o exercício da Jurisdição Universal sobre delitos de genocídio, em conformidade com legislação nacional,[15] e que afirma a competência dos tribunais belgas para o ajuizamento de tais crimes "qualquer que seja o lugar onde tenha sido cometido", ressaltando que a persecução penal não exige a presença do perpetrador em território belga.

O segundo princípio a ser considerado na matéria — princípio da imprescritibilidade penal — como já dito, tem sua razão de ser inerente à gravidade dos crimes cometidos, tendo como marco normativo principal (ou mais específico) a referida Convenção sobre a Imprescritibilidade dos Crimes de Guerra e dos Crimes de Lesa-Humanidade (1968).

Porém, outro consenso que merece destaque decorre do chamado *Conjunto de princípios atualizados para a proteção e promoção dos direitos humanos*, aprovados pela Comissão de Direitos Humanos das Nações Unidas, na sua 61ª (sexagésima primeira sessão, de 08 de fevereiro de 2005).[16] O conjunto de princípios serve, por um lado, como *justificativa da imprescritibilidade* e, por outro, como *princípios gerais para combater a impunidade*.

Entre os princípios aprovados pela Comissão de Direitos Humanos da ONU estão:
- *o direito inalienável à verdade;*
- *o direito imprescritível da vítima de saber as circunstâncias em que houve violência, morte ou desaparecimento;*

---

[15] Ley belga de 16 de julio de 1993, reformada por la de 10 de febrero de 1999.
[16] La Comisión de Derechos Humanos en su 61 sesión de derecho a la restricción y otros medios relacionados con la amnistía (Principio XXIV). La amnistía se reconoce ésta como una medida que puede ser beneficiosa en casos de acuerdos de paz, etcétera, pero en la letra a) se establece claramente que los perpetradores de crímenes bajo el derecho internacional, no se pueden beneficiar de esas medidas mientras que el Estado no haya cumplido las obligaciones del Principio XIX, es decir, hasta que el Estado no haya dispuesto lo necesario, a través de investigaciones independientes e imparciales, sobre las violaciones de los Derechos Humanos y del Derecho internacional humanitario y haya tomado las medidas precisas respecto a los perpetradores, particularmente en el área de la justicia criminal, con exigencia la responsabilidad, juzgándoles y condenándoles, en su caso.

- o *direito à imprescritibilidade* como um direito fundamental, quando se refere a crimes que, para o Direito Internacional, são imprescritíveis;
- o *direito à justiça e especificamente à justiça penal*;
- o *direito à jurisdição universal* (Resolução nº 3074, XXVIII, da Assembleia Geral da ONU, de 03 de dezembro de 1973, que estabelece os princípios de cooperação internacional na identificação, detenção, extradição e castigo dos culpados de crimes de guerra ou crimes contra a humanidade);
- o *direito da restrição* à *Anistia*. Reconhece-se a anistia como uma medida que pode ser benéfica em casos de acordos de paz e assim por diante (processo transicional da África do Sul), mas os autores de tais crimes não podem se beneficiar de tais medidas enquanto o Estado não cumprir suas obrigações, entre as quais levar adiante investigações independentes e imparciais sobre as violações dos direitos humanos e Direito Internacional humanitário e tomar medidas precisas em relação aos autores, particularmente na área da justiça penal, julgando-os e condenando-os conforme o caso.[17]

Em decorrência de tais princípios, os crimes são imprescritíveis porque, inversamente, as vítimas e seus familiares têm o *direito imprescritível de saber as circunstâncias em que houve violência, morte ou desaparecimento* e porque o direito *à verdade* é inalienável.

Interessante ressaltar o peso principiológico do mencionado *direito da restrição* à *Anistia*, como uma forma de defesa contra os acordos e arranjos do passado próprios de processos de transição autoritários destinados a encobrir os atos criminosos praticados. Este direito está em sintonia com o que vem sendo decidido no sistema interamericano de direitos humanos.

O reverso do não cumprimento da imprescritibilidade como princípio de Direito Internacional não só significa uma violação à obrigação dos Estados em geral de respeitar os princípios de Direito Internacional amplamente reconhecidos, como também significa assumir a *inimputabilidade* e a *impunidade* como condutas válidas, violando vários direitos ao mesmo tempo e gerando insegurança quanto ao futuro e a possibilidade de repetição de atos semelhantes, especialmente nos casos de países que, como o Brasil, experimentaram regimes ditatoriais

---

[17] Informe de Diane Orentlicher, experta independiente encargada de actualizar el conjunto de principios para la lucha contra la impunidad; Comisión de Derechos Humanos en su 61 sesión de Naciones Unidas.

em que tais crimes foram institucionalizados com as mais diversas e lamentáveis justificativas de segurança nacional (cf. classificação das técnicas de neutralização de responsabilidade trabalhada por José Carlos a partir da obra de *Sykes y Matza* e que incluem a negação da responsabilidade, a negação da lesão, a negação da vítima, a condenação dos condenadores e a apelação às autoridades superiores).[18]

Significa também, no caso brasileiro, desconsiderar as obrigações convencionais previstas no Pacto Internacional de Direitos Civis e Políticos e na Convenção Americana de Direitos Humanos, já que ambos os documentos fixam, de modo geral, a obrigação de investigar e punir as graves violações de direitos humanos e os crimes de lesa-humanidade.

Jurisprudência da Corte Interamericana de Direitos Humanos e o caso Gomes Lund e outros vs. Brasil

A jurisprudência da Corte Interamericana tem consolidado entendimento nesse sentido e também, a partir do Caso Barrios Altos *vs*. Peru (sentença de 2001), consolidou entendimento a respeito da incompatibilidade entre a Convenção Americana de Direitos Humanos e as leis de autoanistia. No Caso Barrios Alto, a Corte condenou o Estado do Peru a tornar sem efeito decisão judicial fundamentada na lei de anistia que ordenou arquivamento de investigações, a proceder à investigação das violações e à identificação, ao processamento e à punição dos culpados, além da reparação material e moral dos danos sofridos pelos familiares.

Para o Brasil, a sentença do Caso Gomes Lund e outros *vs*. Brasil (de 24 de novembro de 2010)[19] dispõe, por unanimidade, que:

> As disposições da Lei de Anistia brasileira que impedem a investigação e sanção de graves violações de direitos humanos são incompatíveis com a Convenção Americana, carecem de efeitos jurídicos e não podem seguir representando um obstáculo para a investigação dos fatos do presente caso, nem para a identificação e punição dos responsáveis, e tampouco podem ter igual ou semelhante impacto a respeito de outros casos de graves violações de direitos humanos consagrados na Convenção Americana ocorridos no Brasil.

---

[18] Cf. SILVA FILHO, José Carlos Moreira da. O julgamento da ADPF 153 pelo Supremo Tribunal Federal e a inacabada transição democrática brasileira, *op. cit.*, p. 129 *et seq.*

[19] Disponível em: <http://www.corteidh.or.cr/docs/casos/articulos/seriec_219_por.pdf>.

A sentença também conclui que o Estado é responsável pelo desaparecimento forçado (e, portanto, pela violação dos direitos ao reconhecimento da personalidade jurídica, à vida, à integridade pessoal e à liberdade pessoal, estabelecidos nos artigos 3, 4, 5 e 7 da Convenção Americana sobre Direitos Humanos, em relação com o artigo 1.1 desse instrumento), em prejuízo das vítimas (das pessoas indicadas no parágrafo 125 da presente Sentença, em conformidade com o exposto nos parágrafos 101 a 125 da mesma), que o Estado descumpriu a obrigação de adequar seu direito interno à Convenção Americana sobre Direitos Humanos (contida em seu artigo 2, em relação aos artigos 8.1, 25 e 1.1 do mesmo instrumento, como consequência da interpretação e aplicação que foi dada à Lei de Anistia a respeito de graves violações de direitos humanos).

Da mesma maneira, que o Estado é responsável pela violação dos direitos às garantias judiciais e à proteção judicial (previstos nos artigos 8.1 e 25.1 da Convenção Americana sobre Direitos Humanos, em relação aos artigos 1.1 e 2 desse instrumento), pela falta de investigação dos fatos do presente caso, bem como pela falta de julgamento e sanção dos responsáveis, em prejuízo das vítimas (dos familiares das pessoas desaparecidas e da pessoa executada, indicados nos parágrafos 180 e 181 da presente Sentença, nos termos dos parágrafos 137 a 182 da mesma).

Ainda, o Estado é responsável pela violação do direito à liberdade de pensamento e de expressão (consagrado no artigo 13 da Convenção Americana sobre Direitos Humanos, em relação com os artigos 1.1, 8.1 e 25 desse instrumento), pela afetação do direito a buscar e a receber informação, bem como do direito de conhecer a verdade sobre o ocorrido. Da mesma maneira, o Estado é responsável pela violação dos direitos às garantias judiciais estabelecidas no artigo 8.1 da Convenção Americana (em relação com os artigos 1.1 e 13.1 do mesmo instrumento, por exceder o prazo razoável da Ação Ordinária, todo o anterior em prejuízo dos familiares indicados nos parágrafos 212, 213 e 225 da presente Sentença, em conformidade com o exposto nos parágrafos 196 a 225 dessa mesma decisão).

O Estado é responsável pela violação do direito à integridade pessoal, consagrado no artigo 5.1 da Convenção Americana sobre Direitos Humanos (em relação com o artigo 1.1 desse mesmo instrumento, em prejuízo dos familiares indicados nos parágrafos 243 e 244 da presente Sentença, em conformidade com o exposto nos parágrafos 235 a 244 dessa mesma decisão).

Entende a Corte que a Sentença constitui *per se* uma forma de reparação e passa então a determinar que o Estado deve conduzir uma investigação penal eficaz dos fatos do presente caso a fim de esclarecê-los, determinar as correspondentes responsabilidades penais e aplicar efetivamente as sanções, bem como realizar todos os esforços para determinar o paradeiro das vítimas desaparecidas e, se for o caso, identificar e entregar os restos mortais a seus familiares, deve também oferecer tratamento médico e psicológico ou psiquiátrico que as vítimas requeiram, deve realizar ato público de reconhecimento de responsabilidade internacional a respeito dos fatos do presente caso, entre outras ações, por último, tipificar o delito de desaparecimento forçado de pessoas em conformidade com os parâmetros interamericanos.

O juiz *ad hoc* Roberto de Figueiredo Caldas deu a conhecer à Corte seu voto concordante e fundamentado, o qual acompanha essa Sentença. Na fundamentação, Roberto Caldas vai além dos fundamentos da sentença ao enfatizar a questão da responsabilidade do país em matéria de crimes de lesa-humanidade. Cito:

> A jurisprudência brasileira firme, inclusive placitada por decisão recente do mais alto órgão do Poder Judiciário, o Supremo Tribunal Federal, esbarrou em jurisprudência tranquila desta Corte ao deixar de observar o *jus cogens*, ou seja, normas peremptórias, obrigatórias aos Estados contidas na Convenção Americana sobre Direitos Humanos (também conhecida como "Pacto de São José da Costa Rica", doravante indicada também somente como "Convenção"). Em apertada síntese, é por esta razão que o País está sendo condenado nesta sentença, pelas violações à Convenção, a saber: a) desaparecimento forçado e os direitos violados das 62 pessoas desaparecidas — violação dos direitos à personalidade jurídica, à vida, à integridade pessoal e à liberdade pessoal (artigos 34, 45, 56 e 77), às garantias judiciais e proteção judicial (artigos 88 e 259), em combinação com a obrigação de respeitar os direitos previstos e o dever de adotar disposições de direito interno (artigos 1.110 e 211, todos da Convenção); b) aplicação da Lei de Anistia como empecilho à investigação, julgamento e punição dos crimes — violação dos direitos às garantias judiciais e à proteção judicial (artigos 8.1 e 25), em combinação com a obrigação de respeitar os direitos previstos na Convenção e o dever de adotar disposições de direito interno (artigos 1.1 e 2), em detrimento dos familiares das vítimas desaparecidas e da pessoa executada; c) ineficácia das ações judiciais não penais — violação dos direitos às garantia judiciais e à proteção judicial (artigos 8.1 e 25), em combinação com a obrigação de respeitar os direitos previstos na Convenção (artigo 1.1), detrimento dos familiares das vítimas desaparecidas e da pessoa executada; d) falta de acesso à informação sobre o ocorrido com as vítimas desaparecidas e executadas — violação do direito à liberdade de pensamento e expressão (artigo 13), em combinação com a obrigação de respeitar os direitos previstos na Convenção (artigo 1.1), em prejuízo

dos familiares das vítimas desaparecidas e da pessoa executada, e e) falta de acesso à justiça, à verdade e à informação — violação do direito à integridade pessoal (artigo 5), em combinação com a obrigação de respeitar os direitos previstos na Convenção (artigo 1.1), em detrimento dos familiares dos desaparecidos e da pessoa executada, pela violação e sofrimento gerados pela impunidade dos responsáveis.

Especificamente com relação à competência para classificar crimes como de *lesa-humanidade*, Roberto Caldas complementa que, não obstante a questão de fundo do Caso Guerrilha do Araguaia não tratar de discussão sobre a competência específica da Corte para proceder à ampliação material do conceito de *jus cogens*, é possibilidade e pertinente examinar os crimes de lesa-humanidade.

Na esteira do Caso Goiburú, o julgamento do caso Almonacid demonstra que o *jus cogens* transcende o Direito dos Tratados e abarca o Direito Internacional em geral, inclusive o Direito Internacional dos Direitos Humanos. *"Desafia a finalidade com a qual a Corte foi instituída não permitir que ela considere como imperativos determinados direitos". Em outras palavras, segundo o juiz ad hoc, a Corte pode e, mais do que isto, tem a obrigação de atribuir natureza de* jus cogens *àqueles direitos mais caros à pessoa, componentes do núcleo duro de proteção ("*hard core of human rigths*"), de modo a protegê-la e a cumprir a finalidade de proteção aos direitos humanos agasalhados na Convenção Americana".*

Tendo em consideração que desde os primórdios do século passado — preâmbulo da Convenção de Haia sobre as Leis e Costumes de Guerra (1907), e, após a 2ª Guerra, com o Estatuto de Nuremberg e a caracterização dos crimes de lesa-humanidade, reconhece-se a existência de um costume internacional, como uma expressão do Direito Internacional que proibia esses crimes (cf. Caso Almonacid, parágrafo 96).

Roberto Caldas relembra o voto separado, no Caso Almonacid (parágrafo 28), do ex-presidente da Corte, A. A. Cançado Trindade, no qual destacou que a configuração dos crimes contra a humanidade é uma manifestação mais da consciência jurídica universal, de sua pronta reação aos crimes que afetam a humanidade como um todo: "Destacou que com o passar do tempo, as normas que vieram a definir os 'crimes contra a humanidade' emanaram, originalmente, do Direito Internacional consuetudinário, e desenvolveram-se, conceitualmente, mais tarde, no âmbito do Direito Internacional Humanitário, e, mais recentemente no domínio do *jus cogens*, do direito imperativo".

Citando os crimes cometidos pelo Estado Brasileiro durante a Guerrilha do Araguaia — desaparecimento forçado, execução sumária extrajudicial e tortura perpetrados sistematicamente — menciona que são exemplos acabados de crime de *lesa-humanidade*. Como tal, merecem tratamento diferenciado e seu julgamento não pode ser obstado pelo decurso do tempo, como a prescrição, ou por dispositivos normativos de anistia.

Ao referir-se à Convenção Sobre a Imprescritibilidade dos Crimes de Guerra e dos Crimes contra a Humanidade, ressalta que a característica dessa convenção é o fato de que não é criadora-inovadora do Direito, mas sim consolidadora, razão pela qual, mesmo não tendo sido ratificada pelo Brasil, deverá ser aplicada pelo Estado.[20] A argumentação tem sentido na esteira do que ocorreu com a Convenção de Viena de 1969 (tratado multilateral de consolidação das regras costumeiras de celebração de tratados entre Estados soberanos). Desde a sua efetiva entrada em vigor em âmbito internacional, em 1980, passaram-se longos 29 anos até que o Brasil internalizasse a Convenção, vindo a fazê-lo sob a imposição de duas reservas aos termos da Convenção.

Argumenta que, a bem da verdade, esses instrumentos supranacionais só fazem reconhecer aquilo que o costume internacional já determinava. Conforme já entendeu a Corte Interamericana, a sua observância obrigatória decorre do costume internacional e não do ato de ratificação.

Nesse sentido, a imprescritibilidade desses crimes surge como categoria de norma de Direito Internacional geral, que não nasce com a dita Convenção, mas sim é nela reconhecido (Caso Almonacid, parágrafos 152 e 153).

No entanto, sem minimizar a importância (inclusive simbólica) da ratificação dessa Convenção, ressaltamos, concordando com Roberto Caldas, que o Brasil está em dívida com essa matéria, permanecendo 42 anos sem ratificá-la, sendo essa atitude fruto de pressão política daquele grupo de militares que praticou as atrocidades descritas no processo.

Outro ponto relevante do voto do juiz *ad hoc* é o relativo à competência da Corte quanto a conhecer e pronunciar-se de modo incidental (*obter dictum*) a respeito dos crimes por ela identificados, sem vinculação à esfera penal:

---

[20] Roberto Caldas cita, na mesma esteira, em 1974, o Conselho da Europa elaborou a Convenção Europeia sobre a Imprescritibilidade dos Crimes contra a Humanidade e dos Crimes de Guerra. Assim o fizeram não por uma imposição de tratativas. Não é fruto, pois, de conclusão alcançada por meio do processo de negociação, assinatura, ratificação e referendo parlamentar que pressupõe toda a adoção de tratado internacional.

É bom frisar que embora esta Corte tenha competência para guardar e interpretar a Convenção Americana sobre Direitos Humanos, em certos casos é levada a tomar conhecimento de crimes. A Corte carecerá, por óbvio, de competência para julgar penalmente os indivíduos pelos crimes, mas terá a competência para analisar os fatos e a eles aplicar consequências em sua esfera de atuação, condenando o Estado que permitiu ou agiu para que os crimes fossem perpetrados. E ao conhecer da matéria, a Corte tem a obrigação de aplicar o Direito à espécie concreta, sob pena de injustificável omissão. E ao classificar um crime como de lesa-humanidade ou crime grave contra direitos humanos, a Corte faz de maneira incidental (*obter dictum*) e não vinculante da esfera penal, nacional ou internacional.[21]

Roberto Caldas é vigoroso ao concluir que é preciso ultrapassar o positivismo exacerbado, pois só assim se entrará em um novo período de respeito aos direitos da pessoa, contribuindo para acabar com o círculo de impunidade no Brasil. É preciso mostrar que a Justiça age de forma igualitária na punição de quem quer que pratique graves crimes contra a humanidade, de modo que a imperatividade do Direito e da Justiça sirvam sempre para mostrar que práticas tão cruéis e desumanas jamais podem se repetir, jamais serão esquecidas e a qualquer tempo serão punidas.

Considerações finais

O Brasil vive um momento especial a partir da recente nomeação dos sete membros integrantes da Comissão da Verdade que, como se sabe, trabalharão durante dois anos com o objetivo de investigar os crimes cometidos entre 1946 e 1988.[22] O país vive uma nova fase do processo de anistia, conforme interpreta Paulo Abrão, atual Secretário Nacional de Justiça e Presidente da Comissão de Anistia do Ministério da Justiça, uma fase de busca pela verdade. Mas a anistia somente estará completa quanto o Brasil encontrar também o caminho da justiça.

---

[21] O exame de conceito da esfera do Direito Penal Internacional não deve melindrar a Corte ou instancias judiciárias nacionais, dada a evidente confluência de várias circunscrições do Direito Internacional, o que vem sendo propalado pela doutrina e pela jurisprudência não é de hoje. Assim o é porque são largas as fronteiras entre os sub-ramos como os direitos humanos, o direito humanitário e o Direito Penal Internacional. Suas normas e suas fontes são necessariamente complementares, senão correr-se-ia o grave risco de divergência entre as interpretações desses nichos jurídicos que jamais seriam uniformizadas, com lamentável insegurança jurídica para a humanidade.

[22] A lei que a institui foi sancionada pela presidenta Dilma Rousseff em 18 de novembro de 2011 e foi instalada oficialmente em 16 de maio de 2012.

Na opinião do atual presidente da OAB/RJ,Wadih Damous, a anistia aos torturadores macula a imagem do país perante a comunidade internacional, principalmente quando há um exemplo tão eloquente de justiça sendo realizado no país de fronteira. A Argentina é um exemplo a ser seguido, já que mais de 200 pessoas já foram condenadas com a pena de prisão perpétua, prisão domiciliar, pouco importando a idade, e também por questões pedagógicas.

Em pouco tempo estará na pauta do STF o julgamento dos embargos de declaração em face de acórdão que julgou improcedente a ADPF nº 153. Este recurso, utilizado quando o acórdão de tribunais contenham omissões e contradições, visam questionar a abrangência, pela Lei de Anistia, a respeito dos crimes cujo momento consumativo se prolonga no tempo, como é o caso do desaparecimento forçado de pessoas (sequestro).

No que diz respeito especificamente ao desaparecimento de pessoas (sequestro, desaparecimento forçado) — caso dos crimes permanentes e imprescritibilidade — a jurisprudência da Corte Interamericana (*Caso Goiburú vs.* Paraguai)[23] consolidou três entendimentos: 1) os Estados têm a obrigação de investigar e punir esses crimes; 2) cuida-se de obrigação que emana do *jus cogens*; 3) cuida-se de delito de execução permanente (até que se descubram os corpos).

Tratando-se de delitos permanentes, não se inicia a contagem da prescrição, enquanto não cessa a permanência. De acordo com o Código Penal Brasileiro, art. 111, III, a permanência se dá enquanto seus autores continuem ocultando o destino e o paradeiro da pessoa desaparecida e enquanto os fatos não forem esclarecidos.

> Art. 111. A prescrição, antes de transitar em julgado a sentença final, começa a correr: (Redação dada pela Lei nº 7.209, de 11.07.1984)
>
> I - do dia em que o crime se consumou; (Redação dada pela Lei nº 7.209, de 11.07.1984)
>
> II - no caso de tentativa, do dia em que cessou a atividade criminosa; (Redação dada pela Lei nº 7.209, de 11.07.1984)
>
> III - nos crimes permanentes, do dia em que cessou a permanência; (Redação dada pela Lei nº 7.209, de 11.07.1984)

Em suma, pelo caráter permanente dos desaparecimentos forçados, não há que se falar em contagem da prescrição. De outro lado, independentemente desta natureza, os crimes contra a humanidade são

---

[23] Disponível em: <http://www.corteidh.or.cr/pais.cfm?id_Pais=5>.

imprescritíveis (por força dos mencionados instrumentos das Nações Unidas). Nesse sentido de interpretação, ressalta-se a importância das recentes ações do Ministério Público Federal (MPF) em relação às denúncias do Coronel do Exército Sebastião Curió pelo crime de sequestro de cinco membros da guerrilha do Araguaia,[24] do Coronel Carlos Alberto Brilhante Ustra, ex-comandante do DOI-CODI-SP, e do delegado da Polícia Civil Dirceu Gravina, estes últimos foram denunciados pelo sequestro do líder sindical Aluízio Palhano.

No caso de o STF admitir que os torturadores não estejam albergados pela anistia, há muita expectativa em torno da utilidade do relatório final da Comissão da Verdade e, finalmente, da realização do direito à justiça em matéria de transição no Brasil.

Não obstante, e considerando a expectativa um tanto pessimista a respeito do novo pronunciamento dos ministros do STF, o trabalho da Comissão da Verdade se vê limitado à busca da verdade que, embora insuficiente, não deixa de ser fundamental por permitir ao Brasil seguir em frente, mais informado a respeito do seu passado e com a expectativa — depositada na memória e na verdade — a respeito de um futuro menos autoritário e livre da repetição.

O povo brasileiro deve se sentir ultrajado quando se lhes atribui — como o fez o ministro relator da ADPF nº 153 — "*o caráter cordial e superior do povo brasileiro*". Não somos cordiais nem cordatos quando se trata de reivindicar a verdade e a justiça. Um povo que esquece o seu passado está condenado a repeti-lo.

Informação bibliográfica deste texto, conforme a NBR 6023:2002 da Associação Brasileira de Normas Técnicas (ABNT):

PRONER, Carol. A Lei de Anistia brasileira sob a ótica do Direito Internacional e da imprescritibilidade dos crimes de lesa-humanidade. *In*: PRONER, Carol; ABRÃO, Paulo (Coord.). *Justiça de Transição*: reparação, verdade e justiça: perspectivas comparadas Brasil-Espanha. Belo Horizonte: Fórum, 2013. p. 311-329. ISBN 978-85-7700-737-0.

---

[24] Década de 70. Os militantes foram capturados pelos comandados do coronel Curió e, até agora, os corpos não apareceram. Para o MPF trata-se de sequestro em andamento, pelo não aparecimento dos corpos e a evidenciar morte. O juiz federal de Marabá, João Cesar Otoni Matos, rejeitou a denúncia com fundamento principal na constitucionalidade da Lei de Anistia. O MPF já recorreu da decisão do juiz de Marabá.

CONSTITUI A ANISTIA UM OBSTÁCULO PARA A JUSTIÇA DE TRANSIÇÃO BRASILEIRA?*

LAURO JOPPERT SWENSSON JUNIOR

Justiça de Transição e anistia penal

a) Justiça de Transição: *topos* argumentativo da atualidade

Nos últimos anos, o Brasil assiste a um postergado debate sobre a ditadura civil-militar (1964-1985) e seu legado. Ainda que as sevícias da repressão política nunca tenham sido esquecidas e o silêncio imposto sobre o passado nunca tivesse deixado de ser totalmente contestado, somente quase um quartel após a redemocratização é que foram encontradas as condições políticas e sociais propícias para o franco enfrentamento de certas questões do passado autoritário, a fim de superá-las. Esse debate diz respeito a uma tentativa de mudança do modelo de justiça transicional, com a substituição do *modelo de anistia* e do *olvido* (baseado no "perdão" e no "esquecimento" das violências do regime anterior para a "pacificação" e a "reconciliação" da sociedade) pelos *modelos da verdade* (assente na busca, divulgação e preservação de uma "verdade" sobre o passado ditatorial, para que ele não se repita) e da

---

* Gostaria de agradecer a Marcelo Torelly e Carol Proner pelo convite para participar do Seminário Justicia de Transición, Reparación Y Verdad: Una Perspectiva Comparada Brasil-España e da presente obra coletiva que dele resulta, assim como a Erika Camargo Vegners, pela valiosa leitura crítica do manuscrito.

punição/reparação (fundamentado na responsabilização dos agressores e/ou do Estado e nas reparações morais e materiais).[1] Ainda não se sabe ao certo qual o alcance e a repercussão na sociedade de todos esses esforços pela mudança do modelo de justiça transicional, ou mesmo se as várias medidas tomadas nesse sentido correspondem aos anseios da maioria da população ou restringe-se aos interesses de um grupo restrito, comprometido com a causa.[2] De todo modo, é inegável que a Justiça de Transição (*transitional justice, justicia de transición, Vergangenheitsbewältigung*), expressão que até meados dos anos 2000 era quase desconhecida por boa parte dos juristas e intelectuais brasileiros, veio a tornar-se um importante *topos* argumentativo da atualidade.

b) Justiça de Transição: a questão da impunidade

Justiça de Transição significa o processo de julgamentos, depurações e reparações que se realizam após a mudança de um regime político para outro.[3] Num sentido mais estrito e apologético, diz respeito às respostas para as extensas e sistemáticas violações de direitos humanos, com fins ao (re)estabelecimento da paz e da democracia sustentáveis.[4]

Entre os vários elementos que fazem parte de uma política de justiça transicional (como mudanças institucionais e legislativas, reparações morais e financeiras às vítimas, o resgate de uma "verdade" histórica omitida ou pervertida sobre o regime anterior etc.), destaca-se no Brasil o problema da responsabilização aos agentes públicos que praticaram crimes graves e iniquidades no exercício da repressão promovida pela ditadura contra os seus adversários, haja vista que, até hoje, nem um só funcionário público foi responsabilizado penalmente pelos graves delitos praticados.[5] Como explicar a uma vítima

---

[1] DIMOULIS, 2010, p. 94-99; DIMOULIS, SABADELL, s. d.

[2] Há quem afirme (DIMOULIS; SABADELL) que as medidas tomadas para "dar voz" às vítimas e fazer um "resgate" histórico infelizmente não tiveram impacto junto à maioria dos brasileiros. De modo que seria necessário, a nosso ver, a realização de pesquisas empíricas para comprovar afirmações desse tipo.

[3] ELSTER, 2004, p. 1; DIMOULIS, 2010, p. 91, 92; SWENSSON JR., 2007, p. 77, 78; TEITEL, 2000, p. 5. Sobre o termo correlato, mas não idêntico, ao *Transitional Justice*, utilizado na Alemanha (*Vergangenheitsbewältigung*). Cf. indicações bibliográficas em JESSE, 1992, p. 11, 12.

[4] BICKFORD, 2004; MEZAROBBA, 2009, p. 37-53; INTERNATIONAL CENTER FOR TRANSITIONAL JUSTICE (ICTJ); NAÇÕES UNIDAS. Conselho de Segurança. 2009, p. 325; SOARES, s. d; SWENSSON JR, 2011 (No prelo); ZYL, 2009, p. 32.

[5] Cf. denuncia o Comitê de Direitos Humanos da ONU: "§18. *While noting that the State party has created a right to compensation for victims of human rights violations by Brazil's military dictatorship, there has been no official inquiry into or direct accountability for the grave human rights violations of the dictatorship*" (UNITED NATIONS. Human Rights Committee. *Eighty-fifth Session*, 1º dez. 2005).

dos porões da ditadura que não é possível identificar e punir o agente público que a sequestrou e a torturou durante dias ou meses a fio? Como ensinar às gerações mais jovens que, no Brasil, a impunidade não é a pedra angular da nação e que aqueles que detêm ou detiveram o poder e dele abusaram, sempre serão penalizados por seus crimes? Será que devemos nos conformar que, diante da comprovação de que delitos graves foram praticados, não há nada que possa ser feito pelo direito brasileiro?[6]

Trata-se, portanto, de um dos pontos mais sensíveis e destacados na mídia, nos discursos políticos e nos eventos acadêmicos quando se fala em Justiça de Transição, e também o que gera maiores polêmicas. É representativa, por exemplo, a repercussão que teve na opinião pública e nos meios de comunicação a audiência pública "Limites e possibilidades para a responsabilização jurídica dos agentes violadores de direitos humanos durante Estado de Exceção no Brasil", promovida pelo Ministério da Justiça no dia 31 de julho de 2008.[7] Ou mesmo o fato do tema escolhido para o congresso em Oxford, promovido nos dias 22 e 23 de outubro de 2010 pela Comissão de Anistia do Brasil em conjunto com a *Oxford Transitional Justice Research* da Universidade de Oxford, ter sido justamente o da *"Amnesty in the Age of Accountability"*.

c) Anistia: obstáculo para a responsabilização penal

Com o aceso debate sobre a Justiça de Transição brasileira, é possível verificar recentes avanços no tocante à tentativa de responsabilizar civil e/ou penalmente os agentes do subsistema penal DOPS-DOI/CODI e o Estado pelas violências praticadas. Por um lado, através de ações judiciais propostas por familiares de vítimas[8] e pelo Ministério Público

---

[6] SWENSSON JR, 2010, p. 44.

[7] Nesta ocasião, os então ministros Tarso Genro (da Justiça) e Paulo Vanucchi (Secretaria Especial dos Direitos Humanos) defenderam publicamente a responsabilização penal dos torturadores, por acreditarem que a tortura não pode ser entendida como crime político, e por isso ela não é abrangida pela Lei de Anistia. Essa defesa pela penalização dos torturadores do regime civil-militar não desagradou apenas às Forças Armadas, mas também a setores do Palácio do Planalto — como mostra a contestação do Ministro da Defesa, Nelson Jobim —, além de provocar a manifestação de certos ministros do STF, que acreditavam que não iria demorar muito para que o problema fosse levado à apreciação deste tribunal. Cf, por exemplo, as reportagens de *O Globo* de 1º ago. 2008 (LINS, ÉBOLI, JUNGBLUT, 2008) e da *Isto É* de 11 ago. 2008 (RODRIGES, COSTA, 2008).

[8] Por exemplo, a ação movida contra a União para a abertura de arquivos e localização dos restos mortais dos mortos e desaparecidos políticos da "Guerrilha do Araguaia" (Processo nº 82.00.24682-5, da 1ª Vara Federal do Distrito Federal), as ações civis declaratórias movidas pelas famílias Teles e Merlino, para que Carlos Alberto Brilhante Ustra fosse declarado pela Justiça torturador (Processos nº 05.202853-5 e nº 583.00.2007.241711-7, da 23ª e 42ª Vara Cível de São Paulo) etc.

Federal.⁹ Por outro lado, através da Arguição de Descumprimento de Preceito Fundamental nº 153 (ADPF nº 153),¹⁰ ajuizada em 2008 pelo Conselho Federal da OAB junto ao Supremo Tribunal Federal (STF), e da demanda submetida em 2009 à Corte Interamericana de Direitos Humanos (CIDH) — Caso Gomes Lund e outros ("Guerrilha do Araguaia") *vs.* República Federativa do Brasil —,¹¹ em que se questionou, em ambos os processos, a validade da anistia concedida aos agentes da repressão política. Em 2010, o STF considerou a anistia aos agentes estatais válida, enquanto que a CIDH julgou-a inválida.¹²

Mas apesar de todos esses esforços e da sentença da CIDH, prevalece na práxis judicial brasileira o entendimento de que a concessão da anistia se deu pela Lei nº 6.683, de 28 de agosto de 1979, com base no critério da motivação política dos atos, independentemente da identidade do agressor e do bem jurídico atingido, abrangendo, portanto, tanto os que lutaram para derrubar a ditadura, quanto aqueles que lutaram para salvaguardá-la. Ou seja, a bilateralidade da anistia decorre do §1º do art. 1º da Lei nº 6.683/79, que define, "para efeito deste artigo", a conexão (ampla e *sui generis*) aos crimes políticos.¹³ Entendimento esse que foi confirmado pelo STF no julgamento da ADPF nº 153. E por se tratar de matéria penal, a revogação ou qualquer nova interpretação mais restritiva da Lei nº 6.683/79 incorreria em violação ao princípio da irretroatividade da lei penal em prejuízo do investigado ou do réu, conforme estabelece o art. 5º, XL da CF/88. De modo que a anistia constitui, ao lado da prescrição, o grande obstáculo jurídico para a responsabilização penal dos crimes da ditadura civil-militar.

---

⁹ Por exemplo, a Ação Civil Pública (do MPF/SP) pedindo, entre outras coisas, que dois ex-comandantes do DOI-CODI de São Paulo, Carlos Alberto Brilhante Ustra e Audir Santos Maciel, sejam condenados a (*i*) pagar regressivamente os custos das indenizações suportadas pelo Tesouro Nacional na forma da Lei nº 9.140/95 às famílias de 64 vítimas da repressão; (*ii*) reparar os danos morais coletivos; (*iii*) perder as funções públicas que estejam eventualmente exercendo; (*iv*) não mais serem investidos em qualquer nova função pública (processo nº 2008.61.00.011414-5, da 8ª Vara Federal de São Paulo).

¹⁰ Supremo Tribunal Federal, 29.04.2010.

¹¹ Caso 11.552: Organização dos Estados Americanos (OEA), Comissão Interamericana de Direitos Humanos (CIDH), 26 mar. 2009.

¹² Corte Interamericana de Direitos Humanos (CIDH), 24 nov. 2010.

¹³ Lei nº 6.683, art. 1º, §1º: "*Consideram-se conexos, para efeito deste artigo, os crimes de qualquer natureza relacionados com crimes políticos ou praticados por motivação política*". Ainda que haja referência à anistia também no artigo 4º da EC nº 26/85 e artigo 8º do ADCT da CF de 1988, elas dizem respeito apenas aos perseguidos pelo regime militar como seus destinatários, uma vez que não há a reprodução do §1º do art. 1º da Lei nº 6.683, que define, "para efeito deste artigo", a conexão (ampla e *sui generis*) aos crimes políticos, através do qual se deduz a bilateralidade da anistia.

d) Anistia: obstáculo para a Justiça de Transição?

O Brasil, através da anistia concedida pela Lei nº 6.683/79, acabou por garantir a impunidade (penal) aos autores de delitos graves praticados na repressão política, como torturas, execuções sumárias e desaparecimentos forçados. E desse fato decorrem fortes críticas sobre a decisão da ADPF nº 153 pelo STF e sobre a Justiça de Transição brasileira, especialmente se comparada com os caminhos percorridos pelos seus vizinhos sul-americanos, que revogaram as leis de anistia de seus países para permitir a persecução penal, e com as orientações jurisprudenciais da CIDH.[14]

Por sua vez, dessa crítica é possível deduzir-se, nas linhas ou nas entrelinhas de seus discursos, a ideia de que a anistia constituiria o grande obstáculo para a Justiça de Transição no Brasil. Segundo José Carlos Moreira da Silva Filho, por exemplo, a respeito da nossa justiça transicional:

> A ausência de uma adequada transição política contribui para que a democracia não se desenvolva, para que ela fique isolada em um discurso democrático ao qual corresponde, em verdade, uma prática autoritária. Em relação à ditadura civil-militar imposta no Brasil a partir de 1964 é *por demais evidente* que *não houve ainda uma transição adequada*. Ao contrário de outros países da América Latina que amargaram ditaduras no mesmo período, no Brasil não houve, até o presente, uma *Comissão de Verdade* e muito menos a *apuração e a responsabilização penal* dos agentes públicos e seus mandantes que cometeram crimes contra a humanidade. Isto se reflete na continuidade da extrema violência empregada pelas forças de segurança pública no país, e em especial da tortura como método de investigação criminal. Reflete-se também no caráter conservador do Poder Judiciário brasileiro.[15] (grifos nossos)

Ainda que não se defina e tampouco se discuta em pormenores quem é que decide sobre o que é uma transição política adequada e quais os critérios para se julgar essa adequação, parte-se do pressuposto "por demais evidente" que a transição política para a democracia ou a justiça transicional não é "adequada" simplesmente porque não se instituiu uma Comissão da Verdade e porque não ocorreu a persecução

---

[14] Cf. a jurisprudência desenvolvida na CIDH, a partir dos julgamentos dos casos Barrios Altos *vs.* Peru em 14.03.2001, La Cantuta *vs.* Peru em 29.11.2006, Almonacid Arellano *et al. vs.* Chile em 26.09.2006 e Massacre de La Rochela *vs.* Colômbia em 11.05.2007. Para a crítica à decisão do STF, *vide* VENTURA, s.d. (No prelo); SILVA FILHO, s. d (No prelo); COMPARATO, 2010.

[15] SILVA FILHO, s.d. (No prelo), p. 2.

penal aos supostos autores de crimes praticados durante a repressão política. Se a causa da não persecução penal é a anistia e a causa da não adequada transição política é a falta de persecução penal, logo a anistia é um dos principais obstáculos para a adequada Justiça de Transição.[16] Se levada às últimas consequências, essa conclusão conduzir-nos-ia, por um lado, a uma exacerbada simplificação da ideia mesma de justiça transicional, que corresponde a um fenômeno muito mais abrangente e complexo do que a penalização aos autores da delinquência do regime autoritário. Por outro lado, à falácia de que todo país que decidisse anistiar os agentes estatais que praticaram crimes durante a repressão política teria necessariamente uma Justiça de Transição "inadequada" e fadada ao fracasso. De modo que é necessário indagar em que medida uma anistia prejudica ou compromete a justiça transicional de um país. No caso brasileiro, se a Lei nº 6.683/79, que garantiu e garante a impunidade dos agentes da repressão da ditadura, é realmente um grande obstáculo para a sua Justiça de Transição.

Nove acertos sobre anistia

Para responder a essas perguntas, buscaremos identificar alguns equívocos sobre a anistia que, a nosso ver, encontram-se nas disputas interpretativas que envolvem o seu significado. Em especial no tocante à sua relação com o caráter político, incondicionado, objetivo e irrevogável das suas leis, bem como com as ideias de perdão, ab-rogação, esquecimento, impunidade, concordância *com* e repetição *das* violências praticadas no contexto da repressão política do regime autoritário.[17]

1. *Anistia não é perdão.* Quem pode perdoar são as vítimas diretas e indiretas (os familiares) das violências e da criminalidade do regime militar, e nunca o Estado, através dos seus Poderes Legislativo, Executivo ou Judiciário. O perdão é individual, pessoal: diz respeito apenas ao autor da ofensa, de um lado, e à vítima, de outro. Somente quem cometeu a agressão é que pode pedir perdão; da mesma forma, apenas quem sofreu a agressão é que tem o direito de perdoar. Uma sociedade não perdoa. Tampouco existe verdadeiro perdão coletivo. Se há

---

[16] Segundo Mezarobba, 2009, p. 44: "*A base de sustentação de tais direitos e deveres (da justiça transicional) está na noção, aprofundada ao longo dos últimos 60 anos, de que a impunidade constituiria um obstáculo ao desenvolvimento da democracia e uma ameaça considerável ao processo de democratização*". Cf. SILVA FILHO (No prelo), p. 4, a respeito da decisão do STF na ADPF nº 153: "*Este julgamento traduz-se em uma fortíssima evidência de que o Brasil ainda está engatinhando no quesito do fortalecimento da democracia e do desenvolvimento esperado a partir de um adequado processo de transição política*".

[17] Todos os votos infracitados referem-se ao julgamento pelo STF da ADPF nº 153.

a intervenção de um terceiro, pode-se falar em anistia, reconciliação, reparação etc., mas nunca em perdão.[18]

2. *Anistia não é ab-rogação da lei penal*, ainda que certos autores[19] e a própria Petição Inicial da ADPF nº 153 afirmem o contrário. Consta, por exemplo, no texto da Inicial que, *"diversamente da graça e do indulto,* (a anistia) *não apenas extingue a punibilidade — como declara imperfeitamente o art.* 107, *II do Código Penal — mas descriminaliza a conduta criminosa. A lei dispõe, retroativamente, que certos e determinados crimes deixam de ser considerados como tais".*[20] Esse entendimento confunde anistia com revogação ou ab-rogação da lei penal e declaradamente viola aquilo que prescreve a lei (art. 107, II do Código Penal) e boa parte da doutrina: que a anistia é *causa de extinção de punibilidade*, tornando inaplicável apenas a norma de sanção, e não a de conduta.[21] Ela não apaga ou extingue o crime, mas se limita a tornar inaplicável a pena e seus efeitos. Ora, é justamente por não invalidar a norma de conduta que a anistia não extingue a responsabilização civil do anistiado (acerca da violação dessa norma), permanecendo a obrigação de indenizar e reparar os danos ocasionados à vítima e a terceiros.

3. *A definição dos beneficiários da anistia é política e incondicionada.* Não existe fixação no direito positivo brasileiro de quaisquer limites ao poder discricionário da autoridade competente para decretar ou não anistia, muito menos para dizer quem devam ser os seus destinatários. Ainda que a anistia se relacione comumente a crimes políticos e a mudanças de regime, nossa Constituição Federal (CF/88) não indica os motivos para a concessão de anistia, nem estabelece limitações ao tipo

---

[18] AMBOS, 2009, p. 27, nota 48. Para uma abordagem crítica do discurso do perdão, cf. DERRIDA, 2003, p. 7-39; SWENSSON JR, 2007, p. 131-140. Contrariamente, SILVA FILHO, (No prelo), p. 42; ADPF nº 153, Voto Cármen Lúcia, p. 95: "[...] *mais que uma anistia, que é resultado de perdão*"; Voto Ayres Britto, p. 135: "*Digo isso porque a anistia é um perdão, mas é um perdão coletivo. É a coletividade perdoando quem incidiu em certas práticas criminosas*"; Voto Marco Aurélio, p. 155: "*anistia é virada de página definitiva, é perdão em sentido maior, desapego a paixões que nem sempre contribuem para o almejado avanço cultural*"; Voto Cezar Peluso, p. 206 "*cujos crimes foram perdoados*" e p. 214: "*Só uma sociedade superior, qualificada pela consciência dos mais elevados sentimentos de humanidade, é capaz de perdoar, porque só uma sociedade que, por ter grandeza, é maior do que seus inimigos, é capaz de sobreviver. Uma sociedade que queira lutar contra os inimigos com as mesmas armas, os mesmos instrumentos, os mesmos sentimentos, está condenada a um fracasso histórico*".

[19] BRUNO, 1967, p. 202, 203: "*Ela (anistia) não se limita a excluir a pena, extingue o próprio crime e com ele todos os seus efeitos penais.* [...] *Em suma, a anistia não se destina propriamente a beneficiar alguém; o que ela faz é apagar o crime, e, em consequência, ficam excluídos de punição aqueles que o cometeram*". Cf. também voto Gilmar Mendes, p. 250, citando este autor.

[20] Ordem dos Advogados do Brasil, Conselho Federal, APDF/153, Petição Inicial, p. 17.

[21] Cf. indicações bibliográficas em SWENSSON JR., 2007, p. 147 *et seq.*; especialmente ZAGREBELSKY, 1974, p. 69 *et seq.*

de infração ou à identidade do infrator (a não ser a atual proibição de anistia à prática da tortura, ao tráfico ilícito de entorpecentes e drogas afins, ao terrorismo e aos crimes hediondos, imposta pelo art. 5º, XLIII da CF/88, mas que não se aplica aos crimes praticados antes da data de promulgação desta Carta Magna, em razão do princípio da irretroatividade da lei penal em prejuízo do acusado ou do réu, previsto no seu art. 5º, XL). A anistia penal, de competência da União (CF, art. 21, XVII) e concedida mediante lei ordinária (CF, art. 48, VIII) é um ato revestido de caráter político, cuja amplitude é definida de maneira eminentemente política.[22] Qualquer nova limitação ao poder da autoridade competente para anistiar, como a proibição de anistia para os autores de crimes de lesa humanidade, só pode ser feita através de proposta de mudança legislativa (a exemplo do Projeto de Lei nº 4.038/2008). De *lege lata* ela não é possível.[23]

4. *A anistia se refere, de modo genérico, a certa categoria de acontecimentos, e não a determinadas pessoas.* Esse entendimento contraria, por exemplo, o sustentado pela Petição Inicial da ADPF nº 153 que, no que diz respeito à concessão de anistia aos agentes estatais, considera a Lei nº 6.683/79 inconstitucional, porque o seu texto estenderia "*a anistia a classes absolutamente indefinidas de crimes*" e, dessa forma, feriria o princípio constitucional da igualdade.[24] Ou seja, a isonomia estaria sendo afrontada na medida em que "*nem todos são iguais perante a lei em matéria de anistia criminal*".[25] Ora, toda anistia cria uma situação de desigualdade entre anistiados e não anistiados, entre aqueles que foram e os que não foram beneficiados pela anistia. Toda anistia, nesse sentido, violaria o princípio da igualdade, ao livrar somente determinadas categorias de investigados, réus ou condenados da persecução penal e do cumprimento da pena, e não todas as pessoas indistintamente. De modo que, se levado esse raciocínio às últimas consequências, toda anistia seria desde sempre inconstitucional. O que garante a sua constitucionalidade em relação ao princípio constitucional da isonomia é exatamente

---

[22] FERRAZ JR, 2008; Voto Gilmar Mendes, p. 234, 235; DIMOULIS, 2007, p. 20, 21. Contrariamente, AMBOS, 2009, p. 54 *et seq*. "*Blanket amnesties are generally inadmissible*"; COMPARATO, 2010.

[23] Segundo uma pesquisa desenvolvida entre 2003 e 2006 pelo *Max-Planck-Institutfürausländ ischesundinternationalesStrafrecht* de *Freiburg* e que contou com a participação de 33 países (ESER, SIEBER, KREICKER (Org.), 2003-2006), verificou-se que apenas na Constituição da Venezuela há proibição expressa de anistia aos crimes internacionais. KREICKER, 2006, p. 306, 307. Cf. também AMBOS, 2009, p. 58, 59.

[24] Ordem dos Advogados do Brasil, Conselho Federal, ADPF nº 153, Petição Inicial, p. 17.

[25] *Idem*, p. 18.

o caráter objetivo da lei.[26] Uma lei de anistia não deve anistiar determinadas pessoas em concreto (Tício, Caio etc.), mas grupo de pessoas em abstrato, mediante determinado critério objetivo (por exemplo, os autores de crimes políticos ou praticados por motivação política).[27]

5. *Concordar com a anistia não é concordar com as violências cometidas.* Decidir pela validade da Lei de Anistia não significa pactuar ou consentir com as atrocidades praticadas pelo regime militar, muito menos discordar que a tortura, por exemplo, seja um ato de extrema barbárie, a negação da própria humanidade ou o *"desumanismo da ação de um ser mais animal que gente"*.[28] Conforme enfatiza o voto do Ministro Relator Eros Grau, que vivenciou ele mesmo as sevícias dos porões da ditadura: *"É necessário dizer, por fim, vigorosa e reiteradamente, que a decisão pela improcedência da presente ação não exclui o repúdio a todas as modalidades de tortura, de ontem e de hoje, civis e militares, policiais ou delinquentes"*.[29]

6. *Anistia não é esquecimento.*[30] Reconhecer a validade da Lei da Anistia não significa apagar ou esquecer o passado,[31] apesar da origem semântica do termo indicar o contrário.[32] A anistia opera tão somente no nível da descriminalização das condutas delitivas praticadas, isto é, torna apenas a norma de sanção (e não a norma de conduta) inaplicável, ficando todo o restante em aberto, a começar pela responsabilização civil e administrativa dos agentes da repressão, pela reparação financeira e moral às vítimas e pelo direito "à verdade histórica" (apesar das insistentes aporias em relação ao conhecimento dessa "verdade" e de todas as dificuldades concernentes a sua busca e manutenção).[33]

---

[26] Cf. o parecer do Conselheiro José Paulo Sepúlveda Pertence ao Conselho Federal da OAB sobre o Projeto de Lei de Anistia em tramitação no Congresso Nacional, de 24.07.1979: A grandeza da anistia está, por definição, *"na generalidade objetiva da determinação do seu alcance"* §5, p. 3. *"Mais do que a forma de lei (que decorre de sua essência, mas com ela não se confunde), o que caracteriza a anistia é a sua objetividade"*, §4, p. 2.

[27] DIMOULIS, 2007, p. 20; SWENSSON JR, 2007, p. 146.

[28] Voto Cármen Lúcia, p. 97.

[29] Voto Eros Grau, p. 45.

[30] Contrariamente, Voto Cármen Lúcia, p. 95: "[...] *menos ainda de esquecimento, como normalmente uma anistia é"*; Voto Marco Aurélio, p. 155: *"a anistia é o apagamento do passado em termos de glosa e responsabilidade de quem haja claudicado na arte de proceder"*; Voto Ellen Gracie, p. 152: *"Anistia é, em sua acepção grega, esquecimento, oblívio, desconsideração intencional ou perdão de ofensas passadas. É superação do passado com vistas à reconciliação de uma sociedade. E é, por isso mesmo, necessariamente mútua. É o objetivo de pacificação social e política que confere à anistia seu caráter bilateral. A esse respeito, Plutarco dizia 'uma lei que determina que nenhum homem será interrogado ou perturbado por coisas passadas chamada Anistia, ou lei do Esquecimento'"*.

[31] Cf. Procuradoria Geral da República, 29.01.2010, item 104, p. 38.

[32] A palavra "anistia", como "amnésia", deriva do grego *amnestía*, que significa esquecimento.

[33] Cf. parecer do Conselheiro José Paulo Sepúlveda Pertence sobre o Projeto de Lei de Anistia em tramitação no Congresso Nacional: *"não é preciso acentuar, de seu turno, que a extensão*

Como disse Paulo Brossard, em discurso proferido no Senado em 17 de março de 1981: *"Estejam tranquilos os torturadores. O caráter bilateral da anistia os beneficiou: estão eles a salvo da lei penal pelos crimes que tenham cometido. O fato da tortura, porém, é inapagável. É uma nódoa histórica que a anistia desgraçadamente não apaga. Antes apagasse"*.[34] Conforme ainda o Ministro Eros Grau no final do seu voto: *"Há coisas que não podem ser esquecidas"*.[35]

Em relação à busca dessa verdade, vale destacar que é deveras um imperativo ético ou da *"dignidade nacional"* viabilizar a reconstituição histórica daqueles tempos, através da abertura de todos os arquivos da repressão.[36] Inclusive essa busca já vem sendo, desde há muito, realizada pelos historiadores, de modo que aquilo que se pretende agora não é tanto o conhecimento dessa verdade, mas a sua maior divulgação para atender interesses políticos (e não históricos). Por outro lado, o que ainda obstaculiza o conhecimento de certos documentos relativos ao período da repressão não é, e nunca foi, a anistia, mas normas outras (Leis nºs 8.159/91 e 11.111/05) que desafortunadamente os cobrem de sigilo e cuja constitucionalidade já está submetida ao crivo do STF (Ação Direta de Inconstitucionalidade nº 4.077, de relatoria da Ministra Ellen Gracie).[37]

7. *Anistia não é repetição*. Decidir pela validade da Lei nº 6.683/79 não significa que as atrocidades praticadas no passado devam ou tendam necessariamente a se repetir em razão dessa decisão. A democracia no Brasil é um processo inacabado, perene (e não um fato consumado), cujo aprofundamento e fortalecimento dependem da luta dos segmentos sociais interessados, os quais constituem a grande maioria do povo brasileiro. A repetição das lamentáveis experiências pretéritas da ditadura, que permanecem sim como uma potencialidade,[38] depende

---

da anistia aos abusos da repressão terá efeitos meramente penais, não elidindo a responsabilidade civil do Estado, deles decorrentes" (Ordem dos Advogados do Brasil, Conselho Federal, 24 jul. 1979, p. 6). Cf. também entrevista de Pertence à *Carta Maior* em 18 jan. 2010; Sobre as aporias e dificuldades relacionadas à verdade, cf. ARZT, 1996, p. 53; MARTINS, 2010, p. 61-90; DIMOULIS, 2010, p. 99-106; LUNARDI, DIMOULIS, 2007.

[34] BROSSARD, 1981.
[35] Voto Eros Grau, p. 45.
[36] Cf. entrevista de José Paulo Sepúlveda Pertence à *Carta Maior*, supracitada.
[37] Cf. votos de Eros Grau, p. 45; Cármen Lúcia, p. 79; Ellen Gracie, p. 152 e Cezar Peluso, p. 209.
[38] *"Faz parte da própria natureza das coisas humanas que cada ato cometido e registrado pela história da humanidade fique com a humanidade como uma potencialidade, muito depois da sua efetividade ter se tornado coisa do passado"* (ARENDT, 2003, p. 295, 296).

muito mais de reformas na estrutura do Estado, de campanhas de esclarecimento da opinião pública sobre o passado (através de monumentos, exposições, centros de "memória" e pesquisa, reorganização e abertura de arquivos, datas comemorativas, publicações) etc., do que da opção política do Estado em não punir agentes estatais encarregados da repressão política da ditadura. Por que, por exemplo, não temos ditadura na Argentina nos últimos vinte anos? Por que alguém tem medo da punição? Ou por que mudaram as condições? E se ficássemos no pacto inicial de não punição na Argentina, haveria maior risco de ditadura? Insistir nessa profecia é, portanto, superestimar a capacidade da pena como garantidor da democracia e da paz social e subestimar todas as outras medidas.[39] É a memória, e não a pena, a principal arma contra a repetição.

8. *Anistia não é total impunidade.* Isso porque a responsabilização não se confunde com a penalização (ou responsabilização penal), sendo esta espécie daquela. Optar pela não persecução penal, por meio da anistia, aos agentes estatais que cometeram crimes não significa que eles não possam vir a ser responsabilizados através, por exemplo, de ações civis declaratórias, de uma Comissão da Verdade ou outras formas que anunciem publicamente a reprovação do Estado e da sociedade a certas condutas praticadas e denunciem os seus culpados, atribuindo-lhes responsabilidade, mas sem desrespeitar, todavia, os direitos subjetivos previstos no ordenamento jurídico dos acusados.[40] A anistia impossibilita tão somente a responsabilização penal, nada impedindo que, por outros meios (que não o processo penal), possam ser apuradas as responsabilidades históricas, políticas, morais, de direito civil etc. das pessoas envolvidas na delinquência estatal. No caso brasileiro, por exemplo, é inclusive possível verificar uma "vitória simbólica dos vencidos" em relação à disputa pela derrubada e manutenção do regime de exceção. A sociedade sempre revê sua história e estabelece a sua própria sentença sobre os fatos ocorridos no passado.[41] Apesar dos militares terem saído vitoriosos na luta contra os seus inimigos, chamados "terroristas, comunistas e subversivos", eles veem-se hoje obrigados a amargar uma derrota moral (de moral social) e a sofrer uma sanção social, devido principalmente aos meios empregados para alcançar os seus fins, como a tortura.[42]

---

[39] SWENSSON JR, 2011 (no prelo).
[40] *Vide* PÜSCHEL, 2008.
[41] GÜNTHER, 2001, p. 7 *et seq.*
[42] Como lembra Luciano Oliveira (2008), não há nomes de torturadores, como os do famoso delegado Sérgio Antônio Paranhos Fleury ou do coronel reformado do Exército Carlos

9. *Anistia é irrevogável.* A anistia penal, instituto de direito material, revoga parcialmente a lei (anterior) que penalizava determinadas condutas, tornando-se, portanto, irrevogável, uma vez que sua eventual revogação equivaleria à imposição retroativa de penalidades (CF, art. 5º, XL). Assim sendo, decidir pela invalidade da lei de anistia aos agentes da repressão política da ditadura ou por uma reinterpretação do texto legal, trinta e um anos após a sua promulgação e com a confirmação da sua constitucionalidade pelo STF, através da ADPF nº 153, significa incorrer em *inevitável violação ao princípio da legalidade e em franco desrespeito ao Estado de Direito*. Mais do que isso, advogar a tese da punição *contra legem* dos torturadores e carrascos da ditadura militar sob a alegação de cumprimento dos ditames da justiça e dos direitos humanos significa, de certo modo, defender a transgressão da (com muito custo) conquistada legalidade democrática, tal como fizeram os militares durante o regime de exceção, também justificados por argumentos morais de combate à subversão e à corrupção, derivados de uma consolidada cultura política de direita e anticomunista.[43]

Constitui a anistia obstáculo para a Justiça de Transição brasileira?

A crise de eficácia dos direitos humanos, somada à crise de legitimidade da pena no direito penal faz com que haja uma forte tendência, no atual debate sobre a justiça transicional, dos direitos humanos legitimarem a pena e a pena garantir a eficácia dos direitos humanos.[44] De modo que a responsabilização penal apareça, muitas vezes, como a grande solução para o problema da Justiça de Transição, em detrimento aos seus demais elementos, que ficariam num segundo plano. Essa tendência, marcadamente presente nos discursos pela invalidade das

---

Alberto Brilhante Ustra, em nossas praças, ruas e avenidas. Tampouco alguma estátua com a célebre menção "A Pátria Agradecida". Por outro lado, ex-presos e perseguidos políticos ocupam atualmente os mais importantes cargos do poder público, seja no Congresso Nacional e no Supremo Tribunal Federal, seja na própria Presidência da República. Se observarmos com atenção, é possível verificar que, aos poucos e muito discretamente, muitos dos oficiais envolvidos diretamente na repressão política foram sendo afastados de postos de confiança e preteridos em promoções por merecimento. Cf. SWENSSON JR, 2010, p. 30, 31.

[43] FICO, 2001, p. 37. Conforme disse Nilo Batista (2010, p. 16): "*Lutar por essa tese em 1979, como tantos brasileiros fizemos, era compreensível: ainda havia sangue no piso dos porões, lutava-se pela restauração da legalidade democrática. Trinta anos depois, durante os quais a interpretação da lei — tanto nas escassas ocasiões em que foi o Judiciário provocado, quanto na continuada omissão das agências que devem atuar de ofício, como o próprio Ministério Público — invariavelmente reconheceu que a anistia alcançava os torturadores, a luta pela tese, paradoxalmente, ameaça a legalidade democrática. Errávamos em 1979 no calor dos acontecimentos, mas hoje se erra a sangue frio*".

[44] BATISTA, 2010, p. 13, 14.

leis de anistia, situa-se num contexto de transformações (ou de crise) do direito penal moderno, em que são flexibilizadas tradicionais garantias dos cidadãos para atender, por exemplo, às demandas por um novo direito penal do risco e/ou do inimigo.[45] Além disso, ela encontra também consonância no Brasil com as demandas sociais por mais e maior penalização, como resposta ao problema da segurança pública enfrentada em nosso país.

É comum a afirmação de que a impunidade é um dos grandes males do Brasil, responsável pela situação de violência e insegurança em que o país se encontra, inclusive a violência policial. E que a anistia, por sua vez, contribuiria para a perpetuação dessa situação de impunidade. Conforme elucida Sérgio Adorno a partir dos estudos desenvolvidos pelo Núcleo de Estudos de Violência da Universidade de São Paulo,[46] a baixa eficiência das polícias civil e militar, do Ministério Público e dos tribunais na persecução penal à delinquência, somado aos tradicionais obstáculos enfrentados pelo cidadão no acesso à Justiça acabam resultando em soluções privadas para o problema da segurança pública, no medo e na insegurança coletivos. Paradoxalmente, boa parte dos brasileiros, especialmente os que procedem de setores mais conservadores das classes média e alta e de certos segmentos das classes trabalhadoras, ao invés de reclamar por mais políticas públicas identificadas com a proteção dos direitos humanos e das garantias do Estado Democrático de Direito, reage a esses problemas exigindo mais e maior punição, mesmo que, para garanti-la, seja necessário conferir maior liberdade de ação às agências e aos agentes encarregados da manutenção da ordem pública, independentemente de constrangimentos legais. *"Não sem razão* — continua Adorno —, *vimos assistindo nas duas últimas décadas manifestações coletivas de obsessivo desejo punitivo que contemplam punição sem julgamento, pena de morte, violência institucional, leis draconianas de controle da violência e do crime. Em outras palavras, em nome da lei e da ordem, propõem-se justamente controle carente de legalidade".*[47]

Diante desse quadro, há que se pensar se o Brasil não seria, na verdade, um país em que sobram penas e falta *direito* penal (apesar de todo o problema da seletividade decorrente da criminalização secundária, que se dirige preferencialmente às populações mais pobres, e quase nunca às elites). Se não é a pena, mais sim outras medidas de controle

---

[45] PRITTWITZ, 1993; JAKOBS, CANCIOMELIÁ, 2006. Agradeço à Erika Camargo Vegners por esta observação.
[46] ADORNO, 2002, p. 267 et seq.
[47] *Idem*, p. 301.

social a melhor maneira de combater a violência e a criminalidade do país e sair desse ciclo vicioso de sofrimentos e iniquidades (como políticas pedagógicas pelo conhecimento dos arbítrios e atrocidades ocorridos no passado sob o mando ou a condescendência do Estado, pelo respeito aos direitos humanos e às liberdades públicas etc.). Enfim, se a atual campanha pela invalidade da Lei de Anistia aos agentes da ditadura civil-militar seria realmente o melhor caminho para se alcançar os fins da pacificação social, reconciliação e fortalecimento da democracia, almejados pela Justiça de Transição.

Retomando a pergunta inicial, a anistia constitui sim obstáculo jurídico para a Justiça de Transição brasileira, mas tão somente no tocante à responsabilização penal aos funcionários públicos que atuaram na repressão política da ditadura. Ou seja, a anistia consiste em inevitável impedimento para a responsabilização penal dos autores de crimes do regime de exceção, frustrando, portanto, os apelos das vítimas da repressão e seus familiares. Ainda que essa impunidade garantida pela anistia seja injusta e destituída de suficiente justificação — como pessoalmente acreditamos que é —, isso não nos permite ignorar a inegável validade da anistia bilateral concedida pela Lei nº 6.683/79, confirmada pela práxis jurídica e sacramentada pelo STF, muito menos desatentar para as consequências que decorreriam da sua anulação em relação à segurança jurídica e à defesa do Estado de Direito.[48] Como bem disse o Ministro Eros Grau,[49] citando o *18 Brumário de Luís Bonaparte*, de Karl Marx:[50] "*os homens fazem sua própria história, mas não a fazem como querem, não a fazem sob circunstâncias da sua escolha e sim sob aquelas com que se defrontam diretamente, legadas e transmitidas pelo passado*". Conforme Nilo Batista: não devíamos ter anistiado a quem anistiamos. Não devíamos. Agora é tarde.[51]

Isso não responde, todavia, o problema de saber se a anistia, impedindo a responsabilização penal dos agentes da ditadura, constitui empecilho para a própria Justiça de Transição, como um todo. E nesse caso, a anistia já não é o principal obstáculo para a Justiça de Transição brasileira, especialmente por duas razões. Em primeiro lugar, porque a tentativa de responsabilizar penalmente os agentes da repressão,

---

[48] Como vimos procurando, em nossos trabalhos, demonstrar, cf. SWENSSON JR., 2007; *Idem*, 2010; *Idem*, 2010-a; *Idem*, 2011, (No prelo).
[49] Voto Eros Grau, p. 21.
[50] MARX, 1956, p. 17.
[51] BATISTA, 2010, p. 17: "*Não devíamos ter perdoado a quem perdoamos, não devíamos; mas perdoamos. Agora é tarde*". O autor se refere aqui ao perdão como sinônimo de anistia, contrariamente ao nosso entendimento, de que anistia não é perdão.

enquanto política jurídico-criminal ou de justiça transicional, já não mais se justifica depois de mais de 30 anos da edição da Lei de Anistia. Penalizações atribuídas logo após a mudança de regime político costumam ocorrer como uma forma de, por um lado, sinalizar institucionalmente a diferença e a ruptura entre os dois regimes a fim de garantir a estabilidade do novo e, por outro, satisfazer a vingança das vítimas, a exemplo do que aconteceu nos tribunais de Nuremberg e Tóquio após a Segunda Guerra Mundial.[52] Além dessa função geral-preventiva (imediata, simbólica) e da função retributiva ou "vingativa" da pena logo após a transição política, é muito difícil argumentar juridicamente pela sua necessidade e/ou justiça, especialmente para casos de Justiça de Transição tão postergados, como é o brasileiro.[53]

Em segundo lugar, porque a principal função da justiça transicional não é a atribuição "a qualquer custo" de penalizações aos culpados pelos crimes cometidos, mas *a ruptura com o legado autoritário*. Ou seja, é o completo rompimento com as mazelas do passado ditatorial, demarcando a diferença entre o velho e o novo regime e sinalizando outros caminhos a serem seguidos, para que os abusos e injustiças vivenciados nunca mais se repitam. Como bem assinalou Silva Filho, remontando ao pensamento de Hannah Arendt,[54] embora com a finalidade de criticar a decisão do STF na ADPF nº 153 e não para relativizar a importância da anistia no processo de justiça transicional: *"O decisivo, porém, é que o verdadeiro mal não está na pessoa que cometeu a tortura ou que executou diretamente as ordens de extermínio, mas sim no sistema político e social que abrigou na sua lógica de funcionamento a prática sistemática de tais violações, muitas vezes apresentadas como imposições hierárquicas aos agentes encarregados de executá-las"*.[55] Romper com esse sistema político e social e com essa sua lógica de funcionamento é o principal objetivo da Justiça de Transição. Desconstruir todo o silêncio, o conformismo

---

[52] DIMOULIS, 2010, p. 91, 92.
[53] Sobre essa questão, ver SWESSON JR, 2011, (No prelo).
[54] ARENDT, 2003.
[55] SILVA FILHO, p. 46. Nas palavras de Hannah Arendt, a respeito do Julgamento de Eichmann em Jerusalém e da banalidade do mal: *"O problema com Eichmann era exatamente que muitos eram como ele, e muitos não eram nem pervertidos, nem sádicos, mas eram e ainda são terrível e assustadoramente normais. Do ponto de vista de nossas instituições e de nossos padrões morais de julgamento, essa normalidade era muito mais apavorante do que todas as atrocidades juntas, pois implicava que — como foi dito insistentemente em Nuremberg pelos acusados e seus advogados — esse era um tipo novo de criminoso, efetivamente* **hostis generis humani**, *que comete crimes em circunstâncias que tornam praticamente impossível para ele saber ou sentir que está agindo de modo errado"* (ARENDT, 2003, p. 299).

e o negacionismo imposto sobre o passado autoritário, especialmente através do resgate da dignidade tomada das vítimas e seus familiares, dando-lhes voz, constitui a sua própria razão de ser. E, nesse sentido, a responsabilização penal tem muito pouco a oferecer.

Pessoas são investigadas e levadas a julgamento na medida em que se sabe sobre os seus delitos. Quem sabia da delinquência promovida pelo regime civil-militar? O que se sabia dela? Por que nada foi feito, quando se descobriu o que estava acontecendo? O que nós, nossos pais, amigos, vizinhos, irmãos fizemos? Por que a comunidade internacional, que se diz "eterna" fiscalizadora e protetora dos direitos humanos e da justiça transicional, demorou tantos anos a (se manifestar e a) intervir energicamente contra os horrores dos porões da ditadura (OEA, ONU etc.)?[56] Como deixamos isso acontecer?[57]

Mais importante do que encarcerar algumas pessoas que restariam ser penalizadas, caso afastássemos a prescrição e a anistia (uma vez que boa parte dos algozes e mandatários das violências já faleceu ou se encontra em idade avançada), é enfrentar publicamente todas essas questões e promover significativas mudanças legislativas e institucionais (como na polícia, nas forças armadas, no poder judiciário etc.), recontar, divulgar e preservar a história oculta dos porões da ditadura, realizar pedidos oficiais de desculpas em nome do Estado, reparar material e moralmente as vítimas, atribuir responsabilidades outras aos culpados que não a pena, através, por exemplo, de uma Comissão da Verdade etc. Tudo isso para que os horrores do passado nunca mais voltem a acontecer. É, afinal, promover uma radical desconstrução (no sentido do desconstrutivismo de Jacques Derrida)[58] sobre o nosso passado ditatorial e atender aos elementos de uma política coerente de justiça transicional, adequada ao país no qual ela se insere.[59]

Já é possível perceber significativos avanços no Brasil, especialmente devido aos trabalhos da Comissão de Anistia e suas pedagógicas caravanas. Mas essa história ainda não acabou. Resta muita coisa ainda a ser feita. No que diz respeito à ruptura com o legado autoritário, a anistia penal — que não é perdão, esquecimento, garantia de total impunidade, concordância com as violências praticadas ou causa de sua

---

[56] Sobre a inércia da comunidade internacional a respeito das violências praticadas pela repressão política da ditadura brasileira, cf. SABADELL *et al*, 2009, p. 196-209.
[57] SWENSSON JR, 2010, p. 52.
[58] DERRIDA, 2002.
[59] SWENSSON JR, 2011, (No prelo).

repetição ou do silencioso conformismo sobre o passado, mas simples empecilho jurídico para a persecução penal —, não é e não deve ser um obstáculo.

Informação bibliográfica deste texto, conforme a NBR 6023:2002 da Associação Brasileira de Normas Técnicas (ABNT):

SWENSSON JUNIOR, Lauro Joppert. Constitui a anistia um obstáculo para a Justiça de Transição brasileira?. In: PRONER, Carol; ABRÃO, Paulo (Coord.). *Justiça de Transição*: reparação, verdade e justiça: perspectivas comparadas Brasil-Espanha. Belo Horizonte: Fórum, 2013. p. 331-347. ISBN 978-85-7700-737-0.

AS TRANSFORMAÇÕES DO PARADIGMA DA SEGURANÇA PÚBLICA NA ERA PÓS-DEMOCRATIZAÇÃO NO BRASIL

MÁRCIA ELAYNE BERBICH DE MORAES

O caso brasileiro: contextualização

No Brasil ainda existe uma compreensão que confunde o que se compreende por segurança pública para com o denominado "controle da violência". Primeiramente, pela falta de concretude do primeiro conceito e, em segundo plano, pela forte presença da cultura do controle social. Dentro desse segundo fator, ainda é possível observar o paradoxo entre elementos medievais (como os estabelecimentos prisionais e algumas praticas abusivas da polícia, por exemplo) e outros fatores que são característicos da sociedade na pós-modernidade (como tolerância zero, vitimização pela sensação de crescimento dos riscos, utilização excessiva de leis penais).

Desse modo, a visão que se tem em torno da denominada "segurança pública" fica praticamente focada apenas na busca do controle social para diminuição dos riscos e a consequente satisfação da população. No entanto, é elementar ter em vista do que se trata esse conceito, o qual não é consenso entre os pesquisadores da área. Desse modo, quase sempre as denominadas questões de "segurança pública" acabam limitadas apenas à manipulação de instrumentos de redução de criminalidade para a manutenção da ordem.

De acordo com o artigo 144 da Constituição de 1988, a Segurança Pública está definida como "dever do Estado, direito e responsabilidade de todos, é exercida para a preservação da ordem pública e da incolumidade das pessoas e do patrimônio", estando na incumbência direta da execução, os órgãos de polícia judiciária. No entanto, é necessário estar atento ao desenvolvimento desse conceito, agregando novas nuances.

Assim, é importante referir o entendimento acerca da "segurança cidadã", trazida por Faroppa, o qual engloba a segurança pública através do prisma da integração, prevenção, coação, justiça e defesa de direitos sociais, devendo a política de uma segurança cidadã, segundo o mesmo autor, ser tridimensional, intervindo nas áreas operativa, normativa e preventiva do Estado.[1]

Porém, quando se verificam as atuais estratégias brasileiras para que esse direito seja assegurado, o que fica visível é a forte vinculação à questão do controle de polícia e de justiça criminal. Para se ter uma ideia, a atual Estratégia Nacional de Justiça e Segurança Pública (ENASP), em seu encontro nacional ocorrido no final de 2010, aprovou as metas e Plano de Ação 2011. Nesse plano, foram estabelecidos prazos para: conclusão de inquéritos sobre homicídios, emitindo recomendações aos Estados; reforços com relação às necessidades das pessoas assistidas pelos programas de proteção à testemunha; a nova meta de criação de 38 mil vagas em centros de detenção provisória e em regime semiaberto, além das ações de reinserção social de aprisionados; construção de berçários e brinquedotecas em presídios femininos e estudos das formas de escolta de presos; a priorização de verificação de todos os mandados de prisão expedidos e não cumpridos e, ainda, o aperfeiçoamento do INFOSEG, que consiste no sistema de informações utilizados pelas polícias, com a criação de um banco nacional de dados.[2]

Segundo o relatório apresentado, o "Brasil necessita de atuação conjunta entre delegados de polícia, promotores e juízes para garantir a punibilidade para todos os tipos de crime, em especial, para os de homicídio", sendo que a "Ação 1 da ENASP foi pensada a partir da estreita relação entre a falta de punição dos crimes de homicídio no país e a criminalidade, gerando o Grupo Temático Persecução Penal".

Como se observa, a prioridade na pauta de assuntos relativos à segurança está na área operativa de contenção e punição, tanto é que

---

[1] FAROPPA, Juan. *La reforma policial*: experiencias regionales. Asunción: PNUD Paraguay, 2008. p. 46-47.
[2] Relatório 2010. Disponível em: <http://portal.mj.gov.br/main.asp?Team=%7B7929A444%2D6830%2D4A69%2DAC11%2DF6CEDA5B1788%7D>. Acesso em: 04 ago. 2011.

o próprio relatório chega à conclusão da necessidade do "aprofundamento da discussão sobre a viabilidade da desvinculação dos assuntos penitenciários das pastas de segurança pública".[3]

Diante do que está posto, é possível pensar acerca da situação em que o Brasil se encontra e dos possíveis motivos pelos quais o entendimento a respeito do tema configura-se dessa maneira, com o foco punitivo, sempre levando em consideração que a histórica ausência de políticas públicas sociais para o tema e a limitação de seu entendimento apenas para com a manutenção da ordem restringe o objeto de análise.

Neste sentido, basta observar o histórico desse país, o qual revela, desde a Proclamação da República e durante a época escravista, os registros de "inúmeros episódios de participação dos militares contra lutas populares".[4]

Esta situação levou à criação da Guarda Nacional, que passou a defender interesses mais conservadores da sociedade e que passou a rivalizar com o Exército, o qual então passou a ter, ao menos durante certo período, "uma imagem de identificação com algumas lutas de caráter progressista", que culminaram na sua participação decisiva na proclamação da República. No entanto, esse alinhamento progressista não anulou o lado conservador do Exército, o que levou à coexistência naquela instituição de "dois impulsos aparentemente antagônicos: o Exército era um instrumento rebelde, progressista, frente às oligarquias monarquistas e, ao mesmo tempo, repressivo, impiedoso frente às camadas mais pobres, que se levantavam em descontentamento contra o poder central".[5]

Desse modo, ao longo de toda a primeira metade do século XX, o Exército sempre teve larga participação política, como na instauração da ditadura de Getúlio Vargas, durante o Estado Novo (1937), e, a partir do momento da instauração da Guerra Fria, no pós 2ª Guerra Mundial, que culminou no alinhamento ideológico entre os militares brasileiros e norte-americanos e que, com as mobilizações e lutas populares ocorridas a partir de 1962, objetivando as reformas de base, levaram ao Golpe

---

[3] Relatório 2010. <http://portal.mj.gov.br/main.asp?Team=%7B7929A444%2D6830%2D4A69%2DAC11%2DF6CEDA5B1788%7D>. p. 11, 17. Acesso em: 04 de agosto de 2011 às 13 horas.
[4] BRASIL: nunca mais. Prefácio de D. Paulo Evaristo Arns. Arquidiocese de São Paulo. 16. ed. Petrópolis: Vozes, 1986. p. 53.
[5] BRASIL: nunca mais. Prefácio de D. Paulo Evaristo Arns. Arquidiocese de São Paulo. 16. ed. Petrópolis: Vozes, 1986. p. 54. Como exemplo, a obra destaca o movimento liderado por Frei Caneca em Pernambuco em 1824, a Cabanagem no Pará em 1835 e 1840, Guerra dos Farrapos (1835), Sabinada (1838-1841) entre outras, as quais resultaram em grandes massacres além da criação da Guarda Nacional, fortemente ligada aos proprietários de terras.

Militar ocorrido em 31 de março de 1964, perdurando a ditadura civil militar até 1985.[6] Importante destacar que esse fenômeno também ocorreu em outros países da America Latina. Pereira o descreve como sendo um fenômeno conjuntural, uma vez que "as pressões dos conflitos ideológicos do período entre guerras, do colapso econômico, da ascensão de um sistema de segurança hemisférico durante a Guerra Fria, que reforçou a tendência dos militares latino-americanos em se concentrarem nas ameaças internas, mais que nas externas".[7]

Durante esse período, instaurou-se no Brasil a doutrina de segurança nacional: "Os órgãos de segurança, sem respeitar limites da dignidade da pessoa humana, conseguem importantes vitórias", com "elevados índices de torturas, condenações e mortes" em relação aos opositores políticos.[8] O resultado dessa nova combinação pode ser referido como o que Huggins define como a formação de uma nova dinâmica do sistema dos agentes de segurança interna, a qual "contribuiu para uma descentralização do controle social e para uma involução para esquadrões da morte". Esses grupos, apesar de agirem na informalidade, organizavam-se a partir de forças policiais formais e com o apoio ou a vista grossa das instituições estabelecidas. Essa nova forma acabou resultando em uma gama de "ilegalidades sistêmicas", gerando conflitos que desintegraram o controle centralizado.[9] A autora assim o refere:

> Claro que a violência e a ilegalidade policiais não constituíram simplesmente a exceção desviante de um sistema de controle interno que, sob outros aspectos, era legal e racional. Faziam parte da lógica operacional do sistema autoritário. No Brasil, a involução na direção da violência e do terror generalizados, competitivos, descoordenados e mutuamente destrutivos tinha evidentemente suas raízes na meta dos militares de difundir a doutrina de segurança nacional por todo o sistema de segurança interna.[10]

---

[6] BRASIL: nunca mais. Prefácio de D. Paulo Evaristo Arns. Arquidiocese de São Paulo. 16. ed. Petrópolis: Vozes, 1986. p. 55-57.

[7] PEREIRA, Anthony W. *Ditadura e repressão*: o autoritarismo e o Estado de Direito no Brasil, no Chile e na Argentina. São Paulo: Paz e Terra, 2010. p. 79.

[8] BRASIL: nunca mais. Prefácio de D. Paulo Evaristo Arns. 16. ed. Petrópolis: Vozes, 1986. p. 55-57.

[9] HUGGINS, Martha K.; FATOUROS Mika Haritos; ZIMBARDO, Philip G. *Operários da violência*: policiais torturadores e assassinos reconstroem as atrocidades brasileiras. Tradução de Lólio Lourenço de Oliveira. Brasília: Ed. UnB, 2006. p. 160-163.

[10] HUGGINS, Martha K.; FATOUROS Mika Haritos; ZIMBARDO, Philip G. *Operários da violência*: policiais torturadores e assassinos reconstroem as atrocidades brasileiras. Tradução de Lólio Lourenço de Oliveira. Brasília: Ed. UnB, 2006. p. 163.

Ao mesmo tempo em que se consolidou esse cenário de ilegalidades, é necessário entender os outros impulsos e movimentos ocorridos em termos de controle social, os quais, além de terem sido considerados por muito tempo, foram uma das poucas vias de ação em termos do que poderia ser considerado como "segurança pública", observados através da ótica da política criminal e resultado dos movimentos criminológicos de humanização das penas e de ressocialização. Deste modo, juntamente com a abertura democrática, instaurou-se um modelo em que era possível a reinserção social do indivíduo na sociedade, o que foi pensado através das agências de tratamento do criminoso e que havia sido amplamente utilizado nos estados que programaram a proposta do bem-estar social.[11]

Historicamente, o tratamento penal até então era caracterizado apenas pelo seu caráter de retribuição do mal causado à coletividade. A inserção do ideal de prevenção é recente, bem como a questão da prevenção especial positiva, a qual, no caso, analisa-se sob o viés da ressocialização e do tratamento do criminoso. Embora a explicação para essa mudança seja fornecida por muitos autores como sendo basicamente uma relação entre prisão, mercado de trabalho e as necessidades capitalistas,[12] existem outros motivos para essa modificação na visão quanto ao objetivo do cárcere, como assim os refere Bitencourt,

> certamente contraditórios e menos racionais [...] e que englobam um amplo leque de movimentações, às vezes claramente mistificatórias, às vezes reais, e que vão desde as exigências de defesa social até o mito da recuperação e reeducação do delinquente, desde o castigo punitivo em si até os modelos utópicos de microcosmos disciplinares perfeitos.[13]

Portanto, verifica-se a modificação no papel da prisão como instrumento representativo em termos de controle social, a qual abandona a concepção de mero depósito de criminosos para se tornar a centralizadora da estratégia de reinclusão dos excluídos do estado do

---

[11] NASCIMENTO, André. Apresentação à edição brasileira. *In*: GARLAND, David. *A cultura do controle*: crime e ordem social na sociedade contemporânea. Rio de Janeiro: Revan, 2008. p. 12.
[12] FOUCAULT, Michel. *Vigiar e Punir*. Petrópolis: Vozes, 1991. Nesse sentido ainda PAVARINI, Massimo; MELOSSI, Dario. *Cárcere e fábrica*: as origens do sistema penitenciário: séculos XVI-XIX. Rio de Janeiro: Revan, 2006. (Coleção Pensamento Criminológico).
[13] PAVARINI, Massimo; MELOSSI, Dario. *Cárcere e fábrica*: as origens do sistema penitenciário: séculos XVI-XIX. Rio de Janeiro: Revan, 2006. p. 10 *apud* BITENCOURT, Cezar Roberto. *Falência da pena de prisão*: causas e alternativas. São Paulo: Revista dos Tribunais, 1993. p. 32.

bem-estar social. Essa modificação é denominada de "previdenciarismo penal",[14] o qual acaba sendo importado para as instituições e sistemas criminais de segurança brasileiros.

Nossa Lei de Execução Penal de 1984 é o maior exemplo, uma vez que descreve a necessidade de proporcionar condições para a harmônica integração social do condenado. A pena de prisão, então passa a se constituir no *quantum* necessário para a reprovação e prevenção do crime.[15]

Todavia, existia uma diferença entre os países que aderiram ao bem-estar social a partir do pós-guerra mundial e o caso brasileiro, uma vez que, nesses países, na época da colocação dos ideais de ressocialização penal, havia prosperidade econômica, movimentos de trabalhadores organizados e baixos níveis de desemprego. Além disso, também tinham o aumento real de salários e de benefícios de seguridade social.[16]

Com a crise dos países do bem-estar, a qual ocorreu em meados dos anos 70 do século passado, e com o desenvolvimento das teorias de seletividade criminal, começou a surgir o sentimento ou sensação de que este modelo de "previdenciarismo penal" não é adequado o suficiente para o combate ao aumento da criminalidade.[17] Silva Sanchez descreve tal contexto como sendo favorável para a inserção da ideologia da lei e da ordem, uma vez que

> la sociedad postindustrial europea es una sociedad que expresa la crisis del modelo del Estado del bienestar, una sociedad competitiva con bolsas

---

[14] NASCIMENTO, André. Apresentação à edição brasileira. *In:* GARLAND, David. *A cultura do controle*: crime e ordem social na sociedade contemporânea. Rio de Janeiro: Revan, 2008. p. 11-13

[15] Lei nº 7.210/1984: "Art. 1º A execução penal tem por objetivo efetivar as disposições da sentença ou decisão criminal e proporcionar condições para a harmônica integração social do condenado e do internado". Código Penal, Decreto-Lei nº 2.848/1940 (redação dada pela Lei nº 7.209/1984): "Art. 59. O juiz, atendendo à culpabilidade, aos antecedentes, à conduta social, à personalidade do agente, aos motivos, às circunstâncias e consequências do crime, bem como ao comportamento da vítima, estabelecerá, conforme seja necessário e suficiente para a reprovação e prevenção do crime".

[16] NASCIMENTO, André. Apresentação à edição brasileira. *In:* GARLAND, David. *A cultura do controle*: crime e ordem social na sociedade contemporânea. Rio de Janeiro: Revan, 2008. p. 12. Importante conceituar *"O Estado do bem-estar (Welfarestate), ou Estado assistencial, pode ser definido, à primeira análise, como Estado que garante 'tipos mínimos de renda, alimentação, saúde, habitação, educação, assegurados a todo o cidadão, não como caridade, mas como direito político'* (H. L. Wilensky, 1975)" *In:* BOBBIO, Norberto; MATTEUCI, Nicola; PASQUINO, Gianfranco. *Dicionário de Política*. Tradução de João Ferreira, Carmem C. Varriale *et al.* 2. ed. Brasília: Ed. UnB, 1986. p. 416-417.

[17] NASCIMENTO, André. Apresentação à edição brasileira. *In:* GARLAND, David. *A cultura do controle*: crime e ordem social na sociedade contemporânea. Rio de Janeiro: Revan, 2008. p. 11, 20-21.

de desempleo o marginalidad — especialmente juvenil — irreductibles, de migraciones voluntarias o forzosas, de choque de culturas. [...] El fenómeno de la "criminalidad de masas" determina que el "otro" se muestre muchas veces precisamente, ante todo, como un riesgo, lo que constituye la otra dimensión (no tecnológica) de nuestra "sociedad del riesgo".[18]

Já no Brasil, o "previdenciarismo penal" teve de ser inserido na realidade de um processo tardio de industrialização e de transição pós-ditadura civil militar, o qual havia priorizado a política de exclusão dos pobres e de demonização de determinados criminosos políticos. E mais, com o débito de não ter havido um processo de transição adequado e que discutisse de maneira profunda determinadas reformas institucionais, especialmente dos órgãos de polícia e segurança.

Seguindo o histórico do paradigma adotado pelo Brasil, é possível observar que o auge da implementação do "previdenciarismo penal" brasileiro coincide com o momento de abertura política democrática, bem como de maior crise econômica, além da instauração das já ditas "ilegalidades sistêmicas" advindas do período ditatorial em termos de atuação do poder de polícia.

Tais condições, agregadas à inexistência de políticas sociais de Estado e à crise econômica enfrentada a partir dos anos 1970 e 1980, levam a política do previdenciarismo adotada no Brasil a priorizar unicamente o aspecto da coação e do controle dos indivíduos excluídos da sociedade, ou seja, esse foi o único fator existente até o final dos anos 1980, no campo relativo à segurança pública.

Assim, observa-se que os motivos que resultaram no insucesso do previdenciarismo penal brasileiro, ao menos em um primeiro momento, foram diferentes daqueles observados no contexto dos países da matriz criminológica importada. Garland, assim os descreve:

> O universo atual do controle do crime e da justiça criminal não foi criado pelas crescentes taxas de criminalidade ou pelo desaparecimento da fé no previdenciarismo penal, pelo menos não somente por estes dois fatores. Estas foram as causas próximas e não os processos causais fundamentais. Em lugar disto, tal universo foi criado por uma série de respostas de adaptação às condições culturais e criminológicas da pós modernidade — condições que abarcam novos problemas relativos ao crime e à insegurança e novas atitudes perante o Estado de bem-estar.

---

[18] SILVA SANCHEZ, Jesús-María. *La expansión del derecho penal*: aspectos de la política criminal en las sociedades postindustriales. 2. ed. Madrid: Civitas, 2001. p. 30-31.

Aquelas respostas, porém, não ocorreram do lado de fora do processo político ou numa espécie de vácuo político e cultural. Muito pelo contrário. Elas foram profundamente marcadas pela formação cultural que descrevi como o "complexo do crime"; pelas políticas reacionárias que dominaram a Grã-Bretanha e os Estados Unidos nos últimos vinte anos; e pelas novas relações sociais que cresceram em torno das cambiantes estruturas do trabalho, da previdência e do mercado destas duas sociedades pós-modernas.[19]

Obviamente, os fenômenos da pós-modernidade que afetaram os países do bem-estar social, também impactarão no contexto brasileiro, análise que será efetivada no item a seguir. O que se faz importante referir por ora é que a importação de matrizes criminológicas está caracterizada como o que Zaffaroni nomeia de adjetivo de centralidade da criminologia e também de seu caráter político, sugerindo a necessidade do confronto com a doutrina dos movimentos criminológicos e com o que realmente falam os "mortos", ou seja, aqueles que foram atingidos por esse sistema.[20]

Diante desse contexto fragmentado e constituído, por um lado, de uma extrema violência institucionalizada e, por outro lado, utilizando-se das estratégias de controle estabelecidas a partir de modelos exteriores em desconformidade com a realidade local é que o Brasil já em seu período democrático, e com atraso de 20 anos pós-constituição, delineia seus passos no sentido de construção das bases para propiciar a denominada e almejada "segurança pública".

Panorama para a construção da segurança pública após 1988

Conforme citado anteriormente, pela previsão da Constituição de 1988, aquilo que se denomina como segurança pública pode ser definido como um direito a ser propiciado pelo Estado, com a colaboração de todos. Desta maneira, é importante abordar, a questão das políticas de combate ao crime, ou seja, as políticas criminais de coação geral e de serventias judiciais brasileiras, pela via histórica do regime econômico e de política criminal. Segundo Faroppa, "En sociedades que arrastan

---

[19] GARLAND, David. *A cultura do controle*: crime e ordem social na sociedade contemporânea. Rio de Janeiro: Revan, 2008. p. 413-414.
[20] ZAFFARONI, Eugenio Raúl. *La palavra de los muertos*: conferencias de criminologia cautelar. Buenos Aires: Ediar, 2011.

una enorme deuda social, la inversión en los organismos de seguridad — uno de los componentes de las políticas de seguridad — compite con la demanda de inversión en salud, educación y generación de empleo". O assunto requer então um equilíbrio nas decisões que devem basear-se em "perspectivas integradoras y en prioridades".[21]

Assim, tem início um longo processo para a mudança de tal panorama. No entanto, o primeiro fato que deve ser ressaltado como empecilho é a total ausência de rompimento com o modelo de violência e controle dos pobres, institucionalizado pelas forças de segurança. A falta de ruptura para com essas práticas pode ser atribuída, entre outros fatores, à ausência de um processo de transição entre o Estado de exceção anterior e a democracia estabelecida após 1988.

Os processos de transição são essenciais ao restabelecimento democrático e não podem ser prescindidos, constituindo-se de quatro dimensões fundamentais: a reparação; o fornecimento da verdade e a construção da memória; a regularização da justiça e o restabelecimento da igualdade perante a lei; e a reforma das instituições perpetradoras de violações contra os direitos humanos,[22] o que de fato não ocorreu na sua completude no Brasil. O que falta ainda é a concretização desse trabalho, uma vez já se apresentam visíveis os "crescentes mecanismos de controle da administração pública e transparência, além de reformas significativas no sistema de Justiça". Porém, ainda se fazem necessárias "reformas a serem cumpridas especialmente nas Forças Armadas e nos sistemas de Segurança Pública".[23]

Importante também destacar que a "reforma institucional" objetiva "descaracterizar por completo o paradigma da repressão, ainda presente em órgãos do Estado", afastando a "cultura do medo" e tornando-as voltadas para a concretização dos direitos humanos e de resgate da ordem democrática.[24]

---

[21] FAROPPA, Juan. *La reforma policial*: experiencias regionales. Asunción: PNUD Paraguay, 2008. p. 45

[22] ABRÃO, Paulo; TORELLY, Marcelo D. As dimensões da justiça de transição no Brasil, a eficácia da Lei de Anistia e as alternativas para a verdade e a justiça. *In*: ANISTIA na era da responsabilização: o Brasil em perspectiva internacional e comparada brasileira: Ministério da Justiça, Comissão de Anistia; Oxford University, Latin American Centre, 2011. p. 215.

[23] ABRÃO, Paulo; TORELLY, Marcelo D. As dimensões da justiça de transição no Brasil, a eficácia da Lei de Anistia e as alternativas para a verdade e a justiça. *In*: ANISTIA na era da responsabilização: o Brasil em perspectiva internacional e comparada brasileira: Ministério da Justiça, Comissão de Anistia; Oxford University, Latin American Centre, 2011. p. 224.

[24] REMÍGIO, Rodrigo Ferraz de Castro. Democracia e anistia política: rompendo com a cultura do silêncio, possibilitando uma justiça de transição. *Revista Anistia Política e Justiça de Transição*, Brasília, Ministério da Justiça, n. 1, p. 196-198, jan./jun. 2009.

Outro fator que obsta a concretização dos moldes almejados para a segurança pública no Brasil está relacionado ao modelo de sociedade pós-industrial que se apresenta constituído *"por un marco econômico rapidamente cambiante y por La aparición de avances tecnológicos sin parangón en toda história de la humanidad"*. Essa forma de desenvolvimento impacta diretamente no incremento do bem-estar social, tendo como uma de suas consequências negativas, uma maior percepção dos riscos por parte dos cidadãos. Esse novo modelo, definido por alguns autores de "sociedade do risco", caracteriza-se "como una sociedad de 'objetiva inseguridad'".[25]

Assim, os *déficits* sociais ainda presentes nessa sociedade pós-industrial, que passa a existir no modelo econômico brasileiro, trazem novos obstáculos, como o incremento das características individualistas típicas da sociedade pós-moderna o qual leva a um aumento da vitimização decorrente da percepção dos riscos que é disseminada na população urbana brasileira, principalmente através dos meios midiáticos, os quais propalam o discurso acerca da existência da impunidade.[26] Dessa forma, "A justiça, como os outros serviços públicos das sociedades pós-bem-estar, gradualmente se submete à lógica da sociedade de consumo, gradualmente se adapta à demanda individualizada".[27]

Ainda, é importante dizer que quando a mídia reforça a percepção dos riscos, acaba por colocar a vítima no centro do problema. Tal mecanismo reforça a lógica do crime e castigo, a qual está fortemente presente na formação cultural pós-moderna.[28] Segundo Garland, "Há, em poucas palavras, um tema cultural novo, um novo significado coletivo de vitimização e uma relação retrabalhada entre a vítima simbólica e as instituições públicas de controle do crime e da justiça criminal".[29] Aqui mais uma vez ocorre a importação de um modelo que também se baseia na matriz cultural, basicamente europeia.

Então, tem início no campo da segurança pública brasileira a maior problemática pós-democratização, qual seja, a falta de renovação adequada dos sistemas de segurança após o período autoritário aliado

---

[25] SILVA SANCHEZ, Jesús-María. *La expansión del derecho penal*: aspectos de la política criminal em las sociedades postindustriales. 2. ed. Madrid: Civitas, 2001. p. 27.
[26] GARLAND, David. *A cultura do controle*: crime e ordem social na sociedade contemporânea. Rio de Janeiro: Revan, 2008. p. 53-55.
[27] *Idem*. p. 424.
[28] *Idem*. p. 415.
[29] GARLAND, David. *A cultura do controle*: crime e ordem social na sociedade contemporânea. Rio de Janeiro: Revan, 2008. p. 56.

ao excesso de vitimização, que retiram dos cidadãos a capacidade de protagonizar sua própria história no que concerne ao alcance na plenitude do direito à segurança pública.

Esse panorama tem efeitos, pois impacta na priorização de temas ligados à coação, perda de espaço da ideia de reinclusão social, para objetivos que visam unicamente à contenção dos criminosos. Essa modificação, somada à desigualdade social, seletividade das instâncias judiciais e policiais, resulta, em certos momentos, em uma política de segurança de controle dos excluídos, a qual recua no campo dos direitos sociais e avança no campo da criminalização e aumento do encarceramento,[30] sendo importante inferir que a essa nova ordem social, baseada em um contexto de desenvolvimento industrial, ressalta todo aquele que é estranho.[31]

Diante desse quadro, o resultado mais provável a que se chega é a criação de tipos penais para que sejam punidos e encarcerados aqueles definidos como "criminosos", o que resulta em um modelo de coação e controle social. Como exemplo, observa-se a atual Lei nº 11.343/2006 de combate às drogas, a qual pode ser questionada em parte como uma estratégia escapatória no enfrentamento de tema que mais se refere a um grave problema de saúde pública.[32]

Todavia, como já dito anteriormente, no caso brasileiro, a efetivação dos direitos ocorre paralelamente a esse processo, uma vez que se iniciam inúmeras políticas no campo da segurança pública. A mais conhecida delas é o Pronasci (Programa Nacional de Segurança com Cidadania), o qual busca articular políticas de segurança com ações sociais, visando atingir as causas da violência. Esse programa tem como principais eixos a "valorização dos profissionais de segurança pública; a reestruturação do sistema penitenciário; o combate à corrupção policial e o envolvimento da comunidade na prevenção da violência", tendo como público-alvo os profissionais de segurança pública e jovens de 15 a 24 anos, em risco de conflito com a lei.[33]

---

[30] GARLAND, David. *A cultura do controle*: crime e ordem social na sociedade contemporânea. Rio de Janeiro: Revan, 2008. p. 419 Nesse sentido trabalha Zygmunt Baumann (*Vidas desperdiçadas*. Rio de Janeiro: Jorge Zahar, 2005) falando da relação que a sociedade pós-moderna tem com algumas pessoas, destinando-as ao descarte, à sobra.

[31] ZAFFARONI, Eugenio Raúl. *Crímenes de masa*. Buenos Aires: Ediciones Madres de Plaza de Mayo, 2010, p. 66.

[32] MULLER, Luis Díaz. *El imperio de la razón*: drogas, salud y derechos humanos. México: Universidad Nacional Autónoma de México, 1994. E ainda WOLFF, Maria Palma; MORAES, Márcia Elayne Berbich. Mulheres e tráfico de drogas: uma perspectiva de gênero. *Revista Brasileira de Ciências Criminais*, ano 18, n. 87, p. 375-396, nov./dez. 2010.

[33] BRASIL. Ministério da Justiça. <http://portal.mj.gov.br/pronasci/data/Pages/MJE24D0EE7I-TEMIDAF1131EAD238415B96108A0B8A0E7398PTBRIE.htm>. Acesso em: 21 set. 2010.

O Pronasci, com seus eixos de atuação e projetos, possui o mérito de inovar no Brasil no que se refere ao combate à violência a partir de uma perspectiva mais ampla, mobilizando diversas instituições e áreas do poder público e da comunidade, mantendo o foco da política pública brasileira na intervenção e reforma. Contudo, observa-se que as intenções brasileiras de lidar com a questão da segurança pública sob esse viés, trazem consigo um "saber" que não foge da prática científica "sujeito/objeto",[34] dentro do discurso da inclusão social, pois parte da premissa do "estranho" ao grupo social e da sua manipulação através de métodos científicos, quais sejam: os projetos sociais.

Obviamente, esse tipo de programa responde a determinadas demandas, mas ainda deve ser agregado a outras políticas como a reforma de instituições, as quais possuem diversos desafios. Um deles é o da reforma educativa, pela qual devem ser questionados o tipo de formação ou capacitação e, ainda, qual o modelo que se almeja para as instituições de segurança, buscando consolidar uma política pública sobre "*securidad ciudadana, una política integral que debe abarcar a todo el aparato del Estado y para que sea relativamente exitosa, debe planificarse como política de Estado*" o que demanda "*sólidos consensos políticos y sociales en torno a contenidos y líneas estratégicas*".[35]

Independente dos programas governamentais já implantados e brevemente aqui referidos, o que de fato é possível dizer diante do atual panorama é que a dualidade de processos que ocorrem na "estrutura social" brasileira quando objetiva proporcionar a garantia à segurança pública, faz parte do que Garland se refere como a existência de processos criminalizantes e processos não criminalizantes.[36] Ambos constituem-se em uma "resposta política", a qual visa, basicamente, conciliar "aspectos antagônicos" que são: "O aumento do controle social x limitações de orçamento (tudo sem abrir mão da pena)".[37]

Como processos não criminalizantes,[38] observam-se os seguintes fatores:
- Primeiramente, o aumento das penas alternativas, com visíveis campanhas de esclarecimento perante a população, através

---

[34] ZAFFARONI, Eugenio Raúl. *Crímenes de Masa*. Buenos Aires: Ediciones Madres de Plaza de Mayo, 2010.
[35] FAROPPA, Juan. *La reforma policial*: experiencias regionales. Asunción: PNUD Paraguay, 2008. p. 46
[36] GARLAND, David. *A cultura do controle:* crime e ordem social na sociedade contemporânea. Rio de Janeiro: Revan, 2008. p. 415.
[37] *Idem*, p. 21.
[38] *Idem*, p. 21-25.

dos meios de comunicação para ampliar a aceitação dessa como forma de punição eficiente. No entanto, é necessário não esquecer que mesmo com essas penas "mais leves", o Estado ainda permanece mantendo o controle do indivíduo pela via do processo criminal;
- Depois, o aumento da capacidade do sistema criminal para gerir os processos, trazendo mais visibilidade positiva e legitimidade social com resultados concretos. Como exemplo, a atuação do Conselho Nacional de Justiça no controle da atividade judicial;
- Outro fator ainda existente são os processos de privatização do sistema penal, não da maneira como se observa em países como os Estados Unidos, por exemplo. No caso brasileiro, esses processos podem ser observados em outros campos, como no comércio gerado em torno das empresas de vigilância que visam preencher a lacuna da sensação de insegurança e também com o monitoramento eletrônico de presos;
- Por último, a divisão de "controle do crime com a sociedade civil", que é percebida no aumento da participação da vítima no processo penal e também através do fomento aos conselhos de segurança e conselhos de comunidade na área penitenciária.

Por sua vez, os processos criminalizantes podem ser visualizados nas medidas de não adaptação do sistema. Assim, temos o incremento do número de pessoas encarceradas, a perseguição a determinados tipos criminosos como, por exemplo, o crime organizado ou relativo ao tráfico de drogas, e que resultam na ampliação dos tipos penais, bem como na utilização do processo penal para imposição de "políticas criminais de lei e ordem", com forte característica utilitária.[39] Nesse sentido, é importante destacar que o número de encarcerados no Brasil cada vez aumenta mais. Em 2000 eram 232.755 presos. Já em 2009 eram 494.273 aprisionados.[40]

Embora diferentes, essas medidas criminalizantes e não criminalizantes que se apresentam no atual modelo de segurança pública brasileira são amplamente utilizadas e articuladas na perspectiva do combate à criminalidade e manutenção da ordem.

---

[39] GARLAND, David. *A cultura do controle*: crime e ordem social na sociedade contemporânea. Rio de Janeiro: Revan, 2008. p. 26, 27.

[40] BRASIL. Ministério da Justiça – Departamento Penitenciário Nacional – Sistema Integrado de Informações Penitenciárias – Referência jun. 2010. Disponível em: <http://portal.mj.gov.br/cnpcp/data/Pages/MJD574E9CEITEMIDC37B2AE94C6840068B1624D28407509CPTBRIE.htm>. Acesso em: 30 set. 2010.

Apontamentos conclusivos

É impossível tratar do assunto "segurança pública" sem efetivar a relação existente entre os fatos ocorridos no contexto brasileiro pré-Constituição de 1988, principalmente tratando-se da forma como foram constituídas as forças policiais e a sua influência no contexto político social ao longo do tempo. Essa atuação é fortemente caracterizada pelo autoritarismo e a repressão, principalmente junto aos grupos sociais mais vulneráveis.

No campo da segurança pública, no período pós 1988, não existe uma superação de paradigma, mas sim uma sobreposição de paradigmas na realidade brasileira, com a persistência de ideais comunitários de integração social no campo da política criminal penitenciária, mas também ocorrendo o acirramento dos sentimentos individualistas e de vitimização, oriundos da sociedade pós-moderna, o qual se reflete nas políticas de perseguição a determinados tipos criminosos e de exigência de um maior controle social por parte do Estado.

Essa articulação resulta na saída do ideal de justiça para uma maior busca de funcionalidade do sistema de segurança pública, o qual tem resguardo no sistema de justiça criminal. Um indício do que se afirma é o aumento do número de encarcerados e de processos criminais no Brasil.

Pode ser dito, então, que a seleção do criminoso objetiva apenas a exclusão dos indivíduos que já não possuem espaço dentro da sociedade pós-moderna. Desse modo, o maior desafio quando se trata em efetivar o direito à segurança pública no período pós-democratização é modificar o modo racional e legal de controlar e segregar determinados grupos de indivíduos para atender somente a interesses econômicos e arranjos sociais. Devem ser priorizados os mecanismos de prevenção que sejam adequados ao contexto brasileiro e que não sejam de controle social que vise exclusivamente a utilização do cárcere ou sistema criminal como forma de efetivar tal controle.

Além disso, a reforma institucional faz-se urgente e deve ser calcada no respeito aos direitos humanos e também pela transformação do sistema criminal em um verdadeiro instrumento de paz social para o alcance dos objetivos almejados em termos de segurança pública.

Informação bibliográfica deste texto, conforme a NBR 6023:2002 da Associação Brasileira de Normas Técnicas (ABNT):

MORAES, Márcia Elayne Berbich de. As transformações do paradigma da segurança pública na era pós-democratização no Brasil. In: PRONER, Carol; ABRÃO, Paulo (Coord.). *Justiça de Transição*: reparação, verdade e justiça: perspectivas comparadas Brasil-Espanha. Belo Horizonte: Fórum, 2013. p. 349-362. ISBN 978-85-7700-737-0.

DELAS COMISIONES DE REPARACIÓN HACIA LA COMISIÓN DE LA VERDAD
CONTRIBUCIONES DE LA COMISIÓN ESPECIAL SOBRE MUERTOS Y DESAPARECIDOS POLÍTICOS Y DE LA COMISIÓN DE AMNISTÍA PARA LA COMISIÓN NACIONAL DE LA VERDAD[*]

MARCELO D. TORELLY

Introducción

Conforme se ha desarrollado en otros trabajos, el proceso de democratización en Brasil se estructura (i) en un primer momento, entre 1970 y 1979, desde la lucha por la amnistía, parcialmente conquistada con la aprobación de la Ley n° 6.683/1979, que permitió el regreso de un amplio conjunto de ciudadanos a la legalidad y el resurgimiento del debate público en la sociedad; (ii) en un segundo momento, que va del 1979 al 1988, cuando este movimientos pro-amnistía se juntan con otros más amplios, empezando la reivindicación por elecciones directas y por una nueva constitución, y, finalmente; (iii) en un tercer momento, que llega hasta el presente, donde la sociedad civil se rearticula y empieza a

---

[*] Esta investigación se ha beneficiado de una beca del programa de postítulo en Derechos Humanos y Procesos de Democratización de la Facultad de Derecho de la Universidad de Chile. La redacción final ocurrió antes de la aprobación de la Ley n° 12.528/2011, que cría la Comisión de la Verdad en Brasil, pero el texto final de la ley no cambió a ningún de los artículos del proyecto de ley analizado para la investigación.

cobrar la efectivación de los derechos conquistados en el plan simbólico de la Constitución, incluso los derechos a la amnistía y reparación.[1] Se considera que la Constitución del 1988 es el diploma jurídico que introduce la amnistía a los perseguidos políticos concedida en el 1979 a el nuevo Estado de Derecho que se empieza a construir en Brasil, tal diploma es lleno de nuevos derechos, incluso el derecho a la reparación a las víctimas de dictadura, incluso en el artículo octavo del Ato de Disposiciones Constitucionales Transitorias (ADCT), razón pela cual el proceso de reparación — oriundo de un derecho constitucionalmente garantizado — es determinante en el escenario de justicia transicional del país. En cumplimiento a la determinación del artículo octavo del ADCT, el Gobierno Cardoso creo dos comisiones de reparación, una en 1995, otra en 2001, que promovieran no solamente la reparación económica como también una amplia agenda de memoria, verdad y justicia, estructurando el proceso transicional brasileño.

Consciente de este escenario de protagonismo del proceso reparatorio ante a otras medidas transicionales en Brasil, el presente artículo objetiva discutir la contribución del trabajo y del acervo de las dos comisiones reparatorias para la futura implementación de una Comisión de la Verdad, considerando el formato propuesto por el Gobierno Lula en el PL nº 7.376. Para esto, (1) empieza conceptuando o que es una comisión de la verdad y sus principales objetivos; (2) analiza los objetivos de la comisión de la verdad brasileña, sus poderes y en que eses poderes son diferentes de los dados a las comisiones anteriores; (3) presenta las diferencias entre el enfoque y el tipo de reconocimiento de hechos que es posible en cada una de las comisiones y (4) concluye con un análisis de los desafíos y posibilidades puestos ante la sociedad brasileña en el actual momento de desarrollo de su debate transicional.

Lo que es una comisión de la verdad, cuales sus objetivos y diferencias ante el proceso judicial de formación de la verdad

En la definición del profesor de historia de la Universidad de Harvard, Charles S. Mayer, las comisiones de la verdad son iniciativas que "procuran establecer los hechos relacionados a abusos contra los derechos humanos ocurridos en un régimen o conjunto de prácticas

---

[1] ABRÃO, Paulo; TORELLY, Marcelo D. (2010). Justiça de Transição no Brasil: a dimensão da reparação. *Revista Anistia Política e Justiça de Transição*, Brasília, n. 4, p. 108-138, jan./jun. 2010.

gubernamentales pasadas, sin procesar los perpetradores que testimonian sobre sus auspicios".[2] [3] Es relevante la constatación de que, generalmente, las comisiones no tienen poderes judiciales (exactamente como se propone para la comisión brasileña), sin que eso signifique que las informaciones que vengan a producir no pueden ser presentadas en demandas al judiciario. La naturaleza no-judicial de las comisiones atiende, básicamente, a dos fines: primero, garantizar que la comisión no sea comprendida por los perpetradores como algo contrario a elles (lo que los haría no participar, dificultando la obtención de la verdad); segundo, para dispensar los comisarios de actuaren con el mismo rigor exigido de los jueces cuanto al debido proceso legal, especialmente el de naturaleza criminal, creando un proceso más simplificado y amplio de formación de entendimientos.

De la misma manera que las comisiones de reparación tienen ritos diferenciados del judiciario dada la naturaleza de la materia con que trabajan y de las pruebas que necesitan producir,[4] las comisiones de la verdad igualmente no pueden se quedar atadas a los procedimientos de producción de la verdad "procesal" del judiciario, bajo el riego o de infringieren el derecho puesto o se quedaren como un mecanismo idéntico al proprio judiciario, siendo inocuas para los fines más amplios que objetivan. Es en este sentido que Minow afirma que "para contar la verdad, reconocer públicamente lo que pasó y dar atención a los sobrevivientes, una comisión de investigación puede ser aún mejor que juzgamientos".[5] [6]

Es más fácil comprender esta aparente paradoja del Estado abrir mano de su jurisdicción penal en algunos casos concretos desde una perspectiva histórica. Las comisiones de la verdad surgen en un momento que Teitel clasifica como una segunda etapa de desarrollo de la justicia transicional.[7] En la literatura, es consensual el entendimiento

---

[2] MAIER, Charles S. (2000). Doing history, doing justice: the narrative of the historian and of the truth commission. *In*: ROTBERG, Robert I.; THOMPSON, Dennis (Org.). *Truth v. Justice*: the morality of truth commissions. New Jersey: Princeton University Press, p. 261-278.

[3] Mi traducción, en el original: "attempts to establish the facts of human rights abuses under an earlier regime or set of governmental practices, but refrains from prosecuting the perpetrators who testify under its auspices".

[4] DE GREIFF, Pablo (2006). Justice and Reparations. *In*: DE GREIFF, Pablo (Org.). *The Handbook of Reparations*. Oxford, Nova Iorque: Oxford University Press, p. 451-477.

[5] MINOW, Martha (2000). The hope for healing - what can truth comission do? *In*: ROTBERG, Robert I.; THOMPSON, Dennis (Org.). *Truth v. Justice*: the morality of truth commissions. New Jersey: Princeton Univeristy Press, p. 235-260.

[6] Mi traducción, en el original: "for truth telling, public acknowledgment of what happened, and attention to survivors, a commission of inquiry actually may be better than prosecutions".

[7] TEITEL, Ruti G. Transitional justice genealogy. *Harvard Human Rights Journal*. v. 16, p. 69-94, p. 72, 2003.

de que la justicia transicional moderna surge con la respuesta de los aliados a las atrocidades de la segunda grande guerra.[8] [9] El fracaso de Alemania en juzgar sus crímenes de la primera grande guerra hace con que, después de su derrota en la segunda grande guerra, los aliados opten por internacionalizar los juzgamientos de los agentes del nazismo, "en una evidente respuesta crítica al pasado, la justicia transicional después de la segunda guerra mundial empezó por abstenerse de promover procesamientos en el ámbito nacional buscando, en oposición, presentar los líderes del Reich para la responsabilización criminal internacional".[10] En esta primera etapa, la justicia de transición fue punitivista y internacionalista, una vez que la victoria de los aliados permitió la aplicación casi consensual de medidas de justicia criminal desde el plan internacional, con los tribunales de Nuremberg e Tokio siendo el ápice de este proceso.

Esta etapa de la justicia de transición llega a su fin con la insurgencia del mundo bipolar, donde la disputa entre los modelos socio-políticos estadounidense y soviético dificulta radicalmente la formación de consensos en el escenario internacional. Se pasa a comprender las acciones de carácter internacionalista como procesos de intervención, en un mundo políticamente conturbado, donde muchos procesos de conflicto nacionales nada más son que "conflictos satélite" de la disputa bipolar — como es el caso de las dictaduras anti-comunistas del Cono Sur. Con esto, la justicia de transición migra a una segunda etapa de desarrollo, donde la ecuación de los conflictos políticos ocurre más bien en el plan nacional, con la búsqueda de mecanismos no de judicialización (la alternativa conflictiva), pero de pacificación. Empieza la era de las justificaciones morales más cercanas de la "reconciliación" que de la justicia, y surge el adagio de la "verdad y reconciliación", que "incorpora mucho de su discurso normativo desde fuera del derecho, especialmente de la ética, medicina y teología. Su propósito no es solamente la justicia, mas también la paz para los individuos e la sociedad como un todo".[11] [12] En un escenario de conflicto

---

[8] ELSTER, Jon. *Rendición de cuentas*: la justicia transicional en perspectiva histórica. Buenos Aires: Katz. 2006.

[9] TEITEL, Ruti G. *Transitional justice*. Oxford, Nova Iorque: Oxford University Press. 2000.

[10] Mi traducción, en el original: "In an evident critical response to the past, the post-World War II transitional justice began by eschewing national prosecutions, instead seeking international criminal accountability for the Reich's leadership".

[11] TEITEL, Ruti G. Transitional justice genealogy. *Harvard Human Rights Journal*. v. 16, p. 69-94, p. 82, 2003.

[12] Mi traducción, en el original: "[...] incorporate much of its normative discourse from outside the law, specifically from ethics, medicine, and theology. Its purpose was not merely justice, but peace for both individuals and society as a whole".

internacional polarizado, las sociedades buscan mecanismos para poner fin a sus conflictos con la mirada hacia la rearticulación social, en un periodo lleno de acuerdos de paz, amnistías y comisiones de la verdad. Solamente en una tercera etapa de desarrollo de la justicia transicional es que se va a reflejar de manera mas sistemática cuanto a los distintos imperativos derivados de la necesidad de justicia, imponiendo límites a las políticas de perdón y amnistía.[13]

Con esta mejor localización histórica es más sencillo comprender los objetivos centrales de una comisión de la verdad: (i) esclarecer los hechos; (ii) reconocer e atender a las víctimas; (iii) identificar responsabilidades institucionales (y quizás individuales), con vista a la reforma de las instituciones; (iv) minorar los conflictos y promover formas de reconciliación; (v) rendir cuentas del pasado, eventualmente contribuyendo incluso a un proceso de justicia.[14]

Una comisión de la verdad es un mecanismo del Estado con poderes y prerrogativas extraordinarios para la búsqueda de la verdad. No de una verdad judicial, oriunda de fuentes restrictivas y especifica de un caso, pero una verdad amplia, enfocada en un contexto general y en violaciones sistemáticas. Las comisiones de la verdad tienen un foco muy más dirigido a las víctimas que a los perpetradores, una vez que en el proceso judicial "sólo se pide el testimonio de las víctimas si éste es necesario para respaldar una determinada línea de acción del proceso [...] no se suele llamar al estrado más que a un número muy reducido de víctimas y es probable que sus testimonios sean directamente cuestionados por los abogados defensores [...]" mientras que en una comisión de la verdad "aunque pueden investigar la participación en los abusos de determinados perpetradores individuales y recibir dados clave procedentes de los acusados y otros integrantes del sistema represivo, gran parte de su tiempo y atención se centra en las víctimas. Normalmente, recogen testimonios de una amplia gama de testigos, víctimas y sobrevivientes, y consideran todos esos relatos al analizar y describir la pauta general de los acontecimientos. Al escuchar las historias de las víctimas, quizá en sesiones públicas, las comisiones logran dar voz pública a las víctimas y hacen que el conjunto de la población sea consciente de su calvario".

---

[13] PAYNE, Leigh; ABRÃO; Paulo; TORELLY, Marcelo D. (Org.). *A anistia na era da responsabilização*. Brasília: Ministério da Justiça; Oxford: Universidade de Oxford, 2011.

[14] HAYNER, Priscila. *Verdades innombrables*. Ciudad de México: Fondo de Cultura Económica. 2006. p. 54-62.

Mientras que los procesos judiciales objetivan el esclarecimiento de un caso aislado, dentro de un sistema procesal rígido, las comisiones de la verdad buscan considerar y elucidar un gran número de informaciones, relatos, memorias y documentos para la contextualización y esclarecimiento de hechos globales. Objetiva muy más el esclarecimiento histórico sobre las violaciones de derechos humanos y la identificación concreta de sus responsables institucionales (o mismo individuales) do que el esclarecimiento de casos concretos. Por todo esto, generalmente, las comisiones de verdad funcionan como un impulso inicial que pone fine al negacionismo, rompiendo el silencio y garantizando que las víctimas puedan traer a público sus historias de vida, movilizando la sociedad para una amplia reflexión sobre la necesidad de reformas institucionales y valorización de la justicia y del Estado de Derecho.

Los objetivos específicos de la Comisión Nacional de la Verdad brasileña y sus poderes en comparación con las comisiones de reparación[15]

La idea de constituyer una comisión de la verdad en Brasil se consolidó en la Conferencia Nacional de los Derechos Humanos e fue refrendada como compromiso de Estado por medio del decreto ley que aprobó el Tercer Plan Nacional de Derechos Humanos (PNDH-III). En el primer semestre de 2010, una comisión compuesta por representantes de la Casa Civil, Ministerio de Justicia, Ministerio de Defensa, Secretaria de Derechos Humanos, Procuraduría General de la Unión, Comisión Especial sobre Muertos y Desaparecidos Políticos (CEMDP) y un representante de la sociedad civil fueran nombrados por el Presidente para escribir el proyecto de ley de creación de la Comisión Nacional de la Verdad (CNV). El proyecto fue remitido al Congreso Nacional y gaño el nº 7.376/2010, y establece como marco temporal para la CNV el mismo marco puesto en la Constitución para la Comisión de Amnistía: del 1946 al 1988, cubriendo un período más largo que el de la dictadura militar (1964-1985).

---

[15] Para el estudio se considero el PL nº 7.376/2010, que después se he consolidó en la Ley nº 2.528/2011. El texto final aprobado no cambió a ningún de los dispositivos aquí analizados.

Objetivos de la CNV brasileña

a) Esclarecer los hechos y circunstancias de las graves violaciones a los derechos humanos:

En este objetivo es importante destacar que las dos comisiones de reparación ya reconocieran un gran número de casos de persecución política, muertes y desapariciones forzadas por motivaciones políticas. La CEMDP, creada en 1995, ya tiene atribución para el reconocimiento de muertes y desapariciones y la Comisión de Amnistía, creada en 2001, actúa con poderes para reconocer persecución política en un número muy largo de situaciones, tales como: exilios, expulsiones del país, dimisiones y impedimentos en la vida laboral, expulsión de instituciones de enseñanza, entre otros.

También es relevante destacar que la competencia para la localización de los restos mortales de los desaparecidos políticos es de la CEMDP, y que la ley de creación de la comisión de la verdad no altera esta disposición, incluso determinando — como se podrá percibir en la continuación — determina la cooperación de la CNV con la CEMDP para estos fines.

b) Promover el esclarecimiento circunstanciado de torturas, muertes y desapariciones, identificando los autores:

El trabajo de la CEMDP generó el libro-reporto "Direito à Memória e à Verdade", que presenta en términos generales las condiciones de desaparición y muerte de aproximadamente 500 personas, no obstante, el trabajo de la Comisión no enfoco las circunstancias especificas en que se producirán tales hechos, muy menos busco la identificación de los agentes responsables. Además, ni la CEMDP ni la Comisión de Amnistía investigaran denuncias de tortura, se quedando restringidas a reconocer se las evidencias de torturas, prisiones y otros expedientes eran suficientes para declarar o la muerte/desaparición o la existencia de persecuciones políticas, de manera que no identifican de manera definitiva, por ejemplo, locales de tortura o sus operadores.

Otro elemento muy importante presente como objetivo del proyecto de ley es que determina no solamente la identificación de responsabilidades institucionales, como también la identificación de responsabilidades individuales.

c) Identificación de las estructuras y locales de violaciones de derechos humanos:

Este objetivo, en verdad, tiene dos razones de ser. De una banda, intenta garantizar el derecho a la memoria y a la verdad y combatir el negacionismo, por medio de la identificación de los locales donde ocurrirán violaciones a los derechos humanos. De otra, busca la verificación de estructura utilizadas para las violaciones, de manera a que pueda detectar fragilidades de la arquitectura institucional — especialmente de las instituciones de seguridad — mejorando su capacidad de proposición de reformas.

d) Encaminar las informaciones obtenidas a los órganos responsables por la localización de los restos mortales de los desaparecidos y colaboración con el Poder Público para el esclarecimiento de todas las violaciones a los derechos humanos:

Como ya mencionado, la competencia para la búsqueda de los desaparecidos sigue con la CEMDP, pero este objetivo permite que la CNV contribuya de manera relevante en por lo minos tres otras situaciones, mismo considerando los impedimentos de la Ley de Amnistía de 1979 cuanto a el procesamiento penal: (i) esclarecer circunstancias relativas a el fallo Gomes Lund y otros, que levó la Corte Interamericana de Derechos Humanos a condenar Brasil; (ii) generar subsidios para la apuración de crímenes cometidos después de la amnistía de 1979 y antes del plazo final del mandato de la CNV, que es 1988, y; (iii) generar subsidios para el esclarecimiento y ajuizamento de acciones referentes a los crímenes permanentes y continuados, como la desaparición forzada (en Brasil tipificada internamente como secuestro).

e) Generar recomendaciones y medidas de no-repetición:

La CNV puede, con base en sus constataciones, recomendar a los poderes de Estado que adopten medidas con vistas a evitar la continuación de violaciones, bien como la ocurrencia de violaciones futuras.

f) Promoción de la reconstrucción histórica sobre las graves violaciones a los derechos humanos:

Seguramente el objetivo central de la CNV, define con mucha precisión el objetivo central de cualquier comisión de la verdad. La actual narrativa oficial sobre los crímenes de Estado en Brasil incurre en lo que Cohen define como un "estado de negación", donde "la narrativa reconoce que algo ha sucedido, pero recusa aceptar la categoría asignada a sus actos".[16] Específicamente, diversos sectores sociales ligados al antiguo régimen "justifican" las violaciones de derechos humanos como se no fueran violaciones, pero si medidas necesarias insertas en un momento de gran conflicto político de lucha anti-comunista. El proceso de la CNV permitirá no solo la aclaración de eses hechos, como también

---

[16] COHEN, Stanley. *Estado de negación*. Buenos Aires: Universidad de Buenos Aires; British Council. 2005. p. 98.

su correcta clasificación como graves violaciones contra los derechos humanos, absolutamente inaceptables. De alguna manera, el proceso de la CNV brasileña puede no levar a una "nueva" verdad, pero tan solamente a un amplio reconocimiento de verdades ya conocidas de algunos, pero negados por otros, en un proceso ya bien descripto por Hayner: "en el proceso de recogida de testimonios y de publicación de un informe oficial una comisión proporciona un reconocimiento también oficial de hechos largo tiempo silenciados" (2006, p. 56), permitiendo, de esta manera, también un amplio reconocimiento de las víctimas y de sus sufrimientos.

Contribuciones de las comisiones de reparación para la CNV y comparativo de poderes

Para una buena comparación entre las medidas de los procesos de reparación y de una comisión de la verdad, y las posibles complementariedades entre ellos, es fundamental empezar por la reflexión sobre la opción de la utilización de la vía administrativa, y no judicial, para la ejecución del programa de reparaciones, como puesto en las Leyes nº 9.140/1995 e nº 10.559/2002, que crean la CEMDP y la Comisión de Amnistía.

Los programas de reparaciones en masa ocurren por la vía administrativa y no por la judicial, básicamente, por dos razones: Primeramente, por la dificultad de obtención de pruebas que generalmente fueran destruidas por el proprio Estado. En un proceso judicial el grado de exigencia de pruebas probablemente tornaría imposible a un gran número de víctimas comprobar su condición, lo que solamente es posible en un procedimiento simplificado. En segundo lugar, porque el proceso de reparación tiene también objetivos no-jurídicos, que transbordan la idea de "quien causa daño repara" típica del derecho civil. Los programas de reparación objetivan reconciliar la víctima y el Estado, reconstruyendo su sentido de perecimiento a la comunidad política y reconquistando su confianza cívica.[17] La víctima que fue violada por el Estado hoy recibe un reconocimiento del error del Estado y una reparación. En el proceso judicial común, por su característica adversaria, el proceso de reconocimiento se quebraría, una vez que la víctima y el Estado estarían en lados opuestos en el tribunal, es por esto que las comisiones de reparación, así como las de verdad, buscan un

---

[17] CORREA, Cristián. Programas de reparação para violações em massa aos direitos humanos: aprendizados das experiências da Argentina, Chile e Peru. *Revista Anistia Política e Justiça de Transição*, Brasília, n. 3, p. 140-173, jan./jun. 2010.

proceso de no-oposición, reconociendo las víctimas en sus diferentes dimensiones (sobre la reparación como reconocimiento.[18] La CEMDP tiene el objetivo de reconocer muertes y desapariciones por razones políticas, bien como localizar sus restos mortales y repararlas, y la Comisión de Amnistía concede reparación moral y económica a todos los perjudicados por actos institucionales, complementares o de excepción. Resumidamente: la CEMDP tiene un rol más estrecho para reconocer y reparar, y la Comisión de Amnistía un rol muy más amplio. Para tanto, las dos comisiones tienen poderes de investigación muy cercanos de los de una comisión de la verdad, que están comparados en el Cuadro 01.

CUADRO 01
Comparativo de poderes entre las comisiones

Poder	CEMDP	Comisión de Amnistía	CNV (PL nº 7.376/2010)
Solicitar documentos públicos y privados	Sí	Sí	Sí
Solicitar documentos públicos aún clasificados como secretos	No	No	Sí
Requerir informaciones	Sí	Sí	Sí
Invitar testigos e deponentes	Sí	Sí	Sí
Convocar testigos y deponentes	No	No	Sí
Escuchar personas bajo cláusula de confidencialidad	No	No	Sí
Realizar y solicitar pareceres técnicos	Sí	Sí	Sí
Realizar y solicitar pericias	Sí	No	Sí
Promover audiencias públicas	No	Sí	Sí
Requerir protección a personas bajo riesgo o amenaza	No	No	Sí
Fuente: Leyes nº 9.140/1995 y nº 10.559/2002 y PL nº 7.376/2010 (Brasil).			

---

[18] BAGGIO, Roberta. Justiça de transição como reconhecimento: limites e possibilidades do processo brasileiro. In: SANTOS, Boaventura de Sousa et al. (Org.). *Repressão e memória política no contexto ibero-brasileiro*. Brasília: Ministério da Justiça; Coimbra: Coimbra Ed., 2010. p. 260-284.

Es posible identificar en el cuadro que la CNV tendrá poderes muy similares aquellos de las dos comisiones de reparación, siendo oportuno ahora destacar las principales diferencias, bien como los distintos objetos y lapsos temporales de trabajo de cada una.

La CNV podrá convocar personas que entienda relevante escuchar, diferentemente de las comisiones de reparación, que solamente las podrían invitar. La CEMDP y la Comisión de Amnistía escucharan básicamente personas que voluntariamente se presentaran ante ellas, y jamás dispusieron de la posibilidad abierta a la CNV de tomar testigo bajo cláusula de confidencialidad. Aún, la CNV podrá solicitar pericias, cosa que solamente la CEMDP podría hacer. Como tiene un mandato más amplio que a CEMDP, la CNV podrá, por ejemplo, valerse de esfuerzos científicos para el circunstanciamiento de situaciones de tortura, que no estaban cubiertas anteriormente por los mandatos de ninguna de las comisiones.

Además de esto, la CNV tiene un espacio cronológico de actuación más amplio que la CEMDP. Los redactores del proyecto de ley optaran por no trabajar ni solamente con el período de la dictadura (1964-1985), ni con el lapso de tiempo de la CEMDP (1961-1988), pero si con el periodo cronológico expreso en la Constitución para la actuación de la Comisión de Amnistía (1946-1988). De esta manera, la CNV podrá investigar todas las denuncias y indicios de crímenes que fueran constatados en la actuación de la Comisión de Amnistía, más todo lo que encuentre en sus trabajos ordinarios.

Diferencias de enfoque e tipos de verdad producidos por las comisiones

Considerando los poderes e tipos de objeto al que se dedican las comisiones, es posible analizar las diferencias de enfoque que cada una de ellas tiene ante a cuestiones-clave del proceso transicional, compiladas en el Cuadro 02.

CUADRO 02
Diferencias de enfoque entre la CEMDP, la CA y la CNV

	CEMDP	Comisión de Amnistía	CNV (PL nº 7.376/2010)
Reconocimiento de las víctimas	Sí	Sí	Sí
Reconocimiento oficial de los hechos	Solamente muertes y desapariciones	Solamente persecuciones políticas (de variados tipos)	Amplio: hechos y circunstancias ligados a violaciones de derechos humanos
Presunción de veracidad de las informaciones recibidas	Parcial (acepta fuertes indicios contra las versiones oficiales del régimen)	Sí	No
Verificación de responsabilidad institucional	Solamente "responsabilidad estatal"	Solamente "responsabilidad estatal"	Sí
Verificación de autoría de los hechos	No	No	Sí
Producción de narrativa histórica de los hechos	Individualizada	No	Sí

Fuente: Leyes nº 9.140/1995 y nº 10.559/2002 y PL nº 7.376/2010 (Brasil).

En sus más de diez años de actuación la Comisión de Amnistía recibió aproximadamente 70 mil solicitudes e reconoció unos 35 mil casos de persecución política en sus más variados espectros. Para tanto, acumulo archivos individuales para cada uno de los casos, incluso aquello de los órganos de seguridad y agencias estatales, los testigos de las víctimas, realizó, hasta diciembre de 2009, 696 sesiones ordinarias y 15 audiencias públicas. La CEMDP, en sus doce años de actuación más intensa (hoy la comisión no hace trabajo de reparación, solamente la actúa en la búsqueda de los restos mortales y en proyectos de memoria y verdad), identificó aproximadamente 500 casos de muerte y desaparición, relatados en el libro-reporto "Direito à Memória e à Verdade", lanzado en 2007, con la narrativa individualizada de cada uno de los casos.

En su espíritu reparador, la Comisión de Amnistía trabaja con la presunción de veracidad de las alegaciones y informaciones recibidas. Como regla, cuando la Comisión analiza procesos recibidos considera que los documentos y testigos son verdaderos, excepto cuando hay razonables fundamentos para pensar no contrario. Para garantizar la seguridad de sus informaciones, la Comisión de Amnistía busca por lo menos una certificación oficial de persecución política, generalmente disponible en los archivos policiales, laborales o del antiguo Servicio Nacional de Informaciones (SNI). La CEMDP, por su vez, trabaja con una presunción parcial de veracidad de las informaciones, ya que tiene no solamente que verificar la persecución como, además, necesita en un gran número de situaciones desmontar la versión oficial del régimen sobre muertes y desapariciones. En este sentido, la CEMDP necesita verificar todas las informaciones que llegan a sus archivos, para asegurarse que están correcta, lo que llevo a los familiares de víctimas a expresar, incluso en el reporte final de la comisión, una gran disconformidad con la imposición a ellos del deber de probar que su relativo estaba muerto o desapareció en razón de su militancia política.

La CNV trabajará en un nivel distinto. Mismo sin promover enfrentamientos directos entre sus deponentes, deberá verificar todas las informaciones por los mas variados medios posibles, una vez que su reporte final tiene el poder no solamente de reconocer como verdaderas un gran número de ilaciones como, aún más, por su poder de indicar responsabilidades institucionales y individuales, de tal manera que la "verdad" que la CNV reconoce es más "fuerte" que aquella producida por la CEMDP y la Comisión de Amnistía, siendo importante una vez más destacar que las informaciones de la comisión no tendrán carácter judicial pero pueden ser utilizadas ante el judiciario posteriormente.

Como manera de aclarar y sistematizar los distintos grados de reconocimiento de verdad que las tres comisiones pueden producir ante sus poderes y limitaciones, las sistematicé en el Cuadro 03.

CUADRO 03
Tipos de verdad producidas por las comisiones (reconocimiento de hechos)

CEMDP	Comisión de Amnistía	CNV (PL n° 7.376/2010)
Considerando que existen versiones oficiales del régimen que niegan la mayoría de las muertes y desapariciones, la CEMDP reconoce pruebas alternativas que permitan el desmentido de la versión oficial con un reconocimiento parcial y no circunstanciado de las violaciones.	Reconoce que un determinado conjunto de pruebas es suficiente para confirmar que hubo persecución política a una persona, sin reconocimiento específico de cada uno de los hechos alegados.	Tiene la posibilidad de reconocer ampliamente la veracidad de todo tipo de hecho relacionado a violaciones de derechos humanos y, aún, circunstanciarlos.

Fuente: Leyes n° 9.140/1995 y n° 10.559/2002 y PL n° 7.376/2010 (Brasil).

Conclusiones: límites y posibilidades para el aprovechamiento del acervo de las comisiones de reparación en la CNV y desafíos pendientes de su agenda política

El trabajo previo de las comisiones de reparación ayuda a disminuir el número potencialmente infinito de situaciones que se van a presentar ante la CNV. Buena parte de las comisiones de la verdad que tuvieran éxito partieran de alguno acervo previo de informaciones, como la comisión chilena, que detenía los archivos de la Vicaría de la Solidaridad. La CNV podrá contar con tres acervos relevantes: El archivo del proyecto "Brasil Nunca Mais", desarrollado por la Arquidiocese de São Paulo y por el Consejo Mundial de Iglesias aún en fines de la dictadura y principios de la democracia, y que son una excelente fuente no-oficial. Además de los dos acervos oficiales, de la CEMDP y de la Comisión de Amnistía. Tal hecho es fundamental, una vez que la previsión es que la comisión pueda trabajar por solamente dos años.

Los hechos ya reconocidos por la CEMDP y la Comisión de Amnistía, bajo en cuadro de posibilidades y limitaciones presentado, no necesitan ser nuevamente argüidos o probados, lo que también hace mas rápido el trabajo. Además, los hechos alegados pero no investigados en las comisiones constituyen un excelente marco inicial para trabajos investigadores más amplios. De toda manera, la utilización de eses archivos genera algunas dificultades.

Primero, hay que considerarse el nivel de estructuración de las informaciones que los archivos contienen. En el reciente debate público por los medios de comunicación entre el perseguido político Pérsio Arida, que publicó un artículo de testimonio en la revista Piauí,[19] y el ex-agente del Departamento de Seguridad Política y Social (DOPS) y único torturador brasileño condenado por la justicia en una acción civil declaratoria, Carlos Alberto Brilhante Ustra, que lo contesto por medio del diario Folha de S. Paulo,[20] bien ilustra esta problemática. Como sucedió con el testimonio de Pérsio, los archivos de las comisiones de reparación, bien como los de las comisiones de verdad, trabajan en

---

[19] ARIDA, Pérsio. A política, a prisão, o encontro com o crocodilo, o julgamento e meu pai: lembranças de quarenta anos atrás. *Revista Piauí*, n. 55, abr. 2011.
[20] USTRA, Carlos Alberto Brilhante. O delírio de Pérsio Arida. *Folha de S. Paulo*, p. 327, marzo 2011.

un plan muy cercano de la memoria, y la memoria es siempre menos estructurada que el documento. Cuando el ex-torturador contesta al ex-perseguido, intentando descalificar sus memorias ante a pre informaciones contenidas en documentos oficiales, empieza un proceso de descalificación de las propias fuentes de la futura comisión de la verdad. El hecho es que siempre la memoria va a ser menos precisa que el documento, pero en contextos transicionales, donde muchos documentos traen informaciones falsas, la simple contestación de la memoria con el documento del régimen no es suficiente para su descalificación. Si es bien verdad que los testimonios necesitan de otros medios de corroboración, es también un hecho cierto que la mirada ante la documentación del Estado sirve muy más para encontrar elementos que corroboren la versión del perseguido do que para contestarla, una vez que es sabido que la formulación de estos documentos ya entendía justificar prácticas de violaciones a los derechos humanos.

Un segundo desafío, ahora operacional, dice respecto al bajo nivel de informatización de los sistemas de registro de las comisiones de reparación. Todas las informaciones sobre los acervos de las comisiones fueran pensadas para fines de reparación, de manera que no incluyen datos relevantes para la comisión de la verdad en sus bancos de información, tales como el género o local de militancia de los perseguidos, sus vinculaciones políticas, y etc. Para la utilización de los archivos de las comisiones de reparación por la CNV se hará necesario un amplio trabajo previo de sistematización y clasificación.

Un tercer y último gran desafío para el aprovechamiento del trabajo previo de las comisiones de reparación en la CNV, también operacional, es la utilización de testimonios hoy grabados en video y audio, especialmente por la Comisión de Amnistía, de personas que no van a podrir contribuyer con la CNV, sea porque ya murieran, sea por debilidades de salud. En sus casi 700 sesiones, la Comisión acumulo centenas de testimonios, que pueden ser muy útiles, desde que sistematizados. Además, el proyecto "memorias reveladas", por medio de cooperación con instituciones federales de enseñanza superior, empiezo un proyecto de capacitación de historia oral — este ya sistematizado — que puede ser una contribución decisiva por mismos motivos.

Como conclusión, me parece razonable suponer que la utilización del trabajo previo de las comisiones de reparación puede ser un factor decisivo para el éxito de la CNV. En un país donde la reparación fue el eje-estructurante de la agenda de políticas transicionales[21] (Cf. ABRÃO; TORELLY, 2011), los archivos de las comisiones no solamente constituyen un de los mas amplios acervos de documentación oficial del período (una vez que contienen incluso informaciones de los órganos de seguridad) como, además, son el único archivo que contiene también la mirada y el testimonio de las víctimas, tanto por escrito, cuanto en relatos orales.

Después de la amplia exposición de los comparativos de objetivos y poderes de las comisiones, finalmente, me parece importante destacar que el más relevante en el actual momento de la agenda política de transición no son las innovaciones que trae la institución de la CNV, una vez que, como visto, sus poderes son muy cercanos de aquellos de las comisiones de reparación, pero si el momento político de la institución de una comisión con esta naturaleza. Hayner asevera que muchas veces, para las víctimas, las comisiones de la verdad "más que decirles una nueva verdad, sirve para reconocer formalmente la verdad que en general ya sabían"[22] (2006, p. 56). La ausencia de un elemento de "cambio" a ofrecer a los perpetradores por la verdad que puedan contar (como la amnistía en Sudáfrica) hace el proceso brasileño muy complejo, pero solamente la institución de una comisión que pueda, de manera oficial, reconocer lo que iniciativas de la sociedad civil y el trabajo de las comisiones de reparación ya descubrieran ya seria, de si, un gran hecho. Toda la riqueza de lo proceso de audiencias, búsqueda de documentos y la posibilidad de utilización de expediente inéditos, como el testimonio en secreto, tienden a amplificar aún más este proceso.

Con la aclaración histórica se puede, finalmente, combatir la negación y avanzar en cuestiones fundamentales para el país, como la ampliación de la agenda de educación para la ciudadanía y los derechos humanos, la reforma de las instituciones perpetradoras y el fortalecimiento público del proceso de reparaciones. Además, el conocimiento histórico es, seguramente, un elemento potente contra la

---

[21] ABRÃO, Paulo; TORELLY, Marcelo D. As dimensões da justiça de transição no Brasil, a eficácia da Lei de Anistia e as alternativas para a verdade e a justiça. *In*: PAYNE, Leigh; ABRÃO, Paulo; TORELLY, Marcelo D. (Org.). *A anistia na era da responsabilização*. Brasília: Ministério da Justiça; Oxford: Universidade de Oxford. 2011.

[22] HAYNER, Priscila. *Verdades innombrables*. Ciudad de México: Fondo de Cultura Económica, 2006.

impunidad. Después de un proceso amplio de búsqueda de la verdad, aquellos que defienden la impunidad no más podrán esconderse detrás del biombo del olvido.

Informação bibliográfica deste texto, conforme a NBR 6023:2002 da Associação Brasileira de Normas Técnicas (ABNT):

TORELLY, Marcelo D. Delas Comisiones de Reparación hacia la Comisión de la Verdad: contribuciones de la Comisión Especial sobre muertos y desaparecidos políticos y de la Comisión de Amnistía para la Comisión Nacional de la Verdad. *In*: PRONER, Carol; ABRÃO, Paulo (Coord.). *Justiça de Transição*: reparação, verdade e justiça: perspectivas comparadas Brasil-Espanha. Belo Horizonte: Fórum, 2013. p. 363-379. ISBN 978-85-7700-737-0.

SOBRE OS AUTORES

Andrea Greppi
Doutor em Direito, atualmente Professor titular de Filosofia Política do Departamento de Humanidades da Universidade Carlos III, em Madrid, encarregado da disciplina História e Filosofia Política, bem como Professor no Programa de Doutorado em Direitos Fundamentais do Instituto de Direitos Humanos Bartolomé de las Casas, da mesma Universidade, responsável pela disciplina Formas de Estado e de Governo. É autor de artigos e livros sobre temas correlatos.

Carlos Fico
Historiador. Doutor em História pela USP. Professor associado da UFRJ e investigador do CNPq. Dedica-se a ensinar teoria e metodologia da História e da História do Brasil republicano e desenvolve pesquisa sobre os seguintes temas: ditadura militar no Brasil e na Argentina, historiografia brasileira, rebeliões populares no Brasil republicano e história política dos Estados Unidos durante a Guerra Fria. É autor dos livros *Como eles agiam: os subterrâneos da ditadura militar: espionagem e polícia política* (2001), *O Grande Irmão: da operação* brother *Sam aos anos de chumbo: o governo dos Estados Unidos e a ditadura militar brasileira* (2008).

Carol Proner
Doutora em Direito. Codiretora e Professora do Programa Máster-Doctorado em Derechos Humanos, Interculturalidad y Desarrollo UNIA-UPO, Sevilha-ES. Atualmente exerce o cargo de Coordenadora Geral do Programa de Mestrado em Direitos Fundamentais e Democracia da UniBrasil. Autora de livros e artigos sobre direito internacional e direitos humanos, especialista em temas de direito internacional dos direitos humanos.

Diego Javier Naranjo Barroso
Abogado independentista andaluz, filiado al Sindicado Andaluz de Trabajadores (SAT) y del Sindicato de Obreros del Campo de Andalucía (SOC). Especialista en temas de justicia transicional.

José Carlos Moreira da Silva Filho
Doutor em Direito. Atualmente é Professor do Programa de Pós-Graduação em Ciências Criminais da PUCRS e da Faculdade de Direito da PUCRS, além de Conselheiro da Comissão de Anistia do Ministério da Justiça. É também Bolsista de Produtividade do CNPq. Atualmente concentra suas pesquisas e demais atividades acadêmicas na temática da Justiça de Transição e dos Crimes do Estado.

José María Tomás Tío
Graduado em Direito, integrante da carreira da magistratura desde 1976. Professor de Direito Penal na Faculdade de Direito de Valencia desde 1993 até 1990. Atualmente Presidente da segunda sessão da Audiência Provincial de Valencia, Espanha. Também é presidente da Fundação pela Justiça que promove a defesa dos direitos humanos e o desenvolvimento na África e na América Latina. Preside o Tribunal Internacional para Aplicação da Justiça Restaurativa em El Salvador.

Lauro Joppert Swensson Junior
Mestre em Filosofia do Direito pela Universidade Metodista de Piracicaba (UNIMEP). Doutor em Direito pela Goethe-Universität, Frankfurt am Main (Alemanha). Bolsista da Deutscher Akademischer Austauschdienst (DAAD).

Luciana Boiteux
Doutora em Direito Penal pela USP, atuou como advogada na área criminal no Supremo Tribunal Federal e outros tribunais superiores. Professora adjunta de Direito Penal da Faculdade Nacional de Direito da Universidade Federal do Rio de Janeiro, onde coordena os Grupos de Pesquisas em "Política de Drogas e Direitos Humanos" e "Direitos Humanos, Justiça de Transição e Anistia". Pesquisadora associada ao Laboratório de Direitos Humanos da UFRJ e Professora do corpo permanente do Programa de Pós-Graduação em Direito da UFRJ. Secretária geral do grupo brasileiro da Associação Internacional de Direito Penal (AIDP) e membro do Instituto Brasileiro de Ciências Criminais (IBCCRIM). Autora de livros e artigos sobre direito penal internacional, direitos humanos, política de drogas e Justiça de Transição.

Luis Ocaña Escolar
Abogado de las Asociaciones Memorialistas en la Causa de la Audiencia Nacional – España. Profesor Asociado de Derecho del Trabajo, Dirigente del Sindicato Andaluz de Trabajadores (SAT) y del Sindicato de Obreros del Campo de Andalucía (SOC).

Manuel E. Gándara Carballido
Educador popular em derechos humanos. Mestre em Filosofia. Doutorando em Direitos Humanos, Interculturalidade e Desenvolvimento pelo Programa de Doctorado en Derechos Humanos, Interculturalidad y Desarrollo UNIA-UPO, Sevilha-ES, onde também participa como docente de Máster e membro da equipe de coordenação e direção acadêmica.

Marcelo D. Torelly
Mestre em Direito pela UNB. Professor da Universidade Católica de Brasília. Membro da Comissão de Anistia do Ministério da Justiça do Brasil. Professor da Universidade Católica de Brasília. Coordenador de Cooperação Internacional da Comissão de Anistia do Ministério da Justiça.

Márcia Elayne Berbich de Moraes
Mestre em Ciências Criminais pela PUCRS. Professora da Pontifícia Universidade Católica de Rio Grande do Sul (PUCRS). Atualmente concentra suas pesquisas e suas demais atividades acadêmicas nas temáticas: sociedade de risco, direito penal, meio ambiente, modernidade e tipos penais, crimes ambientais da pessoa jurídica e execução penal.

Paqui Maqueda
Vice-Presidenta de la Asociación para la Memoria Histórica y Justicia de Andalucía. Desde hace años colabora con la asociación andaluza de memoria histórica en la exhumación de cadáveres de personas asesinadas tras el golpe de Estado fascista del 36.

Paulo Abrão
Doutor em Direito. Professor convidado do curso de Mestrado em Direito da Universidade Católica de Brasília (UCB) e do Programa Máster Doctorado en Derechos Humanos, Interculturalidad y Desarrollo, Sevilha-ES. Presidente da Comissão de Anistia do Ministério da Justiça. Atualmente exerce o cargo de Secretário Nacional de Justiça. Autor de livros e artigos relacionados ao tema da memória política, anistia e Justiça de Transição.

Prudente José Silveira Mello
Membro de la Comisión de Amnistía del Ministerio de Justicia de Brasil y Profesor del CESUSC-SC – Brasil. Mestre por la Universidade Federal de Santa Catarina, 2006. Doctorando en "Derechos Humanos y Desarrollo" por la Universidad Pablo de Olavide, en Sevilla. Abogado laboralista de entidades sindicales de trabajadores desde 1984. Profesor del Complexo de Ensino Superior de Santa Catarina – CESUSC. Consejero del Comité de Amnistía del Ministerio de la Justicia.

Roberto de Figueiredo Caldas
Eleito em 2012 para o cargo de Juiz efetivo da Corte Interamericana de Direitos Humanos, é Advogado perante o Supremo Tribunal Federal e tribunais superiores do Brasil (Alino & Roberto e Advogados). Foi Comissário da Comissão de Ética Pública da Presidência da República, foi Conselheiro do Conselho de Transparência Pública e Combate à Corrupção (CGU/Presidência da República), Comissário da Comissão Nacional para Erradicação do Trabalho Escravo (CONATRAE) – Secretaria de Direitos Humanos/Presidência da República, Coordenador da Coordenação de Combate ao Trabalho Escravo da Ordem dos Advogados do Brasil (OAB Nacional), Secretário Geral da Comissão Nacional de Defesa da República e da Democracia da OAB Nacional.

Rosario Valpuesta Fernández
Doutora em Direito, catedrática de Direito Civil da Universidade Pablo de Olavide. Foi uma das fundadoras da universidade, sua primeira reitora e abriu as portas para a criação do Programa de Doctorado en Derechos Humanos, Interculturalidad y Desarrollo UNIA-UPO, do qual foi diretora. Entre as principais áreas de estudo estão cidadania, diversidade, mulher e gênero.

Tarso Genro
Advogado. Jornalista e político brasileiro filiado ao Partido dos Trabalhadores (PT). Foi duas vezes Prefeito de Porto Alegre e Ministro da Educação, das Relações Institucionais e da Justiça durante o Governo Luiz Inácio Lula da Silva. Atualmente exerce o cargo de Governador do Estado do Rio Grande do Sul.

Vanessa Oliveira Batista
Doutora em Direito pela Universidade Federal de Minas Gerais. Atualmente é Professora associada de Direito Constitucional e Direitos Humanos da Universidade Federal do Rio de Janeiro, na Faculdade Nacional de Direito e Vice-Decana do Centro de Ciências Jurídicas e Econômicas da UFRJ. Professora do Programa de Pós-Graduação em Direito da UFRJ e dos Programas de Mestrado e Doutorado em Economia Política Internacional na mesma instituição. É Bolsista de Produtividade em Pesquisa no CNPq e coordena o Laboratório de Direitos Humanos (LADIH) da UFRJ. Professora visitante da Université Paris X/Centre de Droit International. Coordena no Rio de Janeiro a organização não governamental *Refugees United*. Autora de livros e artigos sobre direitos humanos, Justiça de Transição, direito constitucional e direito internacional.